Samuel Alden Smith

Die Keilschrifttexte Asurbanipals, Königs von Assyrien (668-626 v. Chr.)

Samuel Alden Smith

Die Keilschrifttexte Asurbanipals, Königs von Assyrien (668-626 v. Chr.)

ISBN/EAN: 9783742869081

Hergestellt in Europa, USA, Kanada, Australien, Japan

Cover: Foto ©ninafisch / pixelio.de

Manufactured and distributed by brebook publishing software
(www.brebook.com)

Samuel Alden Smith

Die Keilschrifttexte Asurbanipals, Königs von Assyrien (668-626 v. Chr.)

DIE

KEILSCHRIFTTEXTE ASURBANIPALS,

KÖNIGS VON ASSYRIEN

(668—626 v. CHR.)

NACH DEM SELBST IN LONDON COPIRTEN GRUNDTEXT

MIT

TRANSSCRIPTION. ÜBERSETZUNG. KOMMENTAR

UND

VOLLSTÄNDIGEM GLOSSAR

VON

SAMUEL ALDEN SMITH.

HEFT I.

DIE ANNALEN NACH DEM CYLINDER Rm 1

(VGL. V R 1—10).

LEIPZIG
VERLAG VON EDUARD PFEIFFER.
1887.

DEN HERREN PROFESSOREN

JAMES P. BOYCE, LL. D., JOHN A. BROADUS, LL. D.,

BASIL MANLY, LL. D. UND WILLIAM H. WHITSITT, D.D.,

DER FAKULTÄT DES

"SOUTHERN BAPTIST THEOLOGICAL SEMINARY",

LOUISVILLE, KENTUCKY U. S. A.,

MEINEN HOCHVEREHRTEN LEHRERN

IN TREUER DANKBARKEIT

GEWIDMET.

VORWORT.

In der vorliegenden Arbeit habe ich versucht die Annalen Asurbanipals zu erklären. Der Text ist auf Tafel 1—10 des fünften Bandes des Londoner Inschriftenwerkes veröffentlicht und zwar so sorgfältig und genau, dass ich nur einige Bemerkungen dazu von einer grossen Anzahl Varianten, die ich besitze, beigebracht habe. Im letzten Herbst habe ich im British Museum in London sämmtliche Texte Asurbanipals, die zur Hand waren, collationirt oder copirt.

Von den ganzen 300 vorgefundenen, von mir durchgesehenen Tafeln waren viele sehr klein und unbedeutend, viele aber höchst interessant und sehr schwer. besonders die in neubabylonischer Schrift geschriebenen Omentexte. Die eigentliche Aufgabe, die ich unternommen habe, ist, diese ganze Sammlung im Grundtext nebst Transscription, Übersetzung, Commentar und Glossar herauszugeben. Um ein vollständiges Werk über die Keilschrifttexte Asurbanipals zu machen, soll diese Arbeit als erstes Heft dienen. Herr Theo. G. Pinches hat freundlichst einige wichtige Bemerkungen meinem Commentar hinzugefügt.

Zum Schluss fühle ich mich gedrungen, Herrn Theo. G. Pinches, Beamter des British Museum, dessen Freundlichkeit meine Londoner Studien bedeutend erleichtert hat, und meinem unvergesslichen Freund, Prof. Dr. Ira M. Price, welcher mit aufopfernder Liebenswürdigkeit mir beim Druck dieser Arbeit zur Seite gestanden hat, meinen aufrichtigsten Dank auszusprechen.

Leipzig, im November 1886.

S. A. Smith.

HEFT I.

DIE ANNALEN NACH DEM CYLINDER R^{m} 1

(VGL. V R. 1—10).

Transcription.

Col. I.

A-na-ku Ašûr-bâni-pal bi-nu-tu Ašûr u Bêlit
mâršarru rabu-u ša Bit-ri-du-u-ti
ša Ašûr u Sin bêlu agê ul-tu ûmê rûḳûtê
ni-bit šumi-šu iz-ku-ru ana šarru-u-ti
u ina libbi ummi-šu ib-nu-u a-na rê'u-ut Ašûr

Šamaš Rammânu u Ištar ina purûsi-šu-nu ki-ê-ni
iḳ-bu-u ê-piš šarru-ti-ia
Ašûr-âḫî-iddina šar Aššûr âbû ba-nu-u-a
a-mat Ašûr u Bêlit ilâni ti-ik-li-ê-šu it-ta-'-id

ša iḳ-bu-u-šu ê-piš šarru-ti-ia
ina Araḫ Airu Araḫ Ê-a bêl tê-ni-šê-ê-ti
ûmu XII ûm magâri sê-ša ša Gu-la
ina ê-piš pi-i mut-tal-li
ša Ašûr Bêlit Sin Šamaš Rammânu
Bêl Nabû Ištar ša Ninua
ilu šar-rat Kit-mu-ri Ištar ša Arba'il
Adar Nêrgal Nusku iḳ-bu-u
u-paḫ-ḫir nišê Aššûr ṣiḫir u rabû
ša tam-tim ê-li-ti u šap-lit
a-na na-ṣir tûr šarru-ti-ia u arkâ-nu
šarru-tu Aššûr ê-pi-êš a-di-ê zikri ilâni

u-ša-aš-kir-šu-nu-ti u-dan-ni-na rik-sa-a-tê
ina ḫidâtê ri-ša-a-tê ê-ru-ub ina Bit-ridu-u-ti
pa-ru nak-lu mar-kas šarru-u-ti
ša Sin-âḫi-irba âbû âbî a-li-di-ia
mâršarru-ut u šarru-ut ê-pu-šu ina lib-bi-šu

Uebersetzung.

Col. I.

Ich bin Asurbanipal das Geschöpf Asurs und der Beltis,
der grosse Prinz von Bitriduti,
welchem Asur und Sin, der Herr der Krone, aus fernen Tagen
die Benennung seines Namens zur Herrschaft genannt hatten
und im Leibe seiner Mutter zur Herrschaft Assyriens geschaffen haben,
Samas, Rammân und Istar in ihrer festen Entscheidung
geboten haben mich zum König zu erheben.
Asarhaddon, König von Assyrien, der Vater, mein Erzeuger,
verherrlichte das Geheiss Asurs und der Beltis der Götter, seiner Helfer,
welche ihm geboten hatten mich zum König zu erheben.
Im Monat Ijjar, dem Monat Eas, des Herrn der Menschheit,
am zwölften Tage, einem günstigen Tage, dem Feste Gulas,
das erhabene Gebot
Asurs, der Beltis, des Sin, Samas, Rammân,
Bêl, Nebo, der Istar von Ninewe,
der himmlischen Königin von Kitmuri, der Istar von Arbela,
des Adar, Nêrgal, Nusku, auszuführen gebot er,
versammelte die Assyrer, klein und gross,
die des oberen und des unteren Meeres
um meine Herrschaft anzuerkennen und danach
übernahm ich die Herrschaft Assyriens. Die Gesetze der Nennung der Götter
liess ich ihnen verkündigen, machte die Bündnisse fest.
Mit Freuden, Jauchzen, zog ich in Bitriduti ein,
das farrenförmige Kunstwerk(?), das Königsgemach,
wo Sanherib, der Grossvater, mein Erzeuger,
die Prinzenschaft und Herrschaft ausübte:

Col. I. a-šar Ašûr-âḫî-iddina âbû bânu-u-a ki-rib-šu ʼ-al-du

ir-bu-u ê-pu-šu bê-lut Aššûr
gi-mir ma-al-ki ir-du-u kim-tu u-rap-pi-šu

ik-ṣu-ru ni-šu-tu u sa-la-tu
u a-na-ku Ašûr-bâni-pal ki-rib-šu a-ḫu-uz ni-mê-ki Nabû
kul-lat duppi šaṭ-ru-u-ti ša gi-mir um-ma-ni
ma-la ba-šu-u iḫ-zi-šu-nu a-ḫi-iṭ
al-ma-ad ša-li-ê ḳašti ru-kub sisî narkabtu ṣa-mit-su a-ša-a-tê

ina ki-bit ilâni rabûtê ša az-ku-ra ni-bit-sun

a-da-bu-ba ta-nit-ta-šu-un iḳ-bu-u ê-piš šarru-ti-ia

za-nin êš-ri-ê-ti-šu-un u-šad-gi-la pa-nu-u-a
ki-mu-u-a ê-tap-pa-lu ên-ni-ti-ia i-na-ru ga-ri-ia
zi-ka-ru ḳar-du na-ram Ašûr u Ištar
li-ip-li-pi šarru-u-ti a-na-ku
ul-tu Ašûr Sin Šamaš Rammânu Bêl Nabû
Ištar ša Ninua ilu šar-rat Kit-mu-ri
Ištar ša Arbaʼil Adar Nêrgal Nusku
ṭa-biš u-šê-ši-bu-in-ni ina kussê âbî bâni-ia
Rammânu zunnê-šu u-maš-šê-ra Ê-a u-paṭ-ṭi-ra naḳbê-šu
ḫamiš ammatu šê-am iš-ḳu ina širî-šu
ê-ri-ik šu-bul-tu parap ammatu
îšir šibirru na-pa-aš nirba
ka-ai-an u-šaḫ-na-pu gi-pa-ru
ṣip-pa-a-ti šu-um-mu-ḫa in-bu bulê šu-tê-šur ta-lit-ti

ina palî-ia nuḫšu duḫ-du ina šanâtê-ia ku-um-mu-ru i-gal-lum

I-na maḫ-ri-ê gir-ri-ia a-na Ma-kan u Mê-luḫ-ḫa lu-u al-lik
Tar-ḳu-u šar Mu-ṣur u Ku-u-si
ša Ašûr-âḫî-iddina šar Aššûr âbû ba-nu-u-a

Col. I.

der Ort, wo Asarhaddon, der Vater, mein Erzeuger, geboren war,
gross wurde, die Herrschaft über Assyrien übte,
die Gesamtheit der Fürsten beherrschte und die Familie erweiterte,
die Menschheit und Beute sammelte,
und ich Asurbanipal erhielt dort die Weisheit des Nebo,
alle geschriebenen Tafeln, die Gesamtheit der Kunst,
so viel ihrer waren, ihren Inhalt schaute ich.
Ich lernte das Bogenschiessen, Reiten des Rosses, Lenken des Wagengespannes.
Auf Befehl der grossen Götter, die ihre Berufung ausgesprochen hatten,
ihre Erhabenheit verkündeten, mich zum König zu erheben geboten,
die Wiederherstellung ihrer Tempel mir anvertrauten,
mir meine Herrschaft übergaben(?), meinde Feinde niederwarfen,
der tapfere Mann, der Liebling Asurs und der Istar,
der Königsspross (bin) ich.
Seitdem Asur, Sin, Samas, Rammân, Bel, Nebo,
Istar von Ninewe, die himmlische Königin von Kitmuri,
Istar von Arbela, Adar, Nergal, Nusku,
mich festsetzten auf den Thron des Vaters, meines Erzeugers,
liess Rammân seinen Regen herab, öffnete Ea seine Quelle,
fünf Ellen das Getreide wurde hoch in seinem Halm(?),
die Ähren waren fünfsechstel Elle lang,
die Erndten gediehen, des Kornes wurde viel,
beständig wurde Dürftigkeit(?) hinweggetrieben(?),
die Bäume brachten viel Obst, das Vieh wurde gesegnet mit Fruchtbarkeit,
in meiner Regierungszeit war reicher Segen, Überfluss in meinen Jahren, das *igallum* wurde niedergeschlagen(?).

Auf meinem ersten Feldzug zog ich nach Ägypten und Äthiopien.
Thirhaka, König Ägyptens und Äthiopiens,
dem Asarhaddon, König Assyriens, der Vater, mein Erzeuger,

Col. I. abikta-šu iš-ku-nu-ma i-bê-lu mâta-su u šu-u Tar-ḳu-u

da-na-an Ašûr Ištar u ilâni rabûtê bêlê-ia im-ši-ma

it-ta-kil a-na ê-muḳ ra-man-i-šu ê-li šarrâni
ki-ê-pa-ni ša ki-rib Mu-ṣur u-pa-ḳi-du âbû bânu-u-a

a-na da-a-ki ḫa-ba-a-tê u ê-kim Mu-ṣur il-li-ka
ṣir-uš-šu-un ê-ru-um-ma u-šib ki-rib Mê-im-pi
âlu ša âbû bânu-u-a ik-šu-du-ma a-na mi-ṣir Aššûr u-tir-ru

al-la-ku ḫa-an-ṭu ina ki-rib Ninua il-lik-am-ma
u-ša-an-na-a ia-a-ti êlî ip-šê-ê-ti an-na-a-ti
lib-bi ê-gug-ma iṣ-ṣa-ru-uḫ ka-bit-ti
aš-ši ḳâta-ia u-ṣal-li Ašûr u Ištar Ašûr-i-tu
ad-ki-ê ê-mu-ḳi-ia ṣi-ra-a-tê ša Ašûr u Ištar
u-mal-lu-u ḳâtu-u-a a-na Mu-ṣur u Ku-u-si
us-tê-êš-šê-ra ḫar-ra-nu ina mê-ti-iḳ gir-ri-ia
XXII šarrâni ša a-ḫi tam-tim ḳabal tam-tim u na-ba-li

ardâni da-gil pa-ni-ia ta-mar-ta-šu-nu ka-bit-tu
ina maḫ-ri-ia iš-šu-num-ma u-na-aš-ši-ḳu šêpâ-ia
šarrâni ša-a-tu-nu a-di ê-mu-ḳi-šu-nu êlippê-šu-nu
ina tam-tim u na-ba-li it-ti ummâni-ia
ur-ḫu pa-da-nu u-ša-aṣ-bit-su-nu-ti
a-na na-ra-ru-u-ti ḫa-mat(?) ša šarrâni ki-pa-a-ni
ša ki-rib Mu-ṣur ardâni da-gil pa-ni-ia
ur-ru-ḫi-iš ar-di-ê-ma al-lik adi kar-ba-ni-ti
Tar-ḳu-u šar Mu-ṣur u Ku-u-si ki-rib Mê-im-pi
a-lak gir-ri-ia iš-mê-ê-ma a-na ê-piš ḳabal kakkê
u taḫâza ina maḫ-ri-ia id-ḳa-a ṣabê taḫâzi-šu
ina tukul-ti Ašûr Bêl Nabû ilâni rabûtê bêlê-ia

a-li-kut idâ-ia ina taḫâzi ṣêri rap-ši aš-ku-na abikta ummâni-šu

Tar-ḳu-u ina ki-rib Mê-im-pi iš-ma-a taḫ-tê-ê ummâni-šu

eine Niederlage bereitete und sein Land beherrschte — er, Thirhaka, Col. I.
verachtete die Macht Asurs, der Istar und der grossen Götter, meiner Herren,
vertraute auf seine eigene Macht. Gegen die Könige,
Stadtherren, die in Ägypten der Vater, mein Erzeuger, aufgestellt hatte,
zu töten, zu plündern und Ägypten zu rauben, kam er,
zog ein und sass in Memphis,
der Stadt, welche der Vater, mein Erzeuger eroberte und dem Gebiet Assyriens
hinzufügte. Ein Bote kam schnell nach Ninewe und
erzählte es mir. Über diese Thaten
wurde mein Herz zornig und mein Gemüth aufgebracht.
Ich erhob meine Hände, betete zu Asur und der Istar-Aššurit,
versammelte meine erhabenen Streitkräfte, welche Asur und Istar
mir anvertraut hatten, nach Ägypten und Äthiopien
richtete ich den Weg. Im Fortgang meines Feldzuges
trugen XXII Könige am Ufer des Meeres, inmitten des Meeres und des trockenen Landes,
mir ergebene Unterthanen, ihre schweren Geschenke
vor mich und küssten meine Füsse.
Selbigen Königen nebst ihren Streitkräften, Schiffen,
auf dem Meer und trockenem Land, mit meinem Heer
liess ich den Weg, Gebiet in Besitz nehmen.
Zur Hülfe und Unterstützung der Könige, der Stadtherren,
die in Ägypten mir ergebene Unterthanen waren,
zog ich schnell und marschirte bis Karbanit.
Thirhaka, König Ägyptens und Äthiopiens, in Memphis,
hörte den Fortgang meines Feldzugs und um mir Kampf, Gefecht
und Schlacht zu liefern, versammelte seine Kriegsleute.
Unter dem Beistande Asurs, des Bel, Nebo, der grossen Götter, meiner Herren,
die zu meiner Seite marschiren, bereitete ich auf dem weitgedehnten Schlachtfeld die
Niederlage seines Heers. Thirhaka in Memphis hörte von der Niederlage seines Heers,

Col. I. nam-ri-ri Ašûr u Ištar is-ḫu-pu-šu-ma il-li-ka maḫ-ḫu-ur

mê-lam-mê šarru-u-ti-ia ik-tu-mu-šu-ma
ša u-ṣa-ʾ-i-nu-in-ni ilâni šu-ud šamê irṣitim
Mê-im-pi u-maš-sir-ma a-na šu-zu-ub napiš-tim-šu
in-na-bit ana ki-rib Niʾ
âlu šu-a-tu aṣ-bat ummâni-ia u-šê-rib ina lib-bi
Ni-ku-u šar Mê-im-pi u Sa-ai
Šarru-lu-da-ri šar Si-ʾ-nu
Pi-sa-an-ḫu-ru šar Na-at-ḫu-u
Pa-aḳ-ru-ru šar Pi-šab-tu
Pu-uk-ku-na-an-ni-ʾ-pi šar Ḫa-at-ḫi-ri-bi
Na-aḫ-ki-ê šar Ḫi-ni-in-ši
Pu-ṭu-biš-ti šar Za-ʾ-nu
U-na-mu-nu šar Na-at-ḫu-u
Ḫar-si-ia-ê-šu šar ṣab-nu-u-ti
Pu-u-ai-ma šar Pi-in-ṭi-ṭi
Su-si-in-ḳu šar Bu-ši-ru
Tap-na-aḫ-ti šar Pu-nu-bu
Pu-uk-ku-na-an-ni-ʾ-pi šar Aḫ-ni
Ip-ti-ḫar-di-ê-šu šar Pi-ḫa-at-ti-ḫu-ru-un-pi-ki
Na-aḫ-ti-ḫu-ru-an-si-ni šar Pi-šap-di-ʾ-a
Bu-kur-ni-ni-ip šar Pa-aḫ-nu-ti
Ṣi-ḫa-a šar Ši-ia-a-u-ut
La-mê-in-tu šar Ḫi-mu-ni
Iš-pi-ma-a-ṭu šar Ta-ai-ni
Ma-an-ti-mê-a-ḫi-ê šar Niʾ
Šarrâni an-nu-ti piḫâtê ki-pa-a-ni ša ki-rib Mu-ṣur
u-pa-ḳi-du âbû ba-nu-u-a ša la-pa-an ti-bu-ut Tar-ḳu-u

pi-ḳit-ta-šu-un u-maš-šê-ru im-lu-u ṣêra
u-tir-ma a-šar pi-ḳit-ti-šu-un ina maš-kan-i-šu-un ap-ḳid-su-nu-ti

Mu-ṣur Ku-u-su ša âbû bânu-u-a ik-šu-du a-na êš-šu-ti aṣ-bat

maṣartê ê-li ša û-mê pa-ni u-dan-nin-ma u-rak-ki-sa

Col. I.

der Glanz Asurs und der Istar warf ihn nieder, ihm entgegen kommend,
der Schrecken meiner Herrschaft überwältigte ihn,
da die Götter Himmels und der Erde mich verherrlichten,
Memphis verliess er, und um sein Leben zu retten
floh er nach Thebes.
Selbige Stadt nahm ich, mein Heer liess ich einziehen, dort wohnen.
Necho, König von Memphis und Sais,
Sarruludari, König von Tanis,
Pišanḫuru, König von Natho,
Pakruru, König von Pesepṭ,
Pukkunanni'pi, König von Athribis,
Naḫkê, König von Chnes,
Puṭubišti, König von Tanis,
Unamunu, König von Natho,
Horus, König von Sebennys,
Pûa'ma, König von Mendes,
Susinḳu, König von Busiris,
Tapnaḫti, König von Momemphis,
Pukkunanni'pi, König von Aḫni,
Iptiḫardêšu, König von Piḫattiḫurunpiki,
Naḫtiḫuruansini, König von Pišapdi'a,
Bukurninip, König von Paḫnuti,
Siḫâ, König von Siût,
Lamêntu, König von Chimuni,
P-semut, König von Thyris-abydos,
Mântimêanḫê, König von Thebes,
diese Könige, Satrapen, Stadtherren, welche in Ägypten
der Vater, mein Erzeuger, festgesetzt hatte, die vor dem Anprall des Thirhaka
ihre Bestimmungen verliessen, die Wüste füllten,
brachte ich zurück und setzte sie fest an den Orten ihrer Bestimmungen.
Ägypten (und) Äthiopien, welche der Vater, mein Erzeuger, erobert hatte, stellte ich wieder her.
Die Wächter stärkte ich mehr denn in früheren Tagen und machte die

Col. I. rik-sa-a-tê it-ti ḫu-ub-ti ma-'-di šal-la-ti
ka-bit-ti šal-mêš a-tu-ra a-na Ninua
arkâ-nu šarrâni an-nu-ti ma-la ap-ḳi-du ina a-di-ia iḫ-ṭu-u

la iṣ-ṣu-ru ma-mit ilâni rabûtê ṭabta ê-pu-us-su-nu-ti im-šu-ma

lib-ba-šu-nu-ti iḳ-pu-ud limut-tu da-bab-ti sur-ra-a-ti id-bu-bu-ma
mi-lik la ku-šir im-li-ka ra-man-šu-un um-ma Tar-ḳu-u
ul-tu ki-rib Mu-ṣur i-na-saḫ-u-ma at-tu-ni a-ša-ba-ni mê-i-nu

ê-li Tar-ḳu-u šar Ku-u-si a-na ša-kan a-di-ê u sa-li-mê

u-ma-'-ê-ru rak-bi-ê-šu-nu um-ma su-lum-mu-u
ina bi-ri-in-ni liš-ša-kin-ma ni-in-dag-ga-ra a-ḫa-mêš

mâtu a-ḫi-ên-na-a ni-zu-uz-ma ai ib-ba-ši ina bi-ri-in-ni ša-nu-um-ma bê-lum
a-na ummân Aššûr ê-muḳ bêlu-ti-ia ša a-na kid-ri-šu-nu uš-zi-zu

iš-tê-ni-'-u a-mat limut-tim šu-ud-šak^pl a-ma-a-tê an-na-a-tê

iš-mu-u rak-bi-ê-š-u-un a-di šip-ra-a-ti-šu-nu iṣ-bat-u-num-ma
ê-mu-ru ip-šit sur-ra-a-tê-šu-un šarrâni an-nu-tê iṣ-bat-u-num-ma

ina bi-ri-ti parzilli iš-ḳa-ti parzilli u-tam-mê-ḫu ḳâta u šêpâ
ma-mit Ašûr šar ilâni ik-šu-us-su-nu-ti-ma ša iḫ-ṭu-u ina a-di-ê

ilâni rabûtê ṭabti ḳâtu-šu-un u-ba-'-i-ma ša ê-pu-us-su-nu-ti

du-un-ḳu u nišê Sa-ai Pi-in-ṭi-ṭi Si-'-nu
Col. II. u si-it-ti âlâni ma-la it-ti-šu-nu šak-nu ik-pu-du-limut-tu

ṣiḫir u rabû ina kakkê u-šam-ḳi-tu ê-du a-mê-lum la ê-zi-bu ina lib-bi
pagrâni-šu-nu i-lu-lu ina ga-ši-ši
(maškâni-šu-nu iš-ḫu-ṭu) u-ḫal-li-bu dûr âli

Bündnisse fest. Mit vielem Raub, mächtiger Beute, Col. I.
kehrte ich wohlbehalten nach Ninewe zurück.
Nachher, sämtliche Könige, denen ich vertraute, sündigten gegen mein Gesetz,
hielten nicht den Eid der grossen Götter, die Wohlthaten die ich ihnen gethan hatte, verachteten sie
und ihre Herzen sannen Böses, Wörter der Empörungen sprachen sie und
einen untreuen Beschluss fassten sie, also: „Thirhaka
ist aus Ägypten herausgerissen und uns verblieb die Zahl unserer Wohnsitze“.
Thirhaka, dem König Äthiopiens, um Gesetze und Bundesgenossenschaft zu machen,
schickten sie ihre Gesandten also: „Bundesgenossenschaft
zwischen uns möge gemacht werden und wir wollen mit einander verwüsten,
das Land (uns) gegenüber wollen wir theilen und sei kein fremder Herr zwischen uns“.
Wider das Heer Assyriens, die Streitkräfte meiner Herrschaft, welche ich zu einem Bündnisse mit ihnen
ausgesandt, suchten sie eine böse Sache. Meine Feldherren hörten diese Sachen,
nahmen ihre Boten nebst ihren Botschaften in Besitz und
sahen ihre aufrührischen Thaten. Selbige Könige nahmen sie gefangen
und mit eisernen Banden, Fesseln, banden sie Hand und Fuss.
Der Eidschwur Asurs, des Königs der Götter erfasste sie und die, die wider die Gesetze
der grossen Götter gesündigt hatten, deren Wohlthaten sie gesucht und die ihnen
das Beste gethan hatten, und die Leute von Sais, Mendes, Tanis,
und der übrigen Städte, alle die mit ihnen sich verbanden, Böses planten, Col. II.
klein und gross, mit Waffen vernichteten sie. Keinen Menschen liessen sie dort übrig,
ihre Leichname banden sie auf Breter,
zogen ihnen die Haut ab, bedeckten damit die Mauer der Stadt.

Col. II. šarrâni an-nu-ti ša limut-tu iš-tê-ni-'-u
a-na ummâni Aššûr bal-ṭu-us-su-nu
a-na Ninua a-di maḫ-ri-ia u-bil-u-ni
a-na Ni-ku-u ultu bi-ri-šu-nu ri-ê-mu ar-ši-šu-ma u-bal-liṭ nap-
-šat-su
a-di-ê êlî ša maḫ-ri u-ša-tir-ma it-ti-šu aš-kun

lu-bul-tu bir-mê u-lab-bi-su-ma al-lu ḫurâṣi
si-mat šarru-ti-šu aš-kun-šu ḫarrê ḫurâṣi u-rak-ki-sa

laḳ-tê-ê-šu paṭar parzilli šib-bi ša iḫ-zu-šu ḫurâṣi

ni-bit šumi-ia ina muḫ-ḫi aš-ṭur-ma ad-din-šu
narkabâtê sisê parê a-na ru-kub bêlu-ti-šu a-ḳis-su
šu-ud-šaḳ[pl] piḫâtê a-na kid-ri-šu it-ti-šu aš-pur

a-šar âbû bânu-u-a ina Sa-ai a-na šarru-u-ti ip-ḳid-du-uš

a-na maš-kan-i-šu u-tir-šu u Nabû-sê-zib-an-ni aplu-šu
a-na Ḫa-at-ḫa-ri-ba ap-ḳid ṭabtu damiḳ-tu
ê-li ša âbî bâni-ia u-ša-tir-ma è-pu-us-su
Tar-ḳu-u a-šar in-nab-tu ra-šub-bat kakki Aššûr bêli-ia
is-ḫu-up-šu-ma il-lik šimat mu-ši-šu
arkâ-nu Ur-da-ma-ni-ê apal Ša-ba-ku-u u-šib ina kussê šarru-
-ti-šu
Ni-' U-nu a-na dan-nu-ti-šu iš-kun u-paḫ-ḫi-ra êl-lat-su

a-na mit-ḫu-ṣi ummâni-ia aplê Aššûr
ša ki-rib Mê-im-pi id-ḳa-a ḳa-bal-šu
nišê ša-a-tu-nu ê-si-ir-ma iṣ-ba-ta mu-uṣ-ṣa-šu-un

allaku ḫa-an-ṭu a-na Ninua il-lik-am-ma iḳ-ba-a ia-a-ti

— — — —

I-na šanê-ê gir-ri-ia a-na Mu-ṣur u Ku-u-si uš-tê-ês-šê-ra har-
-ra-nu
Ur-da-ma-ni-ê a-lak gir-ri-ia iš-mê-ma

Col. II.

Selbige Könige, die wider das Heer Assyriens
Böses planten, brachten sie lebendig
vor mich nach Ninewe.
Necho aus ihnen begnadigte ich und schenkte ihm das Leben;

Gesetze mehr denn vorher liess ich machen und mit ihm festsetzen.
Mit buntgewirkten Gewändern bekleidete ich ihn und eine Kette,
die Auszeichnung seiner Herrschaft, machte ich ihm, goldene Ringe band ich
auf seine Finger, einen eisernen Dolch für seinen Gürtel mit goldener
Einfassung, meinen Namen schrieb ich hinauf, schenkte ich ihm.
Wagen, Rosse, Farren, für seinen Königswagen gab ich ihm.
Meine Feldherren, Satrapen, zu einem Bündniss sandte ich mit ihm.
An den Ort, den der Vater, mein Erzeuger, in Sais zur Herrschaft für ihn bestimmt hatte,
brachte ich ihn zurück und Neboschazban, seinen Sohn,
nach Ḫatḫariba setzte ich. Wohlthaten und Güte
mehr denn der Vater, mein Erzeuger, erwies ich ihm.
Thirhaka floh hinweg, die Gewalt der Waffen Asurs, meines Herrn,
warf ihn nieder, und er ging zu der Bestimmung seiner Nacht.
Darnach, Urdamanê, Sohn des Sabako, setzte sich auf den Herrscherthron
Thebes (und) On machte zu seinem Bollwerk, versammelte seine Macht,
um mit meinem Heer den Söhnen Assyriens zu kämpfen,
die sich in Memphis versammelten.
Selbige Einwohner belagerten und nahmen in Besitz ihre Ausgänge.
Ein Gesandter kam eilends nach Ninewe und erzählte es mir.

Auf meinem zweiten Feldzuge richtete ich den Weg nach Ägypten und Äthiopien.
Da Urdamanê den Fortgang meines Feldzugs hörte und

Col. II. ša ak-bu-su mi-ṣir Mu-ṣur Mê-im-pi u-maš-šir-ma
a-na šu-zu-ub napiš-tim-šu in-na-bit a-na ki-rib Ni-'
šarrâni piḫâtê ki-pa-a-ni ša ki-rib Mu-ṣur aš-ku-nu

ina irat-ia il-li-ku-u-num-ma u-na-aš-ši-ḳu šêpâ-ia
arki Ur-da-ma-ni-ê ḫar-ra-nu aṣ-bat
al-lik a-di Ni-' âl dan-nu-ti-šu
ti-ib tahâzi-ia dan-ni ê-mur-ma Ni-' u-maš-šir
in-na-bit a-na Ki-ip-ki-pi âlu šu-a-tu a-na si-ḫir-ti-šu
ina tukul-ti Ašûr u Ištar ik-šu-da ḳâta-ai

kaspu ḫurâṣu ni-siḳ-ti abnê ša-šu êkalli-šu ma-la ba-šu-u

lu-bul-ti bir-mê kitû$^{pl.}$ sisî rabûtê nišê zik-ru u zin-niš

II dim-mê maḫḫûtê pi-tiḳ za(?)-ḫa-li-ê ib-bi
šâ II M V C bilâtê ki-lal-šu-nu man-za-az bâb êkurri
ul-tu man-za-al-ti-šu-nu as-suḫ-šu-ma al-ḳa-a a-na Aššûr
šal-la-tu ka-bit-tu ina la mê-ni aš-lu-la ul-tu ki-rib Ni-'
ê-li Mu-ṣur u Ku-u-si
kakkê-ia u-šam-ri-ir-ma aš-ta-kan li-i-tu
it-ti ḳa-ti ma-li-ti šal-mêš a-tu-ra
a-na Ninua âl bêlu-ti-ia

Ina šal-ši gir-ri-ia êlî Ba-'-li šar Ṣur-ri

a-šib ḳabal tam-tim lu-u al-lik
ša a-mat šarru-ti-ia la iṣ-ṣu-ru la iš-mu-u zi-kir šap-tê-ia

ḫal-ṣu^{pl} ê-li-šu u-rak-kis
ina tam-tim u na-ba-li gir-ri-ê-ti-šu u-ṣab-bit
nap-šat-su-nu u-si-iḳ u-kar-ri
a-na nîri-ia u-šak-ni-is-su-nu-ti
mârat ṣi-it lib-bi-šu u mârâtê aḫê-šu

a-na ê-piš šal tuklu-u-ti u-bi-la a-di maḫ-ri-ia

dass ich die Grenze Ägyptens betreten habe, verliess er Memphis und, Col. II.
um sein Leben zu retten, floh nach Thebes.
Die Könige, Satrapen, Stadtherren, die ich in Ägypten festgesetzt hatte,
kamen zu mir und küssten meine Füsse.
Urdamanê nach nahm ich den Weg,
marschirte nach Thebes seiner Burg.
Den mächtigen Anprall meiner Schlacht sah er und verliess Thebes,
floh nach Kipkip. Selbige Stadt nach ihrem ganzen Umfang,
unter dem Beistande Asurs und der Istar, eroberten meine Hände.
Silber, Gold, Edelgestein, die Sachen(?) seines Palastes, so viel ihrer waren,
buntgewirkte, linnene(?) Gewänder, grosse Rosse, die Einwohner, Mann und Weib;
zwei mächtige Obelisken von glänzendem *zaḫalê* gemacht,
2500 Talenten an Gewicht, die vor dem Palastthor standen
riss ich aus ihren Plätzen heraus und brachte ich nach Assyrien.
Schwere Beute ohne Zahl führte ich aus Thebes fort.
Über Ägypten und Äthiopien
liess ich meine Waffen wüthen und festigte meine Macht.
Mit vollen Händen kehrte ich wohlbehalten
nach Ninewe meiner Königsstadt zurück.

Auf meinem dritten Feldzug zog ich wider Ba'al den König von Tyrus,
der mitten im Meere wohnt,
der mein königliches Gebot nicht beobachtete, der Rede meiner Lippen nicht gehorchte,
Schanzen wider ihn warf ich auf.
Zu Wasser und zu Land seine Wege nahm ich.
Ihr Leben bedrängte ich, brachte ich in Noth,
unter mein Joch unterwarf ich sie,
die Tochter, der Sprössling seines Leibes und die Tochter seiner Brüder
brachte er vor mich zu Concubinen.

Col. II. Ja-ḫi-mil-ki aplu-šu ša ma-tê-ma ti-amat la é-bê-ra
iš-tê-niš u-šê-bi-la a-na ê-piš ardu-ti-ia
mârat-su u mârâtê âḫê-šu
it-ti tir-ḫa-ti ma-ʾ-as-si am-ḫur-šu
ri-ê-mu ar-ši-šu-ma ap-lu ṣi-it lib-bi-šu u-tir-ma a-din-šu

Ja-ki-in-lu-u šar A-ru-ad-da a-šib ḳabal tam-tim

ša a-na šarrâni âbê-ia la kan-šu ik-nu-ša a-na nîri-ia

mârat-su it-ti nu-dun-ni-ê ma-ʾ-di
a-na ê-piš šal tuklu-u-ti a-na Ninua
u-bil-am-ma u-na-aš-ši-ḳa šêpâ-ia
Mu-gal-lu šar Tab-âlu ša it-ti šarrâni âbê-ia
id-bu-bu da-za-a-ti
bi-in-tu ṣi-it lib-bi-šu it-ti tir-ḫa-ti
ma-ʾ-as-si a-na ê-piš šal tuklu-u-ti a-na Ninua
u-bil-am-ma u-na-aš-šiḳ šêpâ-ia
êlî Mu-gal-li sisê rabûtê
man-da-at-tu šat-ti-šam-ma u-kin ṣir-uš-šu
Sa-an-da-šar-mê Ḫi-lak-ka-ai
ša a-na šarrâni âbê-ia la ik-nu-šu

la i-šu-ṭu ab-ša-an-šu-un
mârat ṣi-it lib-bi-šu it-ti nu-dun-ni-ê ma-ʾ-di

a-na ê-piš šal tuklu-u-ti a-na Ninua
u-bil-am-ma u-na-aš-šiḳ šêpâ-ia
ul-tu Ja-ki-in-lu-u šar A-ru-ad-da ê-mê-du mât-šu
A-zi-ba-ʾ-al A-bi-ba-ʾ-al A-du-ni-ba-ʾ-al
Sa-pa-ṭi-ba-al Pu-di-ba-al Ba-ʾ-al-ia-šu-pu
Ba-ʾ-al-ḫa-nu-nu Ba-ʾ-al-ma-lu-ku A-bi-mil-ki Aḫi-mil-ki
aplê Ja-ki-in-lu-u a-šib ḳabal tam-tim
ul-tu ḳabal tam-tim ê-lu-num-ma it-ti ta-mar-ti-šu-nu ka-bit-ti

il-li-ku-u-num-ma u-na-aš-ši-ḳu šêpâ-ia
A-zi-ba-ʾ-al ḫa-diš ap-pa-lis-ma

Col. II.

Jachimelech, seinen Sohn, der nimmer das Meer überschritt
liess er sogleich nachführen um mir Gehorsam zu leisten.
Seine Tochter und die Töchter seiner Brüder
mit ihren vielen Geschenken(?) empfing ich.
Gnade bewilligte ich ihm und den Sohn, den Sprössling seines Leibes, brachte ich zurück und
übergab ihm. Jakinlu, der König von Arados, der mitten im Meere wohnt,
der sich den Königen meinen Vätern nicht gebeugt hatte, unterwarf sich
unter mein Joch; seine Tochter mit vielen Geschenken
brachte er zur Concubine nach Ninewe
und küsste meine Füsse.
Mugallu, König von Tubal, der wider die Könige, meine Väter, Krieg plante,
brachte die Tochter, den Sprössling seines Leibes, mit ihren
Geschenken(?) zur Concubine nach Ninewe
und küsste meine Füsse.
Dem Mugallu grosse Rosse,
Tribut, legte ich alljährlich auf.
Sandasarmê von Cilicien,
welcher sich den Königen, meinen Vätern, nicht unterworfen hatte,
ihr Joch nicht zog,
brachte die Tochter, den Sprössling seines Leibes, mit vielen Geschenken
zur Concubine nach Ninewe
und küsste meine Füsse.
Seitdem ich Jakinlu, dem König von Arados, sein Land unterwarf,
Aziba'al, Abiba'al, Aduniba'al,
Sapaṭibaal, Pudibaal, Ba'aljasup,
Ba'alḫanun, Ba'almaluk, Abimelech, Ahimelech,
die Söhne von Jakinlu, die mitten im Meere wohnen,
stiegen aus der Mitte des Meeres herauf und kamen mit schweren Geschenken
und küssten meine Füsse.
Aziba'al schaute ich mit Freude an und

Col. II. a-na šarru-u-ti A-ru-ad-da aš-kun-šu
A-bi-ba-'-al A-du-ni-ba-al Sa-pa-ṭi-ba-al
Pu-di-ba-al Ba-'-al-ia-šu-pu Ba-'al-ḫa-nu-nu
Ba-'-al-ma-lu-ku A-bi-mil-ki A-ḫi-mil-ki
lu-bul-ti bir-mê u-lab-biš ḫarrê ḫurâṣi u-rak-ki-sa

laḳ-tê-ê-šu-nu ina maḫ-ri-ia ul-ziz-su-nu-ti
Gu-ug-gu šar Lu-ud-di na-gu-u ša ni-bir-ti tâmdi
aš-ru ru-u-ḳu ša šarrâni âbê-ia la iš-mu-u zi-kir šumi-šu

ni-bit šumi-ia ina šutti u-šab-ri-šu-ma Ašûr ilu ba-nu-u-a

um-ma šêpâ Ašûr-bâni-pal šar Aššûr ṣa-bat-ma

ina zi-kir šumi-šu ku-šu-ud nakrê-ka
û-mu šuttu an-ni-tu ê-mu-ru rak-bu-šu iš-pu-ru
a-na ša-'-al šul-mê-ia šuttu an-ni-tu ša ê-mu-ru
ina ḳâta allaki-šu iš-pur-am-ma u-ša-an-na-a ia-a-ti
ul-tu lib-bi û-mê ša iṣ-ba-tu šêpâ šarru-ti-ia
Gi-mir-ra-ai mu-dal-li-pu nišê mâti-šu
ša la ip-tal-la-ḫu âbê-ia u at-tu-u-a la iṣ-ba-tu
šêpâ šarru-ti-ia ik-šu-ud
ina tukul-ti Ašûr u Ištar ilâni bêlê-ia ul-tu lib-bi ḫazânâtê

ša Gi-mir-ra-ai ša ik-šu-da II ḫazânâtê

ina ṣi-iṣ-ṣi iš-ḳa-ti parzilli bi-ri-ti parzilli u-tam-mê-iḫ-ma
it-ti ta-mar-ti-šu ka-bit-tu u-šê-bi-la a-di maḫ-ri-ia
rak-bu-šu ša a-na ša-'-al šul-mê-ia ka-ai-an iš-ta-nap-pa-ra

u-šar-ša ba-ṭi-il-tu aš-šu ša a-mat Ašûr ili bâni-ia

la iṣ-ṣu-ru a-na ê-muḳ ra-man-i-šu it-ta-kil-ma ig-bu-uš lib-bu

ê-mu-ḳi-ê-šu a-na kid-ri Tu-ša-mê-il-ki šar Mu-ṣur

ša is-lu-u nir bêlu-ti-ia iš-pur-ma a-na-ku aš-mê-ê-ma

zur Herrschaft von Arados bestimmte ich ihn. Col II.
Abiba'al, Adunibaal, Sapaṭibaal,
Pudibaal, Ba'aljasup, Ba'alḫanun,
Ba'almaluk, Abimelech, Ahimelech,
mit buntgewirkten Gewändern bekleidete ich, goldene Ringe band ich
auf ihre Finger, vor mich stellte ich sie.
Zu Gyges, dem König von Lydien, ein Bezirk jenseits des Meeres,
ein ferner Ort, dessen Namen die Könige meiner Väter nicht hatten nennen hören,
das Gerücht meines Namens in einem Traum liess Asur der Gott, mein Erzeuger, eilen,
also: „Die Füsse Asurbanipals des Königs von Assyrien umfasse und
in Nennung seines Namens erobere deine Feinde".
An dem Tage, da er diesen Traum sah, sandte er seinen Boten
um mich zu grüssen. Diesen Traum, welchen er sah,
sandte er durch die Hand seines Boten und that ihn mir kund.
Von der Zeit an, dass er meine Königsfüsse umfasste,
die Gimerier, die Geissel(?) der Bewohner seines Landes,
die meine Väter und mich nicht fürchteten, meine Königsfüsse
nicht umfassten, eroberte er.
Unter dem Beistande Asurs und der Istar, meiner Herren, von den
Stadtherren der Gimerier, die er gefangen genommen hatte, zwei Stadtherren
mit Schellen, eisernen Fesseln, eisernen Banden, nahm er fest und
mit schweren Geschenken brachte sie vor mich.
Seinen Gesandten, welchen er um mich zu grüssen beständig gesandt hatte,
hielt er zurück, weil er das Gebot Asurs, des Gottes, meines Erzeugers,
nicht hielt, auf seine eigene Kraft vertraute und (sein) Herz trotzig ward.
Seine Streitkräfte zum Bündnisse mit Tusamelech, König Ägyptens,
der das Joch meiner Herrschaft abgeworfen hatte, sandte er. Ich

Col. II. u-ṣal-li Ašûr u Ištar um-ma pa-an nakri-šu pa-gar-šu li-na-di-ma

liš-šu-u-ni nir-pad-du[pl] ki-i ša a-na Ašûr am-ḫu-ru iš-lim-ma

pa-an nakri-šu pa-gar-šu in-na-di-ma iš-šu-u-ni nir-pad-du[pl]-šu

Gi-mir-ai ša ina ni-bit šumi-ia ša-pal-šu ik-bu-su

it-bu-num-ma is-pu-nu gi-mir mâti-šu arka-šu aplu-šu u-šib ina kussê-šu

ip-šit limut-tim ša ina ni-iš ḳâta-ia ilâni tik-li-ia

ina pa-an âbî bâni-šu u-šap-ri-ku ina ḳâta allaki-šu iš-pur-am-ma

iṣ-ba-ta šêpâ šarru-ti-ia um-ma šarru ša ilu i-du-u-šu at-ta

âbu-u-a ta-ru-ur-ma limuttu iš-ša-kin ina pa-ni-šu
ia-a-ti ardu pa-laḫ-ka šat-ban-ni-i ma-la šu-ṭa ab-ša-an-ka

Ina rêbe-ê gir-ri-ia ad-ḳi ummâna-ia êlî Aḫ-šê-ê-ri
šar Man-na-ai uš-tê-eš-ra ḫar-ra-nu ina ki-bit Ašûr, Sin, Šamaš

Rammânu Bêl Nabû Ištar ša Ninua ilu bêlit Kit-mu-ri Ištar ša Arba'il
Adar Nêrgal Nusku ki-rib Man-na-ai ê-ru-ub-ma it-tal-lak šal-ṭis
âlâni-šu dan-nu-ti a-di ṣiḫrûtê ša ni-i-ba la i-šu-u
a-di ki-rib I-zir-ti akšu-ud ab-bul ag-gur ina išâti aḳ-mu

nišê sisê imêrê alpê u ṣi-ê-ni ul-tu ki-rib âlâni ša-a-tu-nu
u-šê-ṣa-am-ma šal-la-tiš am-nu Aḫ-šê-ê-ri a-lak gir-ri-ia

iš-mê-ê-ma u-maš-šir I-zir-tu âl šârru-u-ti-su
Col. III. a-na Iš-ta-at-ti âl tukul-ti-šu in-na-bit-ma ê-ḫu-uz
mar-ki-tu Na-gu-u šu-a-tu ak-šu-ud ma-lak X û-mê V. û-mê

hörte es und betete zu Asur und der Istar also: „Vor seine Feinde seinen Leichnam mögen Col. II.
sie werfen und mögen sie nehmen seine Gebeine“. Gleichwie ich Asur anflehte, gewährte er mir.
Vor seine Feinde warfen sie seinen Leichnam nieder und sie nahmen seine Gebeine.
Die Gimerier, die er durch die Nennung meines Namens unter sich niedergetreten hatte,
kamen und unterwarfen die Gesamtheit seines Landes. Nach ihm setzte sich sein
Sohn auf seinen Thron. Das böse Werk, welches auf mein Gebet, die Götter, meine Helfer,
über dem Vater, seinem Erzeuger (brachten), schaffte er weg, durch die Hand seines Boten sandte er und
umfasste meine Königsfüsse, also: „Der König, den Gott ersehen hat, bist du;
mein Vater wankte und Böses geschah damals,
ich bin der Knecht, dein Verehrer, der Alle deinen Strang(?) ziehen lässt“.

Auf meinen vierten Feldzug bot ich mein Heer auf, wider Achseri
König der Mannäer richtete ich den Weg. Auf Befehl Asurs, des Sin, Samas,
Rammân, Bel, Nebo, der Istar von Ninewe, der himmlischen Königin von Kitmuri, der Istar
von Arbela, des Adar, Nergal, Nusku, zog ich in die Mitte der Mannäer und marschirte siegreich.
Seine festen Städte nebst den kleinen ohne Zahl
mitten in Izirti nahm ich ein, verwüstete, zerstörte, verbrannte ich mit Feuer.
Leute, Rosse, Esel, Rinder und Kleinvieh aus selbigen Städten
führte ich fort und behandelte ich als Kriegsbeute. Achseri hörte den Fortgang meines
Feldzugs und verliess Izirtu seine Königsstadt.
Nach Istâti seiner Festung floh er und nahm Col. III.
Zuflucht. Selbigen Bezirk eroberte ich, eine Strecke 15 Tage

Col. III. u-šaḫ-rib-ma ša-ḳu-um-ma-tu at-bu-uk
Aḫ-šê-ê-ri la pa-laḫ bêlu-ti-ia ina a-mat Ištar
a-ši-bat Arba-il ša ultu ri-ê-ši taḳ-bu-u
am-ma ana-ku mi-tu-tu Aḫ-šê-ê-ri šar Man-na-ai
ki-i ša aḳ-bu-u ip-pu-uš ina ḳâta ardâni-šu tam-nu-šu-u-ma

nišê mâti-šu si-ḫu êlî-šu u-šab-šu-u ina sûḳi âli-šu ša-lam-ti-šu

id-du-u-šu in-da-aš-ša-ru pa-gar-šu
âḫê-šu ḳin-nu-šu zêr bît âbî-šu u-sam-ḳi-tu ina kakkê

arkâ-nu U-a-al-li-i aplu-šu u-šib ina kussê-šu
da-na-an Ašûr Sin Šamaš Rammânu Bêl Nabû
Ištar ša Ninua ilu šar-rat Kit-mu-ri
Ištar ša Arba'il Adar Nêrgal Nusku
ilâni rabûtê bêlê-ia ê-mur-ma
ik-nu-ša a-na nîri-ia
aš-šu ba-laṭ napiš-tim-šu ub-na-a-šu ip-ta-a u-ṣal-la-a bêlu-u-ti

Ė-ri-ši-in-ni apal ri-du-ti-šu
a-na Ninua iš-pur-am-ma u-na-aš-ši-ḳa šêpâ-ia
ri-ê-mu ar-ši-šu-u-ma
allaka-ia ša šul-mê u-ma-'-ir ṣîr-uš-šu
mârat ṣi-it lib-bi-šu u-šê-bi-la a-na ê-piš šal tuklu-u-ti

ma-da-at-ta-šu maḫ-ri-tu ša ina tir-ṣi šarrâni âbê-ia

u-šab-ṭi-lu iš-šu-u-ni a-di maḫ-ri-ia
XXX sisê êlî ma-da-at-ti-šu maḫ-ri-ti
u-rad-di-i-ma ê-mê-is-su

Ina ḫaš-ši gir-ri-ia a-na Ėlamti
uš-tê-êš-šê-ra ḫar-ra-nu
ina ki-bit Ašûr Sin Šamaš Rammânu Bêl Nabû
Ištar ša Ninua ilu šar-rat Kit-mu-ri
Ištar ša Arba'il Adar Nêrgal Nusku

Col. III.

verwüstete ich, Weh goss ich aus.
Achseri, der meine Herrschaft nicht fürchtete, auf Befehl der Istar,
die in Arbela wohnt, die von Anfang an also sprach:
„Ich bin der Tödter von Achseri, König der Mannäer.
Wie ich befehle, so wird es gemacht", übergab sie den Händen seiner Knechte,
die Einwohner seines Landes empörten sich wider ihn, auf die Strasse seiner Stadt
warfen seinen Leichnam, zerfleischen(d) seine Leiche.
Seine Brüder, seine Familie, den Samen des Hauses seines Vaters, warfen sie nieder mit Waffen.
Nachher setzte sich Uâllî, sein Sohn, auf seinen Thron.
Die Macht Asurs, des Sin, Samas, Rammân, Bel, Nebo,
der Istar von Ninewe, der himmlischen Königin von Kitmuri,
der Istar von Arbela, des Adar, Nergal, Nusku,
der grossen Götter, meiner Herren, sah er und
beugte sich unter mein Joch.
Um sein Leben zu retten machte er seine Hand auf, flehte meine Herrschaft an,
Erisinni seinen königlichen Sohn,
sandte er nach Ninewe und küsste meine Füsse.
Gnade bewilligte ich ihm und
meinen Friedensboten sandte ich zu ihm.
Die Tochter, der Sprössling seines Herzens, liess er bringen zur Concubine;
seinen früheren Tribut, welchen er zur Zeit der Könige, meiner Väter,
zurückgehalten, brachte er vor mich.
Dreissig Rosse zu seinem früheren Tribut
fügte ich hinzu und legte (es) ihm auf.

Auf meinem fünften Feldzug
richtete ich den Weg nach Elam.
Auf Befehl Asurs des Sin, Samas, Rammân, Bel, Nebo,
der Istar von Ninewe, der himmlischen Königin von Kitmuri,
der Istar von Arbela, des Adar, Nergal, Nusku,

Col. III. ina araḫ ulûlu araḫ šar ilâni Ašûr
âbû ilâni rubû nam-nir
ki-ma ti-ib mê-ḫi-ê iz-zi
ak-tu-um Èlamtu a-na si-ḫir-ti-ša
ak-kis ḳakḳadu Tê-um-man šarru-šu-nu
mul-tar-ḫu iḳ-pu-da limut-tu
ina la mê-ni a-duk ḳu-ra-di-ê-šu
ina ḳâta balâṭê u-ṣab-bit mun-daḫ-ṣi-ê-šu
bêla-a-ti-šu-nu ki-ma is(?)-nim u âšagu
u-mal-la-a ta-mir-ti Šu-ša-an
pagrâni-šu-nu nâru U-la-ai u-šar-di
mê-ša aṣ-ru-up ki-ma na-ba-as-si
Um-man-i-gaš apal Ur-ta-ki šar Èlamti
ša la-pa-an Tê-um-man a-na Aššûr in-nab-tu iṣ-ba-ta šêpâ-ia
it-ti-ia u-bil-šu a-na Èlamti
u-šê-šib-šu ina kussê Tê-um-man
Tam-ma-ri-tu aḫû-šu šal-ša-ai ša it-ti-šu in-nab-ta
ina Ḫi-da-lu aš-kun-šu a-na šarru-u-ti
ul-tu kakkê Ašûr u Ištar êlî Èlamti u-šam-ri-ru

aš-tak-ka-nu da-na-nu u li-i-tu
ina ta-ai-ar-ti-ia êlî Du-na-ni Gam-bu-la-ai
ša a-na Èlamti it-tak-lu aš-ku-na pa-ni-ia
Ša-pi-i-bêl âl tukul-ti Gam-bu-li ak-šu-ud
ki-rib âli šu-a-tu ê-ru-ub
nišê-šu as-liš u-ṭab-bi-iḫ
Du-na-nu Sa-am-ʼ-gu-nu
mu-nir-ri-ṭu êpiš šarru-ti-ia
ṣi-iṣ-ṣi iš-ḳa-ti parzilli bi-ri-ti parzilli
u-tam-mê-ḫa ḳâta u šêpâ
si-it-ti aplê Bêl-ba-ša ḳin-nu-šu zêr bît âbî-šu

ma-la ba-šu-u Nabû-naʼid Bêl-êṭe-ir
aplê Nabû-zikir-êre-êš Tig-ên-na
u nir-pad-du^{pl} âbi ba-ni-šu-nu
it-ti Ur-bi tê-bi-ê Gam-bu-li
alpê ṣi-ê-ni imêrê sisê parê

im Monat Elul, dem Monat des Königs der Götter, Asurs, Col. III.
des Vaters der Götter, des glänzenden Fürsten,
wie der mächtige Anprall des Sturms
überwältigte ich Elam nach seinem ganzen Umfang,
schnitt ab den Kopf des Teumman, ihres Königs,
der Gewaltige der Böses geplant hatte.
Ohne Zahl tötete ich seine Krieger,
mit meinen Händen nahm ich seine Streiter lebendig gefangen;
ihre Herrinnen, wie Stacheln(?) und Dornen,
füllten die Gegend von Susa;
über ihre Leichname liess ich den Eulaeus fliessen,
sein Wasser färbte ich wie Wolle.
Ummanigas, Sohn des Urtaki, Königs von Elam,
der vor Teumman nach Assyrien floh, meine Füsse umfasste,
brachte ich mit mir nach Elam,
setzte ihn auf den Thron des Teumman.
Tammaritu, seinen dritten Bruder, der mit ihm floh,
bestimmte ich zur Herrschaft in Ḫidalu.
Seitdem ich die Waffen Asurs und der Istar über Elam wüthen liess,
bekam ich Macht und Sieg.
Auf meiner Rückkehr, wider Dunanu, die Gambuläer,
die auf Elam vertrauten, setzte ich mein Angesicht.
Sapibel die Festung von Gambuli, eroberte ich,
in selbige Stadt zog ich ein,
die Einwohner schlachtete ich wie Lämmer.
Dunanu, Sâm'gunu,
die meiner Herrschaft widerstrebten,
mit starken eisernen Fesseln, eisernen Banden,
band ich Hand und Fuss.
Die übrigen Söhne des Belbasa, seine Familie, den Samen des Hauses seines Vaters,
so viel ihrer waren, Nabonidus, Belêtêr,
die Söhne des Nebozikrêrêš, die *Tigênna*
und die Gebeine des Vaters ihres Erzeugers
nebst den Arabern, welche die Leute von Gambuli angriffen,
Rinder, Kleinvieh, Esel, Rosse, Farren,

Col. III. ul-tu ki-rib Gam-bu-li aš-lu-la a-na Aššûr
Ša-pi-i-bêl âl tukul-ti-šu
ab-bul ag-gur ina mê uš-ḫar-miṭ

Ina û-mê-šu Šamaš-šum-ukîn aḫû la ki-ê-nu
ša ṭabta ê-pu-šu-uš
aš-ku-nu-uš a-na šarru-ut Bâbîli
mimma-ḫis-su si-ma-a-tê ša šarru-ti ê-pu-uš-ma a-din-šu

ṣabê sisê narkabâtê
ak-ṣur-ma u-mal-la-a ka-tuš-šu
âlâni êklê kirêtu nišê a-šib lib-bi-šu-nu

u-ša-tir-ma êlî ša âbî bâni-ia ak-bu-u a-din-šu

u šu-u damku an-ni-tu ê-pu-šu-uš im-ši-ma

iš-tê-ni-'-a li-mut-tu
ê-liš ina šap-tê-ê-šu i-tam-ma-a ṭu-ub-ba-a-ti
šap-la-nu lib-ba-su ka-ṣir ni-ir-tu
aplê Bâbîli ša êlî Aššur am-ru
ardâni da-gil pa-ni-ia ip-ru-us-ma
da-bab la kit-tê id-bu-ba it-ti-šu-un
ina ši-pir ni-kil-ti a-na ša-'-al šul-mê-ia
a-na Ninua a-di maḫ-ri-ia iš-pu-ra-aš-šu-nu-ti
a-na-ku Ašûr-bâni-pal šar Aššûr
ša ilâni rabûtê ši-mat damik-tim i-ši-mu-uš

ib-nu-u-šu ina kit-tê u mi-ša-ri
aplê Bâbîli-šu-nu-ti ina paššûri tak-ni-ê
ul-ziz-su-nu-ti lu-bul-ti kitû bir-mê
u-lab-bi-su-nu-ti ḫarrê ḫurâṣi u-rak-kis
lak-tê-ê-šu-nu a-di apal Bâbîli-šu-nu-ti
ki-rib Aššûr u-šu-uz-zu
i-dag-ga-lu pa-an ša-kan ṭê-mê-ia
u šu-u Šamaš-šum-ukîn aḫû la ki-ê-nu

Col. III.

aus Gambuli führte ich fort nach Assyrien.
Sapibel, seine Festung
zerstörte ich, verwüstete ich, begrub ich in Wasser.

In jenen Tagen, Samassumukin, mein untreuer Bruder,
dem ich Gutes gethan hatte,
zur Herrschaft Babylons bestimmt hatte,
allerlei Auzeichnungen der Herrschaft bereitete und ihm schenkte,
Krieger, Rosse, Wagen
sammelte und füllte seine Hände.
Städte, Felder, Baumpflanzungen, die Leute, die in ihrer Mitte wohnen,
machte ich zahlreicher, und mehr denn der Vater, mein Erzeuger, geboten hatte, gab
ich ihm, und er verachtete diese Wohlthaten, die ich ihm gethan hatte, und
suchte Böses;
mit seinen Lippen sprach er Gutes,
in seinem Herzen hegte er Aufruhr,
die Babylonier, die zahlreicher als die Assyrer waren,
meine ergebenen Unterthanen, wandte er ab und
aufrührische Reden führte er mit ihnen;
mit einer arglistigen Botschaft mich zu grüssen,
sandte sie zu mir nach Assyrien.
Ich, Asurbanipal, König von Assyrien,
den die grossen Götter mit einer guten Bezeichnung bezeichnet haben,
mit Treue und Gerechtigkeit geschaffen haben,
stellte die Söhne Babylons in ein reich geschmücktes Gemach,
bekleidete sie mit buntgewirkten, linnenen(?) Kleidern,
band ihnen goldene Ringe auf ihre Finger,
nebst ihren Söhnen
in Assyrien stellte ich sie.
Sie waren gehorsam meinem Befehl,
und er, Samassumukin, mein untreuer Bruder,

Col. III. ša la iṣ-ṣu-ru a-di-ia nišê Akkadu Kal-du

A-ra-mu mât tam-tim ul-tu A-ḳa-ba
adi Bab-sa-li-mê-ti ardâni da-gil pa-ni-ia
uš-bal-kit ina ḳâta-ia u Um-man-i-gaš
mun-nab-tu ša iṣ-ba-tu šêpâ šarru-ti-ia
ša ki-rib Elamti aš-ku-nu-uš a-na šarru-u-ti
u šarrâni Gu-ti-ê Aḫarrê Mê-luḫ-ḫi-ê

ša ina ḳi-bit Ašûr Bêlit iš-tak-ka-nu ḳâta-ai

nap-ḫur-šu-nu it-ti-ia u-šam-kir-ma
it-ti-šu iš-ku-nu pi-i-šu-un
abullê Sippar Bâbîli Bar-sip
u-dil-ma ip-ru-sa âḫu-u-tu
ê-li dûr âlâni ša-a-tu-nu
mun-daḫ-ṣi-ê-šu u-šê-li-i-ma
it-ti-ia ê-tê-ni-ip-pu-šu taḫâza
ê-piš nikê-ia la-pa-an Bêl apal Bêl
nu-ur ilâni Šamaš u ḳu-ra-di Lubaru(?)
ik-la-ma u-šab-ṭi-la na-dan zi-bi-ia
a-na ê-kim ma-ḫa-zi šu-bat ilâni rabû-tê
ša êš-ri-ê-ti-šu-nu ud-di-šu u-ṣa-'-i-nu ḫurâsi u kaspi
ki-rib-šu-nu aš-tak-ka-nu si-ma-a-tê iḳ-pu-ud limut-tu
ina û-mê-šu-ma êštê-ên šabrû
ina šad mu-ši u-tul-ma
i-naṭ-ṭa-al šutta
um-ma ina êlî ki-gal-li ša Sin ša-ṭir-ma
ma-a šait-ti Ašûr-bâni-pal šar Aššûr
iḳ-pu-du limuttu ip-pu-šu ṣi-ê-lu-u-tu
mu-u-tu lim-nu a-šar-raḳ-šu-nu-ti
ina paṭar parzilli ḫa-an-ṭi mi-ḳit išâti ḫušâḫu

lipi-it Lubari(?) u-ḳat-ta-a nap-šat-su-un
an-na-a-tê aš-mê-ê-ma ad-gil a-na a-mat Sin bêli-ia

Col. III.

der mein Gesetz nicht beobachtete, brachte die Einwohner von Akkad, Chaldäa
Aram, des Meerlandes, von Achab
bis Babsalimêt, mir gehorsame Unterthanen,
zum Abfall wider meine Hand, und Ummanigas
den Flüchtling. der meine Königsfüsse umfasste,
den ich in Elam zur Herrschaft bestimmte,
und die Könige des Landes Guti, des Westlandes, des Landes Äthiopien,
welche auf den Befehl Asurs und der Beltis meine Hände unterworfen hatten,
sie alle reizte er wider mich zur Empörung und
mit ihm setzten sie sich in's Einvernehmen.
Die Stadtthore von Sippar, Babylon, Borsippa,
verriegelte er und hob die Brüderschaft auf.
Auf die Mauern selbiger Städte
liess er seine Krieger hinaufgehen und
wider mich Schlacht liefern.
Die Leistung meiner Opfer vor Bel, dem Sohn des Bels,
dem Lichte der Götter, Samas und dem mächtigen Pestgott
verweigerte er und hielt zurück meine Opferspende.
Um die Ortschaften, die Wohnsitze der grossen Götter, zu rauben,
deren Tempel ich erneuert, mit Gold, Silber, schön gemacht,
in ihnen Auszeichnungen gesetzt hatte, plante er Böses.
In jenen Tagen legte ein Seher
am Anbruch selbiger Nacht sich schlafen und
schaute einen Traum,
also: „Auf der weiten Erde steht von Sin geschrieben
also: die wider Asurbanipal, König von Assyrien
Böses planten, Kampf lieferten,
einen bösen Tod gebe ich ihnen,
mit einem eisernen Dolch, schneller Niederwerfung in's Feuer, Hungersnoth,
Umschliessung des Pestgottes beende ich ihr Leben."
Diese Dinge hörte ich und verliess mich auf das Wort des Sin, meines Herrn.

Col. III. Ina šêš-ši gir-ri-ia ad-ḳi ummâni-ia
ṣîr Šamaš-šum-ukîn uš-tê-êš-šê-ru ḫar-ra-nu
ḳi-rib Sippar Bâbili Bar-sip Kûti
ṣa-a-šu ga-du mun-daḫ-ṣi-ê-šu ê-ši-ir-ma
u-ṣab-bi-ta mu-uṣ-ṣa-šu-nu
ki-rib âli u ṣêri ina la mê-ni aš-tak-ka-na abikta-šu
si-it-tu-u-ti ina lipi-it Lubari (?)
su-nu-ḳu bu-bu-ti iš-ku-nu na-piš-tu
Um-man-i-gaš šar Êlamti ši-kin ḳâta-ia
ša da-'-a-tu im-ḫu-ru-šu-ma
it-ba-a a-na kid-ri-šu
Col. IV. Tam-ma-ritu ṣîr-uš-šu ib-bal-kit-ma
ša-a-šu ga-du kim-ti-šu u-ras-sip ina kakkê
arka Tam-ma-ri-tu ša arki Um-man-i-gaš
u-ši-bu ina kussê Êlamti
la iš-a-lu šu-lum šarru-ti-ia
a-na ri-ṣu-tu Šamaš-šum-ukîn âḫî nak-ri
il-lik-am-ma a-na mit-ḫu-ṣi ummâni-ia
ur-ri-ḫa kakkê-šu
ina su-up-pi-ê ša Ašûr u Ištar u-sap-pu-u
tan-nin-ni-ia il-ḳu-u iš-mu-u zi-kir šaptê-ia
In-da-bi-gaš arad-su ṣîr-uš-šu ib-bal-kit-ma
ina tâḫâzi ṣêri iš-ku-na abikta-šu Tam-ma-ri-tu

šar Êlamti ša êli ni-kis ḳaḳḳadu Tê-um-man
mi-ri-iḫ-tu iḳ-bu-u
ša ik-ki-su a-ḫu-ur-ru ummâni-ia
um-ma i-nak-ki-su-u ḳaḳḳadu šar Elamti
ki-rib mâti-šu ina puḫur ummâni-ia
ša-ni-ia-a-ni iḳ-bi u Um-man-i-gaš
ki-ê u-na-aš-šik ḳaḳ-ḳa-ru
ina pa-an allakê ša Ašûr-bâni-pal šar Aššûr
êlî a ma-a-ti an-na-a-tê ša il-zi-nu
Ašûr u Ištar ê-ri-ḫu-šu-ma
Tam-ma-ri-tu âḫê-šu ḳin-nu-šu zêr bît âbi-šu

it-ti LXXXV rubûtê a-li-kut i-di-ê-šu

Auf meinem sechsten Feldzug bot ich mein Heer auf, Col. III.
wider Samassumukin richtete ich den Weg.
In Sippar, Babylon, Borsippa, Kutha,
ihn selbst samt seinen Kriegern schloss ich ein und
nahm ihre Ausgänge in Besitz,
in der Stadt und auf dem Felde ohne Zahl schlug ich sie.
Die Übrigen in Umschliessung des Pestgottes,
in Mangel, Hunger, vollendeten das Leben.
Ummanigas, König von Elam, das Geschöpf meiner Hände,
der ein Bestechungsgeschenk erhalten hatte,
kam ihm zu Hülfe.
Tammaritu empörte sich wider ihn und Col. IV.
ihn selbst samt seiner Familie erschlug er mit Waffen,
Nachher Tammaritu, der sich nach Ummanigas
auf den Thron Elams setzte,
begrüsste nicht meine Herrschaft.
Zur Hülfe des Samassumukin, meines feindlichen Bruders,
kam er und zum Kampf wider mein Heer
sandte er seine Waffen.
Mit Flehen betete ich zu Asur und Istar;
mein Seufzen nahmen sie an, erhörten die Rede meiner Lippen.
Indabigas, sein Unterthan, empörte sich wider ihn und
in der Feldschlacht brachte er ihm eine Niederlage bei. Tammaritu,
König von Elam, der über das Abhauen des Kopfes des Teumman
Lügen(?) gesprochen hatte,
den er angesichts meines Heers abgehauen hatte,
also: „Ich hieb ab den Kopf des Königs von Elam
in seinem Lande angesichts seines Heers“.
Zum zweiten Male sprach er, „und Ummanigas
ebenfalls küsste den Boden
vor den Boten Asurbanipals, Königs von Assyrien“.
Über diese Worte, welche Asur und Istar
entzündeten, verliessen sie ihn, und
Tammaritu, seine Brüder, seine Familie, den Samen seines väterlichen Hauses,
samt 85 Fürsten, die ihm zur Seite gingen,

Col. IV. la-pa-an In-da-bi-gaš in-nab-tu-num-ma
mi-ra-nu-uš-šu-nu ina êlî libbê-šu-nu
ib-ši-lu-num-ma il-lik-u-ni a-di Ninua
Tam-ma-ri-tu sêpâ šarru-ti-ia u-na-aš-šiḳ-ma
ḳaḳ-ḳa-ru u-šê-šir ina ziḳ-ni-šu
man-za-az ma-ša-ri-ia iṣ-bat-ma
a-na ê-piš ardu-ti-ia ra-man-šu im-nu-ma
aš-šu ê-piš di-ni-šu a-lak ri-ṣu-ti-šu
ina ki-bit Ašûr u Ištar u-ṣal-la-a bêlu-u-ti
ina maḫ-ri-ia i-zi-zu-u-ma
i-dal-la-lu ḳur-di ilâni-ia dan-nu-ti
ša il-li-ku ri-ṣu-u-ti
a-na-ku Ašûr-bâni-pal lib-bu rap-šu
la ḳa-ṣir ik-ki-mu pa-si-su ḫi-ṭa-a-tê
a-na Tam-ma-ri-tu ri-ê-mu ar-ši-šu-ma
ša-a-šu ga-du zêr bît âbî-šu ki-rib êkalli-ia

ul-ziz-su-nu-ti ina û-mê-šu ni-šê Akkadi
ša it-ti Šamaš-šum-ukîn iš-šak-nu
iḳ-pu-du limut-tu ni-ip-ri-ê-tu iṣ-bat-su-nu-ti
a-na bu-ri-šu-nu šîrê aplê-šu-nu mârâtê-šu-nu
ê-ku-lu ik-su-su ku-ru-us-su
Ašûr Sin Šamaš Rammânu Bêl Nabû
Ištar ša Ninua ilu šar-rat Kit-mu-ri
Ištar ša Arba'il Adar Nêrgal Nusku
ša ina maḫ-ri-ia il-li-ku i-na-ru ga-ri-ia
Šamaš-šum-ukîn âḫî nak-ri ša i-gi-ra-an-ni

ina mi-ḳit išâti a-ri-ri id-du-šu-ma
u-ḫal-li-ḳu nap-šat-su
u nišê ša a-na Šamaš-šum-ukîn
âḫî nak-ri u-šaḳ-pi-du
ip-šê-ê-tê an-ni-tu limut-tu ê-pu-šu
ša mit-tu-tu ip-la-ḫu nap-šat-su-nu pa-nu-uš-šu-un
tê-piš-u-ma it-ti Šamaš-šum-ukîn
bêlu-šu-nu la im-ḳu-tu ina išâti
ša la-pa-an ni-kis paṭar parzilli su-un-ḳi bu-bu-ti

flohen vor Indabigas und Col. IV.
Bitterkeit kochte in ihren Herzen
und kamen nach Ninewe.
Tammaritu küsste meine Königsfüsse und
berührte den Boden mit seinem Bart,
erfasste den Thron meiner Gerechtigkeit und
rechnete sich selbst zu meinen gehorsamen Unterthanen, und
um ihm Recht zu schaffen, zog ich ihm zur Hülfe,
auf Befehl Asurs und der Istar flehete er zu meiner Herrschaft,
stellte sich vor mich und
demüthigte sich der Macht meiner mächtigen Götter,
die mir zu Hülfe zogen.
Ich Asurbanipal der weitherzige,
der Schuld(?) nicht nachträgt, der Vergeber der Sünde,
dem Tammaritu Gnade bewilligte ich, und
ihn selbst nebst der Familie seines väterlichen Hauses in meinem Palast
setzte ich. In jenen Tagen, die Bewohner von Akkad,
die mit Samassumukin sich verbanden,
Böses planten, ergriff die Theurung;
für ihre Speise assen sie das Fleisch ihrer Söhne,
ihrer Töchter . . . .
Asur, Sin, Samas, Rammân, Bel, Nebo,
Istar von Ninewe, die himmlische Königin von Kitmuri,
Istar von Arbela, Adar, Nergal, Nusku,
die vor mir marschiren, meine Widersacher niederschlagen,
warfen Samassumukin meinen feindlichen Bruder, der mich befehdete,
in das glühende Feuer und
vernichteten sein Leben.
Aber die Leute die mit Samassumukin,
meinem feindlichen Bruder, sich verbanden,
diese bösen Dinge verübten,
die den Tod fürchteten, ihr Leben
hoch schätzten, und sich mit Samassumukin,
ihrem Herrn, nicht in's Feuer gestürzt hatten,
die vor dem Abhauen des eisernen Schwertes, Mangel, Hunger,

Col. IV. išâti a-ri-ri i-šé-tu-u-ni ê-ḫu-zu mar-ki-i-tu
sa-par ilâni rabûtê bêlê-ia ša la na-par-šu-di

is-ḫu-up-šu-nu-ti ê-du ul ip-par-šid
mul-taḫ-ṭu ul u-ṣi ina ḳâta-ia im-nu-u ḳâtu-u-a

narkabâtê iṣu ša ša-da-di iṣu ša ṣil-li zik-ri-ê-ti-šu
bušu êkalli-šu u-bil-u-ni a-di maḫ-ri-ia
ṣabê ša-a-tu-nu sil-la-tu pi-i-šu-nu
ša ina êlî Ašûr ili-ia sil-la-tu iḳ-bu-u
u ia-a-ti rubû pa-laḫ-šu iḳ-pu-du-u-ni limut-tu
pi-i-šu-nu aš-lu-uḳ abikta-šu-nu aš-kun
ši-it-ti nišê bal-ṭu-sun ina šêdi
ša Sin-âḫê-irba âbû âbî bâni-ia ina lib-bi is-pu-nu

ê-nin-na a-na-ku ina ki-is-pi-šu
nišê ša-a-tu-nu ina lib-bi as-pu-un
šîrê-šu-nu nu-uk-ku-su-u-ti
u-ša-kil kalbê šaḫê zi-i-bi iṣṣûru
našrê iṣṣûrê šamê nûnê ap-si-ê

ul-tu ip-šê-ê-ti an-na-a-ti ê-tê-ip-pu-šu
u-ni-iḫ-ḫu lib-bi ilâni rabûtê bêlê-ia
pagrâni nišê ša Labaru(?) u-šam-ḳi-tu
u ša ina šu-nu-ḳi bu-bu-ti iš-ku-nu na-piš-tu
ri-ḫi-it u-kul-ti kalbê šaḫê
ša sûḳâti bur-ru-ku ma-lu-u ri-ba-a-ti
nir-pad-du^{pl}-šu-nu-ti ul-tu ki-rib Bâbîli
Kûti Sippar u-šê-ṣi-ma
at-ta-ad-di a-na na-ka-ma-a-ti
ina ši-pir i-šib-bu-ti parakkê-šu-nu ub-bi-ib

ul-li-la su-ul-li-ê-šu-nu lu-'-u-ti
ilâni-šu-nu zi-nu-u-ti Ištarâtê-šu-nu šab-ša-a-tê
u-ni-iḫ ina taḳ-rib-ti u êr-ša-ku-mal
sat-tuk-ki-šu-un i-mê-ṣu ki-ma ša û-mê ul-lu-u-ti
ina šal-mê u-tir-ma u-kin

dem glühenden Feuer flohen, Zuflucht nahmen, Col. IV
warf die Schlinge der grossen Götter, meiner Herren, die nie fliehen,
nieder, keiner entkam,
kein Übertreter entriss sich meinen Händen — meine Hände zählten (sie).
Wagen, Ziehgeräthe, überdeckte Geräthe, seine Palastfrauen,
die Habe seines Palastes, brachten sie vor mich.
Selbigen Kriegern, mit Rohheit in ihrem Munde,
die wider Asur meinen Gott Rohheit sprachen
und wider mich den Fürst, seinen Verehrer, Böses planten,
ihre Munde schnitt ich aus, tötete sie.
Die übrigen Leute, lebendig in der Stiergottheit,
die Sanherib der Grossvater, mein Erzeuger, dort überwältigt hatte,
jetzt überwältigte ich in dortigen Gruben(?)
dieselben Leute.
Ihr abgehauenes Fleisch
liess ich die Hunde, die wilden Thiere, die Wolfvögel
die Adler, die Vögel des Himmels, die Fische der Wassertiefe fressen.
Seitdem diese Dinge gemacht wurden,
beruhigte ich die Herzen der grossen Götter, meiner Herren.
Die Leichname der Leute, die der Pestgott niedergeworfen hatte
und die in Mangel, Hungersnoth das Leben endeten,
die Leichen als Speise der Hunde, der wilden Thiere
der Strassen, Schlamm(?) füllten die breiten Wege.
Ihre Gebeine aus Babylon,
Kutha, Sippar, liess ich hinausbringen und
zu Haufen werfen.
Auf Anordnung, machte ich die Wohnsitze ihrer Heiligthümer glänzend,
reinigte ihre mächtigen Strassen,
ihre erzürnten Götter, Göttinnen
beruhigte ich mit einem Busspsalm und Klagelied,
ihre Opfer, welche sie fanden wie ferne Tage,
machte ich heilbringend und setzte sie fest.

Col. IV. si-it-ti aplê Bâbili Kûti Sippar
ša ina šib-ṭi šak-bi-ti u ni-ip-ri-ê-ti
i-šê-tu-u-ni ri-ê-mu ar-ši-šu-nu-ti
ba-laṭ na-piš-ti-šu-nu aḳ-bi
ki-rib Bâbili u-šê-šib-šu-nu-ti
nišê Akkadi ga-du Kal-du A-ra-mu mât tam-tim

ša Šamaš-šum-ukin iḳ-tir-u-na
a-na ištê-ên pi-i u-tir-ru
a-na pa-ra-as ra-ma-ni-šu-nu ik-ki-ru it-ti-ia
ina ki-bit Ašûr u Bêlit u ilâni rabûtê tik-li-ia

a-na pâṭ gim-ri-šu-nu ak-bu-us
nîr Ašûr is-lu-u ê-mêd-su-nu-ti

šaknu mâtâtê nasîkê(?) ši-kin ḳâta-ia
aš-tak-ka-na ê-li-šu-nu
dênu pê gi-ni-ê ašarêdê Ašûr u Bêlit

u ilâni Aššûr u-kin ṣîr-uš-šu-un
bil-tu man-da-at-tu bêlu-ti-ia
šat-ti-šam-ma la na-par-ka-a ê-mêd-su-nu-ti

I-na sêbe-ê gir-ri-ia ina Araḫ Simanu araḫ Sin bêl purûsi

aplu riš-tu-u a-ša-ri-du ša Bêl
ad-ḳi ummâni-ia ṣîr Um-man-al-da-si
šar Êlamti uš-tê-êš-šê-ra ḫar-ra-nu
u-bil it-ti-ia Tam-ma-ri-tu šar Êlamti
ša la-pa-an In-da-bi-gaš arad-šu in-nab-tu-ma iṣ-ba-ta šêpâ-ia

nišê Ḫi-il-mu Bil-la-ti Du-um-mu-ḳu
Su-la-ai La-ḫi-ra Di-bi-ri-i-na
ti-ib taḫâzi-ia dan-ni iš-mu-u ša al-la-ku a-na Êlamti

nam-ri-ri Ašûr u Ištar bêlê-ia

Col. IV.

Den übrigen Einwohnern Babylons, Kuthas, Sippars,
die vor niederschlagendem Gemetzel und Hunger
flohen, Gnade bewilligte ich,
schenkte ihnen das Leben,
in Babylon liess ich sie wohnen.
Die Bewohner Akkads samt denen von Chaldäa, von Aram, vom Meerlande,
die Samassumukin herbeirief und
in's Einvernehmen setzte,
empörten sich wider mich, um sich selbst loszumachen.
Auf Befehl Asurs und der Beltis und der grossen Götter, meiner Helfer,
trat ich sie in ihrem Gesamtgebiet nieder,
das Joch Asurs, welches sie abgeworfen hatten, legte ich ihnen auf,
Stadthalter der Länder, Fürsten von mir bestellt,
setzte ich über sie.
Die unabänderliche Entscheidung des Mundes der Fürsten, Asurs und der Beltis
und der Götter Assyriens, legte ich ihnen auf.
Steuer, Abgabe für meine Herrschaft
legte ich alljährlich, unverbrüchlich auf sie.

———— ————

Auf meinem siebenten Feldzug im Monat Sivan, dem Monat des Sin,
des Herrn der Entscheidung, erster Sohn und Fürst des Bel,
bot ich mein Heer auf, wider Ummanaldas
König von Elam richtete ich den Weg.
Ich brachte mit mir Tammaritu, König von Elam,
der vor Indabigas, seinem Unterthan, floh und meine Füsse umfasste.
Die Bewohner von Chilum, Billat, Dummuk,
Sulâ'a, Lachir, Dibirîna,
hörten den mächtigen Anprall meiner Schlacht, als ich nach Elam zog;
der Glanz Asurs und der Istar, meiner Herren,

Col. IV. pu-luḫ-ti šarru-ti-ia is-ḫu-up-šu-nu-ti
šu-nu nišê-šu-nu alpê-šu-nu ṣi-ê-ni-šu-nu
a-na ê-piš ardu-ti-ia a-na Aššûr im-ḳut-num-ma
iṣ-ba-tu šêpâ šarru-ti-ia Bît-im-bi-i maḫ-ru-u
âl šarru-u-ti âl tuk-la-a-tê ša Êlamti
ša ki-ma dûr rabê-ê pa-an Elamti par-ku
ša Sin-aḫê-irba šar Aššûr âbû âbî bâni-ia

il-la-mu-u-a ik-šu-du u šu-u ê-la-mu-u
âl mi-iḫ-rit Bît-im-bi-i maḫ-ri-ê
ša-nam-ma ê-pu-uš-šu-ma dûra-šu u-dan-nin-u-ma
u-zak-ḳi-ru šal-hu-u-šu
Bît-im-bi-i iz-ku-ru ni-bit-su
ina mê-ti-iḳ gir-ri-ia ak-šu-ud
nišê a-šib lib-bi-šu ša la u-ṣu-u-num-ma
la iš-ʾ-a-lu šu-lum šarru-ti-ia a-nir
ḳaḳḳadê-šu-nu ak-kis šaptê-šu-nu ap-ru-ʾ
a-na ta-mar-ti nišê mâti-ia
al-ḳa-a a-na Aššûr

Col. V. Im-ba-ap-pi ḳi-ê-pu ša Bît-im-bi-i
ḫa-tan Um-man-al-da-si šar Êlamti
bal-ṭu-us-su ul-tu ki-rib âli šu-a-tu
u-šê-ṣa-am-ma ḳâta u šêpâ bi-ri-tu parzilli
ad-di-šu-u-ma u-ra-a-šu a-na Aššûr
zinništê êkalli u aplê-šu ša Tê-um-man
šar Êlamti ša ina na-aš-par-ti Aššûr
ina gir-ri-ia maḫ-ri-ê ak-ki-su ḳaḳḳada-su
it-ti si-it-ti nišê a-šib-bu-ti Bît-im-bi-i
u-šê-ṣa-am-ma šal-la-tiš am-nu
Um-man-al-da-si šar Êlamti
ê-rib ummâni-ia ša ki-rib Elamti ê-ru-bu iš-mê-ma
Ma-ṭaḳ-tu âl šarru-ti-šu u-maš-šir-ma
in-na-bit-ma šâdâ-šu ê-li
Um-ba-gil-u-a ša ul-tu Êlamti
ultu si-hu-u a-na Bu-bi-lu in-nab-tu-u-ma
mi-iḫ-rit Um-man-al-da-si u-ši-bu ina kussê Êlamti
ki-ma ša-a-šu-ma iš-mê-ma Bu-bi-lu

die Furcht meiner Herrschaft warf sie nieder. **Col. IV.**
Sie, ihre Leute, ihre Rinder, ihr Kleinvieh,
um mir Gehorsam zu leisten stürzten nach Assyrien und
umfassten meine Königsfüsse. Die alte Stadt Bih-Imbî
die Königsstadt, die Truppenstadt von Elam,
welche gleich einer grossen Mauer Elams Vorderseite verriegelt,
welche Sanherib, König von Assyrien, der Grossvater, mein Erzeuger,
vor mir eroberte, er, der Elamit
baute eine Stadt vor dem alten Bit-Imbî
zum zweiten Male und machte stark ihre Mauer und
hoch ihren Wall,
nannte ihren Namen Bit-Imbî,
im Fortgang meines Feldzugs eroberte ich (sie).
Die Leute, die dort wohnten, die nicht herauskamen und
meine Herrschaft nicht begrüssten, erschlug ich,
ihre Köpfe schnitt ich ab, ihre Lippen zerschnitt ich,
zum Geschenk der Einwohner meines Landes
nahm ich (sie) nach Assyrien.
Imbappi, Stadthalter von Bit-Imbî, **Col. V.**
Schwiegersohn des Ummanaldas, Königs von Elam,
liess ich aus selbiger Stadt
lebendig herausbringen und Hand und Fuss
warf ich in eiserne Fesseln und führte ihn nach Assyrien.
Seine Palastfrauen und die Söhne des Teumman,
Königs von Elam, dem ich auf Befehl Asurs
auf meinem früheren Feldzug den Kopf abgehauen hatte,
mit den übrigen Leuten, die in Bit-Imbî wohnten,
brachte ich heraus, behandelte ich als Kriegsbeute.
Ummanaldas, König von Elam,
hörte den Einzug meines Heers, das in Elam eintrat und
verliess Maṭaḳtu seine Königsstadt und
floh und stieg seinen Berg hinauf.
Umbagilua, der aus Elam
aus einer Empörung nach Bubilu floh und
wider Ummanaldas sich auf den Thron Elams setzte,
hörte gleich ihm und verliess Bubilu,

Col. V. âl mu-šab bîlu-ti-šu u-maš-šir-ma
ki-ma nûnê iṣ-bat šu-pul mê ru-ḳu-u-ti
Tam-ma-ri-tu ša in-nab-ta iṣ-ba-ta šêpâ-ia
ki-rib Šu-ša-an u-šê-rib aš-kun-šu a-na šarru-ti
damḳa-tu ê-pu-šu-uš ša aš-pu-ru rêṣa-šu im-ši-ma

iš-tê-ni-'-a limut-tu a-na ka-šad ummâni-ia
ki-a-am iḳ-bi it-ti lib-bi-šu
um-ma nišê Êlamti a-na šal-mê-ê 'i-tu-ru
ina pan Aššûr šu-nu šu-nu-ma ir-ru-bu-u-num-ma
iḫ-ta-nab-ba-tu ḫu-bu-ut Êlamti
Ašûr u Ištar ša idâ-ai il-li-ku
u-ša-zi-zu-in-ni ṣi-ir ga-ri-ia
lib-bi Tam-ma-ri-tu iḳ-ṣu ba-ra-nu-u ip-ru-u-ma
u-ba-'-u ḳa-tuš-šu
ul-tu kussê šarru-ti-šu it-ku-niš-šum-ma
u-tir-ru-niš-šu ša-ni-ia-a-nu
u-šak-ni-šu-uš a-na šêpâ-ia
šu-ud a-ma-a-ti an-na-a-ti
ina ṣi-ri-iḫ-ti lib-bi-ia
ša Tam-ma-ri-tu la ki-ê-nu iḫ-ṭa-a
ina li-i-ti u da-na-ni ša ilâni rabûtê bêlê-ia
ki-rib Elamti a-na si-ḫir-ti-ša at-tal-lak šal-ṭiš
ina ta-ai-ar-ti-ia ša šul-lum-mê-ê ḳâta ma-li-ti
pa-an nîri-ia u-tir a-na Aššûr
Ga-tu-du Ga-tu-du-ma
Da-ê-ba Na-di-'
Dûr-Am-na-ni Dûr-Am-na-ni-ma
Ḫa-ma-nu Ta-ra-ḳu
Ḫa-ai-kit-si Bît-tak-kil-bit-su
Bît-Ar-ra-bi Bît-Imbi-i
Ma-ṭaḳ-tu Šu-ša-an
Bu-bi-ê (v. lu) Tê-Marduk-šar-a-ni
Ur-da-li-ka Al-ga-ri-ga
Tu-u-bu Tul-tu-u-bu
Du-un-šarri Dûr-un-da-si
Dûr-un-da-si-ma Bu-bi-lu

Col. V

die Stadt, den Wohnsitz seiner Herrschaft und
verlor sich wie ein Fisch in der Tiefe ferner Gewässer.
Tammaritu, der floh, meine Füsse umfasste,
den ich in Susa eingehen liess, zur Herrschaft bestimmte,
vergass die Wohlthaten, die ich ihm gethan hatte, da ich ihm
Hülfe schickte
und suchte Böses um mein Heer zu besiegen.
Er sprach in seinem Herzen
also: „Die Leute Elams, wenden sich um Friede
an die Assyrer; dieselben sind hereingekommen und
haben fortgeschleppt die Beute Elams“.
Asur und Istar, die mir zur Seite gehen,
mich über meine Feinde erhöhen,
zerschnitten das grossmächtige Herz des Räubers Tammaritu und
führten seine Hände herbei.
Von dem Thron seiner Herrschaft stürzten sie ihn und
führten ihn zum zweiten Male weg,
unterwarfen ihn meinen Füssen.
Betreffs dieser Worte
in Wehgeschrei (war) mein Herz,
wogegen der ungetreue Tammaritu gesündigt hatte.
In der Macht und Stärke der grossen Götter, meiner Herren,
marschirte ich siegreich in Elam nach seinem ganzen Umfang.
Zurückkehrend, wandte ich wohlbehalten mit vollen Händen
vor meiner Macht nach Assyrien zurück.
Gatudu, Gatuduma,
Daeba, Nadi',
Dûr-Amnani, Dûr-Amnanima,
Chaman, Taraḳu,
Ḫâkitsi, Bit-Takkilbitsu,
Bit-Arrabi Bit-Imbi,
Maṭaḳtu, Susa,
Bubê, Tê-Mardukšarani,
Urdalika, Algariga,
Tûbu, Tul-tûbu,
Dun-sarri, Dûr-Undâsi,
Dûr-Undâsima, Bubilu,

Col. V. Sa-am-u-nu Bu-na-ki
Ị a-ab-ri-na Ḳa-ab-ri-na-ma Ḫa-ra-'
âlâni šu-a-ti ak-šu-ud
ab-bul ag-gur ina išâti aḳ-mu
ilâni-šu-nu nišê-šu-nu alpê-šu-nu ṣi-ê-ni-šu-nu
ša-šu-šu-nu bušâ-šu-nu
ṣu-um-bi sisê parê
bê-li u-nu-tu taḫâzi aš-lu-la a-na Aššûr

I-na šamne-ê gir-ri-ia ina ki-bit Ašûr u Ištar
ad-ḳi ummâna-ia ṣîr Um-man-al-da-si
šar Elamti uš-tê-êš-šê-ra ḫar-ra-nu
Bît-Im-bi-i ša ina gir-ri-ia maḫ-ri-e
ak-šu-du ê-nin-na Ra-a-ši
Ḫa-ma-na a-di na-gi-šu ak-šu-ud
u šu-u Um-man-al-da-si šar Êlamti
ka-šad Ra-a-ši Ḫa-ma-nu iš-mê-ma
pu-luḫ-ti Ašûr u Ištar a-li-kut idâ-ia
is-ḫu-up-šu-ma Ma-ṭaḳ-tu âl šarru-ti-šu
u-maš-šir-ma in-na-bit a-na Dûr-un-da-si
Id-id-ê ê-bir-ma nâru šu-a-tu
a-na dan-nu-ti-šu iš-kun
uḳ-ta-ta-ṣir a-na ṣal-ti-ia
Na-di-tu âl šarru-ti a-di na-gi-šu akšu-ud
Bît-bu-na-ku âl šarru-ti a-di na-gi-šu aksu-ud
Ḫar-tab-a-nu âl šarru-ti a-di na-gi-šu akšu-ud
Tu-u-bu âl šarru-ti a-di na-gi-šu akšu-ud
bi-rît nâru ka-la-mu Ma-ṭaḳ-tu
âl šarru-ti a-di na-gi-šu akšu-ud
Ḫal-tê-ma-aš âl šarru-ti-šu ak-šu-ud
Šu-ša-an âl šarru-ti-šu ak-šu-ud
Di-in-šar Su-mu-un-tu-na-aš
âl šarru-ti-šu ak-šu-ud
Pi-di-il-ma âl šarru-ti-šu ak-šu-ud
Bu-bi-lu âl šarru-ti-šu ak-šu-ud
Ka-bi-in-ak âl šarru-ti-šu ak-šu-ud

Sam'ûnu, Bunaki, Col. V.
Ḳabrina, Ḳabrinama, Harâ',
selbige Städte eroberte ich,
zerstörte, verwüstete, verbrannte ich mit Feuer.
Ihre Götter, ihre Einwohner, ihre Rinder, ihr Kleinvieh,
ihre Sachen(?), ihre Habe,
Wagen, Rosse, Farren,
Speere, sonstiges Kriegesgeräth, führte ich fort nach Assyrien.

Auf meinem achten Feldzug, auf Befehl Asurs und der Istar,
bot ich mein Heer auf, wider Ummanaldas
den König Elams richtete ich den Weg,
Bit-Imbî, welche ich auf meinem früheren Feldzug
eroberte, nunmehr Râsch,
Chamanu, nebst ihrem Bezirk nahm ich in Besitz,
und er, Ummanaldas, der König Elams,
hörte die Eroberung Râschs, Chamanus und
der Schrecken Asurs und der Istar, die mir zur Seite gehen,
warf ihn nieder und Maṭaḳtu seine Königsstadt
verliess er und floh nach Dûr-Undâsi.
Den Ididê überschritt er und machte selbigen
Fluss zu seinem Bollwerk,
sammelte seine Macht um mit mir zu kämpfen.
Naditu, eine Königsstadt, nebst ihrem Bezirk eroberte ich,
Bit-Bunaki, eine Königsstadt, nebst ihrem Bezirk eroberte ich,
Hartabanu, eine Königsstadt, nebst ihrem Bezirk eroberte ich,
Tûbu, eine Königsstadt, nebst ihrem Bezirk eroberte ich,
inmitten des Flusses Kalamu Maṭaḳtu,
eine Königsstadt, nebst ihrem Bezirk eroberte ich,
Chaltêmaš, seine Königsstadt, eroberte ich,
Susa, seine Königsstadt, eroberte ich,
Din-sarru, Sumuntunaš,
seine Königsstadt, eroberte ich,
Pidilma, seine Königsstadt, eroberte ich,
Bubilu, seine Königsstadt, eroberte ich,
Kabinak, seine Königsstadt, eroberte ich.

Col. V. ina tukul-ti Ašûr u Ištar ar-di-ê-ma al-lik
ṣîr Um-man-al-da-si šar Êlamti
ša la ik-nu-ša a-na nîri-ia
ina mê-ti-iḳ gir-ri-ia
Dûr-un-da-a-si âl šarru-ti-šu akšu-ud
ummâni-(ia) Id-id-ê a-ga u u-ru
ê-mu-ru ip-la-ḫu a-na ni-ba-ar-tê
Ištar a-ši-bat Arba'il ina šad mu-ši
a-na ummâni-ia šutta u-šab-ri-ma
ki-a-am iḳ-bi-šu-nu-ti
um-ma a-na-ku al-lak ina ma-ḫar Ašûr-bâni-pal
šarru ša ib-na-a ḳâta-ai
ê-li šutti an-ni-ti ummâna-ia ir-ḫu-ṣu
Id-id-ê ê-bi-ru šal-mêš
XIV âlâni mu-šab šarru-ti-šu
a-di âlâni ṣiḫrûtê ša ni-i-ba la i-šu-u
u XII na-gi-ê ša ki-rib Êlamti ka-li-ša
ak-šu-ud ab-bul ag-gur ina išâti aḳ-mu
a-na tili u kar-mê u-tir
ina la mê-ni a-duk ḳu-ra-di-ê-šu
ina kakkê u-ras-sib mu-daḫ-ṣi-ê-šu ṣirâtê
Um-man-al-da-si šar Êlamti
mi-ra-nu-uš-šu in-na-bit-ma iṣ-ba-ta šâdu-u
Ba-nu-nu a-di na-gi-ê ša Ta-sa-ar-ra
ka-la-mu ak-šu-ud
XX âlâni ina na-gi-ê ša Ḫu-un-nir
ina êlî mê-iṣ-ri ša Ḫi-da-lu ak-šu-ud
Ba-lim(ši)-mu u âlâni ša li-mê-ti-šu ab-bul ag-gur
ša nišê a-šib lib-bi-šu-nu ka-mar-šu-nu aš-kun
u-šab-bir ilâni-šu-nu
u-šap-ši-iḫ ilu ka-bit-ti bêl bêlê
ilâni-šu Istarâtê-šu ša-šu-šu bušâ-šu
nišê ṣiḫir u rabû aš-lu-la a-na Aššûr
LX kas-bu ḳaḳ-ḳa-ru ina a-mat Ašûr u Ištar
ša u-ma-'-ê-ru-in-ni
ki-rib Êlamti ê-ru-ub-ma at-tal-lak šal-ṭiš
ina ta-ai-ar-ti-ia ša Ašûr u Ištar

Unter dem Beistande Asurs und der Istar marschirte ich und zog Col. V.
wider Ummanaldas, den König Elams,
der sich nicht gebeugt hatte unter mein Joch.
Im Laufe meines Feldzugs
Dûr-Undâsi, seine Königsstadt, eroberte ich.
Mein Heer sah den Idîdê in Hochwasser und Fluth, ?
fürchtete den Übergang.
Istar, die in Arbela wohnt, zeigte am Anbruch der Nacht
zu meinem Heer einen Traum und
sprach zu ihnen,
also: „Ich marschire vor Asurbanipal,
dem König, den meine Hände gemacht haben.“
Über diesen Traum wurde mein Heer vertrauensvoll,
überschritt den Idîdê wohlbehalten.
Vierzehn Städte, den Wohnsitz seiner Herrschaft,
nebst kleineren Städten ohne Zahl
und zwölf Ortschaften, alle in Elam,
eroberte, zerstörte, verwüstete, verbrannte ich mit Feuer,
machte ich zu Schutthaufen und Ackerflur.
Ich tötete seine Krieger ohne Zahl,
mit Waffen erschlug ich seine erhabenen Kämpfer.
Ummanaldas, der König Elams,
in seiner Bitterkeit floh und gelangte in's Gebirg. ?
Banunu nebst den Ortschaften Tasâras
eroberte ich sämtlich.
Zwanzig Städte in den Districten der Stadt Hunnir
auf dem Gebiet Chidalus nahm ich in Besitz.
Bašimu und die Städte ihres Gebiets zerstörte, verwüstete ich.
Die Leute, die in ihrer Mitte wohnten, schlug ich nieder,
zerschmetterte ihre Götter,
beruhigte das göttliche Herz des Herrn der Herren.
Seine Götter, seine Göttinnen, seine Sachen(?), seine Habe,
die Leute, klein und gross, schleppte ich fort nach Assyrien.
Sechzig Doppelstunden Landes, auf Befehl Asurs und der Istar,
die mich sandten,
zog ich in Elam ein und marschirte siegreich.
Bei meiner Rückkehr, da Asur und Istar

Col. V. u-ša-zi-zu-in-ni ṣîr ga-ri-ia
Šu-ša-an ma-ḫa-zu rabu-u mu-šab ilâni-šu-nu
a-šar pi-riš-ti-šu-nu ak-šu-ud
ina a-mat Aššûr u Ištar ki-rib êkallê-šu
ê-ru-ub u-šib ina ḫidâtê
ap-tê-ê-ma bît nak-kam-a-ti-šu-nu
ša kaspê ḫurâṣê ša-šu^{pl} bušê
nu-uk-ku-mu ki-rib-šu-nu
Col. VI. ša šarrâni Elamti maḫ-ru-u-ti
a-di šarrâni ša a-di lib-bi û-mê an-ni-ê
u-paḫ-ḫi-ru iš-ku-nu
ša nakra ša-nam-ma ê-li ia-a-ši
ḳâta-su la u-bi-lu ina lib-bi
u-šê-ṣa-am-ma šal-la-tiš am-nu
kaspê ḫurâṣê ša-šu^{pl} bušê ša Šumêr
u Akkadu u Kar-Dun-i-aš ka-la-mu
ša šarrâni Êlamti maḫ-ru-u-ti
a-di VII šanîtu iš-lu-lu u-bi-lu ki-rib Êlamti
za-ri-ru ruš-šu-u êš-ma-ru-u ib-bu
ni-siḳ-ti abnê šu-kut-tu a-ḳar-tu si-mat šarru-ti
ša šarrâni Akkadu maḫ-ru-u-ti
u Šamaš-šum-ukîn a-na kid-ri-šu-nu
ip-šu-ru a-na Êlamti
lu-bul-tu šu-kut-tu si-mat šarru-u-ti
bê-li ḳa-ra-bi si-ma-nu-u
mimma ê-piš taḫâzi si-mat ḳâti-šu
u-nu-tu mut-tab-bil-ti êkallê-šu ka-la-mu
ša ina muḫ-ḫi u-ši-bu it-ti-lu
ina lib-bi ê-ku-lâ iš-tu-u ir-mu-ku ip-pa-aš-šu
nakabâtê iṣu ša ša-da-di ṣu-um-bi
ša iḫ-zu-ši-na za-ri-ru za-ḫa-lu-u
sisê parê rabûtê
ša tal-lub-ta-šu-nu ḫurâṣu kaspu
aš-lu-lu a-na Aššûr
ziḳ-ḳur-rat Šu-ša-an
ša ina a-ḫi-ri uknî šu-pu-lat ub-bit
u-kap-pi-ra ḳarnâtê ša pi-tiḳ êri nam-ri

Col. V.

mich erhöhten über meine Feinde,
Susa die grosse Stadt, den Wohnsitz ihrer Götter
den Ort ihrer Entscheidung nahm ich in Besitz.
Auf Befehl Asurs und der Istar zog ich in ihre Paläste
ein, sass in Freude.
Ich öffnete ihre Schatzhäuser
Silber, Gold, Sachen(?), Habe,
aufgehäuft alldort,

Col. VI.

welches die früheren Könige Elams
nebst den Königen, die in diesen Tagen
sammeln, niedergelegt hatten,
wohin kein Feind, ausser mir
seine Hände gestreckt hatte,
brachte ich aus und zählte (es) als Beute.
Silber, Gold, Sachen(?), Habe, von Sumer
und Akkad und Kar-Dunias, alles
was die früheren Könige Elams
bis zum siebenten Male fortschleppten, nach Elam brachten,
massives *Zariru*, glänzendes *Êšmarû*,
Edelgestein, kostbare Geräthe, die Auszeichnung der Herrschaft,
welche die früheren Könige Akkads
und Samassumukin für ihre Bündnisse
nach Elam gelöst hatten,
Kleider, königliche Gewänder,
Kampfspeere, Zeichen
um Schlacht zu liefern, der Schmuck seiner Hände,
allerhand tragbares Geräth seiner Paläste,
auf welchen sie sich setzten, schlafen legten,
in deren Mitte sie assen, tranken, opferten, athmeten,
Wagen, Traggeräthe, Lastwagen,
welche überzogen waren, von *Zariru*, *Zaḫalû*,
Rosse, grosse Farren,
welche bedeckt wurden von Gold, Silber,
schleppte ich fort nach Assyrien.
Den Thurm Susas,
welcher westlich unten von Krystall war, richtete ich zu Grunde,
zerbrach(?) die Spitzen, welche von glänzender Bronze gebaut

Col. VI.

Šušinak(?) ilu pi-riš-ti-šu-nu
ša aš-bu ina pu-uz-ra-a-ti
ša man-ma-an la im-ma-ru ip-šit ilu-ti-šu
Šu-mu-du La-ga-ma-ru
Pa-ar-ti-ki-ra Am-man-ka-si-par
U-du-ra-an Sa-pa-ak
ša šarrâni Èlamti
ip-tal-la-ḫu ilu-us-su-nu
Ra-gi-ba Su-n̆u-gam-sa-ra-a
Ka-ar-sa Ki-ir-sa-ma-as
Šu-da-a-nu Ai-pa-ak-si-na
Bi-la-la Pa-ni-in-tim-ri
Si-la-ga-ra-a Na-ab-ša-a
Na-bir-tu Ki-in-da-kar-bu
ilâni Ištarâtê ša-a-tu-nu
it-ti šu-kut-ti-šu-nu buši-šu-nu u-nu-ti-šu-nu
a-di ša-an-gi-ê bu-uḫ-la-li-ê
aš-lu-la a-na Aššûr
XXXII ṣalmânu šarrâni
pit-tiḳ kaspi ḫurâṣi êrî abnu giš-šir-gal
ul-tu ki-rib Šu-ša-an
Ma-ṭaḳ-tu Ḫu-ra-di
a-di ṣalam Um-man-i-gaš apal Um-ba-da-ra-a
ṣalam Iš-tar-na-an-ḫu-un-di
ṣalam Ḫal-lu-si
ṣalam Tam-ma-ri-tu arku-u
ša ina ki-bit Aššûr u Ištar ê-pu-šu ardu-u-ti
al-ḳa-a a-na Aššûr
ad-ḳa-a šêdê lamassê
maṣartê šu-ud êkurri ma-la ba-šu-u
u-na-as-si-ḫa rîmê (ilu) na-ad-ru-u-ti
si-mat bâbâ-ni
êš-ri-ê-ti Èlamti
a-di la ba-šê-ê u-šal-pit
ilâni-šu Ištarâtê-šu am-na-a za-ḳi-ḳi
kištê-šu-nu pa-az-ra-a-ti
ša mâmma a-ḫu-u la u-šar-ru ina lib-bi

waren. Susinak(?), der Gott ihrer Entscheidung, Col. VI.
welcher in Verborgenheit wohnte,
dessen göttliches Werk kein anderer gesehen hatte,
Sumudu, Lagamaru,
Partikira, Ammankasibar,
Uduran, Sapak,
deren Gottheit die Könige Elams
verehren,
Bagiba, Sungamsarâ
Karsa, Kirsamas,
Šudânu, Aipaksina
Bilala, Panintimri,
Silagarâ, Nabsâ,
Nabirtu, Kindakarbu,
diese Götter, Göttinnen,
mit ihren Zeugen, ihrer Habe, ihren Geräthen,
nebst den jugendkräftigen Priestern,
führte ich fort nach Assyrien.
Zweiunddreissig Bilder der Könige,
gemacht von Silber, Gold, Bronze, Alabaster,
aus Susa,
Maṭaḳtu, Churadi.
nebst dem Bild von Ummanigas, dem Sohne Umbadaras,
dem Bild des Istarnanḫundi,
dem Bild von Ḫallusi,
dem Bild von dem späteren Tammaritu,
der auf Befehl Asurs und der Istar Gehorsam leistete,
nahm ich nach Assyrien.
Ich warf nieder die Stiergottheiten, die Stierkolosse,
die Wächter über dem Tempel, so viel ihrer waren.
Ich riss hinweg die Wildochsen, die grimmige Gottheit,
den Schmuck der Thore
der Tempel Elams,
alle stürzte ich um.
seine Götter, seine Göttinnen, übergab ich dem Winde,
ihre geheimnissvollen Wälder,
welche kein Fremder eingeweiht hatte,

Col. VI. la i-kab-ba-su i-ta-ši-in
ṣabê taḫâzi-ia ki-rib-sun ê-ru-bu
ê-mu-ru pu-uz-ra-sun iḳ-mu-u ina išâti
ašar maḫ-ḫi šarrâni-šu-nu maḫ-ru-ti arkâti
la pa-li-ḫu-u-ti Ašûr u Ištar bêlê-ia
mu-nir-ri-ṭu šarrâni abê-ia
ab-bul ag-gur u-kal-lim šam-ši
nir-pad-du^{pl}-šu-nu al-ḳa-a a-na Aššûr
ê-kim-mê-šu-nu la ṣa-la-lu ê-mê-id
ki-is-pi na-aḳ mê u-za-am-mê-šu-nu-ti
ma-lak ar-ḫi XXV ûmê
na-gi-ê Êlamti u-šaḫ-rib
ṭabtu-u pâtu kuzbu arḳu
u-šap-pi-ḫa ṣîr-uš-šu-un
mârâtê šarrâni bêlâtê šarrâni
a-di ḳi-in-ni maḫ-ri-ti u arkâ-ti
ša šarrâni Êlamti
ḳi-pa-a-ni ḫa-za-na-a-ti
ša âlâni ša-a-tu-nu ma-la ak-šu-du
amêlu rabû ḳašâtê amêlu ša ṣalmânu
amêlu mu-rim su-pa^{pl} amêlu III ḫu-si^{pl}
šaknu bit-ḫal li^{pl} ṣabê ḳašâtê
šâḳê Kit-kit-tu-u
gi-mir um-ma-a-ni ma-la ba-šu-u
nišê zikru u zinništu ṣiḫir u rabû
sisê parê
imêrê alpê u ṣêni
ša ê-li âribê ma-'-du
aš-lu-la a-na Aššûr
êprâtê Šu-ša-an Ma-ṭaḳ-tu Ḫal-tê-ma-aš
u si-it-ti ma-ḫa-zi-ê-šu-nu
ê-riš al-ḳa-a a-na Aššûr
ina araḫ ûmê Êlamti
a-na pâṭ gim-ri-ê-ša as-pu-un
ri-gim a-mê-lu-ti ki-bi-is alpê u ṣi-ê-ni

ši-si-it A-la-la ṭâbu

noch ihre Grenze betreten hatte, Col. VI.
meine Schlachttruppen zogen dorthinein,
sahen ihre Geheimnisse, verbrannten (sie) mit Feuer.
Den grossen Ort ihrer früheren (und) späteren Könige,
die Asur und Istar meine Herren nicht fürchteten,
den Königen, meinen Vätern, widerstrebten,
zerstörte, verwüstete ich, liess ich die Sonne schauen.
Ihre Gebeine nahm ich nach Assyrien.
Ihre Räuber stellte ich ohne Schatten hin,
den Quellort(?) des Wasserträgers schloss ich ab.
Eine Strecke von einem Monat (und) fünfundzwanzig Tage
verwüstete ich die Bezirke Elams,
(durch) das prachtvolle Gebiet, die strotzende Fülle des Grünen
streckte ich darüber nieder.
Die Töchter der Könige, die Gemahlinnen der Könige,
nebst den früheren und späteren Familien
der Könige Elams,
die Stadtherren, die Aufseher
selbiger Städte, alle nahm ich gefangen.
Die Bogenmeister, die Bildermeister,
die Obersten der Supa . . . .
die Reitpferdemeister, die Bogenschützen,
die Officiere . . . .
die Gesamtheit der Kunst, so viel ihrer waren,
die Leute, Mann und Weib, klein und gross,
Rosse, Farren,
Esel, Rinder und Kleinvieh,
welche mehr denn die Heuschrecken waren;
führte ich fort nach Assyrien.
Den Staub Susas, Maṭaḳtus, Chaltêmas'
und ihrer übrigen Ortschaften
brachte ich gänzlich nach Assyrien.
In einem Monat — Tagen überwältigte ich Elam
nach seinem Gesamtgebiet.
Unter Geschrei der Menschheit, mit Getrampel der Rinder und Schafe,
mit der guten Botschaft Alalas,

Col. VI.
u-za-am-ma-a ugarê-šu
purîmê ṣabîtê
u-ma-am ṣêri ma-la ba-šu-u
par-ga-niš u-šar-bi-ṣa ki-rib-šu-un
Na-na-a ša M.VI.CXXXV šanâtê
ta-as-bu-šu tal-li-ku tu-ši-bu
ki-rib Élamti a-šar la si-ma-tê-ê-ša
u ina û-mê-šu-ma ši-i u ilâni âbê-ša
tab-bu-u šu-mê a-na bê-lut mâtâtê
ta-ai-rat ilu-ti-ša tu-šad-gi-la pa-nu-u-a
um-ma Ašûr-bâni-pal ul-tu ki-rib Êlamti
lim-ni-ti u-šê-ṣa-an-ni-ma
u-šê-rab-an-ni ki-rib Bît-an-na
a-mat ki-bit ilu-ti-šu-nu
ša ul-tu ûmê rûḳûtê iḳ-bu-u
ê-nin-na u-kal-li-mu nišê arkâti
ḳâta ilu-ti-ša rabu-ti at-mu-uḫ-ma
ḫar-ra-nu i-šir-tu ša ul-lu-uṣ lib-bi
ta-aṣ-ba-ta a-na Bît-an-na
ina araḫ Kislimi ûmi I ki-rib Uruk u-šî-rib-ši-ma
ina bît ḫi-li-an-na ša ta-ram-mu
u-šar-mê-ši parak da-ra-a-ti
nišê u šal-lat Êlamti
ša ina ki-bit Ašûr Sin Šamaš Rammânu
Bêl Nabû Ištar ša Ninua ilu bêlit Kit-mu-ri

Ištar ša Arba'il Bêlit Nêrgal Nusku aḫ-bu-ta

Col. VII.
ri-šê-ê-ti a-na ilâni-ia aš-ruḳ
ṣabê ḳašâtê a-ri-ti
um-ma-a-ni Kit-kit-tu-u
ša aš-lu-la ul-tu ki-rib Êlamti
ê-li ki-ṣir šarru-ti-ia u-rad-di
si-it-tu-ti a-na ma-ḫa-zi šu-bat ilâni rabûtê
piḫâtê-ia rabûtê-ia gi-mir karâši-ia

ki-ma ṣi-ê-ni u-za-'-iz
Um-man-al-das šar Êlamti

umschloss ich ihre Felder. Col. VI.
Die Wildesel, die Gazellen,
das Wild des Feldes, so viel ihrer waren,
liess ich darinnen in Sicherheit lagern.
Nana'a, die vor 1635 Jahren
zürnte, ging, wohnte
in Elam, einem Ort nicht für sie bestimmt,
und in jenen Tagen nannten sie und die Götter, ihre Väter,
meinen Namen zur Herrschaft der Länder,
die Rückkehr ihrer Gottheit vertraute sie mir an,
also: „Asurbanipal bringt mich aus der Mitte des bösen Elams heraus und
führt mich hinein in Bitanna".
Das Wort, den Befehl ihrer Gottheit,
welches sie seit fernen Tagen ausgesprochen hatten,
offenbaren sie jetzt den späteren Leuten.
Die Hände ihrer grossen Gottheit fasste ich und
den geraden Weg mit fröhlichem Herzen
nahm sie nach Bitanna.
Im Monat Kislev, am ersten Tage, liess ich sie in Erech einziehen
und in der Vorhalle, welche sie liebte,
schlug ich ihr ein ewiges Heiligthum auf.
Die Leute und Beute Elams,
welche ich auf Befehl Asurs, des Sin, Samas, Rammân,
Bel, Nebo, der Istar von Ninewe, der himmlischen Herrin von Kitmuri,
der Istar von Arbela, des Adar, Nergal, Nusku fortführte,
— das Beste schenkte ich meinen Göttern. Col. VII.
Die Bogenschützen, die Thürhüter,
das Heer, ...
die ich aus der Mitte Elams fortführte,
fügte ich zu der Macht meiner Herrschaft hinzu.
Die Übrigen, den Ortschaften, dem Wohnsitz der grossen Götter,
meinen Satrapen, meinen Mächtigen, der Gesamtheit meines Lagers
theilte ich aus wie Schafe.
Ummanaldas der König Elams,

Col. VII.
ša šu-uš-mur kakkê Ašûr u Ištar
dan-nu-u-ti ê-mu-ru
ul-tu šadê-ê a-šar mar-ki-ti-šu i-tu-ram-ma
ki-rib Ma-ṭaḳ-tu âlu ša ina ki-bit Ašûr u Ištar

ab-bu-lu aḳ-ḳu-ru aš-lu-lu šal-lat-su
ê-ru-ub u-šib ina si-pit-ti a-šar ḫul-li-ê
šu-ud Nabû-bêl-zikrê
apal apli Marduk-bal-iddina
ša ina a-di-ia iḫ-ṭu-u
is-lu-u nîr bêlu-ti-ia
ša šarrâni Êlamti
a-na dan-nu-ti-šu iš-ku-nu
it-tak-lu a-na Um-man-i-gaš Tam-ma-ri-tu
In-da-bi-gaš Um-man-al-das
šarrâni ša ê-pu-uš bê-lut Êlamti
allaka-ia šu-ud šê-pul Nabû-bêl-zikrê
ina ma-li-ê lib-ba-a-ti
u-ma-'-ir ṣir Um-man-al-das
Nabû-bêl-zikrê apal apli Marduk-bal-iddina
a-lak allaki-ia ša ki-rib Êlamti
ê-ru-bu iš-mê-ê-ma
ik-ku-tu lib-ba-šu ir-ša-a na-ḳut-tu
na-piš-ta-šu pa-nu-uš-šu ul ê-ḳir-ma
iḫ-šu-ḫu mi-tu-u-tu
a-na ki-zi-ê ra-ma-ni-šu iḳ-bi-ma
um-ma ra-si-ban-ni ina kakkê
šu-u ki-zu-šu ina paṭar parzilli šib-bi-šu-nu
up-ta-at-tê-ḫu a-ḫa-mêš
Um-man-al-das ip-luḫ-ma
pagar Nabû-bêl-zikrê šu-a-tu
ina ṭabti uš-ni-il-ma
a-di ḳaḳḳadu ḳi-zu-šu
ša u-ra-as-si-bu-šu ina kakki
a-na allaki-ia id-din-ma
u-šê-bi-la-aš-šu a-di maḫ-ri-ia
pagar-šu ai ad-din a-na ḳi-bi-ri

der das Ungestüm der mächtigen Waffen Asurs und der Istar sah, Col. VII.
kehrte aus dem Gebirge, dem Ort seiner Zuflucht, zurück und
zog ein in die Mitte Maṭaḳtus, der Stadt, die ich auf Befehl Asurs und der Istar
zerstörte, verwüstete, deren Beute fortführte,
setzte sich in Trauer an den verwüsteten(?) Ort.
Betreff des Nebobelzikrê,
des Enkels Merodachbaladans,
der wider mein Gesetz gesündigt,
das Joch meiner Herrschaft abgeworfen hatte,
der auf die Könige Elams
für seine Macht sich stützte,
sich verlassen hatte auf Ummanigas, Tammaritu,
Indabigas, Ummanaldas,
Könige, die die Herrschaft Elams geübt hatten,
betreffs der Erniedrigung des Nebobelzikrê
sandte ich mit vollem Zorn meinen Boten
zu Ummanaldas.
Nebobelzikrê, der Enkel Merodachbaladans,
hörte von dem Fortgang meines Boten, der in die Mitte Elams
einzog und
muthlos war(?) sein Herz, er ergab sich in Bestürzung,
sein Leben schätzte er nicht und
verlangte den Tod.
Seinem eigenen Waffenträger sagte er
also: „Zerschlage mich mit Waffen“.
Er (und) sein Waffenträger mit den eisernen Dolchen ihrer Gürtel
durchbohrten einander.
Ummanaldas fürchtete sich und
den Leichnam selbiges Nebobelzikrê
warf er gutwillig nieder und
übergab ihn nebst dem Kopfe seines Waffenträgers,
der ihn mit Waffen zerschlagen hatte
meinem Boten und
liess ihn vor mich bringen.
Seinen Leichnam (möge ich nicht mehr zum Begräbniss geben

Col. VII.

êlî ša maḫ-ri mi-tu-us-su ut-tir-ma
ḳakḳada-su ak-kis ina kišâdi Nabû-ḳâti-ṣa-bat
amêlu Sin ma-gir Šamaš-šum-ukin
âḫî nak-ri ša it-ti-šu
a-na šum-ku-ri Êlamti il-li-ku a-lul
Pa-'-ê ša mi-iḫ-rit Um-man-al-das
ê-pu-uš bê-lut Êlamti
na-mur-rat kakkê Ašûr u Ištar iz-zu-ti
ša I., II., III. šanîtu it-bu-ku êlî Êlamti

iḫ-su-us-ma ir-ša-a ṭi-ib lib-bi
ul-tu ki-rib Êlamti in-nab-tu-ma
iṣ-ba-ta šêpâ šarru-ti-ia
nišê mul-taḫ-ṭi ša Bît-im-bi-i
Ku-ṣur-tê-ê-in Dûr-šarri
Ma-su-tu Bu-bi-ê
Bît-un-za-ai Bît-Ar-ra-bi
Ip-rat An-za-ḳar šâ Ta-pa-pa
Ak-bar-i-na Gur-u-ki-ir-ra
Du-un-nu-Ša-maš Ḫa-ma-nu
Ka-ni-ṣu Ar-an-zi-ê-šê
Na-ki-da-a-tê Dim-tu ša Si-ma-mê
Bît-ḳa-ta-at-ti Ša-ki-sa-ai
Su-ba-ḫi-ê Til-ḫu-um-ba
ša ina gir-ri-ia maḫ-ri-ê
ša la-pa-an kakkê Ašûr u Ištar
dan-nu-u-ti in-nab-tu
iṣ-ba-tu Sa-al-ad-ri šâdu-u mar-ṣu
nišê ša-a-tu-nu sa ina Sa-al-ad-ri šâdu-u
iš-ku-nu a-na dan-nu-ti-šu-un
nam-ri-ri Ašûr u Ištar bêlê-ia
is-ḫu-up-šu-nu-ti
ul-tu šâdê-ê a-šar mar-ki-ti-šu-nu
in-nab-tu-num-ma iṣ-ba-tu šêpâ-ia
a-na ḳašti aḳ-ṣur-šu-nu-ti
êlî ḳi-ṣir šarru-u-ti-ia
ša u-mal-lu-u ḳâtu-u-a u-rad-di

Col. VII.

denn vor seinem Tode), brachte ich zurück und
seinen Kopf schnitt ich ab, um den Hals des Nebokatiṣabat,
des Priesters(?) des Sin, des Günstlings Samassumkins,
meines feindlichen Bruders, der mit ihm,
um Elam in Besitz zu nehmen, hinzog, band ich ihn.
Pa'ê, der vor Ummanaldas
die Herrschaft Elams geübt hatte,
gedachte des Anpralls der mächtigen Waffen Asurs und der Istar,
die sie zum ersten, zweiten, dritten Male auf Elam aufgeschüttet hatten
und begehrte die Güte meines Herzens,
floh aus der Mitte Elams und
umfasste meine Königsfüsse.
Die Leute, die Übertreter von Bit-Imbî,
Kuṣurtên, Dur-Sarri,
Masutu, Bubê,
Bit-Unzai, Bit-Arrabi,
Iprat, Anzaḳar von Tapapa,
Akbarina, Gurukirra,
Dunnu-Šamaš, Ḫamanu,
Kaniṣu, Aranzêsê,
Nakidâte, Dimtu von Simamê,
Bitḳatatti, Ša-Kisâ'a,
Subaḫê, Til-Chumba,
die auf meinem früheren Feldzug
vor den mächtigen Waffen Asurs und der Istar
flohen,
gelangten an Saladri, den unzugänglichen Berg,
selbige Leute, die Saladri den Berg
zu ihrem Bollwerk machten,
warf der Glanz Asurs und der Istar meiner Herren
nieder,
Aus dem Gebirge, dem Ort ihrer Zuflucht
flohen sie und umfassten meine Füsse.
Dem Bogen bestimmte ich sie,
der Macht meiner Herrschaft,
die meine Hände füllte, fügte ich (sie) hinzu.

Col. VII. Ina IX-ê gir-ri-ia ad-ḳi ummâni-ia
ṣîr U-ai-tê-ʾ šar A-ri-bi
uš-tê-êš-šê-ra ḫar-ra-nu
ša ina a-di-ia iḫ-ṭu-u
ṭabta ê-pu-šu-uš la iṣ-ṣur-u-ma
is-la-a nîr bêlu-u-ti-ia
ša Ašûr ê-mê-du-uš i-šu-ṭu ab-ša-a-ni
a-na ša-ʾ-al šul-mê-ia šêpâ-šu ip-ru-us-ma
ik-la-a ta-mar-ti man-da-at-ta-šu ka-bit-tu
ki-i Êlamti da-bab sur-ra-a-tê
Akkadu iš-mê-ê-ma
la iṣ-ṣu-ra a-di-ia
ia-a-ti Ašûr-bâni-pal šarru šangu êllu
ri-ê-šu mut-nin-nu-u
bi-nu-tu ḳâta Ašûr u-maš-šir-an-ni-ma
a-na A-bi-ia-tê-ʾ Ai-mu apal Tê-ê-ri
ê-mu-ḳi id-din-šu-nu-ti
a-na ri-ṣu-tu Šamaš-šum-ukîn
âḫî nak-ri iš-pur-am-ma
iš-ta-kan pi-i-šu
nišê A-ri-bi it-ti-šu u-šam-kir-ma
iḫ-ta-nab-ba-ta ḫu-bu-ut nišê
ša Ašûr Ištar u ilâni rabûtê
id-din-u-ni rêʾû-si-na ê-pi-ši
u u-mal-lu-u ḳâtu-u-a
ina ki-bit Ašûr u Ištar ummâni-ia
ina gi-ra-a A-ṣa-ar-an
Ḫi-ra-ta-a-ḳa-za-ai ina U-du-mê
ina ni-rib Ia-ab-ru-du ina Bît-Am-ma-ni
ina na-gi-ê ša Ḫa-u-ri-i-na
Mu-ʾ-a-ba ina Sa-ʾ-ar-ri
ina Ḫa-ar-gi-ê ina na-gi-ê
ša Ṣu-bi-ti di-ik-ta-šu
ma-ʾ-at-tu a-duk
ina la mê-ni aš-kun abikta-šu
Nišê A-ri-bi ma-la it-ti-šu it-bu-u-ni
u-ra-as-sib ina kakkê

Col. VII.

Auf meinem neunten Feldzug bot ich mein Heer auf,
richtete den Weg
wider Uâtê', den König Arabiens,
der wider mein Gesetz gesündigt,
die ihm erwiesenen Wohlthaten nicht geschätzt,
das Joch meiner Herrschaft abgeworfen hatte,
dem Asur auferlegte mein Joch zu ziehen.
Mich zu begrüssen hemmte er seinen Fuss,
hielt zurück die schweren Geschenke seiner Steuer.
Wie Elam hörte auch er die aufrührischen Reden
Akkads und
beobachtete nicht mein Gesetz.
Mich Assurbanipal, den König, den glänzenden Priester,
den betenden Hirten,
das Geschöpf der Hände Asurs, verliess er und
Abijatê (und) Âm, den Söhnen des Têri,
übergab er die Streitkräfte,
sandte zur Hülfe des Samassumukin,
meines feindlichen Bruders und
setzte sich mit ihm in's Einvernehmen.
Die Einwohner Arabiens reizte er mit ihm zur Empörung und
führte die Beute der Leute fort,
die Asur, Istar und die grossen Götter
mir gegeben, denen sie mich zum Hirten gemacht hatten
und die meine Hände füllten.
Auf Befehl Asurs und der Istar, mit meinem Heer,
in der Gegend von Aṣaran,
Ḫiratâḳazâ'a in Edom,
in dem Pass Jabrûd, in Beth-Ammon,
in den Bezirken Haurâns,
in Moab, in Sa'âr,
in Ḫargû, in den Bezirken
Zobas, seine zahlreichen Krieger
tötete ich
ohne Zahl, bereitete ihm eine Niederlage.
Alle Leute Arabiens, die mit ihm kamen
erschlug ich mit Waffen,

Col. VII. u šu-u la-pa-an kakkê Ašûr dan-nu-ti
ip-par-šid-ma in-na-bit a-na ru-ḳi-ê-ti
kul-ta-ra-a-tê mu-ša-bi-šu-nu
išâti u-ša-ḫi-iz-zu iḳ-mu-u ina išâti
U-ai-tê-' ma-ru-uš-tu im-ḫur-šu-u-ma
ê-diš-ši-šu in-na-bit a-na Na-ba-ai-tê
Col. VIII. U-ai-tê-' apal Ḫa-za-ilu
apal âḫi âbi ša U-ai-tê-' apal Bir-Dadda
ša ra-man-šu iš-ku-nu
a-na šarru-u-ti A-ri-bi
Ašûr šar ilâni šâdu-u rabu-u
tê-ên-šu u-ša-an-ni-ma
il-li-ka a-di maḫ-ri-ia
a-na kul-lum ta-nit-ti Ašûr
u ilâni rabûtê bêlê-ia
an-nu kab-tu ê-mêd-su-ma
ši-ga-ru aš-kun-šu-ma
it-ti a-si kalbê ar-ku-us-šu-ma
u-ša-an-ṣir-šu abullu ḳabal Ninua
ni-rib-maš-nak-ti-ad-na-a-ti
u šu-u Am-mu-la-di šar Ki-id-ri
it-ba-am-ma a-na mit-ḫu-uṣ-ṣi šarrâni Aḫârê
ša Ašûr Ištar u ilâni rabûtê
u-šad-gi-lu pa-nu-u-a
ina tukul-ti Ašûr Sin Šamaš Rammânu
Bêl Nabû Istar ša Ninua
ilu bêlit Kit-mu-ri Ištar ša Arba'il
Adar Nêrgal Nusku
abikta-šu aš-kun
ša-a-šu bal-ṭu-us-su it-ti-ia A-di-ia-a
aššat U-ai-tê-' šar A-ri-bi
iṣ-ba-tu-num-ma u-bil-u-ni a-di maḫ-ri-ia
ina ki-bit ilâni rabûtê bêlê-ia
ul-li kalbi aš-kun-šu-ma
u-ša-an-ṣir-šu ši-ga-ru
ina ki-bit Ašûr Ištar u ilâni rabûtê bêlê-ia

und er selbst floh vor den mächtigen Waffen Asurs Col. VII.
und machte sich weithin fort.
Die Zelte, ihre Wohnungen
liess ich das Feuer fassen, verbrannte sie.
Uâtê', Unheil trat ihm entgegen und
floh allein zu den Nabatäern.
Uâtê', der Sohn Ḫazails, Col. VIII.
der Vetter Uâtê's, des Sohnes Bir-Daddas,
der sich selbst bestimmt hatte
zur Herrschaft Arabiens,
Asur König der Götter, erhaben, gross,
that kund seinen Befehl und
er kam vor mich.
Um offenbar zu machen die Erhabenheit Asurs
und der grossen Götter, meiner Herren,
legte ich ihm eine schwere Strafe auf und
setzte ihn in einen Käfig,
band ihn mit den *Asi* (und) den Hunden und
liess ihn bewahren im Stadtthor, mitten in Ninewe,
Nirib-mašnakti-adnâti.
Und er Ammuladi, der König der Kidräer
zog zum Streit mit den Königen Phoeniciens,
die Asur, Istar und die grossen Götter,
mir unterthan gemacht hatten.
Unter dem Beistand Asurs, des Sin, Samas, Rammân,
Bel, Nebo, der Istar von Ninewe,
der himmlischen Herrin von Kitmuri, der Istar von Arbela,
des Adar, Nergal, Nusku,
bereitete ich ihm eine Niederlage.
Ihn selbst nebst Adi'â
der Frau des Uâtê, des Königs Arabiens,
nahm man lebendig gefangen und brachte (sie) vor mich.
Auf Befehl der grossen Götter, meiner Herren,
setzte ich ihn mit den Hunden und
liess ihn in einem Käfig bewahren.
Auf Befehl Asurs, der Istar und der grossen Götter, meiner Herren,

Col. VIII. ša A-bi-ia-tê-' Ai-mu apal Tê-'-ri
ša a-na ri-ṣu-u-tu Šamaš-šum-ukîn âḫî nak-ri
a-na ê-rib Bâbîli il-li-ku
ri-ṣi-ê-šu a-duk abikta-šu aš-kun
si-it-tu-ti ša ki-rib Bâbîli ê-ru-bu
ina su-nu-ḳi ḫu-šaḫ-ḫi
ê-ku-lu šîru a-ḫa-mêš
a-na šu-zu-ub napiš-tim-šu-nu
ul-tu ki-rib Bâbîli u-ṣu-num-ma
ê-mu-ḳi-ia ša ina êlî Šamaš-šum-ukîn šak-nu
ša-ni-ia-a-nu abikta-šu iš-ku-nu-ma
šu-u ê-diš ip-par-sid-ma
a-na šu-zu-ub napiš-tim-šu iṣ-ba-tu šêpâ-ia
ri-ê-mu ar-ši-šu-u-ma
a-di-ê ni-iš ilâni rabûtê u-ša-az-kir-šu-ma

ku-um U-ai-tê-' apal Ḫa-za-ilu
a-na šarru-u-ti A-ri-bi aš-kun-šu
u šu-u it-ti Na-ba-ai-ta-ai
pi-i-šu iš-kun-ma
ni-iš ilâni rabûtê la ip-luḫ-ma
iḫ-tab-ba-ta ḫu-bu-ut mi-ṣir mâti-ia
ma tukul-ti Ašûr Sin Šamaš Rammânu
Bêl Nabû Ištar ša Ninua
ilu šar-rat Kit-mu-ri Ištar ša Arba'il
Adar Nêrgal Nusku
Na-at-nu šar Na-ba-ai-ti
ša a-šar-šu ru-u-ḳu
ša U-ai-tê-' ina maḫ-ri-šu in-nab-tu
iš-mê-ê-ma da-na-an Ašûr ša u-tak-kil-an-ni
ša ma-tê-ê-ma a-na šarrâni âbê-ia
allaka-šu la iš-pu-ra
la iš-'-a-lu šu-lum šarru-ti-šu-un
ina pu-luḫ-ti kakkê Ašûr ka-ši-du-u-ti
is-sa-an-ḳa-am-ma iš-'-a-la šu-lum šarru-ti-ia
u A-bi-ia-tê-' apal Tê-'-ê-ri
la ḫa-sis ṭa-ab-ti

Col. VIII.

Abijâtê's, Âm, Söhne des Tê'ri,
die zur Hülfe des Samassumukin, meines feindlichen Bruders,
in Babylon einzutreten zogen,
seine Helfer tötete ich, bereitete ihm eine Niederlage.
Die Übrigen, die in Babylon eintraten,
assen in Mangel und Hungersnoth
ihr Fleisch gegenseitig.
Um ihr Leben zu retten
zogen sie aus der Mitte Babylons aus und
meine Streitkräfte, die Samassumukin belagerten,
bereiteten ihm zum zweiten Male eine Niederlage.
Er selbst floh allein und
um sein Leben zu retten, umfasste meine Füsse.
Gnade bewilligte ich ihm und
die Gesetze der Anbetung der grossen Götter liess ich ihn sprechen.
Anstatt Uâtê', des Sohnes Ḫazails,
bestimmte ich ihn zur Herrschaft Arabiens,
aber er setzte sich mit den Nabatäern
in's Einvernehmen und
fürchtete die Anbetung der Grossen Götter nicht und
führte fort die Beute des Gebietes meines Landes.
Unter dem Beistand Asurs, des Sin, Samas, Rammân,
Bel, Nebo, der Istar von Ninewe,
der himmlischen Königin von Kitmuri, der Istar von Arbela,
des Adar, Nergal, Nusku,
Natnu, der König der Nabatäer
dessen Ortschaft fern (ist),
zu welchem Uâtê' floh,
hörte auch von der Macht Asurs, welche mich stark macht,
(Natnu) der niemals vorher den Königen, meinen Vätern,
seinen Boten gesandt,
noch ihre Herrschaft begrüsst hatte,
in der Furcht der erobernden Waffen Asurs
duckte sich und begrüsste meine Herrschaft.
Aber Abiâtê', der Sohn des Tê'ri,
ohne an die Wohlthaten zu denken,

Col. VIII.

la na-ṣir ma-mit ilâni rabûtê
da-bab sur-ra-a-tê it-ti-ia id-bu-ub-ma
pi-i-šu it-ti Na-at-ni
šar Na-ba-ai-ti iš-kun-ma
ê-mu-ḳi-šu-nu id-ḳu-u-ni
a-na ti-ib limut-tim a-na mi-ṣir-ia
ina ki-bit Ašûr Sin Šamaš Rammânu
Bêl Nabû Ištar ša Ninua
ilu šâr-rat Kit-mu-ri Ištar ša Arba'il
Adar Nêrgal Nusku
ummâni-ia ad-ḳi ṣîr A-bi-ia-tê-'
uš-tê-êš-šê-ra ḫar-ra-nu
Diḳlat u Purâtu
ina mîli-ši-na gab-ši šal-mêš lu-u ê-bi-ru
ir-du-u ur-ḫi ni-ḳu-u-ti
ê-bê-lu-u ḫar-ša-a-ni ša-ḳu-u-ti
iḫ-tal-lu-bu kištê ša ṣu-lul-ši-na rap-šu
bi-rit iṣê rabûtê gi-iṣ-ṣi
aḫartinnê ḫar-ra-an iṭ-ṭi-ê-ti
ê-tê-it-ti-ḳu šal-mê-iš
Maš a-šar ṣu-um-mê ḳal-ḳal-ti
ša iššur šamê la i-ša-'-u ki-rib-šu
purîmê ṣabîtê
la ir-te-'-u ina lib-bi
I.C kaš-bu ḳaḳ-ḳa-ru ul-tu Ninua
âl na-ram Iš-tar ḫi-rat Bêl
Arkû U-ai-tê-' šar A-ri-bi
u A-bi-ia-te-' ša it-ti ê-mu-ḳi
Na-ba-ai-ti-ai il-li-ka
ir-du-u il-li-ku ina araḫ Simanu araḫ Sin
apal riš-tu-u a-ša-ri-du ša Bêl
ûmu XXV šadâḫu ša Bê-lit Bâbili
ka-bit-ti ilâni rabûtê
ul-tu Ḫa-da-at-ta-a at-tu-muš
ina La-ri-ib-da bît-dûri ša kunûkê

ina êli gu-ub-ba-a-ni ša mê

Col. VIII.

ohne den Eid der grossen Götter zu halten,
sprach aufrührische Reden wider mich und
setzte sich mit Natnu,
dem König der Nabatäer, in's Einvernehmen,
ihre Streitkräfte versammelten sie
zum feindlichen Ansturm wider mein Gebiet.
Auf Befehl Asurs, des Sin, Samas, Rammân,
Bel, Nebo, der Istar von Ninewe,
der himmlischen Königin von Kitmuri, der Istar von Arbela,
des Adar, Nergal, Nusku,
versammelte ich mein Heer, wider Abiâtê'
richtete ich den Weg.
Den Tigris und den Euphrat
in Hochwasser überschritten sie wohlbehalten.
Sie zogen ferne Wege,
erstiegen hohe Berge,
durchschritten weithinschattende Wälder.
Zwischen hohen Bäumen, Dornen(?),
Stacheldornen(?), eine Strasse von Stechdornen,
zogen sie wohlbehalten.
Das Land Maš, einen Ort des Verdurstens, des Verschmachtens,
wohin kein Vogel des Himmels kommt,
woselbst Wildesel, Gazellen,
nicht weiden
ein Hundert Doppelstunden Landes von Ninewe aus
der Lieblingsstadt der Istar, der Gemahlin des Bêl,
wider Uâtê' den König von Arabien
und Abiâtê', der mit den Streitkräften
der Nabatäer herankam,
marschirten, zogen sie. Im Monat Siwan, dem Monat des Sin,
des erstgeborenen Sohnes des Fürsten des Bêl,
am fünfundzwanzigsten Tage der Procession der Herrin Babylons,
der Mächtige der grossen Götter,
aus Ḫadattâ brach ich auf;
in Laribda einem von einer eingegrabenen steinernen Mauer umschlossenen Tempel
an den Cisternen

Col. VIII.

at-ta-ad-di uš-man-ni
ummâni-ia mê a-na maš-ti-ti-šu-nu iḫ-pu-ma
ir-du-u il-li-ku
ḳaḳ-ḳar ṣu-um-mê a-šar ḳal-ḳal-ti
a-di Ḫu-ra-ri-na bi-rit Ja-ar-ki
u A-za-al-la ina Maš aš-ru ru-u-ḳu
a-šar u-ma-am ṣêri la ib-ba-aš-šu-u
u iṣṣur šamê la i-šak-ka-nu ḳin-nu
abikta I-sa-am-mê-'
'âlu ša Atar-sa-ma-ai-in
u Na-ba-ai-ta-ai aš-kun
nišê imêrê gammalê u ṣêni
ḫu-bu-us-su-nu ina la mê-ni aḫ-bu-ta
VIII kaš-bu ḳaḳ-ḳa-ru
ummâni-ia lu-u it-tal-la-ku šal-ṭiš
šal-mê-iš lu i-tu-ru-num-ma
ina A-za-al-li lu iš-tu-u mê niš-bi-ê
ul-tu lib-bi A-za-al-la
a-di Ḳu-ra-ṣi-ti
VI. kaš-bu ḳaḳ-ḳa-ru a-šar ṣu-um-mê
ḳal-ḳal-ti ir-du-u il-li-ku
'â-lu ša A-tar-sa-ma-ai-in

Col. IX.

u Kid-ra-ai ša U-ai-tê-'
apal Bir-Dadda šar A-ri-bi al-mê
ilâni-šu ummu-šu bêltu-šu aššat-su
ḳin-nu-šu nišê Ki-id-ri ka-la-mu
imêrê gammalê u ṣi-ê-ni
ma-la ina tukul-ti Ašûr u Ištar
bêlê-ia ik-šu-da ḳa-ta-ai
ḫar-ra-an Di-maš-ḳa u-ša-aš-ki-na šê-pu-uš-šu-un
ina araḫ Abi araḫ kakkab ḳašti
ma-rat Sin ḳa-šit-tu
ûmu III. nu-bê(?)-tu ša šar ilâni Marduk
ul-tu Di-maš-ḳa at-tu-muš
VI. kaš-bu ḳaḳ-ḳa-ru mu-ši-tu ka-la-ša
ar-di-ê-ma al-lik a-di Ḫul-ḫu-li-ti
ina Ḫu-uk-ku-ri-na šadu-u mar-ṣu

lagerte ich. Col. VIII.
Nachdem sich mein Heer mit Wasser zum Trinken versorgt,
marschirte, zog es
durch das Land des Verdurstens, die Gegend des Verschmachtens,
bis Ḫurarîna, zwischen Jarki
und Azalla im Lande Mas, einem fernen Ort,
wohin das Wild des Feldes nicht kommt,
und kein Vogel des Himmels ein Nest baut.
Die Niederlage der Isammê',
der Zeltbewohner(?) des Atarsamâin,
und der Nabatäer brachte ich bei,
Leute, Esel, Kameele und Kleinvieh,
ihre Beute ohne Zahl schleppte ich fort.
Acht Doppelstunden Landes
drang mein Heer siegreich vor,
wohlbehalten kehrte zurück und
in Azalla trank Wasser zur Sättigung,
von Azalla
bis nach Ḳuraṣiti,
sechs Doppelstunden Landes, durch einen Ort des Verdurstens,
des Verschmachtens marschirte, zog.
Die Zeltbewohner(?) des Atarsamâ'in
und die Kidräer des Uâtê', Col. IX.
des Sohnes des Bir-Dadda, Königs von Arabien, belagerte ich.
Seine Götter, seine Mutter, seine Herrin, seine Frau,
seine Familie, sämtliche Einwohner des Landes Kedar,
Esel, Kameele und Kleinvieh,
allesamt, unter dem Beistande Asurs und der Istar,
meiner Herren, nahmen meine Hände ein.
Den Weg nach Damask liess ich ihre Füsse gehen.
Im Monat Ab, dem Monat des Schützen,
der kämpfenden Tochter des Sin,
am dritten Tage, dem Fest(?) des Königs der Götter, Merodachs,
brach ich aus Damask auf,
sechs Doppelstunden Landes die ganze Nacht hindurch
marschirte ich und zog bis Chulchula.
In Ḫukkurina, einem unzugänglichen Berg

Col. IX. ʾa-lu ša A-bi-ia-tê-ʾ apal Tê-ʾ-ri
Kid-ra-ai ak-šu-ud
abikta-šu aš-kun aš-lu-la šal-lat-su
A-bi-ia-tê-ʾ Ai-am-mu
apal Té-ʾ-ri ina ki-bit Ašûr u Ištar bêlê-ia

ina ḳabal tam-ḫa-ri bal-ṭu-us-su-un u-ṣab-bit ḳâta
ḳâta u šêpâ bi-ri-tu parzilli ad-di-šu-nu-ti
it-ti šal-lat mâti-šu-un
al-ḳa-aš-šu-nu-ti a-na Aššûr
mun-nab-ti ša la-pa-an kakkê-ia in-nab-tu
ip-la-ḫu-ma iṣ-ba-tu Ḫu-uk-ku-ru-na šâdu-u mar-ṣu

ina Ma-an-ḫa-ab-bi Ap-pa-ru
Tê-nu-ḳu-ri Ṣa-ai-u-ra-an
Mar-ḳa-na-a Sa-da-tê-in
Ėn(bêl)-zi-kar-mê Ta-ʾ-na-a Ir-ra-a-na
a-šar du-pi nam-ba-ʾ ša mê ma-la ba-šu-u
maṣartê ina muḫ-ḫi u-ša-an-ṣir-ma
mê balâṭê napiš-tim-šu-nu ak-la
maš-ti-tu u-ša-ḳir a-na pi-i-šu-un
ina ṣu-um-mê ḳal-ḳal-ti iš-ku-nu na-piš-tê
si-it-tu-u-ti gammalê ru-ku-ši-šu-nu u-šal-li-ḳu
a-na ṣu-um-mê-šu-nu iš-ta-at-tu-u damê u mê ud-šu
ša ki-rib šâdê-ê ê-lu-u
ê-ru-bu ê-ḫu-zu mar-ki-tu
ê-du ul ip-par-šid mul-taḫ-ṭu ul u-ṣi ina ḳâta-ia
a-šar mar-ki-ti-šu-nu ḳâta ik-šu-us-su-nu-ti
nišê zikru u zinništu imêrê gammalê alpê u ṣi-ê-ni
ina la mê-ni aš-lu-la a-na Aššûr
nap-ḫar mâti-ia ša Ašûr id-di-na ka-la-mu

a-na si-ḫir-ti-ša um-tal-lu-u ana pâṭ gim-ri-ša
gammalê ki-ma ṣi-ê-ni u-par-ri-is
u-za-ʾ-iz a-na nišê Aššûr
ina ḳa-bal-ti mâti-ia gammalê ina šunnû šiḳli šunnû šiḳli kas-pi

nahm ich die Zeltbewohner(?) Abiâtê's, des Sohnes des Te'ri, Col. IX.
die Kidräer gefangen.
Eine Niederlage bereitete ich ihm, führte seine Beute fort.
Abiâtê' (und) Âm,
die Söhne des Te'ri, auf Befehl Asurs und der Istar, meiner Herren,
inmitten der Schlacht, nahm meine Hand lebendig gefangen.
Hand und Fuss in eiserne Fesseln warf ich ihnen,
mit der Beute ihres Landes
brachte ich sie nach Assyrien.
Die Flüchtlinge, die vor meinen Waffen flohen,
fürchteten sich und gelangten an Ḫukkuruna, einen unzugänglichen Berg.
In Manḫabbi, Apparu,
Tenukuri, Ṣâ'urân,
Mârḳanâ, Sadatên,
Bêlzikarmê, Ta'nâ, Irrâna,
sämtliche Wasserquellen, so viel ihrer waren,
liess ich Wächter bewahren und
das lebendige Wasser ihres Lebens schnitt ich ab,
ein Getränk für ihren Mund machte ich selten,
in Durst, Verschmachtung, vollendeten sie das Leben.
Die Übrigen zerschnitten die Kameele, ihren Besitz,
um ihren Durst zu löschen, tranken deren Blut und Wasser.
Welche auf die Berge hinaufstiegen,
eintraten, Zuflucht nahmen,
keiner floh, kein Übertreter entrann meinen Händen.
den Ort ihrer Zuflucht nahmen meine Hände ein,
die Leute, Mann und Weib, Esel, Kameele, Rinder und Kleinvieh
ohne Zahl, führte ich fort nach Assyrien.
Die Gesamtheit meines Landes, welches Asur nach seinem ganzen
Umfang mir gegeben hatte, füllte ich nach seinem Gesamtgebiet.
Kameele wie Schafe vertheilte ich,
theilte den Leuten Assyriens zu.
Inmitten meines Landes, Kameele für einen halben Schekel, einen halben Schekel

Col. IX.

i-šam-mu ina bâb ma-ḫi-ri
ṣu-ud-mu ina ni-id-ni .... ina ḫa-pi-ê
ikkaru ina ki-ši-šu ša u-kin
im-da-na-ḫa-ru gammalê u a-mê-lu-ti
U-ai-tê-' a-di ummâni-šu
ša a-di-ia la iṣ-ṣu-ru
ša la-pa-an kakki Ašûr bêli-ia
ip-par-ši-du-ma in-nab-tu-ni ma-ḫar-šu-nu
u-šam-ḳit-su-nu-ti Lubâru(?) ḳar-du
su-nu-ḳu ina bi-ri-šu-nu iš-ša-kin-ma
a-na bu-ri-šu-nu ê-ki-lu šîrê aplê-šu-nu
ina ar-ra-a-ti ma-la ina a-di-ê-šu-nu šaṭ-ra
ina pit-ti (v. pi-it-ti) i-ši-mu-šu-nu-ti Ašûr Sin Šamaš
Rammânu Bêl Nabû Ištar ša Ninua
ilu šar-rat Kit-mu-ri Ištar ša Arba'il
Adar Nêrgal Nusku
ba-ak-ru su-ḫi-ru alpu pûru immêru
ina êlî VII mu-šê-ni-ḳa-a-tê ê-ni-ḳu-u-ma
ši-iz-bu la u-šab-bu-u ka-ra-ši-šu-nu
nišê A-ri-bi ištê-ên a-na ištê-ên
iš-ta-na-'-a-lum a-ḫa-mêš
um-ma ina êlî mi-ni-ê ki-i ip-šê-ê-tu an-ni-tu limut-tu
im-ḫu-ru A-ru-bu
um-ma aš-šu a-di-ê rabûtê ša Ašûr la ni-iṣ-ṣu-ru
ni-iḫ-ṭu-u ina ṭabti Ašûr-bâni-pal
šar na-ram lib-bi Bêl
Bêlit ri-im-tu Bêl mê-i-tu
ka-dir-ti i-la-a-ti
ša it-ti A-num u Bêl šit-lu-ṭa-at man-za-zu
u-na-gip nakrê-ia ina ḳarnâtê ša gaš-ra-a-tê
Ištar a-ši-bat Arba'il
išâti lit-bu-šat mê-lam-mê na-ša-a-ta
êlî A-ri-bi i-za-an-nun nab-li
Lubâru(?) ḳar-du a-nun-tu ku-uṣ-ṣur-ma
u-ra-as-si-pa ga-ri-ia
Adar tar-ta-ḫu ḳar-ra-du rabu-u apal Bêl
ina uṣ-ṣi-šu zaḳ-ti u-par-ri-' napiš-tim nakrê-ia

Col. IX.

Silber, bestimmten sie auf dem Markt
. . . .
der Gärtner mit seinem *Kis* welches ich bestimmte,
sie kauften Kameele und Menschen.
Uâtê', samt seinem Heer,
die mein Gesetz nicht bewahrten,
die vor den Waffen Asurs, meines Herrn,
flohen und sich allesamt fortmachten,
warf der starke Pestgott nieder,
liess in ihrer Mitte Noth entstehen und —
sie assen als ihre Speise das Fleisch ihrer Söhne.
Alle Flüche, die in ihren Gesetzen geschrieben stehen,
bestimmten ihnen urplötzlich Asur, Sin, Samas,
Rammân, Bel, Nebo, Istar von Ninewe,
die Himmlische Königin von Kitmuri, Istar von Arbela,
Adar, Nergal, Nusku.
Junge Kameele, Füllen, Rinder, Wildochsen, Lämmer,
mehr denn sieben Mal saugten an der Mutterbrust,
Milch aber sättigte nicht ihre Bäuche.
Die Leute Arabiens, einer dem anderen,
fragten
also: „Wesswegen haben diese böse Thaten
Arabien betroffen?"
Also: „Weil wir die grossen Gesetze Asurs nicht behalten,
gesündigt haben an der Wohlthat Asurbanipals,
des Königs, des Lieblings des Herzens des Bel."
Beltis, die Beliebte des Bel die Mächtige
die Schützerin der Gottheit,
die mit Anu und Bel siegreich festgesetzt ist,
hat meine Feinde mit gewaltigen Hörnern gestossen,
Istar, die in Arbela wohnt,
mit Feuer bekleidet, sich mit Glanz erhebt,
regnete auf Arabien Verderben hernieder,
der starke kämpfende Pestgott sammelte und
erschlug meine Feinde,
Adar mit dem starken, grossen Spiess, der Sohn des Bel,
mit seinem scharfen Pfeil zerschnitt meine Feinde,

Col. IX. Nusku sukkallu na-'-du mu-ša-bu-u bêlu-u-ti
ša ina ki-bit Ašûr Bêlit ḳa-šit-tu ilu bê-lit

idâ-ai il-lik-ma iṣ-ṣu-ra šarru-u-ti
mi-iḫ-rit ummâni-ia iṣ-bat-ma u-šam-ḳi-ta ga-ri-ia
ti-bu-ut kakkê Ašûr u Ištar
ilâni rabûtê bêlê-ia
ša ina ê-piš taḫâzi il-li-ku ri-ṣu-ti
ummânâtê ša U-ai-tê-'
iš-mu-u-ma êlî-šu ib-bal-ki-tu
šu-u ip-luḫ-ma
ultu bît in-nab-tu u-ṣa-am-ma
ina tukul-ti Ašûr Sin Šamaš Rammânu
Bêl Nabû Ištar ša Ninua
ilu šar-raṭ Kit-mu-ri Ištar ša Arba'il
Adar Nêrgal Nusku
ḳâta ik-šu-us-su-ma
u-ra-aš-šu a-na Aššûr
ina ni-iš ḳâta-ia ša a-na ka-šad nakrê-ia
am-da-aḫ-ḫa-ru ina ki-bit Ašûr u Bêlit
ina ḫu-ut-ni-ê ma-šê-ri ṣi-bit ḳâta-ia

šîru mê-ṣi-šu ap-lu-uš
ina la-aḫ êni-šu at-ta-di ṣir-ri-tu
ul-li kalbi ad-di-šu-ma
ina abulli ṣi-it Šam-ši ša ḳabal Ninua
ša Ni-rib-maš-nak-ti-ad-na-a-ti na-bu-u zi-kir-ša
u-ša-an-ṣir-šu ši-ga-ru
a-na da-lal ta-nit-ti Ašûr Ištar
u ilâni rabûtê bêlê-ia
ri-ê-mu ar-ši-šu-ma u-bal-liṭ nap-šat-su
ina ta-ai-ar-ti-ia U-šu-u
ša ina a-ḫi tam-tim na-da-ta šu-bat-su ak-šu-ud

nišê U-šu-u ša a-na piḫâtê-šu-un la sa-an-ḳi

la i-nam-di-nu man-da-at-tu

Col. IX.

Nusku, der erhabene Bote, der Überwältiger der Herrschaft,
welcher auf Befehl Asurs, der kämpfenden Beltis, der himmlischen Herrin
mir zur Seite marschirt und meine Herrschaft beschützt,
angesichts meines Heers nahm und warf nieder meine Feinde,
den Anprall der Waffen Asurs und der Istar,
der grossen Götter, meiner Herren,
die um Schlacht zu liefern mir zur Hülfe zogen,
hörte das Heer Uâtê's
und empörte sich wider ihn.
Er selbst fürchtete sich und
kam aus dem Zufluchtsort heraus und,
unter dem Beistand Asurs, des Sin, Samas, Rammân,
Bel, Nebo, der Istar von Ninewe,
der himmlischen Königin von Kitmuri, der Istar von Arbela,
des Adar, Nergal, Nusku,
nahmen meine Hände ihn gefangen und
führte ihn nach Assyrien.
Auf mein Gebet, das ich um meine Feinde zu erobern
flehte, auf Befehl Asurs und der Beltis
mit dem Schwert(?) der Gerechtigkeit, welches meine Hand ergriff,
schlug ich das Fleisch, welches aus ihm ausging, seinen Sohn,
vor ihm nieder,
zu den Hunden warf ich ihn und
in dem Stadtthor der aufgehenden Sonne, mitten in Ninewe,
dessen Namen *Nirib-mašnakti-adnâti* genannt ist,
liess ich ihn in einem Käfig bewahren.
Um ihn der Erhabenheit Asurs, der Istar
und der grossen Götter, meiner Herren, zu demüthigen,
Gnade bewilligte ich ihm und schenkte ihm das Leben.
Auf meiner Rückkehr, Ušû,
welche er am Ufer des Meeres als seinen Wohnsitz aufgeschlagen hatte,
eroberte ich. Die Einwohner von Ušû, die ihren Satrapen nicht gefügig waren,
den Tribut nicht brachten,

Col. IX. na-dan mâti-šu-un a-duk
ina lib-bi nišê la kan-šu-u-ti šib-ṭu aš-kun
ilâni-šu-nu nišê-šu-nu aš-lu-la a-na Aššûr
nišê Ak-ku-u la kan-šu-ti a-nir
pagrâni-šu-nu ina ga-ši-ši a-lul
si-hir-ti âli u-šal-mi
si-it-tu-ti-šu-nu al-ḳa-a a-na Aššûr
a-na ḳi-ṣir aḳ-ṣur-ma
êli ummâni-ia ma-'-da-a-ti
ša Ašûr i-ki-ša u-rad-di

Col. X. Ai-mu apal Tê-ê-ri
it-ti A-bi-ia-tê-' âḫî-šu
i-zi-zu-ma it-ti ummâni-ia ê-pu-šu taḫâza
ina ḳabal tam-ḫa-ri bal-ṭu-us-su ina ḳâta aṣ-bat

ina Ninua âl bêlu-u-ti-ia mašak-šu aš-ḫu-uṭ

Um-man-al-das šar Êlamti
ša ul-tu ul-la Ašûr u Ištar bêlê-ia
iḳ-bu-u a-na ê-piš ardu-u-ti-ia
ina ḳi-bit ilu-ti-šu-nu ṣir-tu ša la in-nin-nu-u
arkâ-nu mâtu-su êlî-šu ib-bal-kit-ma
la-pa-an siḫ bar-ti ardâni-šu ša u-šab-šu-u êlî-šu

ê-diš-ši-šu ip-par-šid-ma iṣ-ba-ta šâdu-u
ul-tu šâde-ê bît mar-ki-ti-šu
a-šar it-ta-nap-raš-ši-du
ki-ma Surdû iṣṣuru a-bar-šu-ma
bal-ṭu-us-su al-ḳa-aš-šu a-na Aššûr
Tam-ma-ri-tu Pa-'-ê Um-man-al-das
ša arkî a-ḫa-mêš ê-pu-šu bê-lut Êlamti
ša ina ê-mu-ḳi Ašûr u Ištar bêlê-ia
u-šak-ni-ša a-na nîri-ia
U-ai-tê-' šar A-ri-bi
ša ina ḳi-bit Ašûr u Ištar abikta-šu aš-ku-nu
ul-tu mâti-šu al-ḳa-šu a-na Aššûr

das Geschenk ihres Landes, tötete ich. Col. IX.
Inmitten der Leute, die sich nicht beugten, machte ich Gemetzel,
ihre Götter, ihre Leute, führte ich fort nach Assyrien.
Die Bewohner Akkos, die sich nicht beugten, schlug ich nieder,
ihre Leichname band ich auf Bretter,
auf die Ringmauer der Stadt pflanzte ich sie auf,
die Übrigen von ihnen nahm ich nach Assyrien,
zu einer Macht fügte ich sie zusammen und
fügte sie zu meinem zahlreichen Heer,
welches Asur (mir) geschenkt, hinzu.
Am, der Sohn des Têri, Col. X.
mit Abiâtê' seinem Bruder,
stellte sich und lieferte Schlacht wider mein Heer.
Mitten im Kampfe nahm ich ihn mit meinen Händen lebendig gefangen,
in Ninewe, meiner Königsstadt, zog ich ihm die Haut ab.

Ummanaldas, der König Elams,
dem von jeher Asur und Istar, meine Herren,
geboten hatten mir Gehorsam zu leisten,
auf Befehl ihrer erhabenen Gottheit, die unwandelbar ist,
empörte sich nachher sein Land wider ihn und
er floh allein vor dem Aufruhr(?) seiner Unterthanen, welchen sie wider
ihn machten und gelangte an den Berg.
Aus dem Gebirge, dem Hause seiner Zuflucht,
dem Ort, wohin er geflohen war,
wie ein *Surdû* Vogel holte ich ihn ab und
brachte ihn lebendig nach Assyrien.
Tammaritu, Pa'ê, Ummanaldas,
die nach einander übten die Herrschaft Elams,
die ich durch die Macht Asurs und der Istar, meiner Herren,
meinem Joch unterwarf,
Uâtê, König von Arabien
dessen Niederlage ich auf Befehl Asurs und der Istar bereitete,
brachte ich aus seinem Lande nach Assyrien.

Col. X. ul-tu a-na na-saḫ niḳê ê-lu-u
ina Bît-maš-maš šu-bat bêlu-ti-šu-un
ma-ḫar Bêlit ummu ilâni rabûtê
ḫi-ir-tu na-ram-ti Ašûr
ê-pu-šu a-di ilâni Bît-id-ki-id
nîr iṣu ša ša-da-di u-ša-aṣ-bit-su-nu-ti
a-di bâb êkurri iš-du-du ina šapli-ia
al-bi-in ap-pi at-ta-'-id ilu-us-su-un
u-ša-pa-a dan-nu-us-su-un ina puḫur ummâni-ia
ša Ašûr Sin Šamas Rammânu
Bêl Nabû Ištar ša Ninua
ilu šar-rat Kit-mu-ri Ištar Arba'il
Adar Nêrgal Nusku ša la kan-šu-ti-ia
u-šak-ni-šu a-na nîri-ia
ina li-i-ti u da-na-a-ni
u-ša-zi-zu-in-ni ṣîr nakrê-ia

Ša-dûri šar Ur-ar-ṭi
ša šarrâni âbê-šu a-na âbê-ia
iš-ta-nap-par-u-ni âḫu-u-tu
ê-nin-na Ša-dûri da-na-a-nu ip-šê-ê-tu
ša ilâni rabûtê i-ši-mu-in-ni iš-mê-ê-ma
ki-ma ša aplu a-na âbî-šu iš-ta-nap-pa-ra bêlu-u-ti

u šu-u ki-i pi-i an-num-ma
iš-ta-nap-pa-ra um-ma lu-u šul-mu
a-na šar bêli-ia
pal-ḫi-iš kan-šiš ta-mar-ta-šu ka-bit-tu
u-šê-ba-la a-di maḫ-ri-ia

Ina û-mê-šu Bît-ridu-u-ti têmê-ni-ê êkalli ša ki-rib Ninua

âlu ṣi-i-ru na-ram Bêlit
ša Sin-âḫê-irba šar Aššûr âbû âbî bâni-ia

Col. X.

Seither, nach der Fortführung, brachten sie Lämmer hinauf,
in Bitmasmas, dem Wohnsitz ihrer Herrschaft,
leisteten Opfer vor Beltis, Mutter der grossen Götter,
der Gattin, der Geliebten Asurs,
samt den Göttern von Bitidkid.
Das Joch des Traggeräthes liess ich sie nehmen,
bis zu dem Thor des Tempels schleppten sie es. Sitzend,
warf ich das Antlitz nieder, verherrlichte ihre Gottheit,
liess ihre Macht hervorbrechen vor meinen ganzen Heer.
Da Asur, Sin, Samas, Rammân,
Bel, Nebo, Istar von Ninewe,
die himmlische Königin von Kitmuri, Istar von Arbela,
Adar, Nergal, Nusku, die, welche sich mir nicht gebeugt hatten,
meinem Joch unterwarfen,
setzten sie, in Macht und Stärke,
mich über meine Feinde.

Saduri, König von Armenien,
den die Könige seine Väter, meinen Vätern
schickten zur Brüderschaft,
jetzt hörte Saduri diese mächtigen Thaten,
zu welchen die grossen Götter mich bestimmt hatten und
gleichwie ein Sohn zu seinem Vater schickte er wegen der Herrschaft
und er schickte dieses Wort
also: „Gruss
dem König meinem Herrn“.
Mit Ehrfurcht (und) Unterwürfigkeit liess er seine schweren
Geschenke vor mich bringen.

In jenen Tagen, Bitriduti, die Grundsteine des Palastes in Ninewe,
der erhabenen Stadt, der Beliebten der Beltis,
welches Sanherib, König von Assyrien „der Grossvater, mein Erzeuger,

Col. X ê-pu-šu a-na mu-šab šarru-ti-šu
Bît-ridu-u-ti šu-a-tu ina ḫidâtê ri-ša-a-ti
la-ba-riš il-lik ê-na-ḫa igârê-šu
a-na-ku Ašûr-bâni-pal šarru rabu-u šarru dan-nu
šar kiš-ša-ti šar Aššûr šar kib-rat irbit-tim

aš-šu ki-rib Bît-ridu-u-ti šu-a-tu ar-ba-a
Ašûr Sin Šamaš Rammânu Bêl Nabû
Ištar ša Ninua ilu šar-rat Kit-mu-ri
Ištar ša Arba'il ilu bêlit parṣê Adar Nêrgal Nusku
apal šarru-u-ti iṣ-ṣu-ru
ṣu-lul-šu-nu ṭabu ṣalû-la-šu-nu ša ša-la-mê
it-ru-ṣu êlî-ia
ul-tu ina kussê âbî bâni-ia u-ši-bu
i-tê-ni-ip-pu-šu bê-lut mâtâtê u nišê rapšâti

ka-ai-an pu-us-su-rat ḫa-di-ê
ša ka-šad nakrê-ia u-pa-sa-ru-in-ni ki-rib-šu
ina ma-ai-al mu-ši du-um-mu-ḳa šunâtu-u-a
ina ša šê-ê-ri ba-nu-u ê-gir-ru-u-a
maš(?)-ta-ku šu-a-tu mu-šal-li-mu bêlê-šu šu-u-ma
ilâni rabûtê ši-mat-su i-ši-mu a-na damḳâti
an-ḫu-us-su at-ki
aš-šu ru-up-pu-uš ri-šid-ti a-na si-ḫir-ti-šu ag-gur

L ti-ip-ki maš-kan ši-kit-ti-šu
pi-tiḳ-tu ap-tiḳ tam-la-a uš-mal-li
la-pa-an êš-ri-ê-ti ilâni rabûtê
bêlê-ia ap-luḫ-ma tam-la-a šu-a-tu
ši-kit-ta-ša ul u-šak-ki ma-'-diš
ina araḫ ṭâbu û-mê šêmê ṣîr tam-li-ê šu-a-tu

uššî-šu ad-di u-kin lib-na-as-su
ina šikâri u karâni ka-lak-ka-šu ab-lu-lul
am-ḫa-ṣa šal-la-ar-šu
ina ṣu-um-bi^{pl} Élamti ša ina ḳi-bit ilâni rabûtê

zum Wohnsitz seiner Herrschaft machte —
selbiges Bitriduti — in Freuden und Jauchzen,
wurde alt und baufällig seine Wände.
Ich Asurbanipal, der grosse König, der mächtige König,
der König der Gesamtheit, der König von Assyrien, der König der vier Weltgegenden,
weil ich in jenem Bitriduti aufgewachsen bin,
Asur, Sin, Samas, Rammân, Bel, Nebo,
Istar von Ninewe, die himmlische Königin von Kitmuri
Istar von Arbela, die Herrin der Gebote, Adar, Nergal, Nusku,
den Königssohn schützten,
ihre gute Bedachung, ihren Friedensschirm
gerade über mich legten,
als ich auf dem Thron des Vaters, meines Erzeugers, sass,
da übten sie die Herrschaft der Länder und der weitgedehnten Völker,
verkündeten mir dort beständig die Freudenbotschaft (?),
welche meine Feinde besiegte;
auf meinem Bett in der Nacht waren meine Träume angenehm,
indem Morgens meine Träumereien licht waren
vollführten seine Herren selbiges Heiligthum (?) und
bestimmte die grossen Götter seine Auszeichnung zur Besserung,
seine Verfallenheit stellte ich wieder her.
Um der Verbreiterung willen zerstörte ich die Grundlage nach ihrem ganzen Umfang,
fünfzig *tipki*, den Ort seines Fundaments,
baute ich, die Terrasse liess ich füllen.
Vor den Tempeln der grossen Götter,
meiner Herren, fürchtete ich mich und selbige Terrasse,
sein Fundament, machte ich nicht sehr hoch.
In einem guten Monat, an einem günstigen Tag, auf jener Terrasse,
legte ich seinen Grund, setzte seinen Backstein fest;
mit Meth und Wein übergoss ich seine Umfassungsmauer,
machte ich triefen seine Wand;
mit Lastwagen von Elam, welche ich auf Befehl der grossen Götter,

Col. X. bêlê-ia aš-lu-la
a-na ê-piš Bit-ridu-u-ti šu-a-tu
nišê mâti-ia ina lib-bi i-zab-bi-lu libnâtê-šu
šarrâni A-ri-bi ša ina a-di-ia iḫ-ṭu-u
ša ina ḳabal tam-ḫa-ri bal-ṭu-us-su-nu u-ṣab-bi-tu ina kâta
a-na ê-piš Bit-ridu-u-ti šu-a-tu
al-lu um-šik-ku u-ša-aš-ši-šu-nu-ti
u-ša-az-bi-la ku-du-ri
la-bi-in libnâtê-šu za-bi-lu um-šik-ki-šu
ina ê-li-li nin-gu-u-ti ub-ba-lu u-um-šu-un
ina ḫidâtê ri-ša-a-ti ul-tu uššî-šu a-di taḫ-lu-bi-šu ar-ṣip
êlî ša maḫ-ri šu-bat-su u-rap-piš u-šar-ri-ḫa ip-šê-tê-ê-šu
gušûrê êrînê ṣirâtê Si-ra-ra Lib-na-na
u-šat-ri-iṣ êlî-šu daltê li-ia-a-ri ša ê-ri-si-na ṭâbu
mê-sir siparri u-rak-kis u-rat-ta-a bâbâni-šu
dim-mê maḫḫûtê êrî nam-ru u-ḫal-lib-ma
ḫi-it-ti bâbâni bît ḫi-la-ni-šu ê-mêd
Bit-ridu-u-ti šu-a-tu mu-šab šarru-ti-ia a-na si-ḫir-ti-šu
u-šak-lil lu-li-ê u-mal-li kirû gišru ša gi-mir iṣê
inbu ša sa-sa-ṣun ka-la-mu az-ḳu-pa i-ta-tê-ê-šu
ši-pir ip-šê-ê-tê-šu ag-mur-ma niḳê taš-ri-iḫ-ti
aḳ-ḳa-a a-na ilâni bêlê-ia ina ḫidâtê ri-ša-a-tê u-šar-ri-šu
ê-ru-ub ki-rib-šu ina za-rat tak-ni-ê a-na arki ûmê ina šarrâni
aplê-ia ša Ašûr u Ištar a-na bê-lut mâti u nišê i-nam-bu-u zi-kir-šu
ê-nu-ma Bit-ridu-u-ti šu-a-tu i-lab-bi-ru-u-ma in-na-ḫu

Col. X.

meiner Herren, fortführte,
um selbiges Bitriduti zu machen,
trugen die Leute meines Landes dort seine Backsteine,
die Könige Arabiens, die wider mein Gesetz sündigten,
die ich inmitten der Schlacht in meinen Händen lebendig gefangen nahm,
um selbiges Bitriduti zu machen, —
eine Kette von Rohrgeflechtwerk liess ich sie tragen,
Frohndienst leisten.
Im Streichen seiner Ziegeln und Tragen seines Rohrgeflechtwerkes,
mit Spielen der Musik(?) verlebten sie ihre Tage.
In Freuden und Jauchzen von seinem Fundament bis zu seinem Dach fügte ich zusammen,
mehr denn seine frühere Wohnung erweiterte ich, machte gewaltig seinen Bau.
Balken, erhabene Ceder von Sirara, Libanon,
legte ich darüber gerade hin. Thüren von wohlriechendem Holz der Wüste
überzog ich mit kupfernem Überzug, befestigte sie in seinen Thoren.
Mächtige Säulen überzog ich mit glänzender Bronze und
die Einfassung der Thore seines Porticus stellte ich auf.
Selbiges Bitriduti zum Wohnsitz meiner Herrschaft nach seinem ganzen Umfang
vollendete ich, mit verschwenderischer Pracht füllte ich (es).
Einen grossen Park mit allerlei Bäumen,
Bergfrüchte(?), allerhand richtete ich an seinen Seiten auf.
Das Werk seiner Arbeit vollendete ich und Opferlämmer in riesiger Menge
opferte ich den Göttern, meinen Herren, mit Freuden und Jauchzen weihete ich es ein.
Ich zog ein auf einem reichgeschmückten Zelt. In zukünftigen Tagen, unter den Königen,
meinen Söhnen, dessen Name Asur und Istar zur Herrschaft des Landes und der Einwohner nennen,
wann selbiges Bitriduti alt und baufällig wird,

Col. X. an-ḫu-us-su lu-ud-diš musaru-u ši-ṭir šumi-ia abi-ia

âbî âbî-ia zêru da-ru-u ša šarru-ti li-ê-mur-ma šamni lip-šu-uš

nika aḳ-ḳi it-ti musarê-ê ši-ṭir šumi-šu liš-kun

ilâni rabûtê ma-la ina musarê-ê an-ni-ê šaṭ-ru
ki-ma ia-a-ti-ma liš-ru-ku-uš da-na-nu u li-i-tu
ša musaru-u ši-ṭir šumi-ia âbî-ia âbî âbî-ia ib-ba-tu

it-ti musari-i-šu la i-šak-ka-nu
Ašûr Sin Šamaš Rammânu Bêl Nabû Ištar ša Ninua
ilu šar-rat Kit-mu-ri Ištar ša Arba'il Adar Nêrgal Nusku

di-ê-ni it-ti ni-bit šumi-ia li-di-nu-uš

Araḫ Airu ûmu XV
lim-mu Šamaš-dan-in-an-ni ša-laṭ Akkadi

Col. X.

möge er seine Verfallenheit erneuern, die Inschrift, die Schrift meines Namens, meines Vaters,
meines Grossvaters, der ewigen Königsfamilie möge er sehen und mit Oel salben,
ein Opferlamm opfern, zu der Inschrift, seiner Namensschrift setzen;
die grossen Götter, alle in dieser Inschrift geschrieben,
gleichwie mir, mögen auch ihm Stärke und Macht verleihen.
Wer die Inschrift, die Schrift meines Namens, meines Vaters, meines Grossvaters,
zu Grunde richtet, mit seiner Inschrift nicht setzt,
Asur, Sin, Samas, Rammân Bel, Nebo, Istar von Ninewe,
die himmlische Königin von Kitmuri, Istar von Arbela, Adar, Nergal, Nusku,
mögen ein Gericht mit der Nennung meines Namens ihm richten.

Im Monat Ijjar, am fünfzehnten Tag,
im Jahre des Samasdaninanni, Machthabers des Landes Akkad.

Commentar.

Col. I. Z. 1. Ich lese einfach Ašûr-bâni-pal statt Ašûr-bâni-abal oder Ašûr-bâni-habal, weil die Verkürzung pal bei den Assyrern selbst sich findet und weil sie einfacher und bekannter ist. Der Name besteht aus drei Wörtern: Ašûr, der bekannte Gott Assyriens, bânî von dem in den semitischen Sprachen so häufig vorkommenden Stamme בנה „schöpfen, schaffen"; und abal etc. im Assyrischen das gewöhnliche Wort für „Sohn". Die Lesart habal ist von Oppert, der הֶבֶל (Abel) zum Vergleich heranzieht. Dieses Wort abal wird, beiläufig bemerkt, gewöhnlich als ein Fremdwort im Assyrischen betrachtet (Sayce, Delitzsch, Haupt, Schrader), weil keine befriedigende Ableitung vorhanden ist. Man identificirt es mit hoher Wahrscheinlichkeit mit dem Sumerisch-akkadischen Wort ibila „Sohn"; danach bedeutet der Name, den die Griechen in „Sardanapal" umlauteten, „Asur schuf den Sohn". — bi-nu-tu Subst. von בנה. Siehe stat. constr. bi-nu-ut II R. 67. 28.

2. mâršarru. So wird diese Stelle wohl zu lesen sein. Vgl. unten Z. 26, welche lehrt, dass es ein Wort ist. — bit-ri-du-u-ti phonetisch oder ideographisch geschrieben, wörtl. „Haus der Herrschaft". In dieser Inschrift kommt es häufig vor als der Name des Palastes Asurbanipals. Asarhaddon berichtet uns (I R. 48 Nr. 5 Z. 8), dass er diesen Palast zum Wohnsitz Asurbanipals erbaut habe; seine Geschichte erfahren wir näher Col. X, 50 flg.

9. a-mat „Befehl, Geheiss" stat. constr. der Wurzel אמה. Vgl. Sintfluth Z. 9. 17. Die Grundbedeutung dieses Wortes ist „sprechen". — it-ta-'-id 3. Pers. Sing. **I. 2** von na'âdu „erhaben

sein". Vgl. arab. نهد. Dieses Wort findet sich in dem Eigennamen Nabû-na'id.

12. šê-ga wird II R. 7. 29 g. h. durch ma-ga-rum erklärt. — sê-ša. Ich glaube, dass man hebr. שׂישׂ heranziehen und eine Bedeutung, wie „Freudentag" annehmen darf. Der Zusammenhang dürfte wohl damit befriedigt werden.

13. mut-tal-li Part. **II. 2** von dem häufigen אלה_1.

16. Kit-mu-ri. Der Name des Istartempels zu Ninewe. Prof. Schrader liest git-mu-ri und übersetzt „des Alls", indem er das Wort von גמר herleitet, was mir freilich gar keinen Sinn gibt. Soviel ich sehe, ist meine Erklärung viel einfacher und gibt zu gleicher Zeit einen recht guten Sinn.

19. ê-li-ti Adj. fem. von אלה_4 „Das obere Meer", womit das mittelländische Meer bezeichnet wird. — Šap-lit von שפל „Das untere Meer" oder der pers. Meerbusen. (Vgl. Schrader, Abhndll. der Berl. Ak. d. Wiss. 1877 S. 187 ff.). Anderer Ansicht ist Prof. Delitzsch.

21. Amiaud liest adê niš ilâni, wie es Col. II, 121. VII, 50 steht, aber mu als Ideog. für našû ist mir unbekannt.

22. u-ša-aš-kir **III. 1** von שכר. Es scheint mir, dass man dieses Wort in dreifacher Weise erklären kann; einmal kann es eine ungenaue Schreibart für u-ša-az-kir sein; diese Form kommt vor auf einem von mir abgeschriebenen Fragment im British Museum K. 30, bezeichnet Revers Z. 6; dann kann es eine Nebenform sein, von den Assyrern ebenso, wie die Form mit z gebraucht, endlich kann man es auch als mit שקר verwandt betrachten, welches sich in der zweisprachigen Formliste II R. 11. 19 findet und zwar als Synm. von tamû „sprechen". Dieses Wort ist an dieser Stelle zwar mit ק geschrieben, indessen könnte unser Wort auf Grund der Verwechselung dieser Buchstaben bei den Assyrern als zu diesem Stamm gehörig behandelt werden. Wie verhält sich unser Wort zu dem von Lyon (Sargontexte S. 71) besprochenen סכר?

24. Smith hat pa-ru-nak-lu als ein Wort gelesen und übersetzt „royal gardens", was wol nur eine Vermuthung sein konnte. Strassmaier liest pa-ru nak-lu, eine Lesart, die augenschein-

lich richtig ist, deren Sinn mir aber, wenn paru „Farre“ bedeutet, unverständlich bleibt. — mar-kas steht als ein Theil des Schiffes im Verzeichniss II R. 62. 67. Auch II R. 23. 39 findet sich dieses Wort, als Synm. von pa-ar-ku, wo von mar-kas dalti „Riegel der Thüre“ die Rede ist. II R. 31. 10 steht es in der Reihe mit šar-ru „König“ u. s. w. Assurn. I. 2 mu-rim mar-kas šamê-ê u irṣitim „der hält den Riegel Himmels und der Erde“ Neb. VII. 37; „das Band des Landes“ vgl. Grot. III, 28; Flemming (Steinplatteninschrift Neb. II) S. 56.

25. a-li-di-ia von ולד hebr. יָלַד arab. ولد mit Suf. 1. Pers. Sing.

26. lib-bu von לבב. Hebr. לָבַב in Niph. bedeutet „klug werden“. Im Assyrischen hat dieses Wort als Subst. verschiedene Bedeutungen, vor allem bedeutet es „Herz“, dann sowohl „Leib“ (z. B. oben Z. 5), wie „Inneres“. Hier aber hat es die häufige Bedeutung „Mitte“. Zu diesem Gebrauch im Hebräischen vgl. 2 Mos. 15, 3; 5 Mos. 4, 11; 2 Sam. 18, 14.

27. ʾ-al-du von dem eben erwähnten ולד. Beachte diese Schreibweise.

28. ir-bu-u 3. Pers. Sing. Impf. Ḳal. „grosswerden“. Hebr. רָבָה hat dieselbe Bedeutung, z. B. 5 Mos. 30, 16; 1 Mos. 21, 20; aram. רְבָה Dan. 4, 8. 17. Vgl. Sarg. Cyl. 38. KAT² S. 346, 9.

29. ir-du **I. 1** von רדה hebr. רָדָה „beherrschen“.

30. ni-šu-tu u sa-la-tu Oppert übersetzt „hommes et femmes“. Siehe ZK I. 62. — iḳ-ṣu-ru Prt. von קצר „sammeln“.

32. kul-lat stat. constr. von כלל = hebr. כָּלַל „vollenden“. Es bedeutet hier wie sonst „Gesamtheit“. — Zu dem Zeichen *dup* vgl. S^b 115.

33. a-ḫi-iṭ ist von einem Stamm חיט herzuleiten. Vgl. II R. 36, 8—11 a. b. Z. 10 lesen wir ḫa-a-ṭu ša duppi „die Anschauung der Tafel“.

34. ša-li-e Inf. von סלה. Vgl. hebr. שָׁלָה — ṣa-mit-su von צמד „anspannen“ vgl. hebr. צָמַד — a-ša-a-tê Smith „firmly fitted“. Vgl. II R. 34. 44.

36. ta-nit-ta-šu-un „Erhabenheit“ von na'âdu vgl. zu Z. 9.

37. za-nin Part. constr. Vgl. Neb. I. 3 „der reich ausstattet". Vgl. Latrille ZK II. 259.

40. li-ip-li-pi. Für diese Schreibart vgl. Del. bei Lotz S. 173 Anm. 2; aram. לִבְלְבָא. Var. li-id-da-tu ist natürlich von dem zu Z. 25 besprochenen âlâdu.

44. ṭa-biš Adv. von טיב „gut". Das Adverbium wird im Assyr. stets auf iš gebildet.

45. bê-meš Smith liest damu und übersetzt „Ea feasted his people", aber die Bedeutung „people" für dieses Wort ist mir nicht bekannt. Weiter bedeutet u-paṭ-ṭi-ra (Stamm פטר) sowohl im Assyrischen, wie im Hebr. „spalten". Das Zeichen *bê* steht bisweilen auch als Ideogr. für naḳbi „Spalt, Quellort" und so betrachte ich es an unserer Stelle.

46. ab-nam-ni-šu. Dieses Ideogramm findet sich ASKT 71. 8 erklärt durch ši-ir-i-šu. Vgl. auch Z. 6 ab-nam-šu = ši-ir-a. Vgl. ferner V R. 29. 68g. h. Dieses Wort, phonetisch geschrieben, kommt noch I R. 70 Col. IV, 9 ff. und Sarg. Cyl. 36 vor. Unsere Stelle ist am wichtigsten für die Bedeutung dieses Wortes, wie schon Lyon bemerkt hat. Der König erzählt, dass die Götter alles hatten gelingen lassen und das Getreide hoch war in seinem ...... Demgemäss muss es etwas von Getreide bedeuten, etwa „Halm". Ist vielleicht mit Lyon שרא als Wurzel anzusetzen? Die anderen Stellen bringen, so viel ich, sehe nichts, gegen diese Erklärung. Smith liest abšinnišu und übersetzt „barns", was natürlich blosse Vermuthung ist.

47. Das drittletzte Zeichen wird S^b 54 durch pa-rab erklärt.

48. an-šê-êltêg. Lyon (Sargontexte 69. 41) hat dieses Ideogramm ausführlich besprochen. Nach einer Mittheilung des Herrn Theo. G. Pinches heisst „Korn" im Assyrischen nisaba statt nirba und so ist es hier zu lesen; da ich aber keinen Beweis dafür gefunden habe, kann ich nur seine Meinung aussprechen.

49. ka-ai-an Adv. „beständig" von כון — u-šaḫ-na-pu gi-pa-ru. So ist es zu lesen. Das erste Wort ist von einem Stamm חנף III. 1, der Stamm ist mir jedoch unbekannt, und es ist schwierig, eine Bedeutung hier anzusetzen, während das gi-pa-ru noch dunkel ist. Zu diesem Wort vgl. KAT^2 S. 8. 26 flg.

IV R. 11. 35/36a steht dieses Wort dem kuzbu gegenüber. Demgemäss muss es etwas wie „Dürftigkeit" bedeuten. Ich übersetze die zwei Wörter „Dürftigkeit wurde hinweggenommen". Smith's Lesung u-šuḫ na-pu-gi pa-ru und Übersetzung „satisfied my mouth, the growing of fruit" sind augenscheinlich nur gerathen.

50. ṣip-pa-a-ti eine Rohrart, Synn. von ḳa-an ma-ak-kan II R. 34 Nr. 2. 53; V R. 32. 64—65d. e. — šu-um-mu-ḫa Inf. **II. 1** von שמח.

51. ku-um-mu-ru i-gal-lum. So wird es wohl zu lesen sein. ku-um-mu-ru ist Inf. **II. 1** von kamaru, welches nach Del. (ALS[3] S. 141) „niederschlagen, niederwerfen" bedeutet. Das Wort ka-mar-šu-nu Col. V. 118 ist von diesem Stamm abzuleiten, es bedeutet auch „Netz" II R. 22. 34a. b. — i-gal-lum. Mit diesem Worte weiss ich nichts anzufangen.

52. Ma-kan. Eine häufig vorkommende babylonische Landschaft. Vgl. IV R. 38. Nr. 1. Meines Wissens ist der Name nur an dieser Stelle für Ägypten gebraucht. *Ma* akkad. für „Schiff" ist viell. der erste Theil des Namens. Danach scheint es „Land des Schilfrohrs" zu bedeuten. Darüber s. PD. 139. — Mê-luḫ-ḫa steht für Aethiopien ziemlich häufig z. B. Sanh. II, 74. 81; Khors. 103; Col. III, 103 unseres Textes. Sehr wahrscheinlich ist es, dass Makan und Melucha zwei am persischen Meer liegende Orte waren und diese Namen späterhin auf Ägypten und Äthiopien übertragen wurden.

53. Mu-ṣur, Ku-u-si gewöhnliche Namen für Ägypten und Äthiopien, die dem hebr. מִצְרַיִם und כּוּשׁ entsprechen. Für die verschiedenen Formen und Stellen, wo die Wörter vorkommen, vgl. PD. 208 flg.

55. šu-u Personalpronomen Sing. 3 m.

58. ḳi-ê-pa-a-ni III R. 5. 33 ideographisch geschrieben. Wurzel קִיף. Vgl. Flemming S. 30.

63. ia-a-ti. Verstärktes Pronomen „ich, meiner u. s. w." oder mit Flemming „was mich betrifft".

64. ê-gug. Prt. 3. Per. Sing. von אגג. Dieses Wort findet

sich II R. 36. 31. Zu vergleichen ist arab. أَجَّ — iṣ-ṣa-ru-uḫ IV. 1 von צרח.

65. aš-ši. Wurzel נשא, hebr. נָשָׂא, aeth. ነሥአ:, arab. نشأ — u-ṣal-li von צלה, welches II. 1 „beten" bedeutet. Arab. صلى, aram. צַלִּי Esr. 6. 10; Dan. 6. 11.

68. uš-tê-êš-šê-ra III. 2 von ישר „gerade machen".

69. ḳabal wird durch ḳab-lum S^b 88 erklärt. Zu vergleichen ist arab. قُبَل. — na-ba-li. Zu der Meinung Haupts ZK II, 315, dass dieses Wort von bâlu stammt, kann ich meine Zustimmung nicht geben.

71. iš-šu-num-ma von נשא mit Mimmation. — u-na-aš-ši-ḳu נשק „küssen", hebr. נָשַׁק. — *Nir* ist šêpu „Fuss" und dieses Zeichen ist hinten mit den zwei senkrechten Keilen, welche das Dual bezeichnen, geschrieben. Das Dual findet sich nur noch in Paar-Namen wie šêpâ „die beiden Füsse", ḳâta „die beiden Hände", ênâ „die beiden Augen" u. s. w. Die zwei senkrechten Keile sind sehr häufig hinten geschrieben. Vgl. hebr. שָׂפָה, aram. ܣܦܬܐ.

73. Ummâni ist aus ṣab = ṣabu „Krieger" und ṣun = Ma'du „viel", welches zuweilen mit dem Pluralzeichen wechselt, zusammengesetzt.

74. pa-da-nu „Weg, Richtung", hier im Parallelismus mit ur-ḫu, wie auch Neb. II. 18. Das Wort ist ideogr. nach II R. 38. 28c. d das eben besprochene Zeichen für „Fuss".

75. ḫa-mat(?) wird erklärt II R. 39. 2e. f. flg. als Synm. von dem vorangehenden narâru, ḫatanu, was Sarg. Cyl. 4 sich findet (siehe Lyon 59), ri-ṣu und alik tapputi „jemand zu Hülfe kommen". Gerade unsere Stelle beweist, dass das Wort diese Bedeutung hat. Aber wie ist es zu lesen und welcher Herkunft? Haupt (Zeitschrift f. Ägyptische Spr. 1883. Heft 2, S. 85 flg.) liest ḫamâṭ und übersetzt „schnell?" was offenbar in Lesart und Übersetzung nicht richtig ist.

79. iš-mê-ê von שמא, hebr. שָׁמַע, arab. سَمِعَ.

82. a-li-kut Part. St. אלך vgl. hebr. הָלַךְ. — idâ eig. „Hand",

auch sehr häufig im Assyr. „Kraft, Macht". Dual wie hier „Seite" und so habe ich übersetzt. Vgl. arab. يد, aeth. እድ፡ hebr. יָד, aram. ܐܝܕܐ.

83. taḫ-tê-e von חתת „wegraffen, vernichten". Dem Wort begegnen wir II R. 27. 45e. f. 52—54g. h. ḫa-tu-u ša murṣi „die Vernichtung der Krankheit", ḫa-tu-u ša igaru „die Zerstörung der Wand". V R. 31. 27e. f taḫ-tu-u, tap-du-u.

84. nam-ri-ri „Glanz" von נמר vgl. نَمِرَ — maḫ-ḫu-ur von מחר.

85. ik-tu-mu כתם „bedecken" Tig. Pil. VIII, 67 „überwältigen" Khors 111.

86. šu-ud. Dieses Wort möchte ich auffassen als stat. constr. von šudû „Erhebung", welches von dem zu III, 119 besprochenen šâdû „hoch sein" stammt. Ich übersetze „betreffs", was hier sowohl, wie VII, 16 vorzüglich passt. Smith's Bemerkung, dass dieses Wort „top or over" bedeutet, ist vollständig richtig. Siehe Friedrich Delitzsch, ZK II, S. 289. Anm. 2. Die Vermuthung Flemming's S. 37, dass es möglich sei, šu-pur zu lesen. ist meiner Ansicht nach sehr unwahrscheinlich. — *an* ist Ideogr. für šamê „Himmel" und *ki* Ideogr. für irṣitim „Erde", und so ist es hier zu lesen. Vgl. Neb. II. 60.

90. Für die entsprechenden modernen Namen dieser Städte vgl. PD. 308 und sonst.

98. Das *tam* in V R. ist falsch. *Ṣab* steht klar auf dem Original, und die Bemerkung des Herrn Prof. Delitzsch (PD. S. 316) ist vollständig richtig.

111. ti-bu-ut stat. constr. von תבא, „herankommen, auflehnen" Beh. 30 u. s. w., von diesem Stamm sind auch die Wörter Neb. V, 48. 56 abzuleiten.

114. éš-šu-ti von אדש, hebr. חָדָשׁ siehe KAT² 398. 27. Der Zusammenhang scheint mir eine Übersetzung, wie „nahm ich von Neuem in Besitz" zu fordern.

115. én-nun Ideogr. für maṣartu „Wächter" V R. 13. 14. Vgl. V. 32. 29d. e am. ên-nun = ma-aṣ-ṣa-ra.

117. šal-meš Adv. von שלם, hebr. שָׁלֵם, arab. سَلِمَ.

119. ma-mit von אמה „sprechen". — Das Zeichen *mun* ist nach S^b 166 Ideogr. für ṭa-ab-tum, was dem hebr. טוב entspricht.

120. iḳ-pu-ud. Wurzel קפד. Dies ist eine Hauptstelle für die Bedeutung dieses Wortes. Es steht hier in Parallelismus mit dabâbu, welches sicher „planen, sinnen" bedeutet, und etwas ähnliches muss dieses Wort auch bedeuten. Diese Bedeutung passt ganz gut an allen Stellen, wo das Wort vorkommt. Z. B. Khors 91 „keinen Tribut zu bringen, plante sein Herz", Sanh. V, 7 „es plante sein Herz, Widerstand zu machen", Sarg. Cyl. 43 (vgl. Lyon) „Tag und Nacht plante ich, um das Haus zu bauen", Schrader (KAT[2] 154, 8 flg.) übersetzt „es verstockte sich", indess begreife ich nicht, was für einen Sinn das gibt, z. B. an der Sargonstelle; zudem ist ein St. כבד „sich verstocken" im Assyr. nicht belegt. Vgl. ALS[3] S. 145 Anm. 6). Meiner Meinung nach ist das hebr. כָּבֵד (Schrader) diesem Worte nicht zu vergleichen. — da-bab-ti sur-ra-a-ti wörtl. „Pläne der Empörungen", vgl. zur Wurzel סָרַר bez. סָר.

121. mi-lik .... im (mi) li-ku hebr. und aram. מְלַךְ vgl. Neh. V, 7 „mein Herz rieth mit mir". Variante mi-li-ku ist eine zusammengezogene Form, wie Sintfl. 178, und nicht Permansiv.

125. ni-in-dag-ga-ru I Pers. Plur. Ift. von מגר. Wie Pinches mich aufmerksam machte, heisst die Stelle „einen Bund mit einander machen". Vgl. Pinches PSBA. Jan. 8. 1884. S. 59. Anm.

126. a-ḫi-ên-na-a von אחה, hebr. אָח. — ai. Vgl. ኢ: und אִי Hiob 22. 30 (Haupt).

128. šu-ud-šak. So ist es zu lesen und nicht šuparšak, wie Lyon will. Dazu vgl. Delitzsch ZK II, S. 289. Anm. 2.

131. an-par = parzillu „Eisen", hebr. בַּרְזֶל. Zu diesem Ideogr. vgl. V R. 30. 51; Khors 142. 180; aram. פַּרְזְל. — iš-ḳa-ti arab. عسق Plur. Für die Bedeutung dieses Wortes beachte das von Delitzsch bei Lotz S. 89. 29 gegebene Synonymenverzeichniss, wo es durch pa-aḳ-lum „mächtig" erklärt wird. Vgl. ferner V R. 21, 23, 24 iš-ḳu lim-nu „eine böse Fessel"; II R. 39, 49 is-ḳu 65, 43 iš-ḳu gi-na-a še .... u-kin-šu-nu-ti „eine feste Fessel .... legte ich ihnen auf".

Col. II. 3. i-lu-lu ina ga-ši-ši אלל bedeutet „binden, fest sein“. Es kann freilich auch „hangen“ bedeuten. Von diesem Worte ist allu „Kette“ herzuleiten, bedeutet also, was man „auf sich bindet“. S. unten Z. 10. ga-ši-šu גשש vgl. II R. 22. 11; Lay. 96. 154 ṣabê .... šu-nu-ti ina ga-ši-ši u-rat-ti „ihre Krieger band ich fest auf Bretter“. Haupt hat dieses übersetzt „hung up on hooks“, aber trotzdem bedeutet allem Anschein nach gašišu „Brett“. U-rat-ti heisst sicherlich „festfügen“, die Übersetzung „hooks“ würde also an dieser Stelle kaum passen.

4. Ich habe diese Zeile ergänzt auf Grund Col. X. 5, sowie der noch erhaltenen Spuren der Zeichen. — u-ḫal-li-bu. Zu diesem Worte vgl. Lyon 60. 7. II R. 39. 45 šu-par-ru-ru = ḫa-la-bu I R. 18. 68 ina âlu Arba-ilu a-ku-us mašak-šu dûru u-ḫal-lib „in Arbela zog ich ihm die Haut ab und bekleidete mit ihr die Mauer“.

15. piḫâtê. Vgl. IV R. 69. 59; II R. 13. 56 flg.; 28. 41; 39. 73; 67. 37.

33. irat-ia. Siehe V R. 31. 8; I R. 9. 67; 24, 36 a-na irat-ia it-bu-ni. Die Schreibart irti-ia kommt häufig in den Briefen vor.

39. ni-siḳ-ti. Schrader (KAT[2] S. 299. 20) vergleicht hebr. נסך „giessen“ und versteht damit „gegossene Metallgegenstände“. Lieber lese ich mit Del. (ALS[3] XIV. XV. 34) ק statt כ und übersetze „Edelgestein“, weil ich nicht glaube, dass das eben erwähnte hebr. Wort heranzuziehen ist. Vgl. Neb. III, 40. II R. 67. 26. 28, wo dieses Wort bezeichnet wird durch bi-nu-ut tam-tim „Product des Meeres“, was mir darauf hinzuweisen scheint, dass es kein artificielles Metall, sondern ein „Edelstein“ ist. (Vgl. auch Z. 83). Was es jedoch für ein Stein ist, muss dahingestellt bleiben. Vgl. ferner V R. 31. 29 g. h. Diese Stellen bieten nicht die Bedeutung „Perlen“, wie Haupt annimmt.

40. kitû. So ist das Ideogr. gemäss II R. 44. 7 zu lesen. Vgl. auch I R. 19, 79. 87. Z. 95 ist es mit Determ. *iṣ* geschrieben, welches zeigt, dass es ein Gewand von einem baumartiggewachsenen Stoff ist. Meine Übersetzung ist die von Del. (ALS[3] XV Var.); ich halte sie nur für einen Versuch, solange wir nichts besseres wissen.

42. ki-lal-šu-nu. Vgl. II R. 48. 31 flg.

43. man-za-al-ti für manzazti nach dem assyrischen Lautgesetze, dass vor einem nachfolgenden Dental die vocallosen Sibillanten gern in l übergehen. Daher finden wir maltitu für maštîtu, rapaltum für rapaštum, alṭur für aštur, multarḫi statt muštarḫi Tig. V, 66, maltakti für maštakti Sarg. St. 71, Kaldû gegenüber hebr. כַּשְׂדִּים, riḫiltu statt riḫiṣtu Tig. IV, 90, šêlalti vgl. שְׁלֹשֶׁת, êldu Erndten statt êṣdu aram. חֲצַד, und noch viele andere hierher gehörige Beispiele. Daneben finden sich jedoch auch die regelmässigen Formen.

57. šal tuklu ist componirt von dem Ideogr. für tukultu „Helfer" und dem Determ. vor weiblichen Namen und bedeutet eig. „Helferin". Es ist sicher das gewöhnliche Ideogr. für Concubine, aber wie die Assyrer es ausgesprochen haben, ist noch ein Räthsel.

61. Der Name ist Bêl-ikîša anstatt Bêl-baša zu lesen. Strassm. hat zuerst darauf hingewiesen.

69. da-za-a-ti nach II R. 35. 9 bedeutet dieses Wort „Kampf".

94. ul-ziz **III. 1** von זוז. Die Wechselung l mit s ist sehr häufig. Die vollständige Form ist ušanziz, dann wird es ušaziz, ušeziz und ušziz. Vgl. oben zu Z. 43.

104. mu-dal-li-bu. George Smith übersetzt „wasters", was in den Zusammenhang ganz gut passt. Dr. Zimmern, Bussps. S. 93, gibt „brennen, flammen, hitzig sein" als GB. dieses Wortes an und davon **II, 1** die Bedeutung „hitzig verfolgen". Sicher ist danach III R. 38. 53b u-dal-li-ba die Schreibweise b statt p. Ob wir die GB. richtig getroffen haben, bezweifle ich sehr; meine Übersetzung an dieser Stelle ist bildlich zu verstehen. Delitzsch bei Zimmern S. 119 weisst auf II R. 35, 56e. f hin, als die Hauptstelle für die GB. dieses Wortes, wo es zwischen ḫa-a-šu „eilen" und ra-pa-du „sich hinstrecken" steht. Danach wäre die GB. dieses Wortes „Schlinge legen". Wie verhält sich zu diesem St. das bis jetzt unerklärte Wort dalabanâti Neb. III, 52?

112. aš-šu = ana-šu. Vgl. Lyon 69. 41; Strass. No. 837.

117. nir-pad-du. Zuerst darauf hingewiesen zu haben, dass dieses Ideogr. „Gebeine" bedeutet, gebührt einem meiner hochverehrten europäischen Lehrer J. Halévy, wie es jedoch auszu-

sprechen ist, ist noch vollständig dunkel. Vgl. II R. 42, 69; 41. 78: 28, 66; pa-ra-su ša nir-pad-du „die Trennung der Gebeine“ II R. 22. 9.

124. ta-ru-ur. Besser, wie Pinches meinte, von ארר, „fluchen“, „Du fluchtest meinen Vater“.

125. pa-laḫ-ka. Andere lesen ḫat-tu „Schrecken“, was auch möglich ist. Vgl. Sanh. IV, 71; V, 14; Khors. 111 ḫa-at-tu.

Col. III, 33. nam-nir wahrsch. von נמר „glänzen“.

34. mê-ḫi-ê. Der Stamm ist nicht etwa אחא (Haupt, KAT² 493), sondern derselbe wie Hebr. מְחָה. Siehe hierfür Zimmern, Bussps. S. 93.

37. mul-tar-ḫu von שׂרח. Part. **I. 2** mit der schon besprochenen Wechselung des l und š. Vgl. Cyl. B. V. I, wo die Form **II. 2** vorkommt, siehe auch zu diesem Worte die ausführliche Besprechung von Lotz (Tig. S. 92).

39. mun-daḫ-ṣi-ê-šu Part. Plur. **I. 2** von מחץ als Subst. gebraucht. Vgl. Haupt, SFG. 43 Anm. 2.

40. is-nim. Weil es in Verbindung mit âšagu steht, habe ich diesem Worte dieselbe Übersetzung gegeben. Ich kenne keine Erklärung.

41. ta-mir-ti Var. ta-mar-ti. Über die verschiedenen Wörter tamirtu im Assyr. vgl. Lyon S. 67.

42—43. Sehr wahrsch. ist es, dass na-ba-as-si „Wolle“ bedeutet, jedoch schliesse ich es aus dem Zusammenhang der Stellen, wo das Wort vorkommt, nicht aus weiteren Belege, überhaupt kenne ich kein Wort in den verwandten Sprachen, welches hierherzuziehen wäre. Für eine Liste der Hauptstellen für die Bedeutung dieses Wortes sowohl, wie eine Besprechung derselben, siehe Lotz, Tig. S. 140. Trotzdem darf man nicht behaupten, dass die Erklärung sicher ist; das aram. נפס „hecheln“ (Lyon 63) ist meiner Meinung nach nicht zu vergleichen. S. Lotz oben.

56. as(?)-liš. Zu diesem Worte möchte ich aram. חֲסִילָא „Säugling“ vergleichen und mit s lesen. IV R. 20, 27 finden wir as(?)-lu tu-ub-bu-ḫu, welches in einer ganzen Reihe von Opferthieren steht. Wenn unser Wort ein Adverb von diesem as(?)-lu ist, so muss auch meine Übersetzung richtig sein. Man kann freilich für dieses Wort einen anderen Stamm annehmen und das

arab. أَمْلَا vergleichen. Demgemäss wäre die Übersetzung von Smith „entirely“ ganz richtig. Zu meiner Übersetzung vgl. Lyon, Sargontexte S. 63. 29.

58. mu-nir-ri-ṭu könnte Part. **II. 1** von einem St. נרט sein und ein solcher ist auch für das Assyrisch bekannt. Sintflutherzählung Z. 209 lesen wir: an-ni-riṭ šit-tum ir-ḫu-u e-li-ia „Ich bin müde geworden, Schlaf ist auf mich gefallen“. Dieser Stamm bedeutet auch „schwanken“.

65. Delitzsch in seinem PD. S. 305 flg. spricht ausführlich über die Urbi.

69. uš-ḫar-miṭ. Der Stamm ist חרמט und bedeutet nach Del. PD. 241 „begraben“.

73. mimma-ḫis-su. So ist es wahrsch. zu lesen. Das Zeichen *nin* ist Ideogr. für *mimma* „was immer“ und die anderen Zeichen sind eine andere Schreibart, gewissermassen als Komplement gebraucht.

76. kirêtu Plur. vgl. Pinches, ZK II, 159. TSBA VIII, S. 287.

81. ni-ir-tum V R. 18. 18 nir-tum ni-ê-ru „Unterjochung ausüben“ Z. 19. II R. 19. 14 ša ki-ma ṣir-maḫ-ḫi si-ba ḳaḳ-ḳa-da-šu nir-ta i-šu-(u). „Gleichwie eine mächtige siebenköpfige Schlange war.“ Hier steht dies Wort dem ṭu-ub-ba-a-ti Wohlthaten gegenüber; es ist, wie die zwei eben erwähnten Stellen zeigen, von dem bekannten Stamm ניר „bezwingen, niederschlagen“ herzuleiten.

84. kit-tê. Mit Lyon 71, 50 ist dieses Wort von כון abzuleiten, es steht in Verbindung mit mêšari. Vgl. II R. 58, 11; 59. 4 kakkab kit-tu u mê-šar. II R. 48. 40 da-bi-ib kit-ti „das getreue Wort“. II R. 33. 7; V R. 50. 30a; Strassm. No. 4457.

90. pa-aš-šu-ru. So wird dieses Ideogr. II R. 46. 42 erklärt. II R. 23. 28 begegnen wir demselben Ausdruck. Nach Strassmaier ist II R. 2. 266 auch so zu lesen. Lyon (Sargontexte S. 70) übersetzt dieses Wort „Mahlzeit“ an der Stelle Neb. Grot. II, 34 fl.; die gewöhnliche Übersetzung ist „Schlüssel“, aber keine von beiden Übersetzungen passt an unserer Stelle. Hier muss es „Gemach, Wohnsitz“, oder etwas dem ähnliches heissen.

119. šad. Wohl von šadû „hoch sein". Dieses Wort wird V R. 28. 82. 83h als Synn. von šaḳû angegeben. Zu vergleichen ist der ähnliche Ausdruck šad urri, hebr. שְׁדֵי אוֹר „die dritte Wache", was sicher „Anbruch des Tages" bedeutet; demgemäss übersetze ich „Anbruch selbiger Nacht" u. s. w. Ausführliche Besprechung dieses Wortes s. bei Delitzsch, ZK II, S. 286 flg.

121. ki-gal-li. Sumerisches Lehnwort aus *kigal* (vgl. kisallum aus kisal S[b] 231) eig. *ki* mâtu *gal* rabu „grosses Land", wie Lyon 66. 36 übersetzt. Neb. Grot. III, 32 steht es erklärt in ki-gal-lam ri-eš-ti-im in i-ra-at ir-zi-tim ra-pa-aš-tim, d. h. „in der Brust der weiten Erde"; II R. 44. 74a. b sehen wir die Gleichung ki-gal = gaš-ru-tum. Flemming in seinen Bemerkungen zu Neb. VIII, 60 nimmt ein anderes kigal für diese Stelle an, doch scheint mir das unnöthig, weil sehr leicht einzusehen ist, wie dasselbe Wort durch ir-zi-tim ra-pa-aš-tum und gašrutum erklärt werden konnte. Gašrutum bedeutet „Gewalt, Stärke" und es ist schwer verständlich, wie seine Bedeutung „Tempel" oder „Tafel" besser von diesem Wort, als von jenem abgeleitet werden kann.

122. ma-a V R. 22. 30 mâ = ša = kî I R. 18. 75 ṭi-ê-mu ut-tê-ru-ni ma-a âla Šu-ru ša Bît Ḫa-lu-pi-ê it-ta-bal-kat „die Nachricht brachte", also: „die Stadt Suru-Chalupê hat sich empört" I R. 19. 102.

125. mi-ḳid. Der Stamm ist וקד. Zur Bedeutung dieses Wortes vgl. hebr. מוֹקֵד, arab. موقد. mi-ḳid išâti heisst eig. „Brennort des Feuers". Vgl. unten Col. IV, 51.

Col. IV, 14. mi-ri-iḫ-tu. So ist es zu lesen. V R. ist falsch. Smith übersetzt „untruth". Wie ist das Wort zu erklären?

21. il-zi-nu Wurzel שזן oder לזן.

22. ê-ri-ḫu ארח vgl. hebr. אֹרַח.

26. mi-ra-nu. Smith „in their bitterness". Vgl. hebr. מֹרָה als Nebenform mit מרר „bitter sein".

29. u-šê-šir III. 1 von אשר$_3$ „sammeln". Die Zeile heisst: „liess den Boden (Staub) auf seinem Bart sammeln".

35. ilâni-ia. Delitzsch glaubt, dass man mit Suffixum ia nicht ilâni, sondern ilê lesen muss, aber da alle Assyriologen

ohne Bedenken diese Lesart benutzen, habe ich sie gleichfalls angenommen.

38. ik-ki-mu II R. 47. 12 = ḳa-ai-lu. Der Zusammenhang scheint mir eine Bedeutung wie „Schuld" zu fordern, oder etwas dem ähnliches. Diese zwei Stellen sind die einzigen, die mir bekannt sind. — pa-si-su. Vgl. II R. 11, 42—43 u-pa-si-is. Auch hier ist der Zusammenhang der Hauptgrund für meine Übersetzung.

45. ik-su-su. Ein Stamm כסס liegt vor in dem Vogelnamen II R. 25. 42. 37. 64 und Z. 15. 62. 13 „Eule"; sonst ist auch er mir unbekannt, und unser Wort findet sich nur hier in der Keilschriftliteratur. — ku-ru-us-su. V R. 32. 56 begegnen wir ku-ru-us-su ša nartabi „Verstopfung(?) des Canales", Z. 57. ku-ru-us-su ša dalti „Verschliessung(?) der Thüre". Mit dieser Bedeutung ist hier nichts anzufangen.

51. a-ri-ri. Das Assyrisch besitzt drei Wörter „ariri". V R. 29. 36 wird dieses Wort durch mi-su, welches nach Del. (ALS³ 145) „reinigen, waschen" bedeutet, gegeben. Ein anderes Wort (Tig. VIII, 76; III R. 3. 36 li-ru-ru-šu šumu-šu zim-šu ina [mâti liḫallik] II R. 28. 12) ist mit hebr. אָרַר zusammenzuziehen. Ein drittes Wort liegt im II R. 19. 14 vor. A-nun-na-ki ina šu-bat ub šu-uru-na-kit(?) la tu-ra-ar und ist wahrsch. (Strassm.) mit hebr. חָרַר „glühen, brennen" arab. حَرَّ zu vergleichen, von diesem letzten Stamm leite ich unser Wort ab.

57. tê-ḳir-u-ma. ê-ḳir VII, 30, u-ša-ḳir IX, 34 sind von וקר abzuleiten. Unser Wort ist Kal 3. fem. Impf. Vgl. יָקַר Ps. 49, 9. Dies Wort entspricht hebr. יָקַר und bedeutet eigentl. „theuer sein". Vgl. zu dieser Stelle I Sam. 26, 21 אֲשֶׁר יָקְרָה נַפְשִׁי בְּעֵינֶיךָ „weil in deinen Augen mein Leben theuer war". Übrigens siehe das Glossar.

64. iṣu ša ša-da-di wörtl. „Holz des Ziehens". Ich zweifle zwar sehr, dass die Assyrer diese Zeichen so ausgesprochen haben, weiss indessen nichts besseres vorzuschlagen.

66. sil-la-tu, Smith šuk-la-tu „curses". V R. 21, 21—23 a b finden wir die drei Wörter nebeneinander, sil-la-tu, tu-uš-šu, bar-tu, welche wohl Synn. sind. Für die Erklärung des bartu

vgl. V. 31. Tu-uš-šu תשש bedeutet im Talmud „schwach sein". II R. 35. 46. 47 g. h lesen wir i-num-ma = la a-ma-tum, tu-uš-ši = mi-iḳ-tum. La a-ma-tum bedeutet wohl „das Nichts". Mi-iḳ-tum von מקת „umstürzen" bedeutet „Sturz, Gesunkenheit". Vgl. auch V R. 32 Nr. 3. 24 ê-piš tu-uš-ši. Unser Wort bedeutet „Rohheit, Gemeinheit" oder ähnliches. Dazu vgl. ferner II R. 36. 3 g h flg. Diese Erklärung verdanke ich zum grössten Theil dem Colleg des Herrn Prof. Delitzsch.

72. ki-is-pi-šu. Vgl. V R. 18. 7 ki-is-pu ša amêli, Z. 8. ki-is-pu ša ašri. Sintf. Z. 269 ik-su-pu ku-sa-pu. Wurzel כסף. Vgl. die andere Stelle Col. VI. 76.

81. ri-ḫi-it ist von רחא abzuleiten, welches „vernichten, aufreiben" bedeutet. Demgemäss ist die eig. Bedeutung unseres Wortes „Aufgeriebenes", dann geradezu „Leichnam". Vgl. Zimmern S. 83. Amiaud übersetzt „débris" ZK I, 244 Anm. 1.

82. bur-ru-ku Das Wort scheint nach dem Zusammenhang „Schlamm, Koth" oder etwas dem ähnliches zu bedeuten. Amiaud (ZK I, 244 Anm. 1) zieht das syrische ברך heran und übersetzt „qui gisaient dans les rues" u. s. w.

88. zi-nu-u-ti. Vgl. II R. 61. 75. — šab-sa-a-tê. Vgl. V R. 32. 22. Die zwei Wörter sind wohl Synm. Vgl. Zimmern (Busspsalmen S. 2).

89. taḳ-rib-ti. So liest Haupt, Hommel und Zimmern, Pinches dagegen liest tak-kal-ti, ebenso Delitzsch. (Siehe dessen Zusatzbemerkungen bei Zimmern S. 114.) Zimmern vergleicht die ähnliche Bildung taḳrubtu V R. 70. 25. Vgl. ferner V R. 22. 49. Siehe Zimmern, Bussp. S. 1—2. — er-ša-ku-mal „Klagelied zur Herzensberuhigung" (Zimmern wie oben). Auf Grund von II R. 8. 14—16 hat Pinches mir seine Meinung mitgetheilt, dass man unninu lesen könne.

90. sat-tuk-ki ist das „tägliche Opfer" und entspricht dem Hebr. תָּמִיד. Das „freiwillige Opfer" heisst nindabu. Eine Besprechung dieser und anderer Wörter für „Opfer", s. bei Latrille ZA I, S. 36—7.

93. šib-ṭi. So muss man lesen. Dass man nicht etwa šip-ṭi lesen und „Strafgericht" übersetzen darf, hat schon Delitzsch gegen Halévy klar bewiesen. Siehe Proleg. S. 38

Anm. 3. Die GB. dieses Stammes ist „schlagen“. Daran lässt sich nach der Beweisführung von Delitzsch, Prol. 38 und der Zustimmung Praetorius' und Dillmans kaum mehr zweifeln. Der Zusammenhang hier und Col. IX, 120 scheint mir die Bedeutung „Gemetzel“ zu fordern. — šak-bi-ti. Vgl. V R. 21, 4b šak-ba-nu von שכב „sich legen“. Eine Netzart und Synn. von rapâdu.

98. iḳ-tir-u-na I. 2 von קרא, hebr. קָרָא.

106. gi-ni-ê. Wohl כּין. Zu diesem Worte vgl. Lyon 75, 62. II R. 12. 48 it-ti šal-mê u ki-ni 13, 33 maḫiru ki-nu 65, 43 iš-ku gi-na-a šê . . . . u-kin-šu-nu-ti „eine feste Fessel . . . . legte ich ihnen auf“ III R. 70. 96.

111. riš-tu-u. Vgl. die Auseinandersetzung Latrille's ZK II, 347 flg.

127. êl-la-mu-a „vor“. Vgl. Lyon 70.

Col. V, 7. na-aš-par-ti von שפר eig. „Sendung“ fem. von našparu.

14. ê-li von אלה, „hoch sein, hinaufsteigen“.

23. id-taḫ. Diese zwei Zeichen werden durch ri-ṣa-at II R. 19. 6 wiedergegeben. II R. 39. 3 steht die Gleichung id(?)-taḫ = na-ra-rum. Durch diese Stellen sowie den Zusammenhang steht die Bedeutung wohl fest.

27. ir-ru-bu-u-num-ma. Ich leite dieses Wort von ארב₅ ab, obwohl die Schreibart mit langem Vocal hinten eine andere Ableitung zu fordern scheint. Diese Schreibart kommt jedoch ziemlich häufig vor. Vgl. Col. IX, 66 ê-ni-ḳu-u von ינק.

31. iḳ-ṣu. Vgl. Lyon 64, 32. Nach S[c] 276 Synm. von aštu und dannu. Es entspricht dem Ideogr. *dan*. V R. 21. 17b wird es durch ê-kal „Palast“ erklärt. Allein durch diese und andere Stellen wird die Bedeutung „grossmächtig“ gesichert. II R. 62. 29c. d begegnen wir lim = ê-ki-ṣu. Ist dieses auch unser Wort? Ob die gewöhnliche Schreibweise mit ḳ sicher ist? Vgl. Lhotzky. (Assurnasirpal S. 30). — ba-ra-nu-u. Anderswo finden wir bar-tu z. B. V R. 21. 23. II R. 43. 18e, wo sich die Gleichung zi-iḳ-tum = bar-tum bietet. Das ziḳtum ist das Wort, das Sanh. III, 16 zu-uḳ šêpâ vorkommt und von Delitzsch als „Sturm, Gemetzel“ erklärt wird. Sarg. Cyl. bietet ba-ra-a-nu.

Im Talmud heisst dieses Wort Bar-jona „roher Mensch“ (Del.). Die Hauptstelle in den Inschriften für die Bedeutung dieses Wortes ist die von Lyon herangezogene III R. 15 col. II, 15, wo es in Verbindung mit nabalkattânu „Empörer“ steht.

81. ka-la-mu. Als Flussname ist mir dies Wort unbekannt. — bi-rit bedeutet eig. „Gebundenheit“ und da die Bedeutung „Ufer“ diesem Worte sehr nahe steht, so möchte ich die Zeile übersetzen: „Am Ufer des Flusses allesammt“.

95. a-ga. Ein anderer Cylinder liest gu. Wurzel אגר. — u-ru. Beachte II R. 2. 394 u-ru = a-bu-bu.

118. ka-mar-šu-nu. Vgl. zu Col. I, 51.

Col. VI, 11. Dieses Wort scheint nach dem Zusammenhang wo, es vorkommt, entweder ein anderer Name für Gold, oder eine specielle Art von Gold zu sein, vielleicht ein besonders feines Gold. Vgl. Neb. III, 10.

12. šu-kut-tu שכן. Vgl. II R. 67. 28 „Machwerk“ siehe Zimmern, S. 11.

15. ip-šu-ru von pašâru. Vgl. II R. 1. 171. V R. 20. 11. 30 : 13 II R. 51. 1 flg. lip-šur u. s. w.

17. si-ma-nu-u. Vgl. II R. 32. 17. V R. 31. 46 ina la si-ma-ni-šu.

28. a-ḫi-ri. Bezold (Kurzgefasster Überblick über die Bab.-assyr. Literatur S. 116. 2) nimmt an, dass das zweite Zeichen ein Lithographenversehen für *gur* sei, aber es steht deutlich so auf dem Original, zudem gibt es auch einen recht passenden Sinn. Das Wort bedeutet „West“ und entspricht hebr. אָחוֹר.

29. u-ḳap-pi-ra. Ist viell. III R. 2, 58 u-kab-bir-ma zu ver-vergleichen? Dieser Stamm ist mir freilich unbekannt, ich übersetze daher dem Zusammenhang entsprechend.

30. Die Identität dieses Namens mit Adar steht durch II R. 57. 64c. d fest. Vgl. III R. 67. 63—68c. d, wo Adar ša pi-riš-ti genannt wird. Dieser Name ist hier mit dem II R. 57, 35c. d vorkommenden Zeichen ti-iš-ḫu und ALS[3] 65. 18 erklärten šé-éš geschrieben. Wie aber ist der Name auszusprechen? II R. 60. 10a, 9b sowohl, wie II R. 57. 48c. d scheint Šušinak zu bieten, und Smith liest auf Grund dieser letzten Stelle auch so. Zu dieser Lesart könnte man שׁוּשַׁנְכָיֵא vergleichen, was Esr. IV, 9

sich befindet: die Lesart von Prof. Oppert Ar-man-nu scheint mir beseitigt.

76. na-aḳ mê III R. 4. Nr. 7, 2 V R 12, 41 „der Wasser ausgiesst".

79. So scheinen mir diese Ideogr. zu lauten, doch gibt das keinen recht passenden Sinn. Das Wort u-šap-pi-ḫa fasse ich als **II, 1** von שפח ausbreiten. Dies Wort findet sich auch Sanh. IV, 42, wo Hoerning „niederstrecken" übersetzt. Man könnte freilich auch das Wort als **III, 1** von נפח erklären, aber dieses scheint mir nicht zu passen.

87. mu-rim ist ganz klar. Vgl. רום. Über su-pa weiss ich nichts auszusprechen. — ḫu-si.. Vgl. II R. 31. 67 bei Strassm. K 678. 7 am. 3 ḫu-si ša šarri bêli-ia-ti II R. 62. 52 (vgl. II, 46. 23) = ḫi-in-nu ê-lip-pi. Vgl. aram. חִין „Schönheit". II R. 42. 22. 45, 6. Smith übersetzt „Charioteers" und bemerkt dazu „Ḫusi" is given in a bilingual as the equivalent of raqip „to ride". Ich habe es nicht finden können.

89. kit-kit-tu-u ist mir ganz unbekannt, Prof. Delitzsch meint, dass es „grosser Bogen" heisse.

98. ê-riš. Adv. von êr Stadt mit der Endung iš, andere leiten dies Wort von êrû „Behältniss, Kasten" ab.

102. a-la-la. Auf einer gebrochenen Tafel im British Museum, R^m 2 bezeichnet, habe ich das Zeichen *an* vor diesem Worte gefunden. Dieses entspricht der Schreibart, die II R. 54. 11—12 = bê-li-li. Z. 42. = ilu A-nu-um (ša kiššat šamê irṣitim) sich findet. Lyon (66, 32) bringt dieses Wort zusammen mit alâlu „jauchzen".

103. u-za-am-ma-a. Vgl. Strassm. 7178: Sintf. 226 zu-um-mê.

106. par-ga-niš Adv., von Sayce und Smith „safely" übersetzt, welches auch an dieser Stelle ganz gut passt. Ich möchte das arab. فَرَّجَ „removit, discussit moerorem Deus", (vgl. Freitag Lex. arab. unter d. W.) vergleichen; demgemäss bedeutet das Wort „ohne Sorge, zufrieden."

Col. VII, 2. iṣu a-ri-ti. Vgl. II R. 23. 6. = da-al-tum II R. 49. 13.

15. ḫul-li-ê „schlecht" vgl. Sarg. Cyl. 24; Tig. II, 9. Wurzel wohl חיל.

26. lib-ba-a-ti „Zorn" von לאב₂ „brennen". Vgl. arab. إلهب.

31. ik-ku-ut u. s. w. Zu dieser schwierigen Zeile vgl. V R. 64; Col. I, 36; II, 52—3; 65, 23a. Ich schliesse mich an die Erklärung Latrilles ZK II, S. 340 an. Der Stamm ist מקת, und durch Übergang des *m* in *n* ist die Form iḳḳutu entstanden.

50. šum-ku-ri. Dieses Wort leite ich von dem Stamm מכר ab, woher das bekannte Wort makkuru kommt. Unser Wort ist Inf. **III, 1** und bedeutet „zum Besitz machen, in Besitz nehmen".

95. mut-nin-nu-u. Vgl. unten Col. X, 9. Flemming, Neb. I, 18 übersetzt es mit „der Beter" und leitet es S. 31 von חנן ab. Haupt (Hebraica, Chicago, Oct. 1885 S. 4—6) versucht dies Wort von חון abzuleiten, doch ist dies so unmöglich, dass es selbst dem flüchtigsten Blick einleuchten muss. Das richtige hat hier Latrille ZK II, S. 340 getroffen, indem er das Wort von אנח₁ herleitet. Wie wäre auch sonst die wiederholt vorkommende Schreibung mit langem *u* hinten zu erklären? Dieser Ansicht huldigt auch Prof. Delitzsch, sowie Dr. Zimmern. Siehe dessen Bussps. S. 77.

108. gi-ra-a. Vgl. IV R. 69, 6 zu-ḳa-ki-bu, pa-aṭ-ru, pa-da-nu, welches „Richtung" bedeutet. Vgl. hebr. פַּדֶּנָה אֲרָם Gen. 28. 2. Hos. XII, 13 שָׂדֵה, welches Synm. zu sein scheint.

Col. VIII, 12. a-si. Sicher ein uns unbekanntes Halsband. Der Vergleich mit Talm. asâ kalbâ (Haupt) und Übersetzung „alte Hunde" scheint mir nicht stichhaltig.

84. gi-iṣ-ṣi. Delitzsch übersetzt „Dornen" mit Fragezeichen. Vgl. III R. 70. 90.

85. Zu meiner Übersetzung dieses ganzen Abschnitts vgl. Delitzsch, ZK II, S. 94 flg. — iṣu karânu pat-meš. Dieses Ideogr. wird II R. 45. 59 durch a-ḫar-tin-nu wiedergegeben. Dieses Wort kommt Sintf. Z. 255 a-ḫar-tin-num-ma vor. Strassm. vergleicht خُرْدَاذِيّ vinum talm. חַרְדָּל sinapis. — iṣu iṭ-ṭi-ê-ti. Vgl. II R. 23; 39ef. ê-ti-id-tum = êṭ-ṭi-du vgl. אָטָד أطَدٌ (Del.). Siehe auch Sintf. Z. 254.

87. ḳal-ḳal-ti. Smith dan-dan-ti „very difficult“. Vgl. damit קְלֹקֵל „gering, schlecht“, wörtl. „ein Ort geringer Speise“. Siehe Zimmern, Busspsalmen S. 15. Vgl. auch die ähnlichen Bildungen panpanu II R. 33, 65, kaš-kaš Sams. I, 23, dandannu Assurn. I, 1. Trotz alledem liest Haupt immer noch lab-lab-ti und vergleicht mit ašar lablabti אֶרֶץ תַּלְאֻבוֹת Hos. 13, 5.

112. amêlu is-da. Phonetisch geschrieben unten Z. 124 â-lu ist sehr wahrsch. mit Delitzsch (siehe PD. 298) von אהל abzuleiten und bedeutet „Zeltbewohner“. Smith übersetzt „Servants“ vgl. V R. 28. 22.

119. niš-bi-ê שׂבע „Sättigung“. Vgl. V R. 32. 42; Neb. X, 5. 8.

Col. IX, 11 nu-bê(?)-tu. Nach einer mündlichen Mittheilung meines hochverehrten Lehrers, Herrn Prof. Delitzsch, ist die Bedeutung dieses Wortes nicht bekannt. Die Lesart ist auch unsicher. Schrader liest nu-bêl-tum und übersetzt „Fest“ mit Fragezeichen, siehe KAT² 19. 11, Smith „festival“. Sintf. Z. 269 findet man dies Wort, wo es „Ruheort oder Halt“ zu bedeuten scheint. Vgl. dazu auch IV R. 32. 28a, 27b. Delitzsch in seinem Colleg liest numêttu.

13. mu-ši-tu I R. 22. 104 nâru Diḳlat ê-tê-bir kali mu-ši-ti.

31. Zu diesem Abschnitt vgl. PD. S. 300. — nam-ba-’. Vgl. Sarg. Cyl. 44 hebr. מַבּוּעַ (Lyon 70).

45. um-dal-lu-u II, 2 von dem bekannten מלא.

49. bâb ma-ḫi-ri wörtl. „Thor des Kaufpreises“.

50. Diese Zeile vermag ich nicht zu übersetzen. Das dem amêlu nachgesetzte Zeichen ist aus *šim*, *rik* und *a* componirt. *Šim* ist das Ideogr. für riḳḳu „wohlriechendes Gewächs“ und *a* ist Ideogr. für mê „Wasser“, so dass es wörtl. bedeutet, „der Mensch, der über das wohlriechende Wassergewächs gesetzt ist“. Mehr wage ich nicht zu sagen.

51. amêlu nu-kirû „der Gärtner“ ist vielleicht ikkaru auszusprechen. Siehe S[b] 290 vgl. hebr. אִכָּר Zimmern, Busspsalmen S. 5 Anm.

52. im-da-na-ḫa-ru מחר I, 3 „kaufen“.

61. pit-ti. Eine Var. bietet pi-it-ti. Genau so finden wir das Wort III R. 53. 60b geschrieben. Sintf. Z. 207 liegt der-

selbe Stamm pi-it tim-ma vor. Zu vergleichen ist hebr. פִּתְאֹם bez. בְּפִתְאֹם II Chron. 29. 36.

65. ba-ak-ru. Vgl. bakkaru „junges Kameel" Lhotzky Assurnazirpal S. 24. — su-ḫi-ru. Vgl. Jensen, ZK I, 3. 310 Anm. 1, „pullum equinum".

105—7. Diese drei Zeilen sind sehr schwierig. ḫu-ut-ni-ê kann ich gar nicht erklären, doch scheint mir meine Übersetzung am Platz zu sein. — Lyon S. 60, 9 liest Z. 107 ina laḫšišu attadê ṣir-ri-tu u. s. w. Vielleicht könnte man auch übersetzen „in seinem Augapfel stach ich den Stahl", jedoch bin ich unsicher, wie die ganze Stelle zu erklären und übersetzen ist.

128. i-ki-ša mit *k* geschrieben, wie II R. 11. 29 f. Z. 38 u-ḳa-as-su. II R. 19. 18 die häufig vorkommende Redensart ḳa-iš balâṭi „Leben schenken".

Col. X, 9. in-nin-nu-u. Vgl. V R. 66. Col. I, 23—25 i-na ki-bi-ti-ka ṣi-ir-ti ša la in-nin-nu-u ki-bit-su šu-um-ḳu-ut ma-a-ti ai-bi-ia. III R. 32. 10 purusu-šu ša la in-ni-nu-u. Siehe oben Col. VII, 95.

11. kit-bar-ti. Vgl. II R. 47. 15, wo die Gleichung ilu bar-tum = kit-bar-tum sich findet. Vgl. ferner I R. 32. 40 si-ḫu bar-tu eine „rohe Empörung". Ich fasse *siḫ* als Stat. Constr. von siḫu und übersetze demgemäss wörtl. „Empörung der Rohheit". Zu bar-ti siehe oben Col. V, 31.

15. Surdû. Vgl. Pinches PSBA Jan. 8, 1884.

62. bêlit. So sind die Zeichen zu trennen. Das pa-an ist Ideogr. für parṣu „Geheiss". Vgl. S^b 214. V R. 19. 33. 34. par-ṣu ša ili, par-ṣu ša šarri.

68. pu-us-su-rat. Wie mir Herr Prof. Delitzsch mittheilt, bedeutet das Wort viell. „Botschaft", vgl. V R. 28. 9 sum-ma-ru = bu-us-su-ru.

71. ê-gir-ru-u-a. Pinches hat mich auf IV R. 27. 44—45 aufmerksam gemacht, wo man e-gir-ti liest, welches wahrsch. dieselbe Wurzel, wie unser e-gir-ru-u besitzt. In beiden Stellen fordert der Zusammenhang eine Bedeutung wie „Träumerei". Vgl. jetzt Zimmern, Busspss. S. 37 Anm. 2.

72. maš(?)-ta-ku. Vgl. II R. 57. 11. Smith lässt die Stelle

unübersetzt. Vgl. KAT[2] 373. 24, wo Prof. Schrader es durch „Heiligthümer“ wiedergibt. II R. 45. 14 flg. Wurzel wohl שחך. Vgl. Sargon St. 71.

74. at-ki. Der Stamm ist wahrsch. תכה. Man konnte an דכה „niederstürzen“ denken, aber es passt hier nicht, weil ein „niederstürzen“ durchaus nicht nöthig war.

76. ti-ip-ki. Ein Maass. Vgl. Sanh. VI, 39. — ši-kit-ti-šu. Ein Vocabular bietet ši-kit-tu ša biti. II R. 66 auf der Beltisinschrift sowohl, wie der sehr ähnlichen, von mir zuerst copierten Neboinschrift steht ši-kit-ta-šu u-rab-bi; wohl von šakânu herzuleiten.

77. tam-la-a. Vgl. Neb. V, 41; III, 64. Pinches meint, dass man hier zwei Wörter zu unterscheiden habe. Man solle utlu lesen, wenn es nicht mit langem Vocal hinten geschrieben ist und tamlâ bei langem Vocal. Dagegen bemerke ich, dass es gar nicht nöthig ist den Unterschied zu machen, weil der lange Vocal sehr häufig nicht geschrieben ist, und woher soll man ein Wort utlu ableiten? — uš-mal-li. Vgl. Sanh. VI, 39; III, 1 von Piel gebildet. Siehe dazu Del. ALS[3] XI unten.

83. šikâri. So muss man lesen nach V R. 32. 25 b c. — kalakku. Nach Strassm. ist II R. 21, 11 so zu lesen. Vgl. auch II R. 46. 54 a b. Eine Besprechung der Wörter dieser Stelle siehe Latrille ZK II S. 344 flg.

92. um-šik-ku. Vgl. Lyon 59. 5; V R. 32. 67 d e f. IV R. 55. 16 Rev.

93. ku-du-ru. V R. ist falsch. Zu diesem Worte vgl. Assurn. I, 56. 67 und Flemming's Commentar über den Namen Neb. S. 22.

95. nin-gu-u-ti. Smith übersetzt „music“. Das mag sehr treffend sein für diese Stelle, nur vermag ich es nicht zu erklären. ub-ba-lu von יבל. — daltê. Den Beweis für diese Form des Plural erbringe ich in Heft II.

99. li-ia-a-ri. Dieses Wort findet sich KAT[2] 398. 32 mit Hauchlaut geschrieben. Schrader übersetzt „Einöde“, Smith „forest trees“. Ich kenne seine Ableitung nicht und muss daher auf eine exacte Erklärung verzichten. — ê-ri-si-na „Duft, Wohlgeruch“. Asarh. V, 38 findet sich genau unsere Lesart. Sintfl.

Z. 15 steht dies Wort in Verbindung mit êṣinu „riechen“. Vgl. die ausführliche Besprechung Zimmern's, Bussps. S. 98, siehe auch Latrille ZK II, S. 346.

105. inbu sa-sa-ṣun. Das Zeichen sa ist stets das Ideogr. für „binden“ oder etwas dem ähnliches, daher haben wir kurûsu „Sehne, Nervus“, was im Körper bindet. Es steht links in dem Netzverzeichniss V R. 21. 5—9a b auch wird es Nr. 4 erklärt Z. 12. 15. 18; S^b 187 wird es durch šad?-nu wiedergegeben. Nach Prof. Delitzsch bedeuten diese Wörter viell. „Bergfrüchte“.

106. taš-ri-iḫ-ti von שרח. Vgl. Neb. VIII, 16; II R. 48. 46—7 taš-ri-iḫ-tum, muš-tar-ri-ḫu. Zuerst las ich ur-ri-iḫ-tum und leitete das Wort von arâḫu ab, eine Conjektur, die recht gut möglich ist, zumal sich alle diese Worte zwanglos davon herleiten lassen. Siehe ferner Latrille ZK II, S. 347.

107. u-šar-ri-šu „einweihen“. So Lyon 67. 37.

108. za-rat. Vgl. IV R. 70. 8. Neb. IV, 4, wo Flemming „Gemach“ übersetzt. Nach I R. 7 d bedeutet es „Zelt“.

111. musarû „Namensschrift“. Vgl. V R. 64. Col. II, 43 mu-sa-ru-u ši-ṭi-ir šu-um. Wohl ein Lehnwort.

112. lip-šu-uš von פשש „salben“. Diese Verbindung kommt oft vor. Vgl. V R. 64, Col. II, 45. Über das zusammengesetzte Zeichen šamni, „Öl = Fett des Baumes“, siehe Latrille ZK II, 355 flg.

Zusatzbemerkungen

von

Theo. G. Pinches.

Col. I, Z. 1. Der Name des Königs dessen Annalen Herr S. A. Smith oben übersetzt und erklärt hat, wird auf verschiedene Weise geschrieben. Die meisten Formen hat G. Smith in seinem „Assurbanipal" S. 2 gegeben. Die Lesung *Ašur-bāni-pal* ist diejenige, die dem griechischen Sardanapal am nächsten kommt; und es ist nicht unwahrscheinlich, dass die Aussprache, wenn das Wort schnell gesprochen wurde, mit der griechischen Form übereinstimmte. In der That, wenn wir ein *a* vorsetzen, und das *d* in *b* verändern, so bekommen wir eine Form, die dem Sardanapal der Griechen ganz ähnlich ist.

Die wahre grammatische Form des Wortes, wenn man nach der Analogie des Namens *Ê-sag-gil-ki-in-ap-li*[1]) (*Ê-saggil-kîn-apli*) schliessen darf, ist die von mir seit einigen Jahren angenommene — nämlich *Aššur-bānî-apli* (respective *Aššur-bān'-apli*), der status constructus des Participiums, mit dem Genitiv des Nomens *aplu*.

Natürlich wurden die Casus- oder Vocal-endungen assyrischer Wörter nicht immer ausgesprochen, besonders bei den Eigennamen. Einem vortrefflichen Beispiel der Vernachlässigung der Vocalendungen begegnen wir beim Namen *Pani-Nabû-ṭêmu* (W. A. I. V., pl. 67, Z. 39 etc.), dessen aramäische Form פנבוטם lautet. Aus diesen beiden Formen ersehen wir, dass das *i* von *pani* nicht nur nicht ausgesprochen wurde, sondern auch dass das ן (welches vielleicht bei der Aussprache

1) W. A. I. V, pl. 44, Z. 44d.

verdoppelt wurde) sowohl zum Endconsonanten von *pani*, als auch zum Anfangsconsonanten von *Nabû* diente.

Z. 16. *Kitmuri*. Es würde vielleicht besser sein, wegen der Variante *Kidimuri* (K. 11), hier *Kidmuri* zu lesen. Ob dieses *Kidmuri* oder *Kidimuri* mit *Kadmuri*, dem Namen eines Tempels zu Kalach, eins ist oder nicht, muss dahingestellt bleiben.

Z. 24. *Paru naklu*, besser „kunstvoll geschmücktes Gemach". Das Wort *paru* halte ich für eine Nebenform von *parakku*, „Heiligthum", verkürzt aus dem sumerisch-akkadischen *barag* oder *bara*. Die letztere Form ist gewöhnlich mit einem anderen Worte verbunden.

Z. 32. *Duppi šatrūti*. Wegen der Auslassung des Pluralzeichens nach *dup*, ziehe ich die Lesung *dupšarrūti*, (Abstraktum) von *dupšar* „Tafelschreiber", vor.

Z. 47. Das Wort *parap* oder *parab* scheint mir aus *paras rab* „die grosse Division" (W. A. I. V, 37; II, Z. 20) verkürzt zu sein.

Z. 48. *Nirba*. Das Täfelchen, welches die Aussprache dieses Wortes giebt (W. A. I. IV, pl. 16), zeigt beidemale ganz klar nicht *Ni*-**ir**-*ba*, sondern *Ni*-**sa**-*ba*.

Z. 49. *Giparu*. Ich möchte hier bemerken, dass dieses *giparu*, wörtlich „ausgebreitete Dunkelheit" (von *gi* (*mi*) „dunkel", und *para* (*bara*) „ausgebreitet") auch „Pflanzenwachsthum" (*gi* „Pflanze") bedeuten kann. *Ušaḫnapu giparu* kann deshalb auch übersetzt werden „die Vegetation gedieh". Die beste Übersetzung aber ist vielleicht „Die Wolken brachten viel Fruchtbarkeit", von *giparu* „ausgebreitete Dunkelheit" = „Wolken", und III. 1 von *ḫanāpu* „hoch und schaumig sein", z. B. von der See. (Siehe W. A. I. V, pl. 19, Zeilen 6—9, und vergl. Arab. خانف „hochmüthig", „die Nase hoch tragend").

Z. 58. *Kêpāni* (*ḳêpāni*). Dass *bêl-âlāni* die ideographische Schreibung von *ḳêpāni* ist, bezweifle ich sehr — meines Wissens giebt es keinen Beweis dafür. Ein assyrisches „case-tablet" (K. 374) dagegen, giebt *amelu-bat-gil-da* als ideographische Schreibung von *ḳêpu*. (Vergl. Col. IV, Z. 104).

Z. 126. *Âḫênna.* Augenscheinlich ist dieses Wort einfach aus *âḫû* „Seite“ und *enna* (für *anna* „dieser“) zusammengesetzt.

Col. II, Z. 12. *Lakṭê.* Wie es mir scheint, ist dieses Wort eins mit *uzu* (= *šêru*) + *šit* (*rit*), das, wie ich schon bemerkt habe (vergl. P. S. B. A., Vol. V, S. 106, mit Vol. VI, S. 104 und S. 102, Z. 3), offenbar „Handgelenk“ (Engl. „wrist“) oder etwas ähnliches bedeuten muss. Anstatt *lakṭê* ist desshalb *šittê* (*rittê*) zu lesen und das Ganze „goldene Ketten band ich um ihre Handgelenke“ („I bound chains of gold upon their wrists“) zu übersetzen.

Z. 42. *Ki-lal.* Diese Zeichengruppe wird gewöhnlich durch *napalsuḫu*, „wiegen, das Gewicht“ wiedergegeben. Siehe W. A. I. V, pl. 16, Z. 44 ef.

Z. 57 etc. *Šal tuklûti.* Das Präfix *šal* (das, meines Erachtens, nicht ausgesprochen wurde) zeigt zweifelsohne, dass das nächstfolgende Wort ein Abstraktum ist. *Ana êpiš tuklûti* bedeutet wahrscheinlich etwa „Nebenweiberei machen“ — einen Ausdruck, welchen man auf Englisch durch „to make helpmateship“ wiedergeben könnte. Die Wurzel *takâlu* bedeutet mehr „helfen“ als „vertrauen“. Natürlich erleidet die Übersetzung des Verfassers durch diese Erklärung wenig Veränderung.

Z. 125. *Jâti ârdu paliḫ-ka, šatbannî mala šuṭa âbšân-ka.* G. Smith („Assurbanipal“, S. 68) übersetzt „I am thy devoted servant, and my people all perform thy pleasure“ — eine Übersetzung, die theilweise gerathen ist; und da wir hier nur seinem Beispiel folgen können, begnüge ich mich mit einer anderen Vermuthung, indem ich vorläufig übersetze: „Ich, der Knecht, der dich verehrt, (und) das ganze Land Bannî. erkennen deine Oberhoheit (dein Joch) an“ (*mât Bannî mala šuṭa âbšân-ka*). *Šuṭa* hier scheint 3 pers. Perm. plural fem. oder dual zu sein, und muss desshalb mindestens zwei Subjecte haben.

Col. III, Z. 2—3. *Mâlak X. ûmê V. ûmê ušaḫrib*, „eine Strecke 15 Tage verwüstete ich“. Wie es mir scheint, würde die Übersetzung „(während) einer Reise von zehn Tagen verwüstete ich (das Land) fünf Tage“ besser sein, sonst wäre die

Theilung der Zahl und die Wiederholung des Wortes *ûmê* unbegreiflich.

Z. 33. *Nam-nir.* Diese zwei Zeichen bilden ohne Zweifel *ein* Wort mit dem vorhergehenden *Nun* und dem Gottespräfix *an*. Die assyrische Uebersetzung von *Nun-nam-nir* ist vielleicht *rubû êtellûti* oder *rubû šarrûti* — das heisst „Fürst der Herrschaft" (cf. W. A. I. IV, 25, 46—47, und II, 26, 17[c]) — ein Beiname des Gottes Aššur.

Z. 40. Anstatt *bêlûti*, würde es vielleicht besser sein *rubâti* (W. A. I. V, pl. 39, Z. 66[cd]) zu lesen. *Âḫâti* „Schwester" ist auch möglich.

Z. 43. Das Wort *nabassi* (auch *nabasu* geschrieben) scheint eine Nebenform von *nabatu* zu sein, und ist desshalb vielleicht fremden Ursprungs. Vgl. *kirissu* von *kirû* (ZKF, Band II, S. 159 (Anm. 1) und 264).

Z. 93—94. *Adi apil-* (oder *mâr-*) *Bâbili*, *šunuti kirib mât Aššur ušuzzu.* Diese Worte sind vielleicht besser zu übersetzen: „den Söhnen von Babylon, die in Assyrien (waren), machte ich sie gleich".

Z. 113 etc. *Lubaru.* Meines Erachtens sind die Zeichen *an-ur-ra* nicht *Lubara*, sondern einfach *Urra* oder *Ura* zu lesen.

Z. 121. *Kigalli.* Dieses Wort ist besser „Anhöhe" (im Sinne des englischen „high-place") zu übersetzen. Vgl. W. A. I. IV, pl. 13, Z. 11—12: — *Kisal-maġe*, *kigalla*, *ġumundari*, Assyr. *Ina kisalmaḫi*, *kigalla*, *lûramâta*, „Auf einem erhabenen Altare, einer Anhöhe, mögest du es setzen".

Col. IV, Z. 86. *Ina šipir išibbûti* besser „vermittelst Besprengungen"

Z. 104. *Nasikê.* Die Gruppe *amêlu bad-gid-da-meš* ist durch das Assyrische *kêpûni* zu übersetzen. Siehe oben (Anm. zu Col. I, Z. 58).

Col. VI, Z. 49. *Giš-šir-gal.* Dieser Stein scheint nicht Alabaster zu sein, sondern eine Art weisser Kalkstein.

Z. 99. *Ina âraḫ ûmê.* Wörtlich: „In einem Monat von Tagen". Vergl. meine Bemerkungen über diese Redensart, P. S. B. A. für Mai, 1885, S. 149—150.

Z. 123. *Bit* (oder *È*) *ḫi-li-an-na*. Nicht „Vorhalle", sondern Name eines Tempels oder Heiligthums zu Erech. *È-g'i-li-an-na* (die Lesung *g'i-li* ist nicht ganz sicher) ist Akkadisch, und bedeutet etwa „Haus der himmlischen Freude".

Col. VII, Z. 54. *Ša* I. II. III. *šanîtu*. Nach meiner Ansicht sind diese Worte *ša ištîn šu, šitin šu, šalaltašu* zu transscribiren. Vergl. P. S. B. A. für Juli, 1886 („An interesting Numeral-form").

Col. VIII, Zz. 12 und 28, und Col. IX, Z. 108. *Itti âsi kalbi arkussuma; ûlli kalbi aškunšuma; ûlli kalbi ulddišuma*. In diesen drei Sätzen sind die Wörter *asi* und *ûlli* vielleicht theilweise Synonymen und, da das Pluralzeichen nach *ur-ku* (= *kalbu*) fehlt, etwa „Halsband" zu übersetzen. Der erste Satz bedeutet daher „mit der Kette eines Hundes band ich ihn und", während die anderen Sätze lauten „Das Halsband eines Hundes legte ich ihm an und".

Nebo-Inschrift.

Die Nebo-Inschrift steht auf der Wand im British Museum neben der Beltis-Inschrift II R 66, welche ihr sehr ähnlich ist. Es sind drei Exemplare von dieser Inschrift, nämlich Nos. 61, 66, 67 und vier von der Beltis-Inschrift, näml. Nos. 62, 63, 64, 65. Ich behalte mir eine neue Veröffentlichung der Beltis-Inschrift für das zweite Heft dieses Werkes vor. Jetzt gebe ich die Nebo-Inschrift zum ersten Male in Transcription, Übersetzung, Commentar nebst dem Originaltext.

Transcription.

A-na Nabû bêlu ṣiru a-šib É-zi-da
ša libbi (v. ki-rib) Ninua bêli-šu Ašûr-bâni-pal šar Aššûr
i-riš-ti ḫi-šaḫ-ti ilu-ti-šu rabu-ti
ša ina šakni i-ku-šu u in amêlu-ti-šu kabit-ti
ina mit-ḫu-ṣi abikti ikki-zu ḳakḳada Tê-um-man
šar Élamti u Um-man-i-gaš Tam-ma-ri-tu
Pa-'-ê Um-man-al-das ša arki Tê-um-man
êpu-šu šarru-ut Êlamti ina ki-bi-ti-šu rabu-ti
ḳa-ti ikšud-su-nu-ti-ma ina iṣu ša ša-da-di
ru-kub šarru- (v. u) -ti-ia aṣmid-su-nu-ti
u ina tukul-ti-šu rabu-ti ina kul-lat napḫur mâtâtê
aškun šak-nu si-mat ina û-mê-šu kisal bît Nabî
bêli-ia ina pi-i (v. ê) -li êš-ki ši-kit-ta-šu
u-rab-bi ana šat-ti Nabî ḫa-diš ši-bar-ma
lim-ma-ḫir pân-uk-ka ina ti-kip ana itti-ka
ki-ê-ni balaṭ ûmê arkâtê li-ṣa-a
šap-tuk-ka ittalli-ku É-zi-da
ina pân ilu-ti-ka li (v. lu) -lab-bi-ra šêpâ-ai

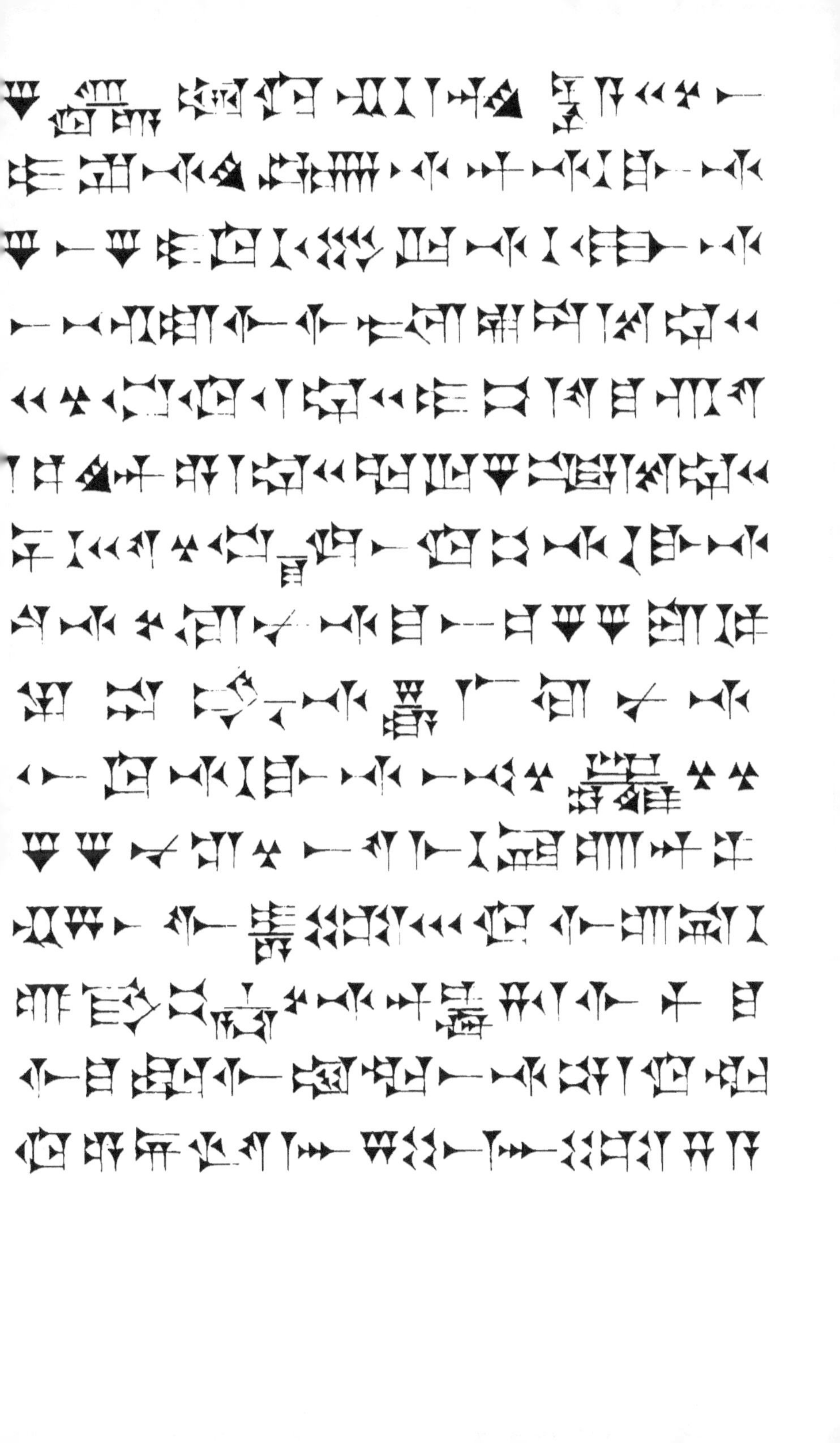

[illegible]
[illegible]
[illegible]
[illegible]
[illegible]
[illegible]
[illegible]
[illegible]
[illegible]
[illegible]
[illegible]
[illegible]
[illegible]
[illegible]
[illegible]

Übersetzung.

Zu Nebo dem erhabenen Herrn, der in Ezida wohnt
mitten in Ninewe, seinem Herrn, Asurbanipal, König von Assyrien,
das Verlangen, das Bedürfniss seiner grossen Gottheit,
den er in Schöpfung verliehen hat und der mit seiner grossen Menschheit
in Kampf (und) Niederlage abgeschnitten hatte den Kopf des Teumman
Königs von Elam und Ummanigas, Tammaritu,
Pa'ê, Ummanaldas, die nach Teumman
die Herrschaft Elams ausgeübt hatten, auf seinem grossen Befehl
nahmen meine Hände gefangen und dem Ziehgeräth,
meinem Königswagen spannte ich sie an
und unter seinem mächtigen Beistand in die Gesammtheit aller Länder
zog ich(?), ein Stadthalter der Herrlichkeit. In jenen Tagen die Plateform des Tempels des Nebo,
meines Herrn, mit Quaderstein machte ich mächtig, sein Fundament
machte ich gross, zum Wohnsitz des Nebo freudig baute ich.
Möge sie angenommen werden vor dir, in *Tikip* bei dir(?)
mögen mir ein wahres Leben, lange Tage ausgehen
auf deine Lippen, meine Füsse gehen nach Ezida,
vor deiner Gottheit alt gemacht werden.

Anmerkungen.

Z. 3. i-riš-ti ḫi-šaḫ-ti sind ähnliche Bildungen von ארש, und חשח. V R 21, 9. 10 stehen diese zwei Wörter zusammen.

4. Diese Zeile ist sehr schwer. Der Text ist ganz deutlich, aber ich finde keine befriedigende Lesung. i-ku-šu ist von קיש herzuleiten, mit k anstatt ḳ geschrieben, wie es häufig der Fall ist. Vgl. zu Col. IX, 128.

5. ikki-zu. Man erwartet *su*, welches auf der Beltis-In-

schrift steht, aber *zu* ist hier ganz klar. Der St. des Wortes ist natürlich סמס.

10. aṣmid-su-nu-ti. Vgl. Asurn. I, 86 is-lal-at = ṣinda-at.

12. Ich verstehe nicht was der Schreiber hier gemeint hat, vermuthe aber, dass die Stelle ähnlich wie die Beltisinschrift heissen muss. Der Text ist deutlich genug auf dem Original. — kisal Plateform. Vgl. V R 13, 1 ff. ki-sal-lu-ḫu Pavement. Das Zeichen *luḫ* links ist das Ideogr. für „Bote, Diener" nach S^b 77. Z. 4 lesen wir a-kil ki-sal-lu-ḫi. a-kil ist st. cstr. von âklu von וכל und bedeutet „fähig sein, bevollmächtigt". S^b 231 lesen wir für dieses Zeichen ki-sal-lu.

13. êš-ki ist von עשק. Es gibt zwei Wörter gleichen Stammes im Assyrischen. Das eine bedeutet „Fessel" vgl. V R 1, 130; iš-ḳa-ti is-ḳi-ti II R 24, 51^b; iš-ḳu V R 21, 23, 24^{cd}. Das andere muss „mächtig sein" bedeuten. Vgl. Lotz S. 89, 29, wo es durch pa-aḳ-lum wiedergegeben wird. Tig. I, 47. Asarh. IV, 57. Sarg. St. 75 (s. Lyon 81, 75). Unser Wort gehört auch hier. — ši-kit-ta-šu ist von שכן herzuleiten. Gleichen Sinnes mit šu-kut-tu. Vgl. V R 6, 12. Siehe Zimmern, Bussps. S. 11.

14. šat-ti. Dies Wort ist mir unbekannt. Strassmaier citirt es unter šattu „Jahr" aber mit diesem St. hat das Wort offenbar nichts zu thun. Ich glaube, dass es „Wohnsitz" oder „Heiligthum" bedeutet, da es hier in Verbindung mit šibar steht. — ši-bar-ma ist Permansiv von שבר.

15. pan-uk-ka. So muss man lesen. Die Zeichen stehen nicht in verschiedenen Zeilen auf dem Original wie in II R 66 und G. Smith's History of Asurbanipal. Die Beltis-Inschrift hat pan-uk-ki vgl. Heft II. — ti-kip. Die Stelle ist sehr schwierig und ich verstehe sie nicht. Tikip ist mir an folgenden Stellen bekannt. Asurn. VI, 132. CXX tikpi ana mušpali luṭâbi. „120 tikpi in die Tiefe versenkte ich" Asurn. Stand. 17. II R 49, 13^d — ana itti-ka. Für das Ideogr. *ki* vgl S^b 181—83. II R 39, 8^{cd}. Asurn. II, 48.

17. šap-tuk-ka. Vgl. V R 64, col. II, 29. Neb. Senk. II, 18—21. Sprich šaptûka.

Glossar.

Die Nummern beziehen sich auf die Columnen und Zeilen im Texte.
NI. = Nebo-Inschrift.

א

א$_1$ = hebr. א, א$_2$ = ה, א$_3$ = ח d. h. ح, א$_4$ = ע$_1$ d. h. ع, א$_5$ = ע$_2$ d. h. غ.

א$_1$א$_2$ל sich niederlassen. u-tul-ma III. 119. âlu Stadt. Pl. âlâni. 'âlu Zeltbewohner(?) VIII, 112. a-lu VIII, 124. IX, 16. mailu Bett, ma-ai-al X, 70.

א$_3$בב glänzen. **II,** 1 hell, rein machen. ub-bi-ib IV, 86. êbbu glänzend. ib-bi II, 41.

אבה âbû Vater I, 8 u. ö.

א$_2$בך wenden, in die Flucht schlagen. abiktu Niederlage I, 55.

א$_1$בל Stadtthor. Pl. abullê III, 107. abullu VIII, 13.

א$_1$בן abnu Stein. Pl. abnê II. 39. VI, 12. ubânu Spitze, Finger. ub-na-a-šu III, 17.

א$_4$בר überschreiten, fahren über II, 58. ê-bir-ma V, 74. ni-bir-ti jenseits II, 95. ni-ba-ar-tê V, 96.

א$_3$בש binden. ab-ša-an-šu-nu Strang(?) Joch(?) II, 77.

א$_1$בת zu Grunde gehen. **II,** 1 zu Grunde richten VI, 28. ib-ba-tu X, 116. **IV,** 1 fliehen in-na-bit I, 88. in-nab-tu-num-ma IV, 25. munnab-tu Flüchtling III, 101.

אגג stark sein, zürnen. ê-gug-ma I, 64.

אגי a-ga Hochwasser V, 95.

אגי agû Krone. Genitiv agê I, 3.

אגלם i-gal-lum . . . . I. 51.

אגר ê gir-ru-u-a Träumerei X, 71.

א$_5$גר rings umschliessen. igâru Mauer. Pl. igârê-šu X, 56. ugâru Feld VI. 103.

א$_4$דה adî bis.

א$_4$דל verriegeln. u-di-il-ma III, 108.

א$_3$דש neu sein. **II**, 1 erneuern uddi-šu III, 116. lu-ud-diš X, 111. êššûtu Neuheit I, 114.

א$_4$די âdu Gesetz. a-di-ia I, 118. a-di-ê I, 21.

א$_4$זב lassen. übrig lassen. ê-zi-bu II, 2. **III**, 1 Inf. šu-zu-ub I, 87.

א$_4$זז stark sein, zürnen. êzzu stark, mächtig III. 34. iz-zu-ti VII, 53.

א$_1$חה feind, fremd. a-ḫu-u VI. 66.

א$_1$חה âḫû Bruder III, 48. âḫa-a-ti-šu-nu Schwester III, 40. âḫû Ufer I, 69. Adv. a-ḫa-mêš brüderlich. gegenseitig I, 125. âḫu-u-tu Brüderschaft III, 108. a-ḫi-ên-na-a gegenüber I, 126.

א$_1$חז nehmen, besitzen. a-ḫu-uz I, 31. ê-ḫu-uz III, 1. **III,** 1 u-ša-ḫi-iz-zu VII, 122. iḫzu Einfassung. iḫ-zi-šu-nu I, 33.

א$_1$חר a-ḫi-ri westlich VI, 28. a-ḫu-ur-ru angesichts(?) IV, 15.

אחרתן(?) aḫartinnê Stacheldorn(?) VIII, 85.

א$_1$טי iṭ-ṭi-ê-ti Stechdorn(?) VIII, 85

אי ai nicht I, 126.

א$_2$יכל Palast II, 89.

אין$_1$ Auge. êni-šu IX, 107.
ארר$_4$ Stadt. Adv. ê-riš IX, 98.
אכל$_1$ essen, fressen. ê-ku-lu IV, 45. VI, 21. **III, 1** u-ša-kil IV, 75. ukultu Speise IV, 81.
אכם(?) ik-ki-mu Schuld(?) IV, 38.
אכם$_4$ rauben I, 59. III, 115 ê-kim. ê-kim-mê-šu-nu Räuber VI, 75.
אכן uknû Marmor VI, 28.
אכר êkurri Tempel II, 42. VI, 59.
אכר$_1$ ikkaru Gärtner IX, 51.
אל$_1$ ilu Gott. Pl. ilâni (ilê). ilûtu Gottheit. i-la-a-ti IX, 76.
אל$_1$ ul nicht IV, 62.
אלה$_4$ hoch sein, hinaufgehen. ê-lu-num-ma II, 86. Part. Ifta. mut-tal-li I, 13. **III, 1** u-šê-li-i-ma III, 110. ullû entfernt, früher, fern. ul-lu-u-ti IV, 90. ul-la X, 7. êlû. Fem. ê-li-ti I, 19 oben befindlich. Adv. ê-liš III, 80. êlî Präp. auf, über.
אלך$_2$ hingehen, herumziehen. al-lik I, 52. il-li-ka I, 59. il-lik-am-ma I, 62. il-li-ku-u-num-ma II, 87. tal-li-ku VI, 108. it-tal-lak II, 129. at-tal-lak V, 40. 125. ittalli-ku NI. 17. a-li-kut I, 82. IV, 24. alaku Fortgang I, 79. malaku Weg, Strecke. ma-lak St. cstr. III, 2. allaku Bote I, 62. II, 27.
אלל$_1$ binden. i-lu-lu II, 3. a-lul IX, 123. illatu Macht Stärke. êl-lat-su II, 23. allu Kette II, 10. al-lu X, 92. ul-li Kette(?) VIII, 28.
אלל$_2$ glänzen. **II, 1** glänzend machen, reinigen. ul-li-la IV, 87. êllu glänzend VII, 94.
אלל$_4$ spielen. ê-li-li X, 95.
אלף$_1$ alpu Rind. Pl. alpê II, 132.
אלף$_1$ Schiff. Pl êlippê I, 72.
אלץ êlêṣu jauchzen. ul-lu-uṣ VI, 120.
אלת ultu aus, von, seit.
אם(?) umma also.
אמד$_4$ stellen, auferlegen. ê-mê-du II, 81. ê-mê-is-su III, 26.
אמה sprechen. amâtu Wort, Befehl st. cstr. a-mat I, 9. mamîtu Eid I, 119.
אמל Mensch. a-mê-lum II, 2.
אמם Wild, Gethier. u-ma-am VI, 105.
אמם$_1$ ummu Mutter I, 5. ammatu Elle (אַמָּה) I, 46. 47.
אמן$_1$(?) ummânu Heer, Truppen I, 73. um-ma-a-ni VI, 90.
אמן$_1$ um-ma-ni Kunst I, 32.
אמק$_4$ tief, mächtig sein. êmûḳu Macht. ê-muḳ st. cstr. I, 57. ê-mu-ḳi I, 72. nimêḳu Weisheit I, 31.
אמר$_1$ immêru Lamm IX, 65.
אמר$_1$ sehen. ê-mu-ru I, 130. im-ma-ru VI, 32. li-ê-mur-ma X, 112. ta-mirtu Gesicht, angesichts III, 41. a-na ta-mar-ti angesichts IV, 136.
אמר$_2$(?) voll sein, strotzen. am-ru III, 82.
אמר$_3$ imêru Esel VI, 93 u. ö.
אמש$_1$ fortziehen. **IV, 2** at-tu-muš VIII, 100. IX, 12.
אמשך Rohrgeflechtwerk(?) um-šik-ku X. 92. 94.
אן ana zu, für, noch. ina in, bei. in NI. 4.
אן ênu Herr. ên-ni-ti-ia I, 38.
אנא(?) annu dieser. Pl. an-na-a-ti I, 63 u. ö. an-nu-ti I, 110.
אנב$_1$ inbu, Obst I, 50. X, 105.
אנה$_1$ unûtu Geräth. u-nu-tu V, 62. VI, 19.
אנה$_4$ beugen, demüthigen. mut-nin-nu-u VII, 95. in-nin-nu-u X, 9.
אנח$_1$ verfallen, baufällig sein. ê-na-ḫa X, 56. in-na-ḫu X, 110. anḫûtu Verfallenheit. an-ḫu-us-su X, 74. 111.
אנכי a-na-ku I, 1. 31. 40.
אנן(?) ê-nin-na jetzt IV, 72. V, 67. VI, 118.
אנן sich widersetzen. an-nu Sünde, Strafe VIII, 10. a-nun-tu IX, 82.
אנן$_1$ seufzen. tan-nin-ni-ia Seufzen IV, 10.
אנף$_1$ appu Nase, Antlitz. ap-pi X, 31.
אנש$_1$ schwach sein. aššatu Weib, Gattin. St. cstr. aššat VIII, 25.
אנש$_1$ nišu. Pl. nišê I, 18 Volk. Leute.

nišûtu Menschheit I, 30. tênêšêti die Menschen I, 11.
אנת attuni I, 122. at-tu-u-a II, 105. at-ta du II, 123.
אסי a-si Halsband(?) (Haupt alt(?) Talmud asâ kalbâ) VIII, 12.
אסל$_1$ Lamm as-liš III, 56.
אסנן(?) is-nim eine Dornart III, 40.
אסר$_1$ einschliessen, belagern. ê-si-ir II, 26. III, 131. mê-sir Überzug X, 100.
אפל(?) aplu Sohn (passim).
אפסי apsû Wassertiefe. ap-si-ê IV, 76.
אפר$_4$ êpiru Staub. Pl. êprâtê VI, 96.
אפש machen. ê-piš I, 7. ip-pu-uš III, 7. lip-šu-uš X, 112. ê-tê-ni-ip-pu-šu III, 111. ê-tê-ip-pu-šu IV, 77. êpištu That, Ding. Pl. ip-šê-ê-ti I, 63.
אץ$_4$ iṣu Baum, Holz IV, 64.
אצץ$_3$ uṣṣu Pfeil. uṣ-ṣi-šu IX, 85.
אצר(?) iṣṣûru Vogel IV, 75. Pl. iṣ-ṣûrê IV, 76.
אקל$_3$ Feld. Pl. êḳlê III, 76.
אקץ stark, grossmächtig. iḳ-ṣu V, 31.
א$_1$רא$_4$ Brust. irat-ia II, 33.
ארב$_3$ einziehen. ê-ru-ub I, 23. ê-ru-um-ma I, 60. ir-ru-bu-u-num-ma V, 27. **III**, 1 u-šê-rab-an-ni VI, 115. u-še-rib. ni-rib Eingang, Pass VII, 110. âribê Heuschrecken VI, 94.
ארת$_1$(?) a-ri-ti Thür(?) VII, 2.
ארה$_4$ êrû Bronze VI, 29.
ארי(?) u-ru Fluth V, 95.
ארח$_1$ urḫu Weg I, 74. ur-ḫi VIII, 81.
ארח$_1$ schnell sein, eilen. ê-ri-ḫu-šu-ma IV, 22. **II**, 1 senden ur-ri-ḫa IV, 8. ur-ru-ḫi-iš eilend I, 77.
ארר(?) ê-ri-si-na wohlriechendes Gewächs(?) X, 99.
ארך$_1$ lang sein I, 47. arku lang. ar-kâtê NI. 16.
ארן$_1$ êrînu Ceder X, 98.
ארץ$_1$ irṣitu Erde I, 86.
ארר$_1$ fluchen. arratu Fluch. ta-ru-ur-ma II, 124. ar-ra-a-ti IX, 60.
ארר$_3$ glühen. a-ri-ri IV, 51. 60.
ארש$_1$ begehren, wünschen. i-riš-ti NI. 3.
ארשך(?) êr-ša-ku-mal IV, 89.
אש ia-a-ši mir, mich VI, 4.
אש(?) aššû weil (viell. aus ana + šu) II, 112 u. ö.
אשת$_1$ išâti Feuer II, 131.
אשם$_3$ ušmânu Lager, Feldlager. uš-man-ni VIII, 103.
אשמר êš-ma-ru-u VI, 11.
אשק$_4$ iš-ḳa-ti Bände, Fessel I, 131. III, 59.
אשק$_4$ êš-ki mächtig sein NI. 13.
אשר$_1$ ašru Ort I, 27. II, 16.
אשר$_3$ êširtu Tempel. Pl. êš-ri-ê-ti šu-un I, 37.
אשרד$_1$ ašarêdu Oberster IV, 106, 111.
אשתן$_1$ iš-tê-niš II, 59. êštê-ên III, 118.
אשש$_1$ gründen. uššû Fundament. uššî-šu X, 82.
את ia-a-ti I, 63.
אתת$_1$ **II**, 1 bezeichnen. itû Grenze. Seite. i-ta-ši-in VI, 67. ittu mit. itti-ka NI. 15.
אתק$_4$ durchrücken. ê-tê-it-ti-ḳu VIII, 86. mêtêḳu Fortgang. mê-ti-iḳ I, 68. IV, 132.

ב

באבא(?) bûbûtu Teuerung III, 135. IV, 59. 80.
בא$_5$ה suchen. u-ba-'-i-ma I, 133.
בא$_4$ל beherrschen. i-bê-lu I, 55. ê-bê-lu-u VIII, 82. bêlu Herr. Pl. bêlê. bêltu Herrin. bêlûtu Herrschaft. be-lut st. cstr. I, 28.
באר fangen, abholen. a-bar-šu-ma X, 15.
בב bâbu Thor. St. cstr. bâb II, 42. Pl. bâbâni X, 100.
בוא u-ba-'-u kommen, herbeiführen V, 32.
בול(?) bûlu Vieh I, 50.
בחל reif, jugendkräftig sein. bit-ḫal-li pl. Reitpferd VI, 88. bu-uḫ-la-li-ê VI, 46.

בטל aufhören. ba-ṭi-il-tu II, 112. III, 1 u-šab-ṭi-lu III, 114.
בית bîtu Haus st. cstr. bît III, 10.
בכר junges Kameel. ba-ak-ru IX, 65.
בל bê-li Speer V, 62. VI, 17.
בלט leben. II, 1 am Leben lassen. u-bal-liṭ II, 8. balṭu lebendig. bal-ṭu-us-su-nu II, 6. balâṭê III, 39.
בלכת IV, 1 entzweireissen, sich empören. ib-bal-kit-ma IV, 1. 11. III, 1 zum Abfall bringen. uš-bal-kit III, 100.
בלל balâlu übergiessen. ab-lu-lul X, 83.
בן bi-in-tu Tochter II, 70.
בנה hell, rein sein. ba-nu-u X, 71.
בנה bauen, schaffen, erzeugen. ib-nu-u I, 5. ib-na-a V, 101. binûtu Erzeugniss, Geschöpf I, 1. bânû Erzeuger, Schöpfer I, 8 u. ö. šat-ban-ni-i II, 125 (??)
ברה ba-ra-nu-u roher Mensch, Empörer V, 31. bar-ti X, 11.
ברה binden. bîru Mitte. bi-ri-in-ni zwischen uns I, 125. 126. bi-ri-šu-nu II, 8. birîtu Fessel I, 131. bi-rit V, 81.
ברה sehen, schauen. III, 1 sehen lassen, zeigen. u-šab-ri-šu-ma II, 97. V, 98. šabrû Seher III, 118.
ברה(?) bu-ri-šu-nu Speise IV, 44.
ברך(?) bur-ru-ku Schlamm(?) IV, 82.
ברם bir-mê buntgewirkt II, 10. III, 91.
בשה sein, haben. bašû I, 33. ba-šê-ê VI, 63. ib-ba-aš-šu-u VIII, 109. ib-ba-ši I, 126. III, 1 machen. u-šab-šu-u III, 8. bušû Habe IV, 65.
בשל kochen. ib-ši-lu-num-ma IV, 27.

ג

גבב gubbu Cisterne. gu-ub-ba-a-ni VIII, 102.
גבש massig sein. ig-bu-uš trotzig sein II, 113. gabšu massenhaft. gab-ši VIII, 80.
גדו(?) ga-du samt III, 131. IV, 2. 40.
גמל gammalu Kameel VIII, 114.
גמר vollendet sein. ag-mur-ma X, 106. gimru Gesamtheit st. cstr. gi-mir I, 29. 32.
גפר gi-pa-ru Dürftigkeit(?) I, 49.
גצץ gi-iṣ-ṣi Dorn(?) VIII, 84.
גרה gi-ra-a Gegend VII, 108.
גרה jem. befehden. i-gi-ra-an-ni IV, 50. gârû Feind. ga-ri-ia I, 38.
גרר rennen, laufen. girru Feldzug I, 52 u. ö. Pl. gir-ri-ê-ti-šu Wege, Feldzüge II, 53.
גשר stark, gewaltig sein. gašru gewaltig. Pl. gaš-ra-a-tê IX, 78. gišru X, 104. gušûru Balken X, 98.
גשש Bret. ga-ši-ši II, 3. IX, 123.

ד

דאת Bestechungsgeschenk. da-'-a-tu III, 137.
דבב sprechen, planen. a-da-bu-ba I, 36. id-bu-bu-ma I, 120. da-bab-ti Plan I, 120.
דגל schauen. i-dag-ga-lu III, 95. ad-gil III, 127. da-gil I, 70. III, 1 jem. unterthan machen. u-šad-gi-lu I, 37. tu-šad-gi-la VI, 112.
דוך tödten. da-a-ki I, 59. a-duk III, 38. dîktu getötete Schaar VII, 114.
דור Mauer st. cstr. dûr II, 4. Pl. dûrâni III, 109.
דזה(?) da-za-a-ti Kampf II, 69.
דחד duḫdu Überfluss I, 51.
דין richten, entscheiden. li-di-nu-uš X, 120. dênu Gericht, Recht. di-ni-šu IV, 32, 106. di-ê-ni X, 120.
דל daltu Thür. Pl. daltê X, 99 (siehe Heft II).
דלב(?) mu-dal-li-bu widerstreben(?) II, 104.
דלל schwach sein, sich demüthigen. i-dal-la-lu IV, 35. da-lal IX, 112.
דם dâmu Blut. Pl. dâmê IX, 37.
דמה Säule. Pl. dim-mê II, 41.
דמק damḳu III, 78. damiḳ-tu Gna-

denerweis II, 18. dumķu Gnade, Gunst I, 134. du-um-mu-ķa X, 70.

דנן stark, mächtig sein. **II**, 1 stark machen. u-dan-ni-na I, 22. u-dan-nin-u-ma IV, 129. dan-ni mächtig II, 36. da-na-an Macht I, 56. da-na-a-ni X, 38. dannûtu Stärke II. 23. 35.

דפף duppu Tafel I, 32.

דקא₄ aufbieten. ad-ķi-ê I, 66. id-ķu-u-ni VIII, 71. id-ķa-a I, 80.

דרר dauern. darû ewig. da-ra-a-ti VI, 124.

ו

וא₃ד einer. ê-du II, 2. IV, 62. ê-diš-ši-šu allein VII, 124. X, 12. ê-diš VIII, 42.

ובל bringen, fortführen. u-bi-lu VI, 5. u-bil-u-ni II, 7. u-bil-am-ma II, 67. ub-ba-lu X, 95. **III**, 1 bringen lassen. u-šê-bi-la II, 59. u-šê-bi-la-aš-šu VII, 44. mut-tab-bil-ti VI, 19. biltu Tribut, Talent II, 42.

ולד '-al-du I, 27 geboren wurde. âlidu Erzeuger I, 25. ta-lit-ti Geburt I, 50.

ופא₄(?) **III**, 1 hervorgehen lassen, erglänzen lassen. u-ša-pa-a X, 32.

וצא₁ ausgehen. u-ṣi IV, 63. u-ṣu-u-mum-ma IV, 133. li-ṣa-a NI. 16. mê-ṣi-šu IX, 106. **III**, 1 fortführen II, 133. IV, 84. u-šê-ṣa-am-ma V, 10. ṣêtu Ausgang, Sprössling. ṣi-it II, 62. mûṣû Ausgang. mu-uṣ-ṣa-šu-un II, 26. III, 132.

וקד brennen. mi-ķid III, 125. IV, 51.

וקר theuer, kostbar sein. ê-ķir VII, 32. tê-ķir-u IV, 57. **III**, 1 kostbar machen. u-ša-ķir IX, 34 (vgl. hebr. הוֹקִיר). a-ķar-tu VI, 12.

ורד hinabsteigen, ardu Knecht. Pl. ardâ-ni I, 76.

ורה leiten, führen, wegführen u-ra-a-šu V, 5. u-ra-aš-šu IX, 102.

ורח arḫu Monat st. cstr. araḫ I, 11.

ורך arka-nu nachher I, 20. 118. arkû später, zukünftig. arkâti VI, 70. arki nach II, 34.

ורק arķu grün, das Grün VI, 79.

ושב sich setzen, wohnen. u-šib I, 60. tu-ši-bu VI, 108. a-ši-bat III, 5. V, 97. a-šib-bu-ti V, 9. i-šib-bu-ti IV, 86. **III**, 1 wohnen lassen u-šê-ši-bu I, 44. 89. mûšabu Wohnung. mu-šab V, 19. šubtu Wohnung st. cstr. šu-bat III, 115. a-ša-ba-ni I, 122.

ושת(?) a-ša-a-tê angebunden(?) I. 34.

ושן šuttu Traum III, 120. V, 98. šunâtu-u-a X, 70.

ותר **III**, 1 zahlreicher machen. u-ša-tir-ma II, 9. 19. III, 77.

ז

זא₁ב Wolf. zi-i-bi IV, 75.

זבל erheben, tragen. i-zab-bi-lu X, 88. za-bi-lu X, 94. **III**, 1 tragen lassen. u-ša-az-bi-la X, 93.

זוז zutheilen. ni-zu-uz-ma I, 126. u-za-'-iz VII, 8. IX, 47.

זחל(?) za(?)-ḫa-li-ê .... II, 41. za-ḫa-lu-u VI, 23.

זכר nennen, erwähnen, sprechen. iz-ku-ru I, 4. **III**, 1 u-ša-az-kir-šu-ma VIII, 45. zikru Name, Nennung. Rede. St. cstr. zi-kir II, 51.

זכר männlich, Mann. zi-ka-ru I, 39. zikrîtu Frau. zik-ri-ê-ti-šu IV, 64.

זמה umschliessen, einschliessen, abschliessen. **II**, 1 u-za-am-mê VI, 76. u-za-am-ma-a VI, 103.

זנא₃ zürnen. zi-nu-u-ti IV, 88.

זנן füllen, erfüllen, vollkommen machen. za-nin Vollender I, 37.

זנן regnen. i-za-an-nun IX, 81. zunnu Regen. Pl. zunnê-šu I, 45

זנש zin-niš weiblich, Weib II, 40. Pl. zinništê V, 6.

זקן Bart. ziķ-ni-šu IV, 29.

זקף aufrichten. az-ķu-pa X, 105.

זקק Wind. za-ķi-ķi VI, 64.

זקר hoch sein. **II**, 1 hoch machen.

u-zak-ki-ru IV, 130. zik-kur-rat Thurm VI, 27.
זקת spitz, scharf sein. zak-ti scharf IX, 85.
זרא₄ säen. zêru Same, Familie; st. cstr. zêr III, 10.
זרר za-ri-ru ein Metall VI, 11. 23.
זרת za-rat Zelt X, 108.

ח

חבת plündern. iḫ-ta-nab-ba-tu V, 28. VII, 103. ḫa-ba-a-tê I, 59. ḫubtu Beute. ḫu-ub-ti I, 116. ḫu-bu-ut V, 28. VII, 103. ḫu-bu-us-su-nu VIII, 115.
חדה sich freuen. ḫidûtu Freude. Pl. ḫidâtê I, 23. V, 131. ḫa-di-ê X, 68. ḫa-diš freudig II, 88.
חזה maḫâzu Stadt. ma-ḫa-zi III, 115. V, 128. ma-ḫa-zi-ê-šu-nu VI, 97.
חול(?) ḫul-li-ê schlecht(?) VII, 15.
חיר sehen, ersehen. ḫîrtu Braut, Gemahlin. ḫi-ir-tu X, 27. ḫi-rat VIII, 92.
חזן Stadtherr. Pl. ḫazânâtê II, 107. 108.
חטא₁ sündigen. iḫ-ṭu-u I, 118. iḫ-ṭa-a V, 38. ḫîṭu Sünde. Pl. ḫi-ṭa-a-tê IV, 38. mul-taḫ-ṭu Sünder IV, 63. VII, 58.
חיט schauen. a-ḫi-iṭ I, 33.
חלב II, 1 bedecken. u-ḫal-li-bu II, 4. iḫ-tal-lu-bu VIII, 83. taḫlubu Bedachung taḫ-lu-bi-šu X, 96. tal-lub-ta-šu-nu VI, 25.
חלן(?) ḫi-li-an-na Vorhalle, Porticus VI, 123. ḫi-la-ni-šu X, 102. (Vgl. aber Pinches S. 111).
חלץ Veste, Schanze. ḫal-ṣu pl. II, 52.
חלק II, 1 verderben, vernichten. u-ḫal-li-ku IV, 52.
חמט zittern, eilen. ḫa-an-ṭu schnell, flink I, 62. II, 27.
חמש ḫamiš fünf I, 46. ḫaš-ši fünfte III, 27.
חמת(?) ḫa-mat(?) Unterstützung(?) I, 75.

חנף(?) III, 1 wegtreiben(?) u-šaḫ-na-pu I, 49.
חס ḫu-si pl. . . . . . VI, 87.
חסס denken, gedenken, ersinnen. iḫ-su-us-ma VII, 55. ḫa-sis VIII, 66.
חפא₁ iḫ-pu-ma versorgen VIII, 104.
חפה(?) ḫa-pi-ê . . . . IX, 50.
חרב III, 1 verwüsten. u-šaḫ-rib-ma III, 3. VI, 78.
חרמט begraben. uš-ḫar-miṭ III, 69.
חרן(?) ḫarrânu Weg I, 68.
חרץ ḫurâṣu Gold II, 10. 11.
חרר ḫarru Ring. Pl. ḫarrê II, 11.
חשח bedürfen, verlangen. iḫ-šu-ḫu ḫušâḫu Hungersnoth III, 125. ḫu-šaḫ-ḫi VIII, 36. ḫi-šaḫ-ti NI. 3.
חתת wegraffen. taḫtû Niederlage. taḫ-tê-ê I, 83.
חתן ḫatanu Schwiegersohn; st. cstr. ḫa-tan V, 2.
חתן(?) ḫu-ut-ni-ê Schwert(?) IX, 105.
חתת(?) ḫi-it-ti Einfassung X, 102.

ט

טאם₄ Befehl. ṭê-mê-ia III, 95. ṭê-ên-šu VIII, 6.
טבח schlachten. II, 1 u-ṭab-bi-iḫ III, 56.
טוב gut sein. ṭâbtu Gutes, Wohlthat I, 119. ṭu-ub-ba-a-ti III. 80. Adv. ṭa-biš I, 44.

י

יד idu Hand. Dual idâ Seite, Macht I, 82. i-di-ê-šu IV, 24.
ידא₄ kennen, wissen. i-du-u-šu II, 123.
יום ûmu Tag. Pl. ûmê I, 3. u-um-šu-un X, 95.
ינק saugen. ê-ni-ku-u-ma IX, 66. mu-šê-ni-ka-a-tê IX, 66.
ישה besitzen, haben, sein. i-šu-u V, 105.
ישר gerade sein, Gelingen haben, gedeihen. îšir I, 48. III, 1 rechtleiten. u-šê-šir IV, 20. III, 2 ge-

rade machen, richtig besorgen. uš-tê-êš-šê-ra I, 68 u. ö. Inf. šu-tê-šur I, 50. i-šir-tu gerade VI, 120. mêšêru Gerechtigkeit III, 89. ma-ša-ri-ia IV, 30. ma-šê-ri IX, 105.

כ

כאם ki-a-am so, auf diese Weise V, 25.

כבס treten, betreten. ak-bu-su II, 30. i-kab-ba-su VI, 67. ki-bi-is VI, 101.

כבר gross werden. kibratu Himmelsgegend. kib-rat X, 58.

כבד kabittu schwer I, 70. kabittu Leber, Gemüth I, 64. ka-bit-ti V, 120.

כגל Unterwelt, weite Erde(?) ki-gal-li III, 121.

כדר kidru Bündniss, Bundesgemeinschaft. kid-ri-šu-nu I, 127. VI, 14. ka-dir-ti IX, 76. ku-du-ri Frohndienst X, 93.

כום(?) ku-um statt, anstatt VIII, 46.

כון festsetzen, auferlegen. u-kin II, 74 u. ö. kênu fest, treu ki-ê-ni I, 6. ki-ê-nu III, 70. gi-ni-ê IV, 106. Adv. ka-ai-an beständig I, 49. kêttu Wahrheit, Treu. kit-tê III, 84. 89.

כזב kuzbu strotzende Kraft, verschwenderische Pracht VI, 79.

כזה(?) ki-zi-ê Waffenträger VII, 34. ki-zu-šu VII, 36, 41.

כי ki-i wie II, 117.

כים kîmtu Familie I, 29. IV, 2.

כך(?) kakku Waffe. Pl. kakkê I, 79.

ככב kakkabu Stern IX. 9.

כלא verweigern. ik-la-ma III, 114.

כלב kalbu Hund. Pl. kalbê IV, 75. 81.

כלה alle sein, aufhören. ik-la-a VII, 90. ak-la IX, 33. ka-la-ša IX, 13. kâlâma allerhand, alles V, 114. ka-la-mu VI, 8.

כלך ka-lak-ka Umfassungsmauer X, 83.

כלל III, 1 u-šak-lil vollenden X, 104. kullatu Gesamtheit; st. cstr. kullat I, 32.

כלם sehen II, 1 sehen lassen, offenbaren. u-kal-lim VI, 73. 118. kullum VIII, 8.

כלתר Zelt. Pl. kul-ta-ra-a-tê VII, 121.

כם kima gleichwie III, 34 u. ö.

כמוע(?) ki-mu-u-a . . . . . I, 38.

כמר kamâru niederschlagen. ku-ummu-ru I, 51. ka-mar-šu-nu V, 118.

כנך kanâku siegeln. kunûku Siegel VIII, 101.

כנש sich unterwerfen. III, 1 u-šak-ni-is-su-nu-ti unterwerfen II, 55. kan-šu unterwürfig II, 64; kan-šu-u-ti IX, 120. Adv. kan-šiš X, 49.

כסב Doppelstunde. kas-bu V, 123.

כסי Thron. kussê I, 44.

כסל kisallu Plateform(?) kisal NI. 12.

כסס ik-su-su . . . . . . IV, 45.

כסף ki-is-pi-šu Quelle(?) Grube(?) IV, 72. VI, 76.

כסף kas-pu Silber II, 39.

כפר zerbrechen(?) u-kap-pi-ra VI, 29.

כרה in Noth bringen. u-kar-ri II, 54.

כרה Garten, Baumpflanzung. Pl. ki-rêtu III, 76.

כרם karmu Ackerland. Pl. karmê V, 108.

כרן karânu Wein X, 83.

כרס ku-ru-us-su . . . . . IV, 45.

כרש karâši-ia Feldlager VII, 7.

כרש Bauch. ka-ra-ši-šu-nu IX, 67.

כש ki-ši-šu . . . . . IX, 51.

כשד erobern, besiegen. ik-šu-du I, 61. ik-šud-su-nu-ti NI. 9. ik-šu-us-su-nu-ti IX, 41. ku-šu-ud II, 99. ka-šad V, 24. 40. ka-ši-du-u-ti VIII, 63.

כשד kišâdu Nacken, Hals VII, 47.

כשת kištu Wald. Pl. kištê-šu-nu VI, 65.

כשש massig, gewaltig. kiš-ša-ti Fülle, Gesamtheit X, 58.

כתי(?) kitû pl. II, 40. III, 91.

כתכת Kit-kit-tu-u . . . . VI, 89. VII, 3.

כתם bedecken, überwältigen. ik-tu-mu-šu-ma I, 85.

ל

לא lâ nicht.

לא$_4$ב lib-ba-a-ti Zorn VII, 26.

לא$_1$ה stark sein. lêtu Macht, Sieg. li-i-tu II, 46. V, 39. li-i-ti X, 38. lu-'-u-ti mächtig IV, 87.

לאח(?) la-aḫ Gesicht(?) IX, 107.

לאר(?) li-ia-a-ri-ša. Einöde, Wüste X, 99.

לבב libbu Herz, Inneres, Mitte.

לבן niederwerfen. al-bi-in X, 31. la-bi-in X, 94. Ziegel streichen. libittu Backstein. lib-na-as-su X, 82. libnâtê-šu X, 88.

לבר alt werden. i-lab-bi-ru-u-ma X, 110. Adv. la-ba-riš X, 56. li-lab-bi-ra NI. 18.

לבש sich bekleiden. **II,** 1 jem. bekleiden. u-lab-bi-su-ma II, 10. lit-bu-šat IX, 80. lu-bul-tu Kleid II, 10. III, 91.

לו lû Precativpartikel.

ללה strotzende Fülle, verschwenderische Pracht. lu-li-ê X, 104.

למד lernen. al-ma-ad I, 34.

למה umschliessen, belagern. al-mê IX, 2. **III,** 1 u-šal-mi IX, 124. limêtu Grenze, Gebiet. li-mê-ti-šu V, 117. lim-mu Periode, Jahr X, 122.

למן feind, böse. lim-ni-ti VI, 114. limuttu Böses I, 120. limut-tim II, 121 u. ö.

למס lamassu Stierkoloss VI, 58.

לפלף Spross. li-ip-li-pi I, 40.

לפן vor la-pa-an I, 111.

לפת umfassen. **III,** 1 umstürzen. u-šal-pit VI, 63. lipittu Umschliessung. lipi-it III, 126. 134.

לקא$_3$ nehmen, wegnehmen. al-ḳa-a II, 43. il-ḳu-u IV, 10. al-ḳa-aš-šu X, 16.

לקת wegraffen. laḳtu Finger. Pl. laḳ-tê-ê-šu II, 12.

מ

מא ma-a also III, 122.

מא$_1$ד viel sein. ma-'-as-si II, 61. ma-'-da-a-ti IX, 127. ma'du viel I, 116. II, 65. ma-'-at-tu VII, 115. ma-'-diš sehr X, 80.

מאד stark, mächtig. mê-i-tu IX, 75.

מא$_2$ר **II,** 1 schicken, senden. u-ma-'-ê-ru I, 124. tamartu Geschenk I, 70.

מא$_2$ר Kind. mârtu Tochter; st. cstr. mârat II, 56. Pl. mârâtê

מגר günstig, gnädig sein. ni-in-dag-ga-ra I, 125. magâru günstig I, 12; st. cstr. ma-gir VII, 48.

מו mû Wasser. Pl. mê III, 43.

מוש Nacht. mu-ši-šu II, 21. III, 119. mu-ši-tu IX, 13.

מות sterben. mîtûtu Zustand des Gestorbenseins III, 6. IV, 56. mi-tu-us-su VII, 46. mu-u-tu Tod III, 124.

מח muḫ-ḫi Obertheil, Höhe II, 13.

מח maḫḫu gross. Pl. maḫḫûtê II, 41. X, 101.

מחא$_2$ vertilgen. mêḫû Sturm. mê-ḫi-ê III, 34.

מחץ schlagen. mun-daḫ-ṣi-ê-šu III, 39. 110. mit-ḫû-ṣi Kampf, Gemetzel II, 24. mit-ḫu-uṣ-ṣi VIII, 16.

מחץ am-ḫa-ṣa triefen machen X, 84.

מחר entgegensein, empfangen. am-ḫur-šu II, 61. im-ḫu-ru-šu-ma III, 137. im-ḫur-šu-u-ma VII, 123. am-da-aḫ-ḫa-ru IX, 104. am-da-na-ḫa-ru IX, 52. maḫ-ḫu-ur I, 84. ma-ḫar vor V, 100. mi-iḫ-rit IV, 128. V, 17. VII, 51. maḫrû erster, früherer I, 52. maḫ-ru-u-ti VI, 1. maḫ-ru-u IV, 123. maḫ-ri-ê IV, 128. maḫ-ri-tu III, 23. maḫ-ri-ia II, 57. tam-ḫa-ri Kampf IX, 21. X, 4.

מלם mêlammu Glanz. Pl. mê-lam-mê I, 85.

מכר šum-ku-ri in Besitz nehmen VII, 50.

מלא$_1$ voll sein, füllen. im-lu-u I, 112.

II, 1 füllen. u-mal-lu-u I, 67. VII, 81. **III**, 1 uš-mal-li X, 77. um-tal-lu-u IX, 45. ma-la all I, 118. ma-la ba-šu-u so viel ihrer waren I, 33. ma-li-ê VII, 26. ma-li-ti II, 47. tamlû Terrasse. tam-la-a X, 79. tam-li-ê X, 81. mîlu Hochwasser. mîli-ši-na VIII, 80.

מלך berathen, beschliessen. im-li-ka I, 121. malku Fürst. ma-al-ki I, 29. milku Rath, Beschluss; st. cstr. mi-lik I, 121.

ממה mamma irgend einer VI, 66. mimma-ḫis-su irgend welches III, 73. mimma VI, 18.

מנה zählen, rechnen. am-nu II, 133. im-nu-u IV, 63. am-na-a VI, 64. tam-nu-šu-u-ma III, 7. mênu Zahl I, 122. mi-ni-ê IV, 70.

מנמן man-ma-an irgend einer VI, 32.

מסר(?) musaru-u Inschrift X, 111 flg.

מצא finden. u-mê-ṣu IV, 90.

מצר Grenze. mi-ṣir I, 61. II, 30. mê-iṣ-ri V, 116.

מצר maṣartu Wache I, 115. VI, 59.

מקת stürzen, fallen, im-ḳu-tu IV, 58. ik-ku-ut VII, 31. im-ḳut-num-ma IV, 122. **III**, 1 niederwerfen. u-šam-ḳi-tu II, 2. na-ḳut-tu VII, 31.

מרח mi-ri-iḫ-tu Lügen(?) IV, 14.

מרץ mar-ṣu unzugänglich VII, 72.

מרר bitter sein. **III**, 1 erbittert machen, wüthen lassen. u-šam-ri-ir-ma II, 46. III, 50. mi-ra-nu-uš-šu-nu IV, 26. V, 112.

מרש ma-ru-uš-tu Wehe, Unheil VII, 123.

מרשר mâršarru Prinz I, 2. mâršarru-ti-ia Prinzenschaft I, 20. mâršarru-ut I, 26.

משה vergessen, verachten. im-ši I, 56 u. ö.

משך Fell, Haut. Pl. maškâni II, 4. mašak-šu X, 5.

משר **II**, 1 herablassen, verlassen. u-maš-šê-ra I, 45. u-maš-šir II, 134.

מת mâtu Land. Pl. mâtâtê.

מתי ma-tê-ma wann immer. II, 58. VIII, 60.

נ

נא$_1$ד: erhaben sein. **I, 2** it-ta-'-id verherrlichen I, 9. tanittu Erhabenheit I, 36. VIII, 8.

נא$_2$ל: **III/II** niederwerfen, hinstrecken. uš-ni-il VII, 40.

נא$_2$ר: nâru Strom III, 42.

נא$_2$ר: nûru Licht; st. cstr. nu-ur III, 113.

נבא$_1$: nennen, rufen. tab-bu-u VI, 111. i-nam-bu-u X, 109. nibittu Name, Berufung, Nennung. ni-bit I, 4. II, 13. nîbu Zahl ni-i-ba V, 105.

נבא$_4$: nam-ba-' Wasserquelle IX, 31.

נבה(?) nu-bê(?)-tu Fest(?) IX, 11.

נבל: zerstören. ab-bul II, 131 u. ö. nab-li Verderben IX, 81.

נבל: trockenes Land. na-ba-li I, 69.

נבס: Wolle. na-ba-as-si III, 43.

נגה: na-gu-u Bezirk, Ortschaft II, 95.

נגף: stossen. u-na-gip IX, 78.

נדה: werfen, legen. li-na-di-ma II, 116. na-da-ta IX, 116. **IV**, 1 in-na-di-ma II, 118. at-ta-ad-di IV, 85.

נדן: geben, schenken. ad-din-šu II, 13. i-nam-di-nu IX, 118. na-dan III, 114. IX, 119. nudûnu Geschenk II, 65. man-da-at-tu Tribut II, 74. ma-da-at-ta-šu III, 23.

נדן: ni-id-ni . . . . . . IX, 50.

נדר: nadru wüthend, grimmig. na-ad-ru-u-ti VI, 60.

נחה: ruhen. **II**, 1 beruhigen. u-ni-iḫ-ḫu IV, 78. u-ni-iḫ IV, 89.

נון: nûnu Fisch. Pl. nûnê IV, 76.

נזז: stehen, sich stellen. i-zi-zu-ma X, 3. **III**, 1 aufstellen, stellen. uš-zi-zu I. 127. u-šu-uz-zu III, 94. ul-ziz-su-nu-ti II, 94. u-ša-zi-zu-in-ni V, 30. 127. X, 39. man-za-az II, 42. IV, 30. man-za-al-ti-šu-nu Standplatz II, 43.

נחש: nuḫšu Überfluss, Segen I, 51.

נטל: schauen, anschauen. i-naṭ-ṭa-al III, 120.

נאר: niederschlagen. i-na-ru I, 38. a-nir IV, 134. nîru Joch II, 55; st. cstr. nîr II, 115. ni-ir-tu III, 81.

נכל: naklu kunstvoll I, 24. ni-kil-ti Arglist III, 85.

נכם: II, 1 aufhäufen. na-ka-ma-a-ti IV, 85. nu-uk-ku-mu V, 134. nak-kam-a-ti-šu-nu Schatz V, 132.

נכס: abhauen. ak-kis III, 36. ik-ki-su IV, 15. ikki-zu NI. 5. i-nak-ki-su IV, 16. ni-kis Abhauen IV, 13, 59. nu-uk-ku-su-u-ti IV, 74.

נכר: sich empören. ik-ki-ru IV, 100. III, 1 zur Empörung reizen. u-šam-kir-ma III, 105. VII, 102. nakru Feind. Pl. nakrê-ka II, 90.

נמר: hell sein, glänzen. nam-ri VI, 29. namrîru Glanz I, 84. na-mur-rat VII, 53. nam-nir III. 33.

נגו(?) nin-gu-u-ti Musik X, 95.

נסב: nisaba Korn I, 48.

נסח: herausreissen, fortführen. i-na-saḫ-u-ma I, 122. as-suḫ II, 43. na-saḫ X, 24. u-na-as-si-ḫa VI, 60.

נסך nasîku Fürst. Pl. nasîkê IV, 104.

נסק: ni-siḳ-ti Edelgestein II, 39. VI, 12.

נפש: viel sein(?) na-pa-aš I, 48.

נפש: hauchen, athmen. ip-pa-aš-šu VI, 21. napištu Seele. napiš-tim-šu I, 87. nap-šat-su II, 8.

נצר: bewahren. iṣ-ṣu-ru I, 119. III, 1 u-ša-an-ṣir-šu VIII, 13. 29. ni-iṣ-ṣu-ru IX, 72. na-ṣir I, 20.

נקב: Quelle. Pl. naḳbê-šu I, 45.

נקה opfern. aḳ-ḳa-a X, 107. niḳu Opferlamm. Pl. niḳê III, 112. X, 24. 106.

נקר: verwüsten. aḳ-ḳur II, 131. aḳ-ḳu-ru VII, 14.

נרט: widerstreben(?) mu-nir-ri-ṭu III, 58. VI, 72.

נרפד(?) nir-pad-du pl. Gebeine II, 117 u. ö.

נרר: helfen. narârûtu Hülfe I, 75.

נשא$_1$: heben, erheben, tragen. aš-ši I, 65. iš-šu-num-ma I, 71. liš-šu-u-ni II, 117. na-ša-a-tu IX, 80. ni-iš II, 121. VIII, 50. u-ša-aš-ši-šu-nu-ti X, 92.

נשק: küssen. II, 1 u-na-aš-ši-ḳu I, 71.

נשר: zerfleischen. in-da-aš-ša-ru III, 9. našru Adler. Pl. našrê IV, 76.

נתל: sich schlafen legen. it-ti-lu VI, 20.

ס

סבא$_4$ sieben. sêbe-ê IV, 110.

סים II, 1 bezeichnen, prächtig machen. sîmtu Bestimmung, Schmuck; st. cstr. si-mat II, 11 u. ö. si-ma-tê-ê-ša VI, 109. si-ma-nu-u Zeichen VI, 17.

סוק sûḳu Strasse III, 8. Pl. sûḳâte IV, 82.

סית si-it-ti die Übrigen. si-it-tu-u-ti III, 134. VII, 6.

סחח(?) siḫû Empörung III, 8. si-ḫu-u V, 16. siḫ X, 11.

סחף niederwerfen. is-ḫu-pu-šu-ma I, 84. is-ḫu-up-šu-ma II, 21.

סחר sich wenden. siḫîrtu Umfang. si-hir-ti-šu II, 37.

סחר su-ḫi-ru Füllen IX, 65.

סיק bedrängen. u-si-iḳ II, 54.

סיש(?) sê-ša Freude, Fest I, 12.

סכל sukkallu Bote IX, 86.

סלה abwerfen. is-lu-u IV, 103. II, 115. ša-li-ê I, 34. su-ul-li-ê-šu-nu Strasse IV, 87.

סלל sil-la-tu Gemeinheit, Rohheit IV, 66. 67.

סלם sich gnädig zuwenden. salîmu Gnade, Bundesgenossenschaft. sa-li-me I, 123. su-lum-mu-u I, 124.

סנק bedrängen. is-sa-an-ḳa-am-ma VIII, 64. sunḳu Mangel, Hungersnoth III, 135. IV, 59. 80. VIII, 36.

סס sa-sa-ṣun . . . . . . X, 105.

ססו(?) sisû Ross I, 34.

סף su-pa pl. VI, 87.

ספא beten. II, 1 u-sap-pu-u IV, 9. suppû Flehen, Gebet. Pl. su-up-pi-ê IV, 9.

ספד si-pit-ti Trauer VII. 15.

ספן bedecken, überwältigen. is-pu-nu II, 120.

ספר Schlinge. sa-pir IV, 61.

ספר siparru Kupfer X. 100.

סרר sur-ra-a-ti aufrührische Pläne I. 120.

סתק sat-tuk-ki-šu-un Opfer IV, 90.

פ

פגר pagru Leib, Leichnam. Pl. pa-grâni-šu-nu II, 3. IX, 123.

פדן pa-da-nu Weg, Richtung I, 74.

פו Mund, Rede I, 13. Pl. pê IV, 106.

פאט Grenze, Gebiet; st. cstr. pâṭ IV, 102.

פור pûru Wildochs IX, 65.

פזר verborgen sein. puzru Verborgenheit, Geheimniss. Pl. pu-uz-ra-a-ti VI, 31. 65. pu-uz-ra-sun VI, 69.

פחא verschliessen. piḫâtu Satrap. Pl. piḫâtê I, 110.

פחר sich versammeln. **II**, 1 versammeln u-paḫ-ḫi-ra II. 23. I, 18. nap-ḫur-šu-nu Gesamtheit III,105. puḫru Gesamtheit puḫur IV, 17. napḫur NI. 11.

פטר spalten. **II**, 1 öffnen. u-paṭ-ṭi-ra I, 45. paṭru Dolch II, 12.

פיל pi-i(ê)-li Quaderstein NI. 13.

פלא palû Regierungsjahr. Palî-ia I, 51.

פלח fürchten, sich fürchten, verehren. ip-tal-la-ḫu II, 105. VI, 37. pa-laḫ-šu IV, 68. pa-laḫ-ka Verehrer II, 125 (man kann ḫat-tu Schrecken lesen). puluḫtu Furcht. pu-luḫ-ti IV, 120. V, 71. pa-li-ḫu-u-ti VI, 71.

פלס **IV**, 1 ap-pa-lis-ma gnädig anschauen II, 88.

פנה pa-nu-u-a Antlitz I, 37. pa-nu-uš-šu-un IV, 56. pânû frühere Zeit I, 115. pân-uk-ka NI. 15.

פסס(?) pa-si-su Vergeber(?) IV, 38.

פסר pu-us-su-rat Botschaft X, 68.

פקד jem. etwas anvertrauen, übergeben. u-pa-ḳi-du I, 58. pi-kit-ta Bestimmung I, 112. 113.

פרא abschneiden, zerschneiden. ap-ru-' IV, 135. ip-ru-u-ma V, 31. **II**, 1 u-par-ri-' IX, 85. ni-ip-ri-ê-tu Teuerung IV, 43. 93.

פרג par-ga-niš ohne Sorge, in Sicherheit VI, 106.

פרה pa-ru Farre. Pl. parê II, 14 u. ö. pa-ru Gemach(?) I, 24 (vgl. Pinches S. 108).

פרזל Eisen. parzillu I, 131.

פרך trennen, scheiden. **III**, 1 u-šap-ri-ku II, 122. par-ku verriegeln IV, 125. parakku abgeschlossenes Gemach VI, 124.

פרכא **IV**, 1 Inf. na-par-ka-a aufhören IV, 109.

פרם purîmu Wildesel VI, 104. VIII, 89.

פרס trennen, scheiden, hemmen. ip-ru-us-ma III, 83. VII, 89. u-par-ri-is IX, 46. pa-ra-as IV, 100. pu-rûsu Entscheidung I, 6. pi-riš-tu-šu-nu dass. VI, 30.

פרף parap fünf sechstel I, 47.

פרשד **IV**, 1 fliehen, entfliehen. ip-par-šid IV, 62. Inf. na-par-šu-di IV, 61. it-ta-nap-raš-ši-du X, 14.

פשח sich beruhigen. **III**, 1 beruhigen. u-šap-ši-iḫ V, 120.

פשר paššûru Schüssel, Gemach III. 90.

פשר lösen, deuten. ip-šu-ru VI, 15. u-pa-sa-ru-in-ni X, 69.

פתא(?) pit-ti urplötzlich IX, 61.

פתח öffnen. ip-ta-a III, 17. ap-tê-ê-ma V, 132.

פתח durchbohren. up-ta-at-tê-ḫu VII, 37.

פתק bilden, bauen. ap-tiḳ X, 77. pi-tiḳ Bau II, 41. pi-tiḳ-tu X, 77.

צ

צאן gut sein. **II**, 1 schön machen u-ṣa-'-i-nu I, 86. III, 116. ṣênu Kleinvieh. ṣi-ê-ni II, 132.

צאר ṣîru hoch, erhaben. Pl. ṣîrâtê

I. 66. Fem. ṣir-tu X, 9. ṣi-i-ru X, 52. ṣîr Präp. auf, über, gegen I, 60. ṣi-ir V, 30.

צא$_4$ר ṣêru Niederung, Ebene, Feld I, 82. 112. III, 133.

צבא$_1$ Krieger, Mann. Pl. ṣâbê I, 80.

צמב ṣu-um-bi Lastwagen V, 61. VI, 22.

צבה ṣabîtu Gazelle VI, 104, VIII, 89.

צבת fassen, nehmen. ta-aṣ-ba-ta VI, 121. ṣa-bat-ma II, 98. ṣi-bit IX, 105. **III**, 1 nehmen lassen. u-ša-aṣ-bit I, 74.

צדם(?) ṣu-ud-mu ..... IX, 50.

צין ṣi-iṣ-ṣi Fessel II, 109. III, 59.

צחר ṣiḫru klein I, 18. II, 2. Pl. ṣiḫrûtê II, 130.

צלא$_1$(?) ṣi-ê-lu-u-tu Kampf III, 123.

צלה **II**, 1 beten. u-ṣal-li I, 65. u-ṣal-la-a III, 17.

צלל ṣillu Schatten, Schirm IV, 64. ṣa-la-lu VI, 75. ṣalû-la-šu-nu Schirm, Schutz X, 64. ṣu-lul-ši-na VIII, 83. ṣu-lul-šu-nu X, 64.

צלם schwarz. ṣalmu Bild; st. cstr. ṣalam VI, 52 flg. Pl. ṣalmânu VI, 48.

צמא$_1$ ṣummû Durst. ṣu-um-mê VIII, 57. 106. 122.

צמד anspannen. ṣa-mid-su Gespann I, 34. aṣmid-su-nu-ti NI. 10.

צפת ṣip-pa-a-ti eine Rohrart I, 50.

צרח schreien, aufgebracht sein. iṣ-ṣa-ru-uḫ I, 64. ṣirḫu Geschrei, Wehgeschrei. ṣi-ri-iḫ-ti V, 37.

צרר anfeinden. ṣir-ri-tu IX, 107.

ק

קבא$_4$ sprechen, befehlen. iḳ-bu-u I, 7. taḳ-bu-u III, 5. kibîtu Befehl. ki-bit I. 35.

קבל zusammentreffen. ḳablu Mitte, Kampf; st. cstr. ḳabal I, 69. 79.

קבר begraben. ḳi-bi-ri Begräbniss VII 45.

קות ḳâtu Hand I, 65. ḳa-tuš-šu III. 75. ḳâtu-u-a IV, 63.

קיף jem. etwas übergeben. ḳi-ê-pu Stadtherr V, I. ḳi-ê-pa-a-ni I, 58.

קיש schenken, verleihen. a-ḳis-su II, 14. i-ki-ša IX, 128.

קלל ki-lal-šu-nu Gewicht II, 42.

קלקל ḳal-kal-ti Verschmachtung VIII, 87. 106. 123.

קמה verbrennen. aḳ-mu II, 131. iḳ-mu-u VI, 69.

קנן ḳinnu Nest, Familie III, 10 u. ö.

קפד planen, sinnen. iḳ-pu-ud I, 120. iḳ-pu-du-u-ni IV, 68. u-šaḳ-pi-du IV, 54.

קצר sammeln, zusammenfügen, wahren. iḳ-ṣu-ru I, 30. aḳ-ṣur-ma III, 75. aḳ-ṣur-šu-nu-ti VII, 79. uḳ-ta-ta-ṣir V, 76. ḳa-ṣir III, 81. IV, 38. ku-uṣ-ṣur-ma IX, 82.

קקד ḳaḳḳadu Haupt III, 36.

קקר Boden. ḳaḳ-ka-ru IV, 19. 29. ḳaḳ-ḳar VIII, 106.

קרא$_1$ rufen. **I, 2** herbeirufen. iḳ-tir-u-ma IV, 98.

קרב drängen, sich nähern. ḳa-ra-bi Kampf VI, 17. kirbu Inneres, Mitte. ki-rib-šu I, 27 u. ö. taḳ-rib-ti Busspsalm IV, 89.

קרד stark, kräftig. kar-du I, 39. ḳu-ra-di-ê-šu Krieger III, 38. ḳurdu Stärke IV, 35.

קרן ḳarnu Horn. Pl. ḳarnâtê VI, 29.

קשת ḳaštu Bogen I, 34. Pl. ḳašâtê VI, 86. 88. ḳa-šit-tu streitbar, kämpfend IX, 10. 87.

קשר fest verbinden, festfügen. ku-šir I, 121.

קתה zu Ende sein. **II**, 1 beenden, vernichten. u-ḳat-ta-a III, 126.

ר

רא$_3$ב rêbitu Strasse. ri-ba-a-ti IV, 82.

רא$_1$ה weiden. **I, 2** ir-tê-'-u VIII, 90. rê'û Hirt. ri-ê-šu VII, 95. rê'u-si-na VII, 105. rê'u-ut, st. cstr. Herrschaft I, 5.

רא$_1$ם Wildochs. Pl. rîmê VI, 60.

רא$_3$ם lieben. ta-ram-mu VI, 123. narâmu Liebling; st. cstr. narâm I, 39. na-ram-ti X, 27. rêmu Gnade. ri-ê-mu II, 8. ri-im-tu IX, 75.

רא$_3$ק rûḳu fern. Pl. rûḳûtê I, 3. ru-ḳi-ê-ti VII, 120.

רא$_1$ש Haupt, Anfang. ri-ê-ši III, 5 ri-šê-ê-ti das Beste VII, 1. rêštu erster. riš-tu-u IV, 111.

רא$_4$ש ri-ša-a-tê Jauchzen I, 23.

רבא$_4$ vier. rêbe-ê II, 126. Fem. irbit-tim X, 58.

רבה gross sein. ir-bu-u I, 28. ar-ba-a X, 59. rabû gross I, 2. Pl. rabûtê I, 35. 56. rubû erhaben III, 33.

רבץ sich lagern. III, 1 lagern lassen. u-šar-bi-ṣa VI, 106.

רגם rufen. rigmu Ruf, Geschrei. ri-gim VI, 101.

רדה beherrschen. ir-du I, 29. gehen, marschiren. ar-di-ê-ma V, 90. ir-du-u VIII, 81. II, 1 hinzufügen. u-rad-di-i-ma III; 26. VII, 5. u-rad-di IX, 128. III, 1 fliessen lassen III, 42. ridûtu Herrschaft III, 18.

רום râmânu selbst I, 57. II, 1 hoch halten. mu-rim VI, 87.

רוץ helfen. ri-ṣu-tu Hülfe, Beistand IV, 6. 32. ri-ṣu-u-ti IV, 36. ri-ṣi-ê šu Helfer VIII, 34.

רחא vernichten, aufreiben. ri-ḫi-it Leichnam IV, 81.

רחץ vertrauen. ir-ḫu-ṣu V, 102.

רכא$_3$(?) markîtu Zuflucht III, 2.

רכב reiten, fahren. ru-kub I, 34. rakbu Gesandter I, 124. narkabtu Wagen I, 34. Pl. narkabâtê II, 14.

רכס binden. ar-ku-us-šu-ma VIII, 12. II, 1 überziehen, fest fügen. u-rak-kis I, 115. mar-kas Gemach I, 24. rik-sa-a-tê Bündnisse I, 22, 116.

רכש Besitz. ru-ku-ši-šu-nu IX, 36.

רמה werfen, aufschlagen. u-šar-mê-ši VI, 124.

רמך ausgiessen. ir-mu-ku VI, 21.

רסף zerschlagen. II, 1 erschlagen. u-ras-sip IV, 2. V, 110. u-ra-as-si-pu-šu VII, 42. ra-si-ban-ni VII, 35.

רפש weit sein. II, 1 erweitern. u-rap-pi-šu I, 29. u-rap-piš X, 97. ru-up-pu-uš X, 75. rap-ši weit I, 82. IV, 37.

רצף zusammenfügen, bauen. ar-ṣip X, 96.

רשב gewaltig. ra-šub-bat Gewalt, Macht II, 20.

רשד III, 1 gründen. ri-šid-ti X, 75.

רשה(?) ruš-šu-u massiv VI, 11.

רשה verleihen. ar-ši-šu-ma II, 8 u. ö. ir-ša-a VII, 31. 55. III, 1 u-šar-ša-a II, 112.

רתא II, 1 feststellen. u-rat-ta-a X, 100.

רתח tar-ta-ḫu Spiess IX, 84.

ש

ש ša Rel. Pron. Genitivzeichen.

שא$_4$ה ersehen, finden. i-ša-'-u VIII, 88. I, 2 iš-tê-ni-'-u suchen I, 128. II, 5.

שא$_1$ל entscheiden, fragen. ša'alu šulmi jem. begrüssen II, 101 u. ö. iš-a-lu IV, 5. iš-ta-na-'-a-lum IX, 69.

שא$_1$ר Fleisch, Körper. Pl. šêrê IV, 44, 74.

שא$_3$ר šêru Morgen. šê-ê-ri X, 71.

שא$_3$ת fliehen, entweichen. i-šê-tu-u-ni IV, 60. 94.

שבא$_4$ sich sättigen, satt sein. u-šab-bu-u IX, 67. nišbû Sättigung. niš-bi-ê VIII, 119.

שבב rings umschliessen. šibbu Gürtel II, 12. šib-bi-šu-nu VII, 36.

שבט schlagen, tödten. šibṭu Stab, Scepter, Gemetzel IV, 93. IX, 120.

שבל šubûltu Ähre I, 47.

שבס šabâsu zürnen. ta-as-bu-šu VI, 108. šab-sa-a-tê IV, 88.

שבר zerberchen. II, 1 u-šab-bir V, 119.

שבר šibirru Ernte I, 48.

שגר Käfig. ši-ga-ru VIII, 11. 29.

שדד ziehen, schleppen. iš-du-du X, 30. ša-da-di IV, 64.

שדה hoch sein. šâdû Berg. šâdâ-šu V, 14. šu-ud Praep. betreffs, über I, 86. V, 36. VI. 59. VII, 16. šu-ud-šaḳ höherer Officier I, 128. šâd Anbruch III, 119.

שדח einhergehen. šadâḫu Procession VIII, 98.

שו šû Pron. er. šu-nu sie IV, 121. Fem. ši-i VI, 110. ša-a-šu IV, 2. ša-a-tu-nu diese I, 72.

שיד šêdu Stiergott IV, 70. Pl. šêdê VI, 58.

שיט ziehen. i-šu-ṭu II, 77. šu-ṭa II, 125.

שיפ šêpu Fuss. Dual šêpâ I, 71. šê-pu-uš-šu-un IX, 8.

שזב(?) Milch. ši-iz-bu IX, 67.

שזן oder לזן zürnen(?) il-zi-nu IV, 21.

שחא(?) šaḫû ein wildes Thier. Pl. šaḫê IV, 75. 81.

שחט abreissen, abziehen. iš-ḫu-ṭu II, 4. aš-ḫu-uṭ X, 5.

שטר schreiben. aš-ṭur-ma II, 13. ša-ṭir-ma III, 121. šaṭ-ru-u-ti I, 32. šaṭ-ra IX, 60. X, 114. ši-ṭir X, 111. 113.

שי(?) šê'u Getreide. šê-am I, 46.

שים festsetzen, bestimmen. i-ši-mu-uš III, 88. i-šam-mu IX, 49. šîmtu Bestimmung II, 21.

שכב sich legen. šak-bi-ti IV. 93.

שכן setzen, legen, machen, thun. iš-ku-nu I, 55. **III**, 1 wohnen lassen. u-ša-aš-ki-na IX, 8. **IV**, 1 gemacht werden. i-šak-ka-nu VIII, 110. aš-tak-ka-nu III, 51. 104. aš-ta-kan II, 46. liš-ša-kin-ma I, 125. ši-kin IV, 104. šaknu Stadthalter IV, 104. Perm. šak-nu II, 1. šakni Beschaffenheit NI. 4. šu-kut-tu Zeug VI, 12. 16. 45. ši-kit-ti-šu Fundament(?) X, 76. 80. ši-kit-ta-šu NI. 13. maškanu Ort I, 113.

שכר berauschendes Getränk, Meth X, 83.

שכר sprechen. **III**, 1 u-ša-aš-kir-šu-nu-ti I, 22.

שלחי Wall. šal-ḫu-u-šu IV, 130.

שלט siegreich. šal-ṭiš II, 129. šit-lu-ṭa-at IX, 77. ša-laṭ Machthaber X, 122.

שלל fortführen, plündern. aš-lu-la. šallatu Beute. sa-la-tu I, 30. Adv. šal-la-tiš II, 133.

שלם heil sein. **II**, 1 wohlgerathen lassen, vollführen, vergelten. mu-šal-li-mu X, 72. iš-lim-ma II, 117. Adv. šal-meš wohlbehalten, heilbringend I, 117. šalamtu Leichnam III, 8. šulmu Heil, Gruss. šul-mê-ia II, 101. šul-lum-mê-ê V, 41.

שלק ausschneiden. aš-lu-uḳ IV, 69. **II**, 1 zerschneiden. u-šal-li-ḳu IX, 36.

שלר Wand. šal-la-ar-šu X, 84.

שלש šal-ši dritte II, 49. šal-ša-ai III, 48.

שם šumu Name.

שמא$_4$ hören. iš-mê-ê-ma I, 79. šêmû willig, günstig. šêmê X, 81.

שמה Himmel. Pl. šamê I, 86. IV, 76.

שמח gedeihen. šu-um-mu-ḫa I, 50.

שמן šamnu Fett, Oel. šamni X, 112.

שמנה šamne-ê acht V, 63.

שמר ungestüm sein. šu-uš-mur Ungestüm VII, 10.

שמש Sonne. ilu šam-ši VI, 73.

שנגי Priester. Pl. ša-an-gi-ê VI, 46. šangû VII, 94.

שנה anders sein. sattu Jahr. Pl. šanâtê-ia I, 51. Adv. šat-ti-šam-ma alljährlich II, 74. ša-nu-um-ma anderer I, 126.

שנה doppelt sein. **II**, 1 erzählen. u-ša-an-na-a I, 63. u-ša-an-ni-ma VIII, 6. šanîtu Mal VI, 10. šanê-ê zweite II, 28. ša-ni-ia-a-nu IV, 18. V, 31. VIII, 41. ša-nam-ma IV, 129.

שני(?) šunnû halb IX, 48.

שסה sprechen, rufen, befehlen. ši-si-it VI, 102.

שפ šaptu Lippe. Pl. šap-tê-ia II, 51. šap-tuk-ka NI. 17.

שפח ausbreiten. **II**, 1 u-šap-pi-ḫa VI, 80.

שפל medrig, tief sein. šap-lit unten I, 19. ša-pal-šu II, 119. šap-la-nu unten III, 81. šu-pu-lat VI, 28.

שפר senden. aš-pur II, 15. iš-ta-nap-pa-ra II, 111. X, 42. 45. 47. šipru Brief, Botschaft. šip-ra-a-ti-šu-nu I, 129. ši-pir III, 85. IV, 86. X, 106. na-aš-par-ti V, 7. ši-bar-ma NI. 14.

שקה hoch sein. iš-ḳu I, 46. ša-ḳu-u-ti VIII, 82. u-šaḳ-ḳi X, 80. šâḳû Officier VI, 89.

שקל šiḳlu Schekel IX, 48.

שקם šakummatu Weh, Leid III, 3.

שרא(?) širî-šu Halm(?) I, 46.

שרגל Giš-šir-gal Alabaster VI, 49.

שרה II, 1 eröffnen, einweihen. u-šar-ri-šu X, 107. u-šar-ru VI, 66.

שרח gewaltig sein. II, 1 gewaltig machen. u-šar-ri-ḫa X, 97. multarḫû gewaltig III, 37. taš-ri-iḫ-ti X, 106.

שרק geben, schenken, verleihen. aš-ruḳ VII, 1. liš-ru-ku-uš X, 115. a-šar-raḳ-šu-nu-ti III, 124.

שרר glänzen. šarru König. šarrûtu Herrschaft. šarratu Königin. šar-raṭ st. cstr. I, 16 u. ö.

שש šeš-ši sechste III, 128.

שש(?) ša-šu Sache(?) II, 39. ša-šu pl. VI, 7.

שת šat-ti Wohnsitz(?) NI. 14.

שתה trinken. iš-tu-u VI, 21. VIII, 119. iš-ta-at-tu-u IX, 37. maš-ti-ti-šu-nu Getränk VIII, 104. IX, 34.

שתק maš(?)-ta-ku Heiligthum, Gemach X, 72.

ת

תאם Meer. tam-tim I, 19. ti-amat II, 58.

תבא herankommen. it-bu-nim-ma II, 120. it-ba-a III, 138. it-ba-am-ma VIII, 16. ti-ib Anrücken, Anprall II, 36. ti-bu-ut I, 111. tê-bi-ê III, 65.

תבך ausgiessen. at-bu-uk III, 3. it-bu-ku VII, 54.

תגן(?) tig-ên-na . . . . . . III, 63.

תור sich wenden, zurückkehren. a-tu-ra I, 117. II, 1 zurückbringen, werden lassen, machen. u-tir-ru I, 61. IV, 99. V, 34. taiartu Rückkehr III, 52. V, 41.

תחז taḫâzu Schlacht I, 80.

תכה(?) at-ki wiederherstellen(?) X, 74.

תכל sich verlassen, vertrauen. II, 1 stark, fest machen. u-tak-kil-an-ni VIII, 59. IV, 1 vertrauen. it-ta-kil I, 57. II, 113. tiklu Helfer. Pl. tiklê I, 9. II, 121. tukultu Beistand I, 81. tuk-la-a-tê IV, 124. šal tuklu-u-ti Concubine II, 57. 71.

תכף ti-kip . . . . . . NI. 15.

תלל til(l)u Hügel, Ackerflur V, 108.

תמא sprechen, schwören. II, 1 schwören lassen. i-tam-ma-a III, 80.

תמח fassen, halten. at-mu-uḫ-ma VI, 119. II, 1 festnehmen. u-tam-mê-ḫu I, 131. II, 100.

תמן Grundstein. tê-mê-ni-ê X, 51.

תפך ti-ip-ki ein Maas X, 76.

תפל(?) ê-tap-pa-lu übergeben(?) I, 38.

תקן fest sein, wohlbereitet sein. taḳ-ni-ê wohlgeschmückt III, 90. X, 108.

תרח(?) tir-ḫa-ti Geschenk(?) II, 61.

תרץ gerade stellen, gerade legen. it-ru-ṣu X, 65. ina tir-ṣi zur Zeit III, 23.

Verbesserungen.

Mit Ausschluss der im Kommentar zu findenden Emendationen und leicht erkennbarer Fehler.

Lies stets *Kid-mu-ri* statt *Kit-mu-ri*, *akkur* statt *aggur*.

S. 2, Z. 20 lies *mâršarrûti-ia* statt *tûr* u. s. w. und in der Übersetzung lies „Prinzenschaft“ statt „Herrschaft“.
S. 4, Z. 46 lies *sir'î-šu* statt *širî-šu*.
Z. 48 „ *nisaba* statt *nirba*.
S. 6, Z. 58 „ *ki-ê-pa-a-ni*.
Z. 68 „ *uš* statt *us*.
Z. 80 „ *ṣâbê*.
S. 7, Z. 62 „ „Ein Eilbote kam nach“ u. s. w. Auch Z. 13, Z. 27.
S. 8, Z. 89 vor *ina* lies *u-šê-šib*.
Z. 109 lies *Ma-an-ti-mê-an-ḫi-ê*.
Z. 111 „ *ba-nu-u-a*.
S. 10, Z. 128 „ *šu-ud-saḳ*pl.
S. 13, Z. 10 vor „Kette“ lies „goldene“.
S. 17, Z. 71 „ „Geschenken(?)“ „vielen“.
S. 18, Z. 104 lies *mu-dal-li-bu*.
S. 20, Z. 127 „ *uš-tê-êš-šê-ra*.
Z. 129 var. *at-ta-lak*. Lies *šal-tiš*.
Z. 133 lies *šal-la-tiš*.
S. 22, Z. 6 „ *um-ma*.
S. 27, Z. 73 „ „Auszeichnungen“.
S. 28, Z. 122 „ *ša it-ti*.
Z. 125 „ *mi-ḳid*.
S. 30, Z. 19 „ *u-na-aš-šiḳ*.
Z. 135 „ *su-nu-ku*.
S. 32, Z. 44 „ *šêrê*.
Z. 50 „ *mi-tu-tu*.
S. 34, Z. 79 „ *Lubaru*(?)
Z. 80 „ *su-un-ḳi*.
S. 36, Z. 98 „ *iḳ-tir-u-ma*.
S. 46, Z. 29 „ *êrî*.
S. 47, Z. 22 „ „Ziehgeräthe“ statt „Traggeräthe“.
S. 49, Z. 64 Grosses *S* am Anfang.

S. 58, Z. 91 lies *šangû*.
S. 61, Z. 12 „ „band ihn mit einer Hundekette und“, auch IX, 108.
Z. 28 „ „band ich ihn mit einem Hundeband und“.
S. 62, Z. 52 „ *ina* statt *ma*.
S. 64, Z. 93 „ *arki* var. *ṣir* statt *arkû*.
S. 71, Z. 82 „ „der starke Pestgott sann auf Kampf und“
S. 95, Z. 30 „ *paššûri*.
Z. 34 „ „Schüssel“ statt „Schlüssel“.

Sonstige Mittheilungen von Herrn T. G. Pinches.

Col. I, ll. 35 u. 36 read „By command of the great gods whose name I have mentioned, (whose) might I have made known, (and who) commanded the making of my kingdom (= my rule)“.

l. 60. „Descended upon them and sat in Memphis (that I should rule)“.

Col. IV, l. 16. „They are cutting off the head of the king of Elam in his (own) country. In the assembly of his army he repeatedly said etc.“

Col. VIII, l. 104. „My army cut off their drinking-water.“

Druck von August Pries in Leipzig.

DIE

EILSCHRIFTTEXTE ASURBANIPALS.

KÖNIGS VON ASSYRIEN

(668—626 v. CHR.)

NACH DEM IN LONDON COPIRTEN GRUNDTEXT

MIT

TRANSCRIPTION, ÜBERSETZUNG, KOMMENTAR

UND

VOLLSTÄNDIGEM GLOSSAR

VON

SAMUEL ALDEN SMITH.

HEFT II.

NEUE BAUTEXTE, UNVERÖFFENTLICHTE BRIEFE UND DEPESCHEN
MIT ORIGINALTEXT-AUSGABE U. S. W.

LEIPZIG
VERLAG VON EDUARD PFEIFFER.
1887.

VORBEMERKUNG.

Schneller als ich zuerst dachte, ist es mir gelungen dieses zweite Heft herauszugeben. Die Veröffentlichung einer Anzahl schwieriger Texte wie die vorliegenden verursacht vielerlei Schwierigkeiten, welche man nicht voraussehen kann. Einige von den Tafeln sind so abgebröckelt und verstümmelt, dass deren Text unmöglich sicher zu bestimmen ist und es ist nicht unwahrscheinlich, dass ein vollständiger Zusammenhang die Zahl der unbekannten Wörter vermindern würde.

Briefe sind besonders schwer zu verstehen. Wenn ein deutscher Brief, in dem alle Wörter bekannt sind, die Umstände aber unter welchen er geschrieben wurde wir nicht kennen, unverständlich bleibt, so ist es kein Wunder, dass diese Briefe, die vor circa 2600 Jahren geschrieben sind und in welchen sich viele dunkle Wörter finden, so schwer zu verstehen sind. Es sind daher überall in diesem Heft Erklärungen angeführt, die nur als Erklärungsversuche betrachtet werden müssen.

In diesem sowie in dem ersten Heft habe ich, wo irgend möglich, die Übersetzung w ö r t l i c h zu machen versucht und desswegen sind häufige Änderungen der gewöhnlichen Satzbildung und etwas fremdartige Ausdrücke im Deutschen zu finden. Das Hauptgewicht habe ich stets auf die Transscription und Übersetzung gelegt.

Unter den „Nachträgen und Berichtigungen" stehen Mittheilungen der Gelehrten Herren C a r l B e z o l d, C. F. L e h m a n n, T h e o. G. P i n c h e s und J. N. S t r a s s m a i e r, sowie manche Verbesserungen und neue Anmerkungen. Bitte, vor dem Gebrauch des Buches dieselbe sorgfältigst lesen zu wollen.

Herr T. G. Pinches hat freundlichst „Zusatzbemerkungen" geschrieben und zwei vollständige Texte — S. 1064 und K. 824 — erklärt.

Sämmtlichen obengenannten Herren, insbesondere Herrn T. G. Pinches, der mich beim Lesen der Correctur in liebenswürdiger Weise unterstützt hat, und Herrn J. N. Strassmaier S. J., der mir zur Textausgabe sowie zur Transscription und Übersetzung in mancher Beziehung sich hülfreich erwiesen hat, spreche ich bei dieser Gelegenheit hiermit meinen verbindlichsten Dank aus.

London, zu Ostern 1887.

S. A. Smith.

K. 2867.

Diese Inschrift wurde zuerst von George Evans in seiner Schrift „An Essay on Assyriology", London 1883, veröffentlicht. In einigen Punkten weicht meine Erklärung von der seinigen ab.

Ich habe versucht den Text darzustellen wie er aussieht und, habe desswegen nicht ergänzt. Ich will auch in Transscription und Übersetzung wenig ergänzen; das kann jeder Leser *ad libitum* machen.

Transscription.

A-na-ku Ašûr-bâni-pal šarru . . . . .
ṣêt lib-bi Ašûr-âḫ-iddina šar Aššûr . . . . .
lib-pal-pal Sin-âḫê-irbâ . . . . .
Ašûr bêl ilâni iš-di kussê . . . . .
Bêlit ummu ilâni rabûtê ki-ma ummu . . . . .
Sin Šamaš an-ni-šu-nu ki-ê-ni arḫi-šam iš-ta . . . .
Marduk abkallu ilâni ša ki-bit-su la ut-tak-ka-ru ši-mat . . . . .
Nabû dupsar gim-ri iḫ-zi ni-mê-ki-šu ša i-ram-mu . . . . .
Iš-tar a-ši-bat Arba'il ka-bit-ti ilâni rabûtê ṣil-la-ša da . . . . .
Nêrgal dan-dan-ni ilâni dun-nu zik-ru-tu ê-mu-ki la ša-na-an . . .
ul-tu ṣi-ḫi-ri-ia ilâni rabûtê a-šib šame-ê u irṣi-tim ši-ma-ti i-šị- . . . . .
ki-ma âbi ba-ni-ê u-rab-bu-in-ni al-ka-kat-ê-šu-nu ṣi-ra-a-ti . . .
u-lam-mê-du-in-ni ê-piš ḳabli u taḫâzi di-ku-ut a-na-an-ti si-di-ru . . . . .
u-šar-bu-u kakkê-ia êlî nakrê-ia ša ul-tu ṣi-ḫi-ri-ia a-di ra-bi-ia ig- . . . . .
i-di-nu di-ê-ni it-ti Ur-ta-ki šar Êlamti ša la ag-ru-u-šu ig-ra-an-ni . . . . .
ki-ê-mu-u-a abikta-šu iš-ku-nu im-ḫa-ṣu pa-na-as-su iṭ-ru-du-šu a-di mi- . . . . .

ina šatti šu-a-tu ina mûti lim-ni u-ḫal-li-ku nap-šat-su ip-ki-du-šu a-na irṣit lâ târat a-šar la . . . . .

lib-bi ilâni rabûtê bêlê-ia ul i-nu-uḫ ul ip-šaḫ ša ê-zu-zu ka-bit-ti bêlu-ti-šu . . . . .

šarru-us-su iš-ki-pu palî-šu ê-ki-mu bê-lut Êlamti u-šal-ḳu-u ša-nam . . . . .

Um-man-i-gas Um-man-ap-pa Tam-ma-ri-tu aplê Ur-ta-ki šar Elamti

Ku-dur-ru Pa-ru-u aplê Um-man-al-da-si šarru a-lik pa-ni Ur-ta-[ki]

LX zêr šarri ina la mê-ni ṣâbê ḳašti aplê ba-ni-ê ša Elamti

la-pa-an da-a-ki Tê-um-man âḫ âbî-šu-nu in-nab-tu-num-ma iṣ-ba-tu šêpâ šarru- . . . . .

ul-tu ina kussê âbî ba-ni-ia u-ši-bu Rammânu zunnê-šu u-maš-ši-ra Ê-a u-paṭ[-ṭi-ra naḳbê-šu]

kištê ma-gal iš-mu-ḫa ḳanâtê ṣu-ṣi-ê uš-tê-li-pu la i-šu-u ni-ri-bu . . . . .

ta-lit-ti nêšê ki-rib-ši-in i-šir-ma ina la-a mê-ni ik-nin . . . . .

ina u-kul-ti alpê ṣi-ê-ni u a-mê-lu-ti in-na-ad-ru-ma ê-zi-zu . . . .

bu-ul ṣêri ka-ai-an u-šam-ḳa-tu i-tab-ba-ku dâmê a-mê-lu-ti . . . .

ki-ma tap-di-ê Nêrgal tab-kat ša-lam-tu mûtê alpê u . . . . .

i-bak-ku-u ri'ê na-ḳi-di ša la ab-bi-ik . . . . .

i-sa-ap-pi-du da-ad-mê ur-ru u mu-šu . . . . .

ip-šit nêšê ša-a-tu-nu iḳ-bu-num . . . . .

ina mê-ti-iḳ gir-ri-ia ki-rib . . . . .

ḳin-na-a-ti-šu-nu u-par-ri-ir . . . . .

nišê a-ši-bu-tu âlâni . . . . .

ina û-mê-šu ša aplê šarri . . . . .

ša ul-tu im . . . . .

Rand: ina rig-mê-šu-nu ḫur-ša-a-ni i-ram . . . . .
iḳ-da-na lu-du u-ma-am ṣeri . . . . .

Rand: . . . . . tak-kil-an-ni iḳ-ba-a sa-pa-aḫ Êlamti

Übersetzung.

Ich, Asurbanipal, der König . . . . .
der Sprössling des Leibes des Asarhaddon, Königs von Assyrien . .

der Nachkomme des Sanherib . . . . .

Asur, der Herr der Götter, die Grundlage des Thrones . . . . .

Beltis, Mutter der grossen Götter, gleichwie die Mutter . . . .

Sin, Samas, in ihrer treuen Gnade allmonatlich . . . . .

Merodach, Machthaber der Götter, dessen Befehl nicht geändert wird, die Bestimmung . . . . .

Nebo, der Tafelschreiber des ganzen Inhalts seiner Weisheit, welche er liebt . . . . .

Istar, die in Arbela wohnt, die Angesehene der grossen Götter ihren Schatten . . . . .

Nergal, der Starke der Götter in Stärke, Mannhaftigkeit, Kraft ohne Rival . . . . .

von meiner Jugend auf die grossen Götter, die im Himmel und auf Erden wohnen, die Bestimmungen bestimmen . . . . .

wie der Vater, mein Erzeuger, machten sie mich gross, ihre erhabenen Hergänge . . . . .

sie lehrten mir Kampf und Schlacht zu liefern, Widerstand aufzubieten . . . . .

sie machten meine Waffen mächtig wider meine Feinde, die von meiner Jugend bis zu meiner Mannhaftigkeit feindlich waren . . . . .

sie richteten Gericht an Urtaki, König von Elam, den ich nicht befehdete, (doch) wurde er mir feindlich . . . . .

vor mir(?) brachten sie seine Niederlage bei, schlugen sein Antlitz, verjagten ihn bis zu der Grenze [seines Gebietes] . . . . .

in selbigem Jahre, mit einem bösen Tod vernichteten sie sein Leben, bestimmten ihn dem Lande ohne Heimkehr, ein Ort . . .

das Herz der grossen Götter, meiner Herren ruhte nicht, beruhigte sich nicht, da die Leber zürnt, seine Herrschaft . . . .

seine Herrschaft stürzten sie um, sein Regierungsjahr beraubten sie, die Herrschaft Elams liessen sie einen anderen(?) nehmen . .

Ummanigas, Ummanappa, Tammaritu, Söhne von Urtaki, dem König Elams

Kudurru, Parû, Söhne des Ummanaldas, der vor Urtaki König war

60 der Königsfamilie, Bogenschützen ohne Zahl, die Vornehmsten von Elam

vor dem Töten des Teumman, des Bruders ihres Vaters flohen und umfassten meine Königsfüsse . . . . .

Als ich auf den Thron des Vaters, meines Erzeugers mich setzte, liess Rammân seinen Regen ab, spaltete Ea [seine Quelle]

die Wälder gediehen auch sehr, das Rohr des Feldes liessen sie aufgrünen, es war kein Eingang(?) . . . . .

die Gebärerin der Löwe in ihrer Mitte hatte Gelingen und ohne Zahl . . . . .

über die Speise der Rinder, Kleinvieh und Menschen ergrimmten und zürnten sie . . . . .

das Vieh des Feldes warfen sie beständig nieder, gossen das Blut der Menschen aus . . . . .

wie die Niederlage Nergals, waren die Leichname der Todten, der Rinder und . . . . . ausgestreut.

sie liessen die Hirten, die Viehbesitzer weinen, die ich nicht weinen machte . . . . .

machten sie traurig, die Wohnsitze des Tages und der Nacht . . .

das Werk selbiger Löwe verkündeten sie und . . . . .

Im Verlauf meines Feldzuges in mitten . . . . .

ihre Nester zerbrach ich . . . . .

die Leute, die in den Städten wohnen . . . . .

In jenen Tagen die Söhne des Königs . . . . .

die aus . . . . .

Mit ihrem Geschrei donnerten die Gebirge . . . . .

sie nahmen das Wild des Feldes gefangen(?) . . . . .

. . . . . verliess ich mich, befahl Elam zu verwüsten.

Anmerkungen.

Z. 2. ud-du wird S^b 84 durch a-ṣu-u erklärt. Hebr. יֵצֵא ṣêt ist st. cstr. von dem Derivativ ṣêtu „Sprössling“.

3. lib-pal-pal hat zwei ähnliche Bedeutungen. Es hat die allgemeine Bedeutung „Nachkomme“, wofür es lip lipi, aram. לַבְלְבָא zu lesen ist. Ferner hat es die spezielle Bedeutung „Enkel“, welche bin bini heisst.

4. iš-di. Hebr. אֶשֶׁד. Vgl. Delitzsch, Prolegomena S. 46, Anm. 1.

6. arḫi-šam. Adv. „allmonatlich". Vgl. V R. 64, Col. II, 34 ar-ḫi-šam-ma i-na ni-ip-ḫi u ri-ba. Zur Erklärung dieses Satzes, vgl. Prof. Oppert, ZA I, S. 236—7. Vgl. ferner die ähnliche Bildung u-mê-šam-ma „tagtäglich" V R. 64, Col. III, 18.

7. abkallu. Ich bin nicht sicher wie dieses Wort zu erklären ist. Siehe Pinches, TSBA Vol. VII, Part. 2, 1881. Vgl. auch V R. 13, 34—35 nun (rubû) gal (rabû) = ab-gal-lum. — ut-tak-ka-ru II, 2 von נכר „feind sein". II, 1 bedeutet „ändern". Vgl. V R. 65, 30 b. ina ki-bi-ti-ka ṣi-ir-ti ša la ut-tak-ka-ri „auf deinem erhabenen Befehl, welcher nicht geändert wird", Z. 31 ša la uš-tê-pi-lu „der nicht erniedrigt wird" (שפל), IV R. 20, Nr. 3, 18 ki-bit-ka ki-ma šamê ul ut-tak-kar „dein Befehl wie Himmel wird nicht geändert". Synm. ist la in-nin-nu-u V R. X, 9. Vgl. Heft I.

8. iḫ-zi ist sicher von $אחז_1$. Hebr אָחַז. Dieser St. bedeutet „ergreifen". Als ein Derivativ davon, muss unser Wort „Inhalt" oder etwas dem ähnliches bedeuten. Eine solche Bedeutung verlangt auch der Zusammenhang der Stellen. Vgl. V R. I, 33. Auch V R. 36, 52—55 dupšarrutum âḫâzu „to possess literature" (or „learning" — Pinches).

10. zik-ru-tu. Abstraktbildung von זכר „männlich". Hebr. זָכָר, arab. ذَكَر. Die alte Erklärung, dass die urspr. Bedeutung dieses Wortes „stechend" sei, ist wahrsch. aufzugeben. Dazu, siehe Delitzsch, Proll. 163, Anm. 6.

11. ṣi-ḫi-ri von צחר „klein sein" bedeutet eig. „Kleinheit". Hier muss es „Jugend" bedeuten.

12. al-ka-kat-ê ist von $אלך_2$ abzuleiten, die eigentliche Bedeutung aber lässt sich durch eine Vergleichung der Stellen, wo das Wort vorkommt, nur theilweise feststellen. Salm. Ob. 71 al-ka-kat ḳur-di-ia man-ma ša ina mâtâtê ê-tê-pu-ša ina kir-bi-ša aš-ṭur „den Hergang meiner Tapferkeit, alles was ich in den Ländern gemacht hatte, schrieb ich darauf". Asurn. II, 6 il-ka-kat ḳur-di-ia ša mâtâtê Na-i-ri ê-tap-pa-šu ina lib-bi ašṭur ina âli Tu-uš-ḫa u-šê-zi-iz „den Hergang meiner Tapferkeit, den ich in den Ländern Nairi gemacht hatte, schrieb ich darauf,

in der Stadt Tusḫa liess ich aufstellen". Salm. Mon. II, 60 (vgl. I, 50) al-ka-kat ḳur-di-ia ip-ši-ti ur-nin-ti-ia ina ki-rib-šu al-ṭur „den Hergang meiner Tapferkeit, die Thaten meiner Kraft (zu ur-nin-ti-ia vgl. Lotz, Tig. 183, 39) schrieb ich darauf". Neb. Bors. I, 4 mu-da-a ê-im-ga ša a-na al-ka-ka-a-at ilâni rabûtê ba-ša-a u-zu-na-a-šu „der Verständige, der Weise, der für den Hergang der grossen Götter leise Ohren hat". IV R. 15, 60 al-ka-ka-a-ti si-bit-ti-šu-nu „ihre sieben Hergänge" (Pinches). Ich ziehe für das Wort die Bedeutung „Hergang" vor, vielleicht aber kann man „Erzählung" übersetzen. Die oben angeführten Stellen sind die einzigen, die mir bekannt sind.

13. u-lam-mê-du **II, 1** von למד „lehren" (= hebr. לָמַד **I, 1** lernen. Vgl. V R. 1, 34. — di-ku-ut von דקא₁ „versammeln, aufbieten". — a-na-an-ti ist von אנן₄ herzuleiten. Die Bedeutung dieses Stammes ist „sich widersetzen". Vgl. arab. عَنَّ. II R. 28, 56 c d steht das Wort als Synm. von tuḳuntu; anuntu kommt auch von diesem St. und ist gleichbedeutend. Vgl. V R. 9, 82. anuntu ḳuṣṣur „sann auf Kampf". — si-di-ru ist Inf. **I, 1** von סדר. Der Inf. ist freilich regelmässig mit *a* gebildet, jedoch giebt es Ausnahmen. Vgl. si-ki-ru von סכר „sperren" II R. 23, 43 h; ga-mi-ru von גמר II R. 23, 51 b. Anderer Ansicht ist Herr T. G. Pinches.

14. ra-bi-ia bildet einen Gegensatz zu ṣiḫiri und bedeutet eig. „Grösse". — ig-ru . . . . . Zu diesem Worte vgl. II R. 48, 40—42. Z. 42 lautet gi-ru-u ša am. nakri „das Befehden des Feindes". Die Abstraktbildungen II R. 7, 32. 33 h ma-ag-ru-u „Feind", ma-ag-ri-tum „Feindin" sind auch von diesem St. abzuleiten.

15. i-di-nu di-ê-ni. Diese Konstruction mit attributem Accusativ ist im Assyr. sehr beliebt. Vgl. die häufig vorkommende Phrase šîmat šîmu. V R. 62, Nr. 1, 21 betet Asurbanipal zu Samas also: „Ein langes Leben" lišîm šîmâti „möge er als sein Loos festsetzen". Vgl. ferner die bei Asurpanibal häufige Redensart da-bab sur-ra-a-ti id-bu-ub, sowie pi-tiḳ-tu ap-tiḳ V R. 10, 77.

16. im-ḫa-ṣu von מחץ „schlagen". Es gibt noch ein Wort mit demselben Stamm im Assyr., welches von Latrille, ZK II, S. 345 und von Delitzsch, Proleg. S. 69 flg. ausführlich besprochen worden ist. — iṭ-ru-du. Vgl. Sarg. Cyl. 24, St. 24 ṭa-rid.

17. ina mûti lim-ni. George Smith hat mit-pan-ni gelesen und „with a bow" übersetzt, aber dies scheint mir kaum zu passen. Die zwei Zeichen *aš* und *bat* sind ganz zusammen geschrieben, aber dieses halte ich für zufällig. II R. 7, 37 g h sind die zwei Zeichen *dil-bat* durch na-bu-u erklärt. Ich ziehe die einfache Erklärung vor, dass das Zeichen *bat* Ideogr. für mûtu „Tod", welches einen recht guten Sinn gibt. Vgl. zu meiner Lesung V R. 3, 124. — u-ḫal-li-ḳu ist **II, 1** „vernichten" von חלק „zu Grunde gehen".

18. ip-šaḫ. Vgl. zu diesem Worte IV R. 29, Nr. 1, 52 Obv. ka-bit-ti-ka lip-ša-ḫa „dein Gemüth möge sich beruhigen". **III, 1** „beruhigen". Vgl. V R. V, 120. Sarg. Cyl. 21, 5. St. 8. Für die Ideogramme für pašaḫu, siehe II R. 26, 16 c d flg., sowie Zimmern, Bussps. S. 26, 5. — ša ê-zu-zu. Beachte die Construction. Der Relativsatz ist hier vorausgesetzt. ê-zu-zu ist von dem hebr. עָזַז „stark sein", dann „zürnen" herzuleiten. Synm. ist agâgu nach IV R. 38 $^{10}/_{12}$, 16 b. Adv. êzziš Tig. VIII, 75; aggiš êzziš V R. 51, 70 a. Die Formen von êzêzu, zâzu und nazâzu sind schwer auseinander zu halten, dürfen jedoch nicht verwechselt werden. Unser Wort ist sicher von êzêzu herzuleiten. Die entsprechende Form von zâzu ist izûz, dessen Bedeutung trotz der Bemerkung Latrilles aus den Stellen V R. I, 126; IX, 42; IV R. 5, 62 a klar hervorgeht. Vgl. Heft I. Von nazâzu haben wir izziz und iziz. — ka-bit-ti. So ist das Wort zu lesen anstatt *bat* wie es allgemein gelesen worden ist. Dieses Wort im Hebr. ist כָּבֵד und im Arab. كَبِدٌ und der Laut *bit* entspricht viel genauer diesen beiden Wörtern als *bat*. Das Land Kir-bit, welches auf einem von mir im British Museum collationirten Cylinder Kir-bi-it geschrieben ist, ist meiner Ansicht nach niemals Kir-bat zu lesen. Vgl. Heft I, S. 6, 64 wo unser Wort mit dem gewöhnlichen Zeichen für *bit* geschrieben steht. Siehe ferner Zimmern, Bussps. S. 29.

19. iš-ki-pu ist von סכף „umstürzen" herzuleiten. — u-šal-ḳu-u **III, 1** von $לקא_3$ „nehmen".

22. aplê ba-ni-ê sonst amêlu tur-ḳak-mêš geschrieben. Diese Wörter sind meiner Ansicht nach nicht etwa „begotten sons" (Evans) zu übersetzen, sondern „Vornehmsten".

24. Zu dieser Zeile vgl. V R. 1, 45. — u-maš-ši-ra ist **II, 1** bedeutet „loslassen, ablassen". Vgl. Tig. III, 67; V, 29.

25. ma-gal. Die Bedeutung dieser Zeichen ist klar durch den Zusammenhang, aber ich weiss nicht wie sie auszusprechen sind. Es ist möglich, dass die Assyrer rabiš gesprochen haben, wie einige vorschlagen, jedoch kenne ich keinen Beweis dafür. Das Wort ist mir an folgenden Stellen bekannt: Sanh. 6, 60; Sanh. Konst. 67, 85; Sanh. Kuj. 4, 11, 37 wo unsere Phrase vorkommt. ma-gal iš-mu-ḫu iṣu Šur-man „der Surman-Baum gedieh sehr". Vgl. Z. 38; Sanh. Bav. 5. ma-gal uš-rab-bi dûra-šu u šal-ḫu-šu „Ich habe seine Mauer und seinen Wall sehr gross gemacht". III R. 51, 23. 25d; V R. 65, 30a. Beim Lesen der Correctur macht Pinches mich auf die Bemerkung Zimmerns (Bussps. 28, Anm. 1) aufmerksam. — iš-mu-ḫa „gedeihen". Vgl. V R. 1, 50; Neb. II, 37. — ṣu-ṣi-ê ist Synm. von ṣêru nach II R. 8, 30c d und ASKT 33, Nr. 77; 89, 28. Das Ideogr. ist *zuk*, vgl. AL[3] Z. 6 unten, wo Schrader KAT[2] ganz falsch übersetzt. Eig. muss es an dieser Stelle „trockenes Land" heissen. Vgl. ferner Sanh. Kuj. 4, 36; IV R. 19, 1 2b; 26, 57a; V R. 51, 75/76b wo zuk-ra durch ap-pa[-ru] erklärt wird. Zur Etymologie dieses Wortes ist das hebr. צַחְצָחוֹת Jes. 58, 11 heranzuziehen. — uš-tê-li-pu. Dieses Wort möchte ich als Istf. von einem St. אלף fassen. Dieser St. liegt vor II R. 36, 66—68g h ê-li-pu. Z. 67. ê-li-pu ša iṣi. 68. ul-lu-pu ša iṣi „Das Aufgrünen des Baumes". — ni-ri-bu „Eingang, Pass" W. ארב$_5$. Vgl. Tig. IV, 23; Sarg. Cyl. 10. In dem Zusammenhang scheint mir das Wort nicht zu passen, doch steht es sicher da auf dem Original.

26. i-šir ist von dem bekannten St. ישר „recht sein, Gelingen haben". Die gewöhnliche Form in diesem Verhältniss ist **III, 2** šu-tê-šur. Vgl. für eine ähnliche Stelle V R. 1, 50. — ik-nin ..... Das Zeichen *nin* ist vielleicht nicht ganz sicher, aber das ist das wahrscheinlichste. Ich verstehe nicht was das Wort bedeutet oder wie die Zeile zu ergänzen ist.

27. in-na-ad-ru ist **IV, 1** von נדר „wüthend gemacht werden". Vgl. Sanh. V, 54; Khors. 40.

28. i-tab-ba-ku I, 1 von תבך, welches neben ša-pa-ku und sa-ra-ḳu S° 35—37 steht. Vgl. ferner Tig. IV, 10; V R. 3, 3.

29. tab-di-e ist von פדה „freigeben". Dieser St. ist in mehreren Formen bekannt; pidû bedeutet „Lösegeld", hebr. פְּדוּיִם, lâ pâdû „ohne Schonung". Vgl. zu unserem Worte Pinches, Texts in the Babylonian Wedge-Writing S. 20, 4 kama-ru = tap-du-u. Für kamâru vgl. Heft I, S. 88, 51. — tabkat. Permans. von dem eben besprochenen tabâku.

30. i-bak-ku-u I, 1 von בָּכָה „weinen". — na-ḳi-di „Viehbesitzer". Es ist das hebr. Wort נֹקֵד, welches Am. 1, 1 vorkommt. Vgl. jetzt auch Delitzsch, Proll. S. 47, 11 (siehe Nachträge). Vgl. ferner AL² S. 81, 25.

31. i-sa-ap-pi-du ist I, 1 von hebr. סָפַד „trauern, klagen". Das Wort sipittu „Trauer" von diesem St. ist aus mehreren Stellen bekannt, z. B. V R. 7, 15; Khors. 78. Für den Gebrauch dieses Wortes im Hebr. vgl. Zech. 12, 12; I Kön. 14, 13. — ur-ru „Licht, Morgenlicht". Hebr. אוֹר.

34. u-par-ri-ir „zerbrechen". Hebr. פָּרַר. Vgl. Tig. V, 90; Asurn. 1, 15; III R. 29, 8.

rig-mê-šu-nu ist in der Bedeutung „Geschrei" gesichert. Vgl. aeth. ረገመ፡ S° 317. 320; IV R. 70, 58—61; V R 21, 19 bis 20 c d na-ra-ru ṣabê rig-mê „zur Hülfe die Krieger rufe." — i-ram . . . . . Vielleicht kann man *mu-um* ergänzen. Ich leite das Wort von dem St. רמם ab.

iḳ-da-na-lu-du ist Iftaneal 3 Pers. Plur. von einem St. קלד. Ich möchte zu diesem St. arab. قلد zum Vergleich heranziehen. Vgl. auch Freitag, Lex. Arab. unter d. W. „rigavit". Der Zusammenhang scheint mir die Bedeutung „gefangen nehmen" oder etwas dem ähnliches zu fordern.

sa-pa-aḫ. Dieses Wort im Assyr. bedeutet „hingiessen, hinstrecken, verwüsten". Siehe AL³ S. 27, Nr. 226. Vgl. hebr. סָפַח, arab. سَفَحَ. Synm. von dalḫu (דלח). Vgl. Lyon (Sargontexte 64, 31); II R. 39, 44.

No. 64.

Diese Beltis-Inschrift war zuerst von Norris im zweiten Band des Londoner Inschriftenwerkes S. 66 veröffentlicht, dann von George Smith in seinem History of Asurbanipal. Diese zwei Ausgaben stimmen völlig überein, aber auf eine genaue Darstellung des Originals ist gar keine Acht gegeben worden. Wenn man meine neue Veröffentlichung mit den früheren vergleicht, so ist es leicht zu sehen, dass die Zeilen im zweiten Band nach der dortigen Breite der Tafel und nicht gemäss dem Original gegeben worden sind. Wahrscheinlich hat gerade diese Thatsache einige der irrtümlichen Erklärungen von George Smith verursacht, z. B. pan-uk-ki, welches als zwei Wörter gelesen wurde. Die Veröffentlichung und Erklärung der sehr ähnlichen Nebo-Inschrift ist in Heft I dieses Werkes zu finden. Die dort besprochenen Wörter werden hier natürlich nicht wiederholt. Die zahlreichen Varianten sind nicht in der Transscription gegeben, sondern die wichtigsten sind in den Anmerkungen besprochen.

Transscription.

A-na Bêlti bêlit mâtâtê a-ši-bat Bit-maš-maš
Ašûr-bâni-pal šar Aššûr rubû pa-laḫ-ša
šakkânâku binu-ut ḳâti-ša ša ina ki-bi-ti-ša
rabî-ti ina ḳit-ru-ub ta-ḫa-zi ikki-su
ḳaḳḳada Tê-um-man šar Êlamti
u Um-man-i-gas, Tam-ma-ri-tu, Pa-'-ê
Um-man-al-das ša arki Tê-um-man êpu-šu
šarru-ut Êlamti ina tukul-ti-ša rabî-tu
ḳa-ti ikšud-su-nu-ti-ma ina iṣu ša ša-da-di
ru-kub šarru-ti-ia aṣmid-su-nu-ti
u ina zik-ri-ša kabti ina kul-lat mâtâtê ittalliku-u-ma
gab-ri la išu-u ina û-mê-šu kisal bît Ištar
bêlti-ia ina pi-i-li êš-ki ši-kit-ta-šu
u-rab-bi ana ša-at-ti Bêlit
ki-sal šu-a-tu lim-ma-ḫir pan-uk-ki
ia-a-ti Ašûr-bâni-pal pa-laḫ ilu-ti-ki rabî-ti
ba-laṭ ûmê arkûtê ṭûb lib-bi ki-šim-ma
ittalli-ku Bit-maš-maš lu-lab-bi-ra šêpâ-ai

Übersetzung.

Zu Beltis, der Herrin der Länder, die in Bitmamas wohnt,
Asurbanipal, König von Assyrien, der Fürst, ihr Verehrer,
der Machthaber, das Geschöpf ihrer Hände, der auf ihrem grossen Befehl
im Angriff der Schlacht abgehauen hatte,
den Kopf des Teumman, Königs von Elam
und Ummanigas, Tammaritu, Pa'ê,
Ummanaldas, welche nach Teumman die Herrschaft
Elams ausgeübt hatten, unter ihrem mächtigen Beistand,
nahmen meine Hände gefangen und dem Ziehgeräth,
meinem Königswagen spannte ich sie an;
und durch ihren grossen Namen marschirte ich in allen Ländern
und hatte keinen Rival. In jenen Tagen die Plateform des Tempels der Istar,
meiner Herrin, mit Quaderstein machte ich mächtig, sein Fundament
machte ich gross zum Wohnsitz der Beltis.
Möge selbige Plateform angenommen werden vor dir.
Mir, Asurbanipal, dem Verehrer deiner grossen Gottheit
schenke Leben, lange Tage, verleihe Gesundheit des Körpers,
mögen meine Füsse nach Bitmasmas gehen, alt gemacht werden.

Anmerkungen.

Z. 4. ḳit-ru-ub von קרב „drängen, sich nähern". Eine *t* Bildung wie mitḫuṣi, šitmuri, ḳitrudu. I R 28, 10a finden wir dieses Wort ḳi-it-ru-ub geschrieben. Vgl. ferner I R. 34, 25; Sanh. I, 25; III, 15. — ikki-su. So ist das Zeichen zu lesen gemäss der Variante.

11. u. Variante *bê* verstehe ich nicht, doch steht sie auf einem Exemplar deutlich da.

12. gab-ri. Sumerisches Lehnwort und bedeutet „Gegner, Rival". Dazu vgl. II R. 27, 43—46g h, wo wir Z. 44 lesen gab-ri = ma-ḫa-rum ša amêli „Das Entgegentreten des Menschen". In der nächst folgenden Zeile haben wir nakri: „Das Entgegentreten des Feindes". Vgl. die Schreibung gab-ra-a

Sarg. Cyl. 8; Tig. I, 57. Synnm. sind šanina und maḫira. — Die Lesung išû für das Zeichen *tuk* findet sich ASKT 88, 9 30, 31; V R. 40, 69a b. — Ištar. Beachte die neue Variante, welche ich auf einem Exemplar ganz deutlich sehe.

17. ki-šim-ma. So ist die Stelle offenbar zu lesen und nicht ki-bi-iš wie George Smith las. Das Wort ist Imp. **I, 1** fem. von קיש „schenken". Die Variante, welche noch das Zeichen *bi* hier bietet, halte ich für einen Schreibfehler.

Übrigens vgl. zu der Nebo-Inschrift, Heft I.

K. 2675.

Dieser Text bildet den letzten Theil des III R. 28—29 veröffentlichten „Historical Fragment", von Bezold (Kurzgefasster Überblick S. 111, 2a) „large Egyptian Tablet" genannt. George Smith (History of Assurbanipal S. 36 flg., 55 flg., 80 flg., 73 flg.) hat den historischen Theil veröffentlicht, aber der hier gegebene Theil ist noch nicht veröffentlicht. Das betreffende Stück beschreibt den Bau des Tempels des Sin in Charran, worüber Nabonid, V R, 65 Col. I, 46 flg. sagt:

Zu Bauen Echulchul, den Tempel des Sin, meines Herrn, der mir zur Seite geht, in Charran, welchen Asurbanipal, der König von Assyrien der Sohn des Asarhaddon, Königs von Assyrien, der Erhabene, der vor mir regierte, gebaut hatte.

Dieser Theil des Stückes ist sehr mangelhaft, aber ich habe ihn gegeben, wie er auf dem Original steht, ohne zu ergänzen.

Transscription.

[Ina tu]-kul-ti ilâni rabûtê u Sin Ḫar-ra-na bêli-ia
. . . . . gi ik-nu-šu ši-ip-ṣi . . . . ti u-na-ši-iḳ šêpâ-ia
. . . . . šad ad-is gi-ri-ia ak-šu-ud . . . . . ka-bit-tu
. . . . . kaspu ḫurâṣi mimma aḳ-ru . . . . šad-lu-u-ti
. . . . . ilâni Aššûr ilâni A[kkadu] . . . . kiš a-na kiš-ti
. . . . . bît ḫidâtê bît Sin . . . . ki-rib Ḫar-ra-na
. . . . . Šulmânu-ašarêdu apil Ašûr-naṣir- [apli šar Aššûr] [maḫ]-ri-ia ê-pu-šu
ir-ma-a [iš-da-šu] la-ba-riš il-li-ku . . . . igârâtê-šu
. . . . an]-ḫu-us-su êššiš at-ki tim-mê-ên . . . . . aš-ši-šu du-rug-šu

si-ḫir-ti bît šu-a-tu XXX ti-ip-ki u-[pa-ti-ḳa] pi-ti-iḳ-šu
. . . . CL arku LXXII rapšu ti-ib šâdî . . . mê-di ina muḫ-ḫi
. . . . CXXX ti-ib ultu ku-ri âli u-mal-li . . . . . . ki-rib ḳabal âli
ina êš-ki abnê šâdi i-dan-ni uššu-šu ad-di tim-mê-ên-šu u- . . .
u-rap-piš
êrinê ṣîrâtê ša ki-rib Lab-na-na ik . . . . ḫu(?)-la a-na
Šurmênê ê-ri-šu tâbu ša ki-rib Si-ra-ra u . . . . .
ša šarrâni ki-šad tam-tim ardâni da-gil pa-ni-ia ik-ki . . . . .
ištu mât Di-šu-nu a-šar nam-ra-ṣi pa-aš-ḳis u-šal-di-du-u . . . .
ṣi-ir bît ḫidâtê šu-bat ḫidâtê u-ṣa-lil-ma u-[šat-ri-ṣa]
daltê Šurmêni rab-ba-a-ti mê-sir kaspi u-rak-kis . . . . .
rêš šarru-ti-ia êkurru šu-a-tu a-na si-ḫir-ti-šu u-šar-[ri-ḫa]
ad-man Sin bêli-ia LXX biltu za-ḫa-lu-u ib-bu-u . . . . .
II rîmê kaspu ik-du-u-ti ša mal-ma-liš suḳ-ḳu-ti . . . . .
ina XX biltu êš-ma-ri-ê$^{pl.}$ dal-tê-šu-nu nak-liš a[p-tiḳ] . . . . .
. . . . . ut it-ku-up za-ma-a-ni da-a-iš ai-bi-[ia] . . . . .
. . . . . kaspu tam-šil šu-ud tâmtim ša ḳabal . . . . .
. . . . . a-tu-li ma-ni-šu-nu iṣu Šu-ri-in-ni tâmtim . . . . .
. . . . . biltu ḳat-ta-šu-nu ap-ti-iḳ u-šar-ri-iḫ . . . . .
. . . . . mu-tir rêš balaṭ-ia ina bâb pa-pa-ḫi ṣi-it Šam-ši . . . .
. . . . . -ka abnu za-mat ni-bi-ḫu ê-bi-iḫ-šu . . . . .
. . . . . a-na si-ḫir-ti-šu ina ip-šit an-nu-gim-mut . . . . .
. . . . . aṣ-bat-ma ina ḫidâtê u-šê-rib-šu u-šar-ri . . . . .
. . . . . ma-ḫar-šu ak-ki-ma u-šam . . . . .
. . . . . u Nusku ip-šê-ti-ia dam-ḳa-a-ti . . . . .
. . . . . ê i-da-at dum-ki li-ša-pa ana ša . . . . .
. . . . . nam-ru-u-ti it-ti Šam-[ši] . . . . .
. . . . . iš-di kuššê šarru-ti-ia . . . . .
. . . . . ša šum-ḳut na-ki-ri-ia li . . . . .
. . . . . ri-ê-mu li-ir-ši-ma li . . . . .
. . . . . šêrê ḫu-ut . . . . .
. . . . . ḫa-as-si . . . . . u. s. w.

Übersetzung.

Unter dem Beistand der grossen Götter und des Sin von Charran meines Herrn

. . . . unterwarf sich meiner Herrschaft . . . . küsste meine Füsse

.... ich trat meine Feinde nieder, nahm ihre schweren [Geschenke] ein

.... Silber, Gold, alles kostbare .... weit gedehnt

.... die Götter Assyriens, die Götter Akkads .... als Geschenk verliehen

.... der Tempel der Freude, der Tempel des Sin in Charran

.... Salmanassar, der Sohn des Asarnaṣirpal [Königs von Assyrien] vor mir gemacht hatte

locker wurde [sein Fundament], alt wurde ... ... seine Wände

.... seine Verfallenheit stellte ich neu wieder her, seinen Grundstein gründete ich, seinen Weg

den Umfang selbigen Tempels, 30 Tibki baute ich seinen Bau

.... 150 lang, 72 breit, das Anrücken des Ostwindes(?) .... stellte ich darüber

.... 130 Tib von den Umgebungen(?) der Stadt füllte ich ... ... inmitten der Stadt

mit mächtigen Steinen des Gebirges machte stark, sein Fundament warf ich auf, seinen Grundstein erweiterte ich

erhabene Ceder von Libanon .....

Cypressenstämme mit einem schönen Duft von Sirara .....

welche die Könige am Ufer des Meeres, mir ergebene Unterthanen abgeschnitten hatten

von Dišunu, einem steilen Ort, beschwerlich .....

über den Freudentempel, die Freudenwohnung bedachte ich und legte darüber

grosse Thüre von Cypressenholz, mit einem silbernen Überzug überzog ich .....

am Anfang meiner Herrschaft selbigen Tempel nach seinem ganzen Umfang machte ich gewaltig,

die Wohnstätte des Sin, meines Herrn mit 70 Talenten glänzendes *Zahalu* .....

2 mächtige silberne Wildochsen .....

mit 22 Talenten *Êšmarê* ihre Thüre kunstvoll [baute ich] ...

.... griff die Schranken an, trat meine Feinde nieder ....

.... Silber nach Art von dem des Meeres, welches inmitten ...

.... die Grösse(?) ihrer Zahl Šuriniholz vom Meere ....

.... Steuer ihrer Hände baute ich, machte ich gewaltig ...

. . . . im Anfang meines Lebens im Thore des Heiligthums nach der aufgehenden Sonne . . . . .

. . . .

. . . . nach seinem ganzen Umfang mit dem Werk des Ea . . .

. . . . nahm ich und mit Freude führte ich hinein, weihte ich ein . . . . .

. . . . vor ihm opferte ich und . . . . .

. . . . und Nusku meine Gnadenthaten . . . . .

. . . . die Macht der Gnade möge hervorbrechen . . . . .

. . . . glänzend mit der Sonne . . . . .

. . . . den Grundstein meines Herrscherthrones . . . . .

. . . . welches um meine Feinde hin zu strecken . . . . .

. . . . Gnade möge verleihen, möge . . . . . u. s. w.

Anmerkungen.

Z. 1. Die Ergänzung dieser Zeile verdanke ich Herrn Pinches.

2. ši-ip-ṣi. Der Text ist hier sehr unsicher. Dieses Wort stammt vielleicht von שפץ und bedeutet „Herrschaft, Macht“. Zu diesem Worte vgl. Tig. II, 68. 89; III, 88; V, 35; VIII, 32. Sanh. I. 16 mal-ki šib-ṣu-ti ê-du-ru ta-ḫa-zi „die mächtige Fürsten fürchteten meine Schlacht“. — u-na-ši-iḳ liest Pinches u-na-aš-ši-ḳu. Die Tafel ist sehr verwischt. — Dass die zwei Keile hinter dem Zeichen für „Fuss“ stehen, ist natürlich ein Druckfehler.

3. ad-is von דיש, geschrieben, wie es manchmal der Fall ist, mit *s* anstatt š. Vgl. Sanh. VI, 18 u-da-i-šu. Salm. Mo. Rev. 52 mât-šu ki-ma rîmi ad-iš „sein Land trat ich gleich einem Wildochs nieder“. Vgl. Hebr. דִּישׁ „dreschen“ 5 Mos. 25, 4. Vgl. ferner V R. 47, 11 b. Siehe auch Delitzsch, Proleg. S. 191 Anm. — Diese Zeile ist vielleicht tamârtu „Geschenk“ zu ergänzen. Die alte Ableitung dieses Wortes von amâru „sehen“ von Schrader und wieder auf's neue von Latrille, ZA I, 37 hervorgehoben, ist endgültig aufzugeben. Das Wort stammt von מאר$_2$ „schicken“ her und bedeutet nicht „Schaustück“, sondern etwas was man schickt.

4. šad-lu-u-ti. So ist es zu lesen und nicht matlu. Vgl. Sanh. V, 79 ṣi-ir ir-ṣi-ti ša-di-il-ti „über die weite Erde“; II, 56 ši-di-ê šad-lu-ti „weitgedehnte Gebiete“. Für mehrere Wörter,

die gegen Flemming (Neb. S. 27) von diesem St. abzuleiten sind, siehe Latrille, ZK II, 352. Für šadâlu und sein Verhältniss zu שָׁדַל vgl. Delitzsch, Proleg. S. 101 flg.

6. bît ḫidâtê. Pinches liest hier und in Z. 18 wahrsch. mit Recht Ê-ḫul-ḫul.

7. Das Zeichen *bar*, *maš* wird AL[3] 76, 2 durch a-ša-ri-du erklärt. Das Wort ist schon zur Genüge besprochen. Siehe PD. 253. Latrille, ZK II, 349. Schrader über Salmanassar ZA I, Heft 2.

8. ir-ma-a iš-da-šu. So wird diese Stelle wohl zu ergänzen sein auf Grund von Sanh. VI, 33. Der St. רמה bedeutet „locker werden, nachlassen".

9. Die Zeichen *am* und *si* gehören zusammen und bilden das Zeichen *nê*, *ṭê*; der hintere Keil ist zu streichen. Pinches liest *am-si* und leitet das Wort von *misû* „reinigen" ab (perhaps here „to clear away"). — at-ki. Vgl. Heft I, S. 105, Z. 4. — aš-ši-šu von $אשש_1$. — du-rug-šu. Vgl. Tig. II, 86. Sarg. Cyl. 10. Hebr. דֶּרֶךְ.

10. u-pa-ti-ḳa. So kann man gemäss den noch erhaltenen Zeichenspuren lesen.

11. Sehr wahrsch. ist die Lesung von Pinches *rapšu* anstatt *ni-ba*.

12. ta-ku-ri-ir. Wie diese Zeichengruppe zu lesen und zu erklären ist, verstehe ich nicht. Der Text scheint mir ziemlich sicher zu sein, doch konnte man daran zweifeln, da keine befriedigende Erklärung vorhanden ist. Pinches liest ultu ku-ri âli und übersetzt „from the outskirts(?) of the city". Woher aber ist *kuri*?

13. Das zweitletzte Zeichen (*sarru*) ist selbstverständlich in *rap* zu verbessern. — Anstatt *un* ist *u* zu lesen.

14. Das erste schraffirte Zeichen habe ich als *ik* copirt. Mit dem Rest dieser Zeile weiss ich nichts anzufangen. Das letzte Zeichen liest Pinches *nu*.

15. Šurmênê. Akkad. šur-man. Aram. שׁוּרְבְּנָא. Vgl. Sarg. Cyl. 63; Neb. IX, 6 šu-ur-mi-ni. — ê-ri-šu. Vgl. Heft I, S. 105, Z. 36.

17. pa-aš-ḳiš ist Adv. von dem bekannten פשק „stark, arg, beschwerlich". Von diesem St. kommt auch das gleichbedeu-

tende Wort šapšaķê. Vgl. Salm. Mo. 1, 6 flg. Lay. 43, 1. — u-šal-di-du-u. Das Wort kann ich nicht erklären.

20. êkurru. Vgl. I R. 35, 3. ê-kur bedeutet „Haus des Berges“. Für die Lesung dieses Ideogramms vgl. V R. 70, 12. 13. AL[3] S. 21, Nr. 174 bietet *êširtu* „Versammlungshaus“.

21. ad-man. Wurzel אדם₁. Vgl. II R. 34, 5—8 steht dieses Wort neben šubtu „Wohnung“.

22. ik-du-u-ti. Zu diesem Worte vgl. Neb. VI, 16 rîmê erî ê-ik-du-tum „gewaltige bronzene Wildochsen“, und denselben Ausdruck Neb. Grot. I, 45. Das Ideogr. für dieses Wort ist *tur-da*, vgl. IV R. 9, 19/20a pu-ru ik-da ša ķar-ni u. s. w., „der starke Wildochse u. s. w.“ Vgl. ferner IV R. 27, 19/20a. Der Rest dieser Zeile ist mir nicht klar.

23. dal-tê-šu-nu. Dies ist sicher eine Pluralform und der Plural ist stets so zu schreiben anstatt dalâtê wie er gewöhnlich geschrieben wird. Nach einer freundlichen Mittheilung des Herrn J. N. Strassmaier kommt das Wort is-dal-al-ta-mêš geschrieben vor. — nak-lis Adv. „kunstvoll“ von נכל.

24. it-ku-up. Zur Erklärung dieses Wortes möchte ich hebr. תָּקַף, arab. ثَقَفَ heranziehen. Demgemäss bedeutet das Wort „schlagen, angreifen“. Vgl. Kohel. 4:12 וְאִם־יִתְקְפוֹ הָאֶחָד „Und wenn einer den Einzelnen überwältigen will“. Siehe Koheleth's Untersuchung über den Wert des Daseins ..... übersetzt von Dr. Gustav Bickell. Innsbruck 1886. Hiob 14, 20 תִּתְקְפֵהוּ לָנֶצַח „du drückst ihn ewiglich nieder“. — za-ma-a-ni. Vgl. Sanh. I, 9 mu-šap-ri-ķu za-ma-a-ni „der Zerbrecher der Schranken“. Der St. ist זמה. Siehe Heft I, S. 119. — ai-bi- Beachte das von Delitzsch bei Lotz S. 86 mitgetheilte Fragment. Hebr. אוֹיֵב. Vgl. ferner IV R. 18, 52/53a *segsegaena erim* = sapani aibi „Feinde überwältigen“; 21, 63a; 24, 50/51a *Bilgi êrim segsegani* = Bilgi sa-pi-in ai-bi.

26. a-tu-li ist mir unbekannt. Der St. scheint אתל zu sein und ein solcher ist auch im Assyr. belegt in der Bedeutung „gross sein“. Vielleicht ist unser Wort von diesem St. abzuleiten. — Šu-ri-in-ni. Diese Holzart ist mir völlig unbekannt.

28. mu-tir. Dieses Wort kann ich nicht erklären. — papa-ḫi muss dem Zusammenhang nach „Gemach, Wohnung“ bedeuten. Flemming, Neb. S. 34 erklärt dieses Wort als „eine

reduplicirte Form von dem Stamme פתח‚א verschliessen“, was meiner Ansicht nach nicht richtig sein kann. Der Bedeutung nach könnte es „verschlossenes Gemach“ heissen, aber das Wort wird wohl anderen Ursprungs sein. Der St. dieses Wortes muss פפח sein. Die Form puḫpuḫû II R. 62, 34c d könnte viel eher als eine reduplicirte Form von piḫû betrachtet werden.

29. Anstatt *ni-ni* liest Pinches wahrsch. mit Recht *tak* = *abnu* „Stein“. — ni-bi-ḫu ê-bi-iḫ-šu. Der Stamm scheint אבח zu sein: dieser St. bedeutet „schlachten“, was hier gar nicht passt.

30. an-nu-gim-mut. Diese Zeichengruppe ist Ideogr. für den Gott Ea.

33. ip-šê-ti. Das zweite Zeichen dieses Wórtes ist *šê*, nicht *šat* zu lesen.

34. dum-ki. Vgl. unten zu K. 312, Z. 25. — li-ša-pa ist Prec. von יפא. Dieser St. entspricht genau dem hebr. יָפַע. Vgl. Hiob 37, 15 „und sein Wolkenlicht הוֹפִיעַ strahlen lässt“. Zu diesem St. vgl. V R. 21, 18 šu-pu-u, welches auch **III, 1** ist. Das Ideogr. ud-du, welches links steht, ist das gewöhnliche für *aṣu* „aufgehen“. Das šu-pu-u V R. 41, 15 wird wohl ein ganz anderes Wort sein. Die Form **III, 2** von diesem St. kommt in der Schöpfungserzählung vor, AL[3] 93, 10 *uš-ta-pu-u*. Vgl. ferner šu-pi-i Sams. I, 8. Siehe Zimmern, Bab. Bussps. S. 105, 62.

37. šum-ḳut. **III, 1** von מקת.

38. li-ir-ši-ma. So ist diese Stelle zu lesen. Das Wort ist Prec. von רשה „besitzen, verleihen“.

K. 1794. — Col. X.

K. 1794 ist ein prächtig geschriebener zehn Col. Cylinder, welcher in den drei letzten Columnen von R^m 1 abweicht, leider aber ist die Schrift über die Hälfte weggebrochen. Col. X enthält einen Bautext, den George Smith, III R. 27a als „Part of Introduction from Cylinder C“ unrichtig veröffentlicht hat. Diese Col. des Cylinders gebe ich hier. Dieser Text wird durch die erste Col. des Cylinderfragmentes R^m 3 ziemlich vervollständigt und in der Transscription und Übersetzung habe ich sie zusammengezogen. Vgl. den Originaltext unten.

Transscription.

. . . . a-šib par-[ak]
. . . . u-šar-ri-ḫu
. . . . bêlu-u-ti
êš-ri-[ê-tê] Aššûr Akkadu
ša Ašûr-[aḫ-iddina] šar Aššûr âbû ba-ni-ia
tim-mê-ên-šu-[un] id-du-u la ig-mu-ru ši-pir-šu-nu
ê-nin-na a-na-ku ma ki-bit ilâni rabûtê bêlê-ia.
ag-mu-ra ši-pir-sun
bît šâdû rabû mât[âtê]
[ag-m]u-ra bît Ašûr bêli-ia u-šak-lil
igârâtê-[šu-un] u-šal-bi-ša ḫurâṣi kaspi
dim-mê maḫḫûtê mê-sir kaspi u-rak-kis
ina bâb ḫi-ṣib šadâni az-ḳu-up
Ašûr ina bît šâdû Gu-la u-šê-rib-ma
u-šar-ma-a pa-rak da-ra-a-ti
Êsaggil êkal ilâni ê-pu-uš
u-šak-li-la uṣûrâ-tê-šu
duppu bêlti-ia [Ištar] Bâbîli É-a ilu dânu
ul-tu ki-rib Êsara u-bil
u-šê-rib ki-rib Bâbîli
parakku maḫ-ḫu šu-bat ilu-ti-šu ṣir-ti
L biltu za-ḫa-lu-u ib-bu a-gur-ri ap-ti-iḳ-ma
u-rab-ba-a ṣîr-uš-šu
u-šê-piš-ma iṣu ir-mê-a-nu iṣu mis-ma-kan-na
iṣu ṣi-[da-ri-ê] ša šit-nu-nu ša-ma-mê-êš
XXXIV . . . . na ḫurâṣu rušša-a
. . . . u-dan-ni-na rik-si-ê-šu
ê-li Marduk bêli rabê-ê ṣu-lul-šu
ap-ru-uṣ-ma u-ḳin ta-ra-an-šu
narkabtu ṣir-tu ru-kub Marduk
ê-bê-li ilâni bêl bêlê
ina ḫurâṣi kaspi abnê ni-siḳ-ti ag-mu-ra nab-nit-sa
a-na Marduk šar kiš-šat šame-ê u irṣi-tim
sa-pi-in nakrê-ia a-na ši-riḳ-ti aš-ruḳ
iršu iṣu mis-ma-kan-na iṣu ṣi-da-ri-ê
ša pa-rak lu lit-bu-šat abnê ni-siḳ-ti za-ʾ-mat

. . . . -ê Bêl u Bêlit izkaru
. . . . gir-ru-' a-šib nak-liš ê-pu-uš
. . . . maš-tak Zir-pa-ni-tum
. . . . sa-al-ḫu ad-di
. . . . [rîmê] ik-du-u-ti
. . . . ru ki-bi-is šarru-ti-ia
ina bâb ṣi-it Šam-ši u bâb lamassi ra-bi
ina bâb É-zi-da ša ki-rib parak Barzip ul-ziz
Bit-maš-maš bît bêlit niši-ma kaspi ḫurâṣi u-ṣa-'-in lu-li-ê u-mal-li
[Ištar] ilu šar-rat Kid-mu-ri ša ina ug-gat lib-bi-ša
ad-man-ša ê-zi-bu u-ši-(si)bu a-šar la si-ma-ti-ša
ina palî-ia . . . . . . ša Ašûr iš-ru-ka tar-ša-a sa-li-mu
a-na šuk-lul ilu-ti-ša ṣir-ti
šur-ru-ḫi mi-si . . . . ša šu-ḳu-ru-u-ti
. . . . ê iš-ta-nap-pa-ra ka-ai-na
. . . . ki-ê-nu
. . . . u-šar-ri-iḫ
. . . . da-ra-a-ti
. . . . u-kin-ma
. . . . maḫ-ri-ia
[la-ba]-riš . . . . u-ša-lik-ma u-šat-ri-[sa êlî-šu-nu]
[pa-rak-ku] šu-a-tu ša la-ba-riš [il-lik]
. . . . Sin Nusku an-ḫu-us-su [at-ki]
[ê]-li ša û-mê pa-ni šu-bat-su u-rap-piš
[ul]-tu uššî-šu a-di taḫ-lu-bi ar-ṣip u-šak-lil
[u]bil anâku bît Nusku sukallu ṣîru
[sa] šarru pa-ni maḫ-ri-ia ê-pu-šu
[ub]-na-a ki-rib-šu
gušûrê êrinê ṣîrâtê u-šat-ri-ṣa êlî-šu-un
daltê li-ia-a-ri mê-sir kaspi
[u]-rak-kis u-rat-ta-a bâbâni-šu-nu
rîmê kaspi mu-nak-ki-bu ga-ri-ia
ina ad-man Sin bêli-ia ul-ziz
II lamassê . . . .
mu-šal-li-mu kib-si šarru-ti-[ia]
mu-šê-ri-bu ḫi-ṣib šad-di-ê u tam-[tim]
ina bâb bît ḫidâtê ul-[ziz]

ḳâta Sin Nusku aṣ-bat u-šê-rib u-šê-šib
ina pa-rak da-ra-a-ti
êš-ri-ê-ti Aššûr u Akkadu
a-na si-ḫir-ti-ši-na u-šak-lil
si-mat Êkurri ma-la ba-šu ša kaspi ḫurâṣi e-pu-uš
. . . . . . âbê-ia u-rad-di
. . . . . . [pi]-ti-iḳ-[su ap-ti-iḳ]

Übersetzung.

. . . . Der in dem Heiligthum wohnt
. . . . machte ich gewaltig
. . . . meiner Herrschaft
die Tempel von Assyrien (und) Akkad
deren Grundstein Asarhaddon, König von Assyrien, der Vater, mein Erzeuger gelegt hatte, deren Bau nicht vollendete,
nunmehr ich auf Befehl der grossen Götter meiner Herren
vollendete ihren Bau.
Das Haus, den grossen Berg der Länder
vollführte ich, den Tempel Asurs, meines Herrn vollendete ich,
ihre Wände bekleidete ich mit Gold (und) Silber,
mächtige Säulen mit einem silbernen Überzug überzog ich,
im Thore des Überflusses der Berge richtete ich auf,
Asur in das Haus, den Berg des Gula führte ich hinein
und schlug (ihm) ein ewiges Heiligthum auf.
Esaggil, den Tempel der Götter baute ich,
vollendete seine Wände
die Tafel meiner Herrin [Ištar von] Babylon, Eas, des Richters
brachte ich aus Esara
führte in Babylon hinein.
Das mächtige Heiligthum, die Wohnung seiner erhabenen Gottheit
von 50 Talenten von glänzendem *Zaḫalû*, gebrannten Backsteinen baute ich und
machte gross darüber
liess ich machen und Plataneholz (und) Palmenholz(?)
Sidarêbäumen, welche den Himmel reichen,
34 [Talenten] . . . . massives Gold·

. . . . machte seine Bündnisse fest.
Über Merodach, den grossen Herrn seinen Schatten
befahl ich und setzte sein Signal(?) fest.
Den erhabenen Wagen, den Wagen Merodachs
beherrschten die Götter, der Herr der Herren
mit Gold, Silber, Edelgestein vollendete ich . . . . . .
Zu Merodach, König der Gesammtheit Himmels und der Erde,
der meine Feinde überwältigt zum Geschenk gab ich
ein Bett von Palmenholz(?) *Sidarêholz*,
der das Heiligthum mit Edelgestein, Gemmen bekleidet
. . . . Bel und Beltis verkündeten
. . . . wohnt, kunstvoll baute ich
. . . . das Heiligthum des Zirpanit
. . . . einen Wall warf ich auf
. . . . jugendkräftige Wildochsen
. . . . den Pfad meiner Herrschaft
im Thore der aufgehenden Sonne und im Thore der grossen Stiergottheit
im Thore von Ezida welches inmitten des Heiligthums von Borsipa ist, stellte ich.
Bitmasmas, den Tempel der Herrin der Menschen mit Silber (und) Gold schmückte ich, mit verschwenderischer Pracht füllte ich.
Istar, die himmlische Königin von Kidmuri, die in dem Zorn ihres
Herzen verliess ihre Wohnung (und) wohnte an einem für sie nicht bestimmten Ort,
in meiner Regierungszeit . . . . . . welche Asur verlieh, gewährte Gnade
um ihre erhabene Gottheit zu vollenden.
Im Anfang . . . . welche kostbar waren
. . . . sie schickten beständig
. . . . treu
. . . . machte ich gewaltig
. . . . der Ewigkeit
. . . . legte ich auf und
. . . . vor mir
alt | wurde . . . . brachte ich und legte ich darüber hin.

Selbiges Heiligthum, welches alt wurde
. . . . des Sin, Nusku seine Verfallenheit stellte ich wieder her.
Mehr denn in früheren Tagen erweiterte ich seine Wohnung;
von seinem Fundament bis zum Dach fügte ich zusammen, vollendete ich,
brachte Blei, das Haus des Nusku, des erhabenen Boten
welches der König vor mir gebaut hatte
baute ich darin.
Balken von erhabenen Cedern legte ich darüber gerade hin,
Thüren von Holz der Wüste (?) mit einem silbernen Überzug
überzog ich, befestigte (sie) in ihren Thoren.
Silberne Wildochsen, welche meine Feinde stossen
in der Wohnstätte des Sin, meines Herrn stellte ich,
2 Stiergottheiten . . . .
die den Pfad meiner Herrschaft vollführen
die hineinbringen den Überfluss der Berge und des Meeres,
im Thor des Tempels der Freude stellte ich,
die Hände des Sin, Nusku fasste ich, führte hinein, setzte
in ein ewiges Heiligthum.
Die Tempel Assyriens und Akkads
nach ihrem ganzen Umfang vollendete ich.
Den Schmuck des Tempels, so viel ihrer waren, welchen ich mit Silber, Gold gebaut hatte,
. . . . meiner Väter fügte ich hinzu
. . . . baute ich seinen Bau . . . .

Anmerkungen.

Z. 13. ḫi-ṣib. Dass der zweite Radikal nicht *z*, sondern *ṣ* zu lesen ist, lehrt V 63, 47b, wie Zimmern (Bussps. 97) schon aufmerksam gemacht hat. Das Zeichen *šê* ist wahrsch. ein Schreibfehler für *šat* (Pinches). Vgl. Z. 72 unten.

18. duppu. So wird das Zeichen zu lesen sein anstatt *ta*. So ist die Zeile vielleicht zu ergänzen. Pinches macht mich aufmerksam, dass *mu* nach den Wörtern *bêlu* und *bêltu* häufig *ia* zu lesen ist.

24. ir-mê-a-nu. Zu diesem mir sonst im Assyrischen unbekannten Worte möchte ich hebr. עַרְמוֹן die „Platane“ zum Vergleich heranziehen. Vgl. 1 Mos. 30, 37; Ezech. 31, 8. Die Wurzel ist wohl עָרַם arab. عَرَمَ „entblössen“? — mis-ma-kan-na. Die von Schrader und anschliessend an ihm von Flemming angenommene Bedeutung „Palmenholz“ für dies Wort ist verfehlt, da es mit dem „allerhand Kostbares“ Neb. II, 32 eingeschlossen ist und Palmenholz ist im Morgenlande durchaus kein seltenes und kostbares Holz. Zudem ist Palmenholz zum Tempelbau nicht geeignet, weil es nicht dauerhaft ist. Die Lesung Flemmings *muššikkana* hat meines Wissens keine Bestätigung. Wie die Zeichengruppe auszusprechen ist, ist unbekannt, aber der letzte Theil ist wahrsch. das Land Makan, so dass das Ideogr. „Mis-Holz vom Lande Makan“ bedeutet. Was für ein Holz das ist, muss dahingestellt bleiben.

25. ṣi-da-ri-ê. So ist dieses Wort zu ergänzen gemäss Zeile 35. Dieses Wort kann ich nicht erklären. — šit-nu-nu ist der Form nach I, 2 von שׁנן, doch scheint das Wort mir nicht am Platze zu sein. — ša-ma-mê-ês ist wohl Adv. von šamâmê.

29. ta-ra-an-šu. Das Wort ist mir nur hier bekannt. Ich habe an das hebr. תֹּרֶן gedacht, was sich Jes. 30, 17 findet, jedoch halte ich die Erklärung nur für einen Versuch.

32. nab-nit-sa. Das zweite Zeichen wird wohl *uš*, *nit* zu lesen sein. nab-nit ist st. cstr. von nabnîtu, welches von בנה stammt. Pinches bestätigt diese Verbesserung.

36. lu. Ich habe das Zeichen zweimal so copirt, aber trotzdem möchte ich *ku* lesen. — za-ʾ-mat. Da dies Wort in Verbindung mit *ni-sik-ti* steht, muss man denken, dass es etwas ähnliches bedeutet. Ein Wort mit ס findet sich II R. 26, 45, welches „Edelstein“ bedeutet. Unser Wort kann etwas allgemeines wie „Schmuck“ bedeuten.

38. gi-ru-ʾ. Ich verstehe dies Wort nicht.

61. Das zweite Zeichen ist natürlich ein Druckfehler für *pin*.

68. mu-nak-ki-bu. נכב „stossen“. Vgl. Heft I, S. 70, Z. 78 und das Glossar.

70. lamassê. Das Zeichen ist anstatt *luḫ* vielleicht *kal* zu lesen.

Rm 3.

Zu dem noch erhaltenen Theil der ersten und zweiten Columne dieses Cylinders vgl. V R. I u. II und die Transscription und Übersetzung Heft I, S. 4—14. Prof. Schrader veröffentlicht mit Transscription und Übersetzung das „Verzeichniss westasiatischer, phönicisch-cyprischer tributärer Fürsten“ in seiner Abhandlung „Zur Kritik der Inschriften Tiglathpileser's II., des Asarhaddon und des Asurbanipal“ (Berlin, 1880). Seine Copie enthält nur einen einzigen Fehler. Ich habe die unvollständigen Zeilen nach Rm 1 ergänzt.

Transscription.

I-na maḫ-ri-[ê gir-ri-ia]
a-na Ma-kan [u Mê-luḫ-ḫa lu-u al-lik]
Tar-ḳu-u šar [Mu-ṣur u Ku-u-si]
ša Ašûr-âḫ-iddina šar Aššûr [âbû ba-nu-u-a]
abikta-šu iš-ku-nu i-[bê-lu mât-su u šu-u Tar-ḳu-u]
da-na-an Ašur u Ištar [ilâni rabûtê]
bêlê-ia [im-ši-ma]
it-ta-kil a-na ê-muḳ ra-[man-i-šu]
ê-li šarrâni ḳi-[ê-pa-a-ni]
ša ki-rib Mu-ṣur u-pa-ki-du âbû ba-[nu-u-a]
a-na da-a-ki ḫa-ba-a-tê u ê-kim Mu-[ṣur]
il-li-ka ṣîr-uš-[šu-un]
ê-ru-um-ma u-šib ki-rib Mê-im-[pi]
âlu ša âbû ba-nu-u-a ik-šu-da-[ma]
a-na mi-ṣir mâti-šu u-tir-ru
al-la-ku ḫa-an-ṭu ki-rib Ninua il-lik-am-ma
u-ša-an-na-a ia-a-ti

êlî ip-šê-ê-ti an-na-a-ti
lib-bi i-gug-ma iṣ-ṣa-ru-uḫ ka-bit-ti
ad-ki-ê-ma ê-mu-ḳi-ia ṣi-ra-a-ti
ša Ašûr u Ištar u-mal-lu-u ḳa-a-tu-u-a
a-na Mu-ṣur u Ku-u-si uš-tê-šê-ra ḫar-ra-nu
ina mê-ti-iḳ gir-ri-ia
Ba-'-lu šar Ṣur-ri
Mi-in-si-ê šar Ja-u-da
Ḳa-uš-gab-ri šar U-du-mê
Mu-ṣur-i šar Ma-'-ba
Ṣillu-Bêl šar Ḫa-zi-ti
Mi-ti-in-ti šar Is-ḳa-lu-na
I-ka-u-su šar Am-ḳar-u-na
Mil-ki-a-ša-pa šar Gu-ub-li
Ja-ki-in-lu-u šar Ar-u-a-da
A-bi-ba-'-al šar Sa-am-si-mu-ru-na
Am-mi-na-at-bi šar Bit-Am-ma-na
Âhi-mil-ki šar As-du-di
Ê-ki-iš-tu-ra šar Ê-ṭi-'-li
Pi-la-a-gu-ra-a šar Ki-it-ru-si
Ki-i-su šar Si-lu-u-a
I-tu-u-an-da-ar šar Pa-ap-pa
Ê-ri-su šar Si-il-lu
Da-ma-su šar Ku-ri-i
At-mê-su šar Ta-mê-su
Da-mu-u-su šar Ḳar-ti-ḫa-da-as-ti
U-na-sa-gu-su šar Li-di-ir
Pu-ṣu-su šar Nu-ri-ê
napḫariš XXII šarrâni ša a-ḫi tam-tim
ḳabal tam-tim u na-ba-li
[ardâ]ni da-gil pa-ni-ia
[ta-mar]-ta-šu-nu ka-bit-tu
[maḫ-ri-ia i]š-šu-num-ma u-na-ši-ḳu šêpâ-ia
[šarrâni šu-a-]tu-nu a-di ê-mu-ḳi

Col. II.

ra-šub-[bat kakki Ašûr bêli-ia] u. s. w.
arkânu [Ur-da-ma-ni-ê a-pil Ša-ba-ku-u]
u-šib [ina kussê šarru-ti-šu]
Ni-' [U-nu a-na dan-nu-ti-šu iš-kun]
u-paḫ-ḫi-[ra êl-lat-su]
a-na mit-ḫu-ṣi [ummâni-ia aplê Aššûr]
ša ki-rib Mê-[im-pi id-ḳa-a ḳa-bal-šu]
nišê ša-a-tu-[nu ê-si-ir-ma]
iṣ-ba-ta [mu-uṣ-ṣa-šu-un]
apil šip-ri ḫa-an-[ṭu a-na Ninua]
il-lik-am-ma iḳ-ba-[a ia-a-ti
aš-ni-ma a-na Mu-ṣur [u Ku-u-si]
uš-tê-šê-ra [ḫar-ra-nu]
Ur-da-ma-ni-ê a-lak [gir-ri-ia iš-mê-ma]
ša ak-bu-su mi-[ṣir Mu-ṣur]
Mê-im-pi u-maš--šir-ma [a-na šu-zu-ub napiš-tim-šu]
in-na-bit a-na [ki-rib Ni-']
šarrâni piḫâtê [ki-pa-a-ni]
ša ki-rib Mu-ṣur [aš-ku-nu]
ir-ti-ia il-lik-u-num-ma [u-na-aš-ši-ḳu šêpâ-ia]
arki Ur-da-ma-ni-ê
al-lik a-di Ni-' [âl da-nu-ti-šu]
ti-ib taḫâzi-ia [dan-ni ê-mur-ma Ni-' u-maš-šir]
in-na-bit [a-na Ki-ip-ki-pi u. s. w.]

Übersetzung.

Auf meinem ersten Feldzug
zog ich nach Ägypten und Äthiopien.
Thirhaka, König Ägyptens und Äthiopiens
dem Asarhaddon, König Assyriens, der Vater, mein Erzeuger,
eine Niederlage bereitete, sein Land beherrschte — er, Thirhaka
die Macht Asurs und der Istar, der grossen Götter
meiner Herren verachtete und
vertraute auf seine eigene Macht.
Gegen die Könige, Stadtherren,
die in Ägypten der Vater, mein Erzeuger, aufgestellt hatte,

zu töten, zu plündern und Ägypten zu rauben,
kam er,
zog ein und sass in Memphis,
die Stadt, welche der Vater, mein Erzeuger eroberte und
dem Gebiet seines Landes hinzufügte.
Ein Eilbote kam nach Ninewe und
erzählte (es) mir.
Über diese Thaten
wurde mein Herz zornig und mein Gemüth aufgebracht.
Ich versammelte meine erhabenen Streitkräfte,
welche Asur und Istar mir anvertraut hatten,
nach Ägypten und Äthiopien richtete ich den Weg.
Im Fortgang meines Feldzuges,
Ba'al, König von Tyrus
Minsê, König von Juda
Ḳausgabri, König von Edom
Muṣuri, König von Moab
Ṣillu-Bel, König von Gaza
Mitinti, König von Askalon
Ikansa, König von Ekron
Milkiasapa, König von Byblos
Jakinlu, König von Arados
Abiba'al, König von Samsimurun
Amminatbi, König von Beth-Ammon
Achimelech, König von Asdod
Ekistura, König von Eṭi'li
Pilagura, König von Kitrusi
Kisu, König von Silua
Ituandar, König von Pappa
Erisu, König von Sillu
Damasu, König von Kurî
Atmesu, König von Tamesu
Dumusu, König von Ḳartichadasti
Unasagusu, König von Lidir
Puṣusu, König von Nurê
zusammen 22 Könige am Ufer des Meeres,
inmitten des Meeres und des trockenen Landes,

mir ergebene Unterthanen,
trugen ihre schweren Geschenke
vor mich und küssten meine Füsse.
Selbigen Königen nebst ihren Streitkräften u. s. w.

Col. II.

Die Gewalt der Waffen Asurs, meines Herrn, u. s. w.
Darnach, Urdamanê, Sohn des Sabako,
setzte sich auf den Herrscherthron,
Thebes (und) On machte zu seinem Bollwerk,
versammelte seine Macht
um mit meinem Heer, den Söhnen Assyriens zu kämpfen,
die er im Memphis versammelte, darin
schloss selbige Einwohner ein und
nahm ihre Ausgänge in Besitz.
Ein Eilbote kam nach
Ninewe und erzählte (es) mir.
Ich wurde anders und nach Ägypten und Äthiopien
richtete ich den Weg.
Da Urdamanê den Fortgang meines Feldzuges hörte und
dass ich die Grenze Ägyptens betreten habe,
verliess er Memphis und um sein Leben zu retten
floh nach Thebes.
Die Könige, Satrapen, Stadtherren,
die ich in Ägypten festgesetzt hatte
kamen zu mir und küssten meine Füsse.
Urdamanê nach . . . .
marschirte ich nach Thebes seiner Burg.
Den mächtigen Anprall meiner Schlacht sah er und verliess Thebes,
floh nach Kipkip.

Anmerkungen.

Z. 19. ka-bit-tu. Diese Schreibweise anstatt des Zeichens *ê*, *bit*, welches V R. 1, 64 steht, ist ein Beweis, dass das Zeichen *bat*, *mit* den Lautwerth *bit* hat. — Es ist merkwürdig, dass Z. 65 auf diesem Cylinder fehlt, da die assyrischen Schriftsteller meines Wissens nie versäumen ausdrücklich zu sagen, dass der König erst betete.

21. ḳa-a-tu-u-a. Die Schreibweise beweist, dass das *a* lang ist. Demgemäss ist der Stamm קוה wie Delitzsch meint.

22. Am-ḳar-u-na. Prof. Schrader liest Am-ḳar-ru-na, aber das Zeichen ist ganz klar *u*.

41. Ku-ri-i. Das Zeichen *ib* ist ein Druckfehler für *ku*.

Col. II, Z. 10. apil šip-ri. Variante für das gewöhnliche *sukkallu* „Bote". Nach Pinches ist *apal* „Sohn", die Schreibweise „der assyriologischen Schule des Continents" nicht belegt.

12. aš-ni-ma. Dies Wort leite ich von שנה „anders sein" ab. Übrigens vgl. Heft I.

K. 538.

Transscription.

A-na šarri bêli-ia
arad-ka Arad-Nabû
lu-u-šul-mu a-na šarri bêli-ia
Ašûr Šamaš Bêl Zar-pa-ni-tum
Nabû Tas-mê-tum
Ištar ša Ninua
Ištar ša Arba'il
ilâni an-nu-ti rabûtê
ra-i-mu-ti šar-ru-ti-ka
IC šanâtê a-na šarri bêli-ia
lu-bal-li-ṭu
ši-bu-tu lid-tu-tu
a-na šarri bêli-ia lu-šab-bi-u
ḫurâṣu ša ina Tišritu
abarakku A-ba êkalli
u ana-ku is-si-šu-nu
ni-ḫi-ṭu-u-ni
III bilâtê ḫurâṣi šak-ru
VI bilâtê la-a šak-ru

ina pit-ḳat
ša rabû da-ni-bat
is-sak-na ik-ta-nak
ḫurâṣu a-na ṣa-lam šarra-a-ni
a-na ṣa-lam ša ummi šarri
la-a id-din
šarru ê-ni a-na abarakku
a-na a-ba êkalli
ṭê-ê-mu liš-kun
ḫurâṣu li-ip-ti-u
rêš araḫ ṭa-bu-u-ni
a-na um-ma-a-ni lid-di-nu
til-lu li-pu-šu

Übersetzung.

An den König, meinen Herrn
dein Knecht, Arad-Nebo.
Gruss dem König meinem Herrn.
Mögen Asur, Samas, Bel, Zarpanit,
Nebo, Tasmêt
Istar von Ninewe,
Istar von Arbela,
diese grossen Götter,
die deine Herrschaft lieben,
ein hundert Jahre, dem König, meinem Herrn
schenken,
mit Greisenalter, Nachkommenschaft
den König, meinen Herrn sättigen.
Betreffs des Goldes des Monats Tisrit,
der Grossvezier, der Präfect(?) des Palastes
und ich mit(?) ihnen
haben gesündigt.
3 Talenten gut verkäufliches Gold,
6 Talenten unverkäuflich
sammt der Summe(?)
welche der grosse *Danibat*
gesammelt hat, hat man versiegelt.

Gold für das Bild der Könige,
für das Bild der Mutter des Königs
hat man nicht gegeben.
Möge der König, mein Herr dem Grossvezier,
dem Präfect(?) des Palastes
Befehl geben,
möge er das Gold aufmachen,
am Anfang eines guten Monats
den Künstlern geben,
den Auftrag machen.

Anmerkungen.

Z. 9. ra-i-mu-ti ist von ר,א,ם „lieben, begnadigen". Hebr. רָחַם.

11. lu-bal-li-ṭu ist **II, 1** von בלט „Leben schenken".

12. ši-bu-tu, lid-tu-tu sind abstrakte Formen, die eine von שיב, hebr. שִׂיב, die andere von ולד. Die Wörter kommen häufig neben einander vor. K. 555, ein unveröffentlichter Text bietet ši-bu-u-tu lid-tu-tu a-na šarri bêli-ia lid-di-nu „mögen sie Greisenalter, Nachkommenschaft dem König meinem Herrn geben". Neb. X, 8 ši-bu-ti lu-uk-šu-ud lu-uš-ba-a li-id-tu-ti „möge ich das Greisenalter erreichen, mich an Nachkommenschaft sättigen".

13. lu-šab-bi-u ist **II, 1** von שבא, hebr. שָׂבַע „sättigen". Die eben eingeführte Form lušbâ ist **III, 1** von diesem St.

14. Tišritu. Meiner Ansicht nach ist das Wort so zu lesen. nicht *Tašritu*, wie es gewöhnlich gelesen wird.

15. abarakku. Zu diesem Worte vgl. Delitzsch, Proleg. S. 145. — a-ba. Dieser Titel kommt häufig vor. Für den *aba êkalli* siehe Sarg. 12, 35 Nabû-aḫê-šu a-ba êkalli ša Sar-gi-na šar Aššûr; 57 a-ba ša êkalli ma-ḫir-tê ša âli Kal-ḫi. Für den a-ba ša piḫâtê, Sarg. 12, 43 a-ba ša rab-šaḳ. Vgl. ferner K. 279, 1 di-ê-nu ša Nabû-šar-uṣur a-ba; II R. 31, 64 a-ba Aššûr-ai, 65 a-ba Ar-ma-ai.

16. is-si-šu-nu. Dieses Wort ist also geschrieben K. 595, 41 is-si-ka i-za-az. Z. 44 a-mê-lu-ti is-si-ia. K. 558, 20 ṣâbê is-si. Vgl. II R. 47, 20 i-gi-ḳaḳ = is-si. Das ist in meiner Sammlung häufiger *isi* geschrieben. Vgl. K. 525, 10 i-si-šu it-tal-ku-u-ni. Z. 42 i-si-šu-nu lil-li-ka. K. 678, 40 šu-nu i-si-ia. I R.

21, 53. 73; 24, 60, 58. 64; 25, 69. 77 narkabâtê bit-ḫal-lu Amêlu zu-ku ša Pa-ti-ra-ai i-si-ia u-si-kin. Dies Wort kommt sehr häufig in den Briefen vor. Die Vermuthung Strassmaier's, dass das Wort Synn. von *ittu* „mit" sei, dürfte wohl richtig sein.

18. šak-ru. Zur Erklärung dieses Wortes ist hebr. שָׂכַר zum Vergleich zu ziehen. Das hebr. Wort bedeutet „für einen Preis erkaufen" und demgemäss ist *ḫurâṣu šakru* Gold, welches für den Markt bereit ist; *ḫurâṣu la šakru* ist Gold ehe es gereinigt worden ist. Vgl. V R. 29, 68.

20. pit-ḳad. So ist die Zeile am wahrscheinlichsten zu lesen. Ich bringe das Wort mit פקד zusammen. Das Zeichen *šu* mit der Dualbezeichnung ist *ḳat* als Sylbenzeichen zu lesen. Das Wort scheint mir „Verwahrung" oder etwas dem ähnliches zu bedeuten.

21. da-ni-bat. Vor vielen Jahren las Prof. Oppert dani-nu (vgl. Lenor. La Divination S. 194), aber der Text ist jetzt ganz klar. Strassmaier liest auch *bat* (Alphabet. Verz. Nr. 7443). Nach einer vertraulichen Mittheilung des Herrn Strassmaier kommt das Wort in seiner Sammlung *da-ni-ba-tê* geschrieben vor. Seine Übersetzung ist „Schatzmeister".

22. ik-ta-nak. I, 2 von כנך.

29. li-ip-ti-u. Prec. von פתח.

32. til-lu kommt in den Briefen häufig vor. Vgl. K. 514, 14 ti-il-li-šu-nu ša kaspi; K. 525, 27 pa-an til-li šarri; K. 582, 28 a-na til-li ša bît Nabî a-ti-din „Für das Geschäft (den Auftrag) des Tempels des Nebo schenkte ich". Vgl. ferner K. 620, 8; 615, 28; 617, 25; 628, 19; 650, 7; 89, 8. Nach dem Zusammenhang der Stellen scheint das Wort „Auftrag, Geschäft" zu bedeuten. Siehe Pinches PSBA May 5. 1885, S. 150—1.

K. 513.

Transscription.

A-na šarri bêli-ia
arad-ka Ašûr-bêl-dan-in
lu-u-šul-mu a-na šarri bêli-ia

amêlu ša Bît-ku-din
ša ina êli nišê mât ḫal-ḳu-tê
u-šê-ṣa-an-ni
ṣâbê ištu ba-ta-ba-ti-ia
u-si-ṣi-a i-ta-an-na
Ḫal-zi-at-bar-ai
gab-bi-šu-nu ma-'-da
ḫal-ḳu ina lib-bi šadâni
gab-bu-šu-nu
amêlu ša Bît-ku-din
da-li-iḫ ma-a ḫarranu
ka-ri-im an-nu-šim
Nabû-u-a
amêlu ša Bît-ku-din
ša ina pân Kal-da-ai
pa-ḳi-du-u-ni
III C LXXX napšâtê na-aṣ-ṣa
ištu lib-bi-šu-nu ina libbi Ja-su-mê
ina libbi Bît-Za-ma-ni
ri-ê-ḫu ê-gir-tu
ina muḫ-ḫi-šu liš-pur-u-ni
ki-i ša Kal-da-ai
u-šê-ṣa-an-ni u-ga . . . . .
ki-i ša nišê mât ḫal-ḳu-tê
u-pa-ḫar-an-ni
u-bal-an-ni

Übersetzung.

An den König, meinen Herrn,
dein Knecht, Asur-bêl-danin.
Gruss dem König, meinem Herrn.
Der Beamte von Bit-Kudin,
der mich in Betreff der Leute, die in Gefangenschaft gerathen sind,
hinausgeschickt hat,
die Krieger um mich herum
fortgeführt hat, mit der Schlinge (?)
der Bewohner von Chalziatbar,

sind sie alle zusammen in Elend gerathen, inmitten der Berge sie alle zusammen. Der Beamte von Bit-Kudin ist in Anregung darüber, dass der Weg versperrt sei. Nabua, Beamter von Bit-Kudin welcher über die Chaldäer gestellt war (und) 380 Leute sind ausgeschickt daraus in Jasume, in Bît-Zamani sind festgesetzt(?). Mögen sie einen Brief an ihn schicken, dass die Chaldäer mich ausgeschickt haben . . . . . . dass die Einwohner, die in Gefangenschaft gerathen waren mich aufgenommen haben (und) mich in Elend gebracht haben(?).

Anmerkungen.

Z. 7. ba-ta-ba-ti-ia. Zu diesem Worte vgl. Asurn. I, 91 an-nu-tê bat-tu-bat-tê ša a-si-tê ina zi-ki-pi u-šal-bi „diese liess ich auf Pfählen den Pfeiler ringsherum umgeben“. Vgl. ferner K. 650, 5.

8. i-ta-an-na. Vgl. K. 678, 31; IV R. 26, 26a „ein Netz ina i-ta-an-ni-ša nûnu ul uṣṣu aus dessen Umschlingung(?) kein Fisch herauskommt“ (siehe Heinrich Lhotzky, Die Annalen Asurnazirpals S. 33). Asurn. I, 83 ḫi-ṭi gab-bu u-ṣa-bi-tu-ni ia(i)-ta-nu-ni „alle Rebellen nahmen sie in einer Schlinge(?) gefangen“.

15. ka-ri-im. Vgl. V R. 32, 51b ka-ri-im pi-du. Der St. ist כרם. Vgl. III R. 70, 211. Syn. ist *saḫâpu*. Strassm. A V Nr. 4178 und Syl. Nr. 559. — an-nu-šim ist ein in den assyrischen Berichten häufig vorkommendes Wort und wahrsch. Adv. von *annu*. Vgl. K. 11, 26; K. 183, 32; K. 525, 34; Strassmaier, Alphabet. Verz. unter diesem Wort.

20. Das *ti* ist *na* und das letzte Zeichen ist *ṣa* anstatt *a* zu lesen.

23. Der Text ist hier ganz sicher, obwohl die Tafel etwas abgebröckelt ist. — ri-ê-ḫu ist mir dunkel. — ê-gir-tu. Zu diesem Worte vgl. Delitzsch's lange Auseinandersetzung Prol. S. 149 flg.

K. 562.

Dieser Brief ist IV R. 54 Nr. 1 und George Smith (History of Asurbanipal) S. 296—98 in assyrischer Transscription veröffentlicht. Ich habe den Text so treu nach dem Original wie möglich gegeben.

Transscription.

A-na šar mâtâtê ê-ni-ia
arad-ka Nabû-sum-êšir
Nabû u Marduk ûmê arkûtê
šanâtê da-ra-a-ti
ḫaṭṭu i-šir-tu kussû
da-ru-u a-na šar mâtâtê
ê-ni-ia lid-di-nu
a-na êlî ša šarru ê-ni-a
ṭê-ê-mê iš-kun-an-ni
um-ma ṭê-im ša Ar-a-bi
ma-la ta-šim-mu-u
šup-ra a-lak-ti ši-i
ul-tu Ni-ba-'-a-ti
ki-i tu-ṣa-a Ai-ka-ma-ru
apil-šu ša Am-mê-'-ta-'
Maš-'-ai a-na muḫ-ḫi-šu-nu
ki-i it-bu-u ṣâbê id-duk
u iḫ-ta-bat ištên ina lib-bi-šu-nu
ki-i u-šê-zi-bu
a-na lib-bi âl ša šarri i-tir-ba
a-du-u a-na šarri ê-ni-ia
al-tap-raš-šu šarru
ša pi-i-šu liš-mi

Übersetzung.

An den König der Länder, meinen Herrn,
dein Knecht, Nebosumesir.
Mögen Nebo und Merodach lange Tage,
ewige Jahre,
ein gerechtes Scepter, einen ewigdauernden
Thron dem König der Länder,
meinem Herrn schenken.
Über das was der König, mein Herr
mir Befehl gegeben hat
also: Die Nachricht der Araber
alles was du vernimmst,
schicke. Diese Depesche
von den Nabatäern
kommt auf dieser Weise. Als Åkamaru,
Sohn des Ammê'tâ
von Maš wider sie
herankam, da tötete er die Kriegsleute
und plünderte (sie). Einen aus ihnen
dann rettete man.
In die Königsstadt zog er ein,
hiermit(?) zu dem König, meinem Herrn
sende ich ihn; möge der König
aus seinem Munde hören.

Anmerkungen.

Z. 10. Beachte die Schreibweise *Ar-a-bi* anstatt das gewöhnliche *A-ri-bi* in dem arabischen Feldzug Asurbanipals. Vgl. Heft I, S. 58—74.

Z. 12. šup-ra Imperv. von שפר schicken. Die Form **III, 2** kommt unten Z. 22 vor.

13. *Ni-ba-'-a-ti* muss eine andere Schreibweise für den arabischen Volksstamm *Na-ba-ai-ti*, *Na-ba-ai-ti-ai*, *Na-ba-ai-ta-ai* V R. VIII, 70. 95. 48. sein. Beachte die Änderung der Vocalization der ersten Sylbe.

14. Das von George Smith (Asurbanipal S. 297) copirte *ḫir* (*šar*) ist, worauf mich Mr. Pinches aufmerksam macht, IV R. 54, Nr. 1, 14 durch *tu* wiedergegeben, welches deutlich genug auf dem Original steht. Durch diese richtige Lesung fällt ein ausserordentlich schwieriges Wort weg. — Ai-ka-ma-ru. Für die Aussprache von *an-a-a* siehe Pinches, PSBA, Nov. 3, 1885.

15. *Am-mê-ʾ-ta-ʾ*. Die Form dieses Wortes zeigt, dass es ein arabischer Name ist. Vgl. *Ammuladin*. Wenn das *m* auszusprechen ist, so kann *U-ai-tâ-ʾ* (vgl. den arabischen Feldzug) derselbe Name sein. In den Briefen finden wir nicht die Schreibweise und Aussprache der Gelehrten, sondern die des Volkes.

20. i-tir-ba I, 2 von ארב$_5$ einziehen.

21. a-du-u ist wahrsch. ein Adv. Vgl. S. 1028, 6. Dazu mehrere Stellen in Pinche's Texts in the Babylonian Wedge-Writing. Pinches übersetzt das Wort durch „now".

K. 604.

Transscription.

A-na šarri bêli-ia
arad-ka Ag-gul-la-nu
lu-u-šul-mu a-na šarri bêli-ia
Nabû u Marduk
a-na šarri bêli-ia
lik-ru-bu
šul-mu ša šarri bêli-ia
ṭu-ub libbê-šu
u ṭu-ub šêrê-šu
ina gab-ri-ê
ša ê-gir-ti-ia
šarru ê-ni
a-na arad-šu
liš-pu-ra

Übersetzung.

An den König, meinen Herrn,
dein Knecht, Aggullanu.
Gruss dem König, meinem Herrn.
Mögen Nebo und Merodach
dem König, meinem Herrn
gnädig sein.
Heil dem König, meinem Herrn,
Fröhlichkeit seines Herzens
und Gesundheit seines Leibes.
Mit der Abschrift(?)
meines Briefes
möge der König, mein Herr,
zu seinem Knecht
schicken.

Anmerkungen.

Z. 6. lik-ru-bu. Dieses Wort wird wohl von einem St. כרב d. h. mit כ, nicht mit ק abzuleiten sein. Strassmaier hat zuerst in seinem Alphabet. Verz. mit ק transscribirt, hat aber später dies aufgegeben. Die zwei Wörter *ḳarâbu* und *karâbu* sind sehr schwer auseinander zu halten, doch glaube ich, dass die Assyrer die beiden Wörter besassen. Das Wort *karâbu* kommt II R. 42, 9; 47, 32—33 und entspricht demselben akkad. Original wie na-ša-ḳu „küssen". Das Hauptwort *ikribu* kommt von diesem St. Es ist Synm. von niḳu „Opfer". Strassmaier hat mir die Gleichung ka-ra-bu = niḳu = ni-ḳu-u mitgetheilt. Vgl. II R. 31, 24: 35, 26; 66, 7 šê-ma-at ik-ri-bi li-ḳa-at un-ni-ni „die erhört das Gebet, annimmt das Seufzen". I R. 16, 26 tê-mê-iḳ ik-ri-bi-ia liš-mê-u „die Inbrunst meines Gebets möge er erhören". Nach diesen und anderen Beispielen ist das Wort etwas was man hören kann, sicher „Gebet". *ḳarâbu* bedeutet „sich nähern" und kommt sehr häufig vor. Siehe Strassm. 7844. Die Wörter *kirbu* und *kurbânu* sind meines Wissens stets mit *k* geschrieben (vgl. Tig. V, 39; II R. 38, 11 e f), doch werden sie von allen Assyriologen von der Form mit ק abgeleitet. Das entsprechende hebr. Wort ist freilich mit ק, aber wir sind desswegen gar nicht gezwungen das assyr. Wort mit *ḳ* zu transscribiren. Dagegen ist taḳribtu „Bussgebet“ von diesem St. abzuleiten. Vgl. Heft I, S. 98, 89 und das Glossar. Die Bemerkung von Delitzsch bei Zimmern S. 114, die Schreibung mit *ḳ* liesse sich für *taḳribtu* „Gebet“ nur rechtfertigen, wenn für *karâbu* „beten“, Impf. *ikrub*, Zusammenhang mit *ḳarâbu* „sich nähern, Impf. *iḳrib* angenommen werden dürfte“ lasse ich natürlich nicht gelten. Es ist wahr, wie Prof. Delitzsch weiter meint, dass „das Wort bed. ja nicht Gebet schlechtweg, sondern Bussgebet“, aber das Wesentliche ist nicht das äusserliche oder sichtbare „Weinen“ oder „Verfinsterungen des Antlitzes“, sondern es besteht vielmehr in dem innerlichen Gefühl, dass der Mensch mit seinem Klaggesang oder Bussgebet sich an Gott wenden muss. Der Sünder bringt das Bussgebet vor Gott dar. Ob er mit Weinen kommt oder nicht ist Nebensache. Das Wort hat als sein Ideogr. *a-ši* weil der Büsser mit Thränen sich zu Gott gewöhnlich nähert. Ich halte für sehr wahrscheinlich, dass alle diese Wörter ursprünglich von *ḳarâbu* „sich nähern“ herstammen und dass der St. karâbu später daraus entstanden ist.

8. libbê-šu. Es ist eigenthümlich, dass das Dualzeichen hinter *lib* steht; es ist mir sonst nicht vorgekommen.

10. gab-ri-ê. Vgl. oben S. 11. Hier bedeutet das Wort „Abschrift“ oder etwas dem ähnliches. Strassmaier hat mir auch mitgetheilt, dass das Wort diese Bedeutung hat.

K. 476.

Dieser Brief ist eigenthümlich, da er an „die Tochter des Königs" adressirt ist.

Transscription.

A-na mârat šarri
bêlti-ia arad-ki
Nabû-na-din-šumi
û-mu us-su Bêlu
Zir-pa-ni-tum Nabû
Na-na-a u Tas-mê-tum
ana balaṭ napšâtê ša šar kiššati ê-ni-ia
u mârat šarri bêlti-ia u-ṣal-li
Zir-pa-ni-tum bêltu ṣir-ti
lib-ba-ki tu-ṭi-ib-ki
a-ki ša Bêlu u Nabû
a-na ṭu-ub lib-bi
ša šar kiššati ê-ni-ia
u mârat šarri bêlti-ia
u-ṣal-lu-u
Bêlu u Nabû pa-an
ša-du-ti ša šarri ê-ni-ia
u ša mârat šarri bêlti-ia
a-na muḫ-ḫi-ia
liš-ku-nu

Übersetzung.

An die Tochter des Königs,
meiner Herrin, dein Knecht,
Nebo-nadin-sumi.
Tagtäglich (?) zu Bel,
Zirpanit, Nebo,
Nana und Tasmet,
Leben dem König der Gesamtheit, meinem Herrn,

und der Tochter des Königs, meiner Herrin, zu schenken bete ich.
Zirpanit, die erhabene Herrin
hat dir dein Herz fröhlich gemacht,
wie ich zu Bel und Nebo
für die Fröhlichkeit des Herzens
des Königs der Gesamtheit, meines Herrn,
und der Tochter des Königs, meiner Herrin,
bete.
Mögen Bel und Nebo vor
der Hoheit(?) des Königs, meines Herrn,
und der Tochter des Königs, meiner Herrin,
mich
festsetzen.

Anmerkungen.

Z. 4. us-su. Pinches betrachtete in seinen „Notes upon the Assyrian Report-Tablets" (1877) dies Wort als eins mit dem bekannten *uzzu* „mächtig". Allein dies scheint mir bedenklich.

17. ša-du-ti. Dies Wort lässt sich sehr schön von dem Delitzsch'schen St. שדה „hoch sein" ableiten. Diese Bedeutung für diesen St. im Assyr. ist zweifelhaft, da die Beweisstelle V R. 28, 83 anstatt *ša-ḳu-u* ša-ku-u bietet. Vgl. auch Jensen ZA I, S. 251.

81, 2—4, 57.

Transscription.

A-na šarri ê-ni-ia
arad-ka Na-di-nu
lu-šul-mu a-na šarri ê-ni-ia
a-dan-niš a-dan-niš
Nabû Marduk
a-na šarri ê-ni-ia lik-ru-bu
ICXI Ku-sa-ai

XI Mê-sa-ai
napḫariš ICXXII sisê
ša ni-i-ri
ša Bar-ḫal-ṣa
XI sisê Ku-sa-ai
ša Arab-ḫa
XVII Ku-sa-ai
X Mê-sa-ai
napḫariš XXVII sisê
ša ni-i-ri ša Kal-ḫa
la gam-mar-u-ni
napḫariš ICXXXIX Ku-sa-ai
XXI Mê-sa-ai
napḫariš ICLX sisê
ša ni-i-ri û-mu
an-ni-u ê-tar-bu-ni

Übersetzung.

An den König, meinen Herrn,
dein Knecht, Nadinu.
Gruss dem König, meinem Herrn.
Rechtzeitig, rechtzeitig,
mögen Nebo (und) Merodach
dem König, meinem Herrn, gnädig sein.
111 aus Kus,
11 aus Mês,
zusammen 122
Jochpferde
aus Barchalṣa.
11 Pferde aus Kus
aus der Stadt Arrapachitis
17 aus Kus,
10 aus Mês,
zusammen 27
Jochpferde aus Kalach,
die nicht eingeübt sind,
zusammen 139 aus Kus

21 aus Mês
im ganzen 160
Jochpferde sind
heute eingeführt worden.

Anmerkungen.

Z. 4. a-dan-niš. Dieses Wort kommt sehr häufig in demselben Zusammenhang vor in den von mir copirten Texten. Vgl. z. B. K. 183, 5 a-na šarri (bêli-ia) a-dan-niš a-dan-niš lik-ru-bu. K. 11, 6 enthält denselben Text. K. 175, 4 ist die Ordnung der Wörter dieselbe wie hier. K. 486, 6 bietet aḳ-ṭi-bi damiḳ a-dan-niš u. s. w. Zu diesem Worte möchte ich aram. עִידָּנָא, syr. ܥܶܕܳܢܳܐ, arab. عِدَّانٌ „Zeit“ zum Vergleich heranziehen. Siehe ferner Strassmaier Alphabet. Verz. Demgemäss bedeutet das Wort viell. „zeitig“. In der Debatte über meinen zu Wien (VII. Internat. Orient. Congress) gehaltenen Vortrag hat Herr Prof. Oppert seine Ansicht ausgesprochen, dass das Wort „von Zeit zu Zeit“ bedeutet, was vorzüglich passt.

9. napḫariš. Vgl. meine Bemerkung ZA I, S. 426.

18. gam-mar-u-ni. Ich leite dies Wort von dem bekannten גמר ab.

K. 95.

Transscription.

A-mat šarri
a-na Bêl-ib-ni
šul-mu ia-a-ši
lib-ba-ka
lu-u-ṭa-ab-ka
ina êli Pu-ḳu-di
ša ina êli nâru Ḫar-ri
ša taš-pu-ra
ap-ḳit-ti amêlu
ša bît bêlê-šu

i-ra-'-a-mu
ša im-ma-ru
u ša i-šim-mu-u
uznâ ša bêlê-šu
u-pat-ta adî
ba-ni ša taš-pu-ra
uznâ[pl]-ia tu-pat-tu-u

Übersetzung.

Der Befehl des Königs
zu Bêl-ibnî.
Gruss von mir
deinem Herzen,
möge es dir gut gehen.
Über die Leute von Pekod
welche am Flusse Charri (wohnen),
was du gesandt hast,
habe ich den Mann aufgestellt,
der das Haus seiner Herren
liebt,
der sieht
und hört,
die Ohren seiner Herren
öffnet. Bis
das geschieht, welches du gesandt hast,
meine Ohren hast du geöffnet.

Anmerkungen.

Z. 3. Das Zeichen *ki* ist natürlich Druckfehler für *di*.
9. ap-ḳit-ti. Das Wort hängt mit פקד zusammen.
15. ên-na. Für die Lesung *adî* vgl. II R. 15, 9.

K. 486.

Transscription.

A-bat šarri a-na
ummi šarri
šul-mu ai-ši
lu šul-mu a-na
ummi šarri
ina êlî ardi ša A-mu-šê
ša taš-pur-in-ni
kî ša ummu šarri
taḳ-bu-u-ni
a-na-ku ina pi-tê-ma
aḳ-ṭi-bi
damiḳ a-dan-niš
ki ša taḳ-bi-ni
a-na mê-i-ni
Ḫa-mu-na-ai
il-la-ak

Übersetzung.

Der Wille des Königs an
die Königin-Mutter
Gruss von mir,
Gruss an die
Königin-Mutter.
Über den Knecht des Amušê,
den du mir gesandt hast
wie die Königin-Mutter
geboten hat,
habe ich urplötzlich
befohlen
Gnade; zeitig,
wie du befohlen hast,
der Zahl
des Chamuna
ist er gegangen.

K. 509.

Transscription.

A-na šarri mâtâtê ê-ni-ia
arad-ka Nabû-šum-išir
Nabû u Marduk ûmê arkûtê
šanâtê da-ra-a-ti
a-na šarri mâtâtê ê-ni-ia lid-di-nu
ṣâbê Bir-ta-ai ardâni
ša šarri ê-ni-ia a-na ma-aṣ-ṣar-tu
a-na sa-pan-ni ap-pa-ru
ša Bâbili ki-i aš-pu-ru
ṣâbê ša šarri Bâbili a-na muḫ-ḫi-šu-nu
ki-i it-bu-u ina šim-ti ša šarri bêli-ia
Bir-ta-ai ardâni ša šarri
ša ṣâbê ina lib-bi ṣâbê ša Bâbili
id-du-ku u IX ki-i i-bu-ku-ni
a-na pa-an šarri ê-ni-ia
al-tap-raš-šu-nu-ti
ul-tu êlî ša Bi-rat
ḫi-pu-u u ile-e-šu ab-ku
mi-i-tu a-na-ku u un-ḳu ḫurâṣi
ša šarri bêli-ia ki-i a-mu-ru
ab-ta-luṭ u adî
allaki-ia a-na šu-lum šarri bêli-ia
ki-i aš-pu-ra un-ḳu ša šarri
ê-ni-ia ul a-mu-ur-ma ul ab-luṭ
mi-i-tu a-na-ku šarru ê-ni-ia
la u-maš-šir-an-ni

Übersetzung.

An den König der Länder, meinen Herrn,
dein Knecht, Nebo-šum-išir.
Mögen Nebo und Merodach, lange Tage,
ewige Jahre,

dem König der Länder, meinem Herrn verleihen. Als ich die Kriegsleute von Birat, die Knechte des Königs, meines Herrn, zur Bewachung, um das Wiesendickicht bei Babylon zu bewahren(?) sandte als die Kriegsleute des Königs von Babylon wider sie kamen auf Geheiss des Königs, meines Herrn, da wurden die Birtäer, die Knechte des Königs, 4 Soldaten unter den Kriegsleuten des Königs von Babylon geschlagen und als neun entkommen sind, zu dem König, meinem Herrn, sende ich sie. Seitdem Birat zerstört ist und ihre Götter fortgeführt sind, bin ich des Todes und wenn ich den goldenen Siegelring des Königs, meines Herrn, sehe, so werde ich am Leben bleiben und bis ich, da ich meinen Boten um den König, meinen Herrn zu begrüssen sende, den Siegelring des Königs, meines Herrn, nicht sehe und nicht lebe, des Todes bin ich. Der König, mein Herr, möchte mich nicht verlassen.

Anmerkungen.

Z. 8. sa-pan-ni. Das Wort scheint von dem bekannten ספן herzustammen, doch ist der Sinn nicht recht passend. Der Zusammenhang fordert eine Bedeutung wie „bewahren“.

14. i-bu-ku-ni von אבך$_2$ „wenden“ in Flucht schlagen“.

18. ḫi-pu-u ist von חפא$_4$ „zerstören, vertilgen“. — ab-ku ist von dem ebenerwähnten אבך$_2$ herzuleiten.

19. un-ḳu. Zu diesem Worte vgl. Pinches ZK II, S. 325 und 414. Die Bedeutung hier ist „Siegelring“.

21. ab-ta-luṭ I, 2 von בלט. Der Sinn dieser Stelle ist: „Wenn ich den goldenen Siegelring des Königs sehe, so werde ich leben und desswegen schicke ich meinen Boten um den König zu grüssen, wenn ich aber den Siegelring des Königs nicht sehe, so werde ich nicht leben; ich muss sterben“.

K. 312.

Transscription.

A-mat šarri a-na amêli mât tam-tim
amêli šêbûti u ṣiḫrûti ardâni-a
šul-mu ai-ši lib-ba-ku-nu
lu-u-ṭa-ab-ku-nu-ši
a-mu-ra ên-na ak-ka-a-ʾ
ina libbi ša ênî-ai ina muḫ-ḫi-ku-nu
u la-pa-an ḫi-iṭ ša Nabû-bêl-šumê
ḫârimtu ša Mê-na-nu
ap-ru-su-ku-nu-ši a-du-u
Bêl-ibnî ardi-a u amêlu manzaz pani-ia
a-na a-lik pa-nu-ti ana muḫ-ḫi-ku-nu
al-tap-ra at-tu-nu
ab-bat-tim-ma ina libbi a-mat
ša ina muḫ-ḫi-ia ṭa-[bu] . . . .
ša ina lib-bi ša . . . .
amêlu tâm-[tim] . . . .
. . . .
. . . .
tam-ma-ra-ni mê- . . . .
ša ardâni ša ṣi- . . . .
ša bêlê-šu-nu iš-ša-nu
ia-ʾ-nu-u aš-ša ana-ku
ê-mu-ki-ia al-tap-ra
i-dib-šu at-tu-ku-nu
mi-nu-u dum-ki-ku-nu
u ṭâbtu-ku-nu i-na êni-ia
arah Airu ûmu V kan
lim-mu Bêl-êllat-u-a

Übersetzung.

Der Befehl des Königs zu den Leuten des Meerlandes,
den Ältern und Jüngern, meinen Dienern.
Gruss von mir, euer Herz

sei euch gut. Ich sehe und erwarte(?) (wache) mit meinen Augen über euch und vor der Sünde des Nebo-bêl-šumê, der Concubine des Mênanu trennte ich euch. Jetzt Bêl-ibnî, meinen Unterthan und meinen Diener um vor euch zu gehen, über euch schicke ich. Ihr werdet gehorchen dem Befehle, welcher mir gut scheint . . . . welcher inmitten . . . . die Bewohner des Meerlandes . . . .

. . . .

. . . .

. . . .

der Knechte, welche . . . . welche ihren Herren tragen . . . . sind nicht(?): was mich betrifft, so schicke ich meine Streitkräfte; sie werden euch befehlen. Unterdessen ist euer Glück und euer Wohlergehen vor mir.

Im Monat Ijjar, am fünften Tag,
Im Jahre des Bêl-êllatua.

Anmerkungen.

Z. 5. adî na-ak-ka-a-'. So liest George Smith (History of Asurbanipal S. 189) der diesen Text transscribirt und übersetzt hat. Ich möchte lieber *ên-na ak-ka-a-'* lesen, kann es aber nicht erklären. Das Wort na-ak-ka-a-' ist vielleicht mit hebr. נָכָה zusammenzubringen. Strassmaier liest nach einer Privatmittheilung *ên-na, adi* „und“, und erklärt akkâ' als „fut.“ von נכה ar. نَكَأَ, نَكَى. Der Sinn fordert hier „warten, wachen“.

7. Nabû-bêl-šumê. Dieser Name wird wohl entweder so

oder Nabû-bêl-šanâtê zu lesen sein und nicht Nabû-bêl-zikrê, wie ich in Heft I gelesen habe.

8. ḫârimtu. IV R. 49 Col. V, 17 (K. 231) ALS³ S. 25 Nr. 212.

9. a-du-u. Strassmaier vergleicht hebr. פִּתָּה. Vgl. S. 38 oben.

10. Du-ba-ši-ia. So liest G. Smith und übersetzt „deputy“. Meine Übersetzung ist gemäss dem Zusammenhang. Für *Gub-ba* = *ma-an-za-za-nu* vgl. Strassmaier AV Nr. 5056.

13. ab-bat-tim-ma. Strassmaier schreibt: Wohl von עבד Nominalbildung abbâd-tim-ma.

19. Mit dieser Zeile weiss ich nichts anzufangen. Die Tafel ist so abgebröckelt, dass es schwierig ist zu sagen was der Zusammenhang ist.

22. ia-'-nu-u. G. Smith übersetzt „to me“. Ich verstehe das Wort nicht. Strassmaier schreibt: „Mit verlängertem Endvocal hebr. אַיִן ‚nicht sein‘“.

24. i-dib-šu. Von dem bekannten St. דבב.

25. mi-nu-u ist nach Strassmaier „eine Partikel wie *mâ* chald. מִין, syr. ܡܢܘܢ“ .

K. 359.

Transscription.

Êgirtu Um-man-al-da-si šar Êlamti
a-na Ašur-bâni-pal šar Aššur lu-u-šul-mu
a-na âḫi-ia ultu rêš Mar-tê-na-ai
iḫ-ti-iṭ-ṭu-u-nik-ka Nabû-bêl-šumê
a-na a-ḫu-la na-aṣ-ṣu-u ni-bir-ti mât . . . .
bir-ti Êlamti us-sa-an-ḫi-iṣ . . . .
id-da-a-tê at-ta taš-šap-ra ma-a Nabû-bêl-[šumê]
šê-bi-la aṣ-ṣa-bat Nabû-bêl-šumê us-si-bil-ka
Mar-tê-na-ai ša ultu rêš Nabû-bêl-šumê
a-na Êlamti na-aṣ-ṣu-u-nin-ni . . . .
nišê-ia i-ba-aš-ši ša ina êlî mê mât(?) . . . . za
ina libbi uznâ-šu-nu ê-tar-bu šu-nu it-tal-ku

ina La-ḫi-ri it-taḫ-ṣu-u ma-a
nišê i-ba-aš-ši adî ta-ḫu-mê-šu-nu
a-šap-par ina muḫ-ḫi-šu-nu ardâni-ia
ša iḫ-ṭu-u-nin-ni ina ḳâta-šu-nu u-ma-'-ir
šum-ma ina mâti-ia šu-nu ana-ku ina kâta-šu-nu u . . . .
u šum-ma nâru ê-tab-ru at-ta tal- . . . .
ina lib-bi-šu-nu ri-i-ba u ki-ma . . . .
ip-šat ardâni ša ina êlî ta-ḫu-[mê . . . .
. . . . u-ša-an-ḫu-ṣu
. . . . apil šiprê a-ni-ni
. . . . in-nab-tu-u-ni
. . . . sa-mê-ik-tu za-aḫ-tu
. . . . lib-bi-ia la aš- . . . . . .

(Der Revers ist zu mangelhaft zu transscribiren und zu übersetzen.)

Datum.

araḫ Du'uzu ûmu XXVI kan lim-mu Nabû-šar-âḫê

Übersetzung.

Brief von Ummanaldas, König von Elam,
an Asurbanipal, König von Assyrien. Gruss
meinem Bruder. Von Anfang an die Martenäer
haben gesündigt gegen dich, Nebo-bêl-šumê ist
gegenüber geflohen jenseits des Landes . . . .
in die Mitte Elams drang er vor . . . .
Streitkräfte welche du geschickt hast; lasse kommen den Nebo-bel-šumê,
ich will den Nebo-bêl-šumê gefangen nehmen, dir zuführen.
Die Martenäer, die von Anfang an Nebo-bêl-šumê
nach Elam . . . .
Meine Leute über das Wasser vom Lande . . . .
bis an die Ohren sanken sie ein, sie gingen
in Lachiri drangen sie vor.
Die Leute sind bis an ihre Grenze vorgerückt,
ich schickte wider sie meine Knechte.
Die, welche gegen mich gesündigt hatten, überlieferte ich in ihre Hände.

Wenn sie in meinem Lande sind, übergebe ich sie in ihre Hände
und wenn sie den Fluss überschreiten, so gehe du
in ihre Mitte dringe ein und wie . . . .
das Werk der Knechte, welche über die Grenze . . . . . .
. . . . will ich verdrängen (?) lassen
. . . . die Boten sind wir
. . . . flohen
. . . .
. . . . in mir nicht . . . .

Datum.

Im Monat Tammuz am 26. Tag, im Jahre Nebo-šar-âḫê.

Anmerkungen.

Z. 5. a-ḫu-la. Vgl. meine Bemerkung ZA I, S. 426. — na-aṣ-ṣu-u zum Vergleich möchte ich hebr. נָצָא bez. נָצָה heranziehen. Ferner vergl. arab. نَصَا. Dies Wort im Assyrischen wird wohl die beiden Bedeutungen „hinfliehen" und „streiten" haben. — ni-bir-ti. Vgl. Heft I, S. 18, 95 und das Glossar.

6. us-sa-an-ḫi-iṣ. Vgl. unten zu Z. 13.

8. šê-bi-la von יבל. — us-si-bil-ka ist von demselben St. und bedeutet „bringen". Vgl. K. 11, 27. Das fünfte Zeichen dieser Zeile ist *ṣa* anstatt *a* zu lesen.

10. Das drittletzte Zeichen schien mir *nin* zu sein. Strassmaier erklärt es als „Verstärkungspartikel *nin*, verdoppelt".

13. it-taḫ-ṣu-u. Ich möchte zu diesem Wort hebr. נָחַץ, arab. نَكَصَ zum Vergleich heranziehen. Das Wort *u-ša-an-ḫu-ṣu* Z. 21 ist auch von diesem St. abzuleiten".

19. ri-i-ba. Impv. von ארב nach Strassmaier.

22. a-ni-ni. Anstatt *kin* liest Pinches *šar* und übersetzt „farmers are we". Das erste Zeichen ist zweifellos, wie Pinches meint, das Zeichen für *amêlu* „Mensch".

24. sa-mê-ik-tu. Das Wort ist mir sonst unbekannt. Vgl. hebr. סָמַךְ. — za-aḫ-tu. Vgl. hebr. זָחַח. Beides sind partic. passiva.

K. 524.

Zu diesem Texte vgl. Bezold's Literaturgesch. S. 264 — Lehmann-Winckler. Derselbe wird auch in George Smith's History of Asurbanipal 202, 204 erwähnt.

Transscription.

A-na bêl šarrâni ê-ni-ia
arad-ka Bêl-ib-ni
Ašûr Šamaš u Marduk
a-ra-ku ûmê ṭu-ub lib-bi
u ṭu-ub šîri ša bêl šarrâni
ê-ni-ia liḳ-bu-u Šu-ma-a
apil-šu ša Šumu-iddi-na apil Ga-ḫal
apil aššati ša Tam-ma-ri-ti
ul-tu Êlamti ki-i
iḫ-li-ḳu a-di Taḫ-ḫa-'
it-tal-ka ul-tu Taḫ-ḫa-'
ḳâta-su ki-i aṣ-ba-ta
ul-tê-bi-raš-šu ma-ru-uṣ
a-di napšâtê-šu ma-la-a
i-ṣab-ba-tu a-na šarri
ê-ni-ia a-šap-pa-raš-šu
Allaku i-ba-aš-šu ša Na-dan
u Pu-ḳu-du
ša i-na Ti-il-[mu-un]
a-na pa-an Nabû-bêl-šumê
a-na Tar-gi-ba-a-ti it-tal-ku
šu-mu ilu a-na a-ḫa-mêš
ul-tê-lu-u um-ma ki-i a-di
ṭê-ê-mu ma-la ni-šim-mu-u
ni-šap-pa-rak-ka u a-na
i-da-tu-tu alpê L ṣubatu
a-na kaspi ina ḳâta-šu i-tab-ku-ni
u iḳ-ta-bu-niš-šu um-ma
lu ardâ-ni lil-li-ku-nim-ma
ina lib-bi U-ba-ai-na-at

ina sa-a-du li-ku-lu ina lib-bi
a-na muḫ-ḫi-ni ta-ra-aḫ-ḫu-uṣ
ên-na allaku ša šarri bêli-ia
lil-li-kam-ma i-na bi-rit
šîri êni ša Na-dan lu-man-di-id
um-ma ki-i man-ma a-na maḫiri
a-na Êlamti tal-tap-ra
u ištên lu ardu
a-na sa-a-du ša Êlamti
ip-tê-ir-ku

Rand: ul u-bal-laṭ-ka dib-bi ka-ai-ma-nu-ut
a-na šarri bêli-ia al-tap-ra..

Übersetzung.

An den Herrn der Könige, meinen Herrn,
dein Knecht, Belibni.
Mögen Asur, Samas und Merodach,
Länge der Tage, Freude des Herzens
und Gesundheit des Körpers des Herrn der Könige,
meines Herrn befehlen. Sumâ,
Sohn des Sum-iddina, Sohn des Gachal,
Sohn der Gemahlin des Tammaritu —
als er aus Elam
floh, zu den Tachâ'
ging er; als ich seine Hände
von den Tachâ' zurück erhielt,
brachte ich ihn krank zurück,
noch am Leben, soweit
dasselbe noch erhalten, dem König,
meinem Herrn schicke ich ihn.
Es war ein Bote da von Nadan
und von den Bewohnern von Pekod,
welche in Tilmun(?) (wohnen),
an den Nebobelsumê;
nach Targibati ging derselbe.
Den Namen des Gottes riefen sie mit
einander an also: ob wir

auch alle Nachricht, welche wir gehört,
dir schicken sollen; und zur
Bestärkung Rinder, 50 Stück Kleider
mit Silber gaben sie in seine Hände
und sie sprachen zu ihm also:
Mögen Hausschafe geschickt werden
zu den Ubâanat,
am Ufer(?) weiden.
Auf uns kannst du dich verlassen.
Der Bote des Königs, meines Herrn,
möge gehen und vor
dem Angesicht des Nadan ausmessen
also: Wenn Jemand für den Kaufpreis ist,
nach Elam sollst du schicken
und ein Hausschaf
an der Grenze(?) von Elam
auslesen.

Rand: Ich will dich nicht am Leben lassen; ein beständiges Wort zu dem König, meinem Herrn schicke ich.

Anmerkungen.

Z. 7. Ga-ḫal. Dieser Name ist mir sonst nur K. 6, 4, ein kleiner Text, den ich ZA I, S. 422 flg. veröffentlicht habe, bekannt.

8. aššati. Diese Lesung ist am wahrscheinlichsten. Die letzten zwei Keile sind etwas getrennt wie ich sie in meiner Ausgabe widergegeben habe. Nach seiner freundlichen Mittheilung sieht Strassmaier auch das Zeichen *dam*. Vgl. AV Nr. 3477. Pinches dagegen sieht das Zeichen *nin* und transscribirt *âḫâtu* „Schwester". Vgl. V R. 39, 64 c d.

10. Taḫ-ḫa-'. Vgl. IV R. 52, IV, 2 (= K. 13, 21).

13. ul-tê-bi-raš-šu. **III, 2** von אבר$_1$. — ma-ru-uṣ. Vgl. ma-ri-ṣi K. 525, 33. II R. 27, 50 ab = ab-nu ma-ru-uṣ. II R. 17, 56 a b = mu-ru-uṣ ka-za-a-ti.

14. zi-mê. Diese Zeichen, die deutlich auf dem Original stehen, werden wohl *napšatê* zu lesen sein.

19. Man kann gemäss den noch erhaltenen Zeichenspuren *ma-un* ergänzen.

21. Tar-gi-ba-a-ti. Strassm. AV Nr. 8802 liest *ma* anstatt *ba*. Der einzige Unterschied im Babyl. zwischen *ba* und *ma* ist der, dass der untere Keil in *ba* etwas länger ist, doch bei manchen babylonischen Schreibern ist kein Unterschied erkennbar.

23. ul-tê-lu-u ist **III, 2** von עלה, „hinaufsteigen".

26. i-da-tu-tu kann ich nicht erklären da es mir sonst unbekannt ist. Strassmaier meint: „Es scheint ‚Bestärkung' zu sein, um das Gebet und die Anfrage an den Gott zu bestärken, um erhört zu werden". — *ku*. Wahrscheinlich ist das Zeichen hier Ideogr. für *ṣubatu* „Kleid".

29. lu ardâ-ni. Diese Zeichen bedeuten „Hausschaf" oder zahmes Schaf, aber wie die Assyrer sie ausgesprochen haben, ist mir vollständig räthselhaft. Das Zeichen *ni* wird wohl zu diesem Wort gehören. K. 7 kommt diese Zeichengruppe auch vor. Vgl. meinen Aufsatz ZA I, S. 427. Den Text habe ich dort richtig gegeben, aber die Transscription ist falsch. Pinches weist auf II R. 44, 12c f hin, und meinte, dass das Ganze *lû*, pl. *lûni* (m), fem. *lûtu* auszusprechen sei. Strassmaier dagegen transscribirt *kirru* und übersetzt „Opferlamm". — *lil* ist etwas verwischt, aber das ist das Wahrscheinlichste.

30. U-ba-ai-na-at. Ich habe das zweite Zeichen als *ba* copirt, jedoch bin ich nicht sicher, dass dies richtig ist.

31. sa-a-du. Zu diesem Worte vgl. V R. 28, 1e f: sa-a-du = na-a-ru. Strassmaier übersetzt „Ufer des Flusses".

32. ta-raḫ-ḫu-uṣ. Dies Wort möchte ich von רחץ „sich verlassen" ableiten.

35. lu-man-di-id ist wahrsch. wie Strassm. meint von מדד „messen".

36. maḫiru. So ist *ki-lam* wohl zu lesen. Vgl. II R. 13, 27 flg. ki-lam (mal-ba) = ma-ḫi-ru. Z. 28. ki-lam gu-la = ma-ḫi-ru rabu-u „den hohen Preis". Z. 29. ki-lam tur-ra = ma-ḫi-ru ṣi-iḫ-ru „den geringen Preis". Vgl. ferner Z. 30. 31. 42. 43; II R. 12, 10. Siehe auch Strassm., AV Nr. 192.

40. ip-tê-ir-ku ist **I, 2** von פרך. Vgl. V R. 25, 18.

41. So wird die Stelle wohl zu transscribiren sein. *dib-bi* ist von dem bekannten St. דבב abzuleiten. Pinches übersetzt die zwei Zeilen: „I will not let thee live. A word of surety (= a sure word) to the king, my lord, I send". Die Übersetzung von Strassmaier lautet: „Er wird nicht am Leben bleiben; der Bericht ist glaubwürdig; zu dem König, meinem Herrn schicke ich ihn". Herr S. erklärt: *pî dibbi* „der Bericht", פִּי דְבָבָה ist פִּי אֱמוּנָה.

ka-a-ma-nu-ut. Vgl. Asurn. I, 24 ka-ai-ma-nu-ma ; VI R. 65, 49a. Flemming, Neb. S. 28. Strassmaier schreibt dagegen: *ka* = *pû* פֶּה „Mund" ist hier die authentische Bezeugung für den Bericht.

S. 1064.

Diese Inschrift ist ein Brief von Arad-Nanâ (dieser scheint ein Arzt gewesen zu sein) an den König von Assyrien, über einen jungen Mann, vielleicht einer der Prinzen von Assyrien, der seit langer Zeit krank gewesen war. In der That, so krank war er, dass (wenn man es aus der letzten Zeile der Inschrift schliessen darf) er ohne Zweifel bald von dieser Welt scheiden musste — obgleich es nicht ganz unwahrscheinlich war, dass er sich wieder erholen würde, wenn der König seine Götter anflehen liesse.

Es ist kaum möglich, dass die Krankheit, die hier beschrieben ist, eine natürliche war. Ohne Zweifel hatte der junge Mann eine oder mehrere Beschädigungen oder Wunden erhalten, wovon eine, die er am Kopfe bekommen hatte, tödtlich sein könnte.

Transscription.

A-na šarri bêli-ia
ardi-ka Arad-Na-na-a.
Lû-šul-mu ad-dan-niš ad-dan-niš
a-na šarri bêli-ia;
Ninep u Gu-la
ṭu-ub lib-bi, ṭu-ub šêrê
a-na šarri bêli-ia lid-di-nu.
Šul-mu ad-dan-niš.
A-na la-ku-u

si-ig-ru ḫa-ni-u
ša ku-ri ênâ-šu
ta-al-i-ta^m^ îna êli
ur-ta-ki-is, îna ap-pi-šu
ir-tu-mu.
Îna ti-ma-li
ki-i ba-di
ši-ir-ṭu ša îna lib-bi
ṣa-bit-u-ni ap-ta-ṭar.
Ta-al-i-ta^m^ ša îna êli
u-tu-li. Šar-ku
îna êli ta-al-i-te
i-ba-aš-ši, am-mar ḳaḳḳadi
ûbanni ṣi-ḫi-ir-te.
Ilâni-ka, šum-ma me-me-ni
šêri îdâ-šu îna êli
u-me-du-u-ni šu-tam-ma
pi-i-šu it-ti-din:
Šul-mu ad-dan-niš.
Lib-bu ša šarri bêli-ia
lû ṭa-a-ba.
Rand: A-du ûmê sibittu samantu i-ba-laṭ.

Übersetzung.

An den König, meinen Herrn,
dein Knecht, Arad-Nanâ.
Friede sei für immer und immer
dem König, meinem Herrn;
mögen Ninep und Gula
Gesundheit des Herzens (und) Gesundheit des Fleisches
dem König meinem Herrn geben.
Ewig Friede!
Um die allgemeine Entzündung zu vermindern
die um seine Augen ist,
einen Verband darüber
habe ich gebunden. Über seinem Angesicht
erhöht es sich.

Gestern,
wie vorher,
die Wunde, die mitten hinein
gekommen ist, öffnete ich.
Die Binde, die darauf (war),
nahm ich ab. Eiter
auf der Binde
war, die Grösse der Spitze
des kleinen Fingers.
Deine Götter, wenn sie irgend
sein Fleisch darüber
wiederherstellen können, lasse du anflehen, und
sein Mund wird ausgeben:
„Ewig Friede!
Das Herz des Königs, meines Herrn,
sei gut“.

Rand: Noch 7 oder 8 Tage wird er leben.

Frei Deutsch.

An meinen Herrn den König, dein Knecht Årad-Nanâ. Friede sei für immer und immer mit meinem Herrn dem König. Mögen Ninep und Gula meinem Herrn dem König Gesundheit des Herzens und des Fleisches geben. Ewig Friede!

Um die allgemeine Entzündung, die um seine Augen ist, zu vermindern, habe ich einen Verband darum gemacht. Sein Angesicht ist geschwollen. Gestern, wie vorher, öffnete ich die Wunde, die er inmitten (der Geschwulst) bekommen hat. Ich nahm den Verband, der darauf war, ab. Eiter auf der Binde war, so viel wie die Spitze des kleinen Fingers. Lasse deine Götter anflehen, wenn sie irgend das Fleisch seines Körpers wiederherstellen können, und dann wird sein Mund ausrufen: „Ewig Friede! Sei das Herz meines Herrn, des Königs, gut.“

Noch 7 oder 8 Tage wird er leben.

Anmerkungen.

Ausserordentlich schwer ist die Inschrift, die ich oben übersetzt habe, und deshalb gebe ich diese Übersetzung nur als eine vorläufige. Die Schwierigkeiten fangen erst Zeile 10 an, und der Text wird nicht vor Z. 28 leicht zu übersetzen sein. Unter diesen 18 Zeilen befinden sich aber einige Wörter, die ganz deutlich sind. Zum Beispiel:

Ša kuri ênâ-šu, „welche um seine Augen (ist)".

Urtakis (anstatt *urtakkis*), „ich band um".

Ina âppi-šu irtûmu, „über seinem Angesicht erhöht es sich".

Ina timali, „gestern".

Ṣabitūni, (die Wunde) war genommen".

Aptaṭar, „ich öffnete".

Šarku, „weisser Eiter".

Ibašši, „es war".

Ḳaḳḳadi ûbanni ṣiḫirti, „die Spitze des kleinen Fingers", und wenige Andere.

Wie man leicht ersehen kann, sind diese Wörter die Schlüssel der ganzen Inschrift, und es ist deshalb beinahe unmöglich, sich sehr viel irren zu können.

Zeilen 3—8. *Âddanniš* (auch *âdanniš* geschrieben) ist ein Adverbium von *âdannu* „Zeit". (Siehe die Bemerkungen des Herrn S. A. Smith, S. 44). Vergl. auch W. A. I. III, pl. 51, Nr. VII: Akk. *ba-ra ri* = *lâdannu* (für *lâ âdannu*) „unzeitig". Das akkadische Äquivalent ist *ri* (*eš, tal*), vielleicht hier „etwas, das festgesetzt ist" — daher die Bedeutung „beständig", „ewig" — oder, wie Herr Smith übersetzt „rechtzeitig".

Z. 5. *Ninep* und *Gula* waren die Gottheiten der Genesung, und sind deshalb in Briefen dieser Art erwähnt.

Z. 9. *Lakû*. Dieses Wort ist, nach W. A. I. II, pl. 36, Zeilen 54—56, und V, pl. 23, Zeile 33 und 34, ein Synonym von *la'û*, *šerru*, *daḳḳu* (Hebr. דקק), *ṣiḫru*, und anderen Wörtern, dessen allgemeine Bedeutung wahrscheinlich „klein und schwach sein oder werden" ist; und deshalb müssen die Wörter *ana lakû* „um zu vermindern" oder etwas Ähnliches bedeuten. Vergleiche arab. لكع, „schlecht, verächtlich sein" — auch zur Bedeutung, das englische „slight" (dünn, schlank), und „to slight" (geringschätzen, verachten).

Z. 10. *Sigru* (*sikru, sikru*) *hani'u*. Diese Wörter vermag ich nicht mit Sicherheit zu erklären. *Hani'u* bedeutet vielleicht „allgemein, ausgebreitet" mit dem Begriff „von gleicher Intensität überall". Das Wort *hanûte* (Strassmaier, Nr. 3187), das von derselben Wurzel vielleicht abstammt, bedeutet dem Anschein nach „gleiche Zahl" — *nêši ša ina li'i šaknûni mâ kiṣir ša akṣurûni adî ina kanni, mâ hanûte lû ina panî-ka*, „Die Leute, die im *Li'li*-walde waren, und die Schaar, die ich versammelt, habe ich in den *Kanni*-wald gesetzt, und eine gleiche Zahl kann bei dir sein"; *šarru bêli ikṣurûni idinani hanûte ina pania*, „mein Herr der König hat versammelt, und hat mir eine gleiche Zahl für mich gegeben". *Hani'u* muss deshalb etwa wie „auf gleicher Linie", oder „von gleicher Intensität" bedeuten. Was *sikru* betrifft, so scheint dieses Wort „Entzündung" zu bedeuten. Vielleicht würde die Transscription *sigru* besser sein — vergl. das arabische سَجَرٌ oder سُجْرَةٌ, „röthliche Farbe im Weissen des Auges".

Z. 11. *Kuri*. Dieses Wort bedeutet „Umgebung", vielleicht auch „Umfassungs-mauer" oder „-graben". Vergl. S. 13 *ûltu kuri âli*, „von den Umgebungen (oder Umfassungsmauern) der Stadt".

Z. 12 (auch Zeile 19 und 21). *Tal'itu*. Da dieses Wort das Object zu *urakis* „ich band um" zu sein scheint, so habe ich die Bedeutung „Verband" angenommen. Vergl. Heb. תָּלָא, „aufhängen, „abhängen".

Z. 16. *Badi* — vielleicht wörtlich „anfangs". Vergl. Hebr. בָּרָא, „bilden, formen"; und Arab. بَدَأ, „anfangen, erschaffen".

Z. 17. *Širṭu*. Vergl. Hebr. שָׂרַט (Arab. سرط, شرط), („den Körper) durchschneiden". Vergl. W. A. I. V, pl. 15, Zeilen 8—9, *šurruṭu* oder *širṭu*, „ein zerrissenes Kleid".

Z. 20. *Utuli*. Dieses Wort kommt vielleicht von *âtûlu* („heben, aufheben?"), woher *âtlu* (const. *âtul*), „Fundament" — eigentlich „Anhöhe".

Z. 22. *Ammar*. Dieses Wort ist ein Synonym von *mal* (= *mal'u* oder *malû*), „Fülle". Daher die Bedeutung „so viel wie".

Z. 24. *Memeni* (so nach dem Originale). Dieses Wort ist augenscheinlich eine der Formen des Plurals von *mimma* oder *memma*, „etwas, alles“.

Z. 25. Für *ina êli*, ohne Fürwort, siehe ZA, I. S. 203, Zeile 5—6 und die Bemerkung dazu, S. 205.

K. 824.

Transscription.

A-mat Šarri a-na D.PP. Sin-tab-nî-âḫê
Salī-mu ja-a-ši lib-ba-ka
lu-u ṭa-ab-ka.
I-na êli D.PP. Sin-šarra-ûṣur
ša taš-pur me-nam-ma dib-bi-ka
bi-šu-u-tu i-ḳab-ba-am-ma,
u a-na-ku a-šim-meš
Ultu Šamaš libbi-šu issu-ḫa
u Um-man-i-gaš ḳar-ṣi-ka
ina pani-ia i-kul u a-na
dâki id-din-u-ka
u Aššur îlāni-ia-a
u-šal-an-ni-i-ma
šu-uḫ-du-u-ma ârda-a-a
u iš-du ša bêt âbi-ia
la a-du-ku
ûl ina libbi ša it-ti
bêt bêli-ka-a
ḳa-ta-a-ta
lûm-mur a-ga-a-šu-u û
Um-man-i-gaš a-na êli
dâki-ka il-mu-u
u ina libbi-ša ana-ku ki-nu-ut-ka
i-du-u [u-]-tir ri-mu
aš-kun-ak-ka ia-'-nu-u
šanî-ta a-ga-a šanāti

D.P. nakru û bu-bu-u-ti
i-na êli bêt bêli-ka
ul-tas-du-ud. Mi-nu-u
i-ḳab-bu-nim-ma ina êli
D.P. ârdi ša bêt bêli-šu i-ram-mu
u a-na-ku a-kib-bu-ʾ
u ina êli tul-la ša at-ta u
Aššurâa âḫê-ka
te-pu-ša-ʾ ša taš-pur
Ba-an ša te-pu-ša-ʾ
maṣarta-a-a ša taš-[kun?]
ab- . . . .

Rand: û mu-ga a-ga-a ša ina pani-ia kîš-u u ṭâbâti
ša u-tar-rak-ka ana lib-bi ša ana mâr mârâni.

Übersetzung.

Botschaft des Königs an Sin-tabnî-ûṣur
Friede von mir an dich,
es ergehe dir wohl.
Hinsichtlich Sin-šarra-ûṣur
worüber du gesandt hast, wie übel
sind deine Worte. Er hat auch gesprochen
und ich habe ihn gehört.
Vom Licht ist sein Herz getrennt
und Ummanigaš hat
dich vor mir verleumdet, und zum
Tode dich übergeben;
allein Aššur (und) meine Götter
haben mich gewarnt und
haben meinen Knecht sich freuen lassen,
und den Grund des Hauses meines Vaters
werde ich nicht tödten.
Du bist nicht wegen des Dienstes
des Hauses deines Herrn
getrennt!
(Möge ich denjenigen sehen, und
Ummanigaš, (die)

dich zu tödten beschlossen haben):
und deshalb habe ich deine Treue
erkannt, (dich) zurückgebracht, Gnade
habe ich dir festgesetzt. Hat er nicht
diese zwei Jahre
den Feind und die Hungersnoth
über das Haus deines Herrn
gebracht? Was
sagt er auch über
den Knecht, der das Haus seines Herrn liebt,
und dem ich vertraue?
und über die Arbeit, welche du und
die Assyrer deine Brüder
gemacht haben, worüber du gesandt hast?
Die Arbeit, die du gemacht hast,
meine Wache die du gehalten hast,
ich . . . .

Rand: und den Fürst, der vor mir war. Das Geschenk und die Wohlthaten,
die ich dir wiederherstellen werde, (gebe ich) absichtlich, dass (sie bewahrt werden) einem Kinde der Kinder.

Frei Deutsch.

Botschaft des Königs an Sin-tabnî-uṣur. Friede sei mit dir, es ergehe dir wohl. Hinsichtlich Sin-šarra-uṣur, worüber du gemeldet hast, wie übel sind deine Worte. Er hat auch gesprochen und ich habe ihn gehört. Vom Licht ist sein Herz getrennt. Auch Ummanigaš hat dich vor mir verleumdet, und hat dich zum Tode übergeben — allein Assur (und) meine Götter haben mich gewarnt und haben meinen Knecht sich freuen lassen, deshalb werde ich nicht den Grund des Hauses meines Vaters tödten. Du bist nicht wegen des Dienstes des Hauses deines Herrn getrennt. (Möge ich denjenigen und Ummanigaš sehen, (die) beschlossen haben dich zu tödten). Und deshalb habe ich deine Treue erkannt, ich habe (dich) zurückgebracht, und dir Gnade festgesetzt. Hat er nicht diese zwei Jahre den Feind und die Hungersnoth über das Haus deines Herrn gebracht? Was sagt er auch über den Knecht, der das Haus seines Herrn liebt, und dem ich vertraue? und über die Arbeit, welche du und die Assyrer deine Brüder gemacht haben, worüber du mir zugesandt hast? Ich segne die Arbeit, die du gemacht, und meine Wache, die du gehalten hast; und auch den Fürst, welcher bei mir war. Das Geschenk und die Wohlthaten, die ich dir wiederherstellen werde, (gebe ich) absichtlich, dass (sie bewahrt werden) einem Kinde der Kinder.

Anmerkungen.

Z. 2. *Jâši.* Dieses Wort habe ich als eine Art Dativ von *ja* (*jau*) „ich" gefasst — die gewöhnliche Erklärung des Wortes, die gewiss viel für sich hat.

Z. 5. *Menamma.* Accusativ, mit Mimmation, von *minû* oder *menû* „was". *Dibbi-ka* „deine Wörter", ist Plural von *dibbu* „Wort", $\sqrt{}$ *dabābu* „sprechen".

Z. 6. *Bîšūtu.* Dieses Wort ist Adjectiv, Plural von *bîšu* „schlecht, übel", Hebr. בָּאַשׁ, Chald. בְּאֵשׁ.

Z. 7. *Ašimmêš.* Imperf. von *šamû* „hören", mit Suffix -š anstatt *šu*.

Z. 8. *An-giš-šir.* Die babylonische Form von *šir* steht im Originale. *Ziḫa.* Vergl. Hebr. זָחַח, Arab. زَحَّ. Vielleicht aber besser *issuḫa*, von *nasāḫu* „wegnehmen".

Z. 9—10. *Ummanigaš ḳarṣî-ka ina panîa îkul*, „Ummanigaš has *backbitten* thee before me" (= hat dich bei mir verleumdet).

Z. 11. Die Winkelhaken in *kaš* = *dâku* sind umgekehrt; in *ka* ist auch ein Winkelhaken vom Setzer ausgelassen.

Z. 14. *Šuḫdûma*, ist Perm. Šuphul von *ḫadû* „sich freuen".

Z. 17. *Itti.* Dieses Wort ist augenscheinlich nicht die Präposition *itti* „mit", sondern vielleicht von *ittu* „Dienst".

Z. 19. *Kaṭâta*, zweite Person Sing. des Permansives von *ḳatû* „abschneiden, beendigen". Vergl. meine „Papers upon Assyrian Grammar, I". P. S. B. A., Nov. 7, 1882, S. 27, Z. 13.

Z. 20. *Aga-šû*, „derjenige", von *aga*, „diese(r)", und *šû*, „er", zusammengesetzt.

Z. 22. Der Setzer hat hier viel Verwirrung gemacht. Die ersten zwei Zeichen sind *kaš* = *dâku*, und *ka*.

Z. 23. Das sechste Zeichen dieser Zeile scheint *ku* zu sein (*anaku*, „ich"). *Kînût* (oder *kênût*) fasse ich als Abstractum von *kênu* „treu, beständig".

Z. 24. *Idû*, Aorist Kal 1 Pers. von *idû*, „kennen, wissen". Anstatt *tu-ša*, ist hier *tir* zu lesen — wohl *utir* zu ergänzen von *târu*, „zurückbringen".

Z. 25. *Aškunakku*. So ist nach dem Originale zu lesen. *Ja'nū* fasse ich als Fragewort, in Parallelismus mit *minû* Z. 29.

Z. 26. Anstatt *a*, sind einfach zwei senkrechte Keile erkennbar.

Z. 29. *Ultašdud*, III, 2 von *šadadu*, „schleppen".

Z. 31. Ein Keil des Zeichens *ram* ist vom Setzer weggelassen.

Z. 32. *Akibbu'* ist 1. Pers. Imp. Kal von *kabû* oder *kēbû* — ein Wort, welches die Bedeutung „vertrauen" zu haben scheint.

Z. 33. *Tullu*. Dieses Wort bedeutet „Arbeit" — *tullu ķâti*, „Handwerk" (Engl. handicraft)[1]). Siehe meine Schrift „Darius's Barge" in P. S. B. A. für Mai, 1885. Die Wurzel scheint *talālu*, nicht *dalālu* zu sein.

Z. 39 (Rand). *Muga*. Dieses Wort fasse ich als Accusativ von *mugu*, „Fürst" — *muga âgâ*, „dieser Fürst". Ein Beamter, der *rab-mugi* (= רַב־מָג?) heisst, kommt auch oft vor.

1) Siehe „The Babylonian and Oriental Record" für April, 1887, S. 83—84.

Zusatzbemerkungen

von

Theo. G. Pinches.

K. 2867.

Z. 2. *Ṣêt.* Über dieses Wort vergl. W. A. I. II., 29. 67, und I. 58, Col. IX, Z. 4. In diesen beiden Stellen ist der inlautende Vocal als *î* wiedergegeben (ṣi-i-tu = i-li-i-tu). Ausser der Bedeutung „Sprössling", hat *ṣîtu* auch die Bedeutung „Aufgang" (der Sonne, u. s. w). Das akkadische Äquivalent, mit den Zeichen *ud-du* geschrieben, wurde einfach *ê* ausgesprochen. Dieses *ê*, mit der Bedeutung „herausgehen", scheint aus *ege* verkürzt zu sein. Die dialectische Aussprache war *eme*.

Z. 13. Für *dikût ûmantu* vergl. auch W. A. I. IV., pl. 26, Z. 13 *naš kakki, dikû ûmantum*. — *Sidiru*. Ich zweifle sehr ob dies Wort wirklich Infinitiv ist. Der Infinitiv mit inlautendem *i* statt *a* ist mir unbekannt, obgleich es Permansivformen mit den Vocalen *i-i* anstatt der regelmässigen *a-i* giebt. Deshalb würde *sikiru* nicht „sperren", sondern „das Sperren" sein. Auch ist *gamiru* eine Art Participium oder *nomen verbi*, gleichbedeutend mit *gišru*. Diese Zeile ist deshalb zu übersetzen: „Sie lehrten mich das Liefern von Schlacht und Kampf (oder „Kampf und Schlacht zu liefern"), das Auferbieten des Widerstandes, das Versammeln von . . ."

Z. 22. *Tur-meš ba-ni-e.* Dieser in den Contracttäfelchen sehr häufig vorkommende Ausdruck scheint mir *mârê-banê* oder einfach *mâr-banê* zu lesen. Nach den Contracttäfelchen ist die Bedeutung nicht „Vornehmsten", sondern „gemeine Leute". *Mâr-banû* bedeutet einen, der nicht ganz frei war, und der, obgleich nicht ein Sclave im vollsten Sinne des Wortes, doch einem Herrn oder Meister dienen musste. Über die *mârbanûtu* oder „Lehendienst“ (eigentlich „geborene Sohnschaft“) vergl. meine „Guide to the Nimroud Central Saloon“, S. 94, Nr. 49.

Die drei Zeilen, die auf dem Rand stehen, sind, ohne Zweifel, nicht an der richtigen Stelle. Wohin die dritte Zeile gehört, ist nicht ganz sicher — vielleicht aber zwischen Zeile 18 und 19. Was die andern Zeilen anbetrifft, so sieht man ganz leicht, wenn man das Täfelchen genau betrachtet, einen Strich zwischen Zeile 5 und 6 der Rückseite (Z. 27 u. 28). Auch ist es dem Sinne nach ganz sicher, dass diese zwei Zeilen dahin gehören. Zuweilen geschieht es, dass der Schreiber einige Zeilen ausgelassen hat, und in solchen Fällen schrieb er gewöhnlich die ausgelassenen Zeilen, wie hier, an den Rand. Die zwei Zeilen, zum Beispiel, am Rande des im vierten Bande der W. A. I. pl. 13, veröffentlichten Täfelchen gehören der Andeutung des Schreibers nach, zwischen Zeile 23 und 24 der Rückseite.

Nr. 64.

Z. 11. Das *be* ist hier ohne Zweifel ein Schreibfehler. De Steinschneider scheint das *u* vergessen zu haben, und hat das Zeichen für *ina* angefangen. Er erinnerte sich aber wieder, und schnitt dann das *u*; aber, da er das Zeichen für *ina*, welches er eingeschnitten hatte, nicht austilgen konnte, so musste er es dort stehen lassen. Daher das Zeichen *be*.

Z. 12. *Ištar*. Das Zeichen, welches im Originale steht, ist wie das Assyrische *ri* geschrieben, und hat die Variante *Innanna*. Dieses *ri* ist die altbabylonische Form des Zeichens *Innanna*, welches später beinahe wie die assyrische Form geschrieben wurde. Vielleicht hatte der Schreiber, welcher diese Inschrift anfertigte, zur Zeit, die altbabylonische Form des Zeichens *Innanna* im Auge. Über das Zeichen *Innanna* habe ich in meinem „Babylonian Deed of Brotherhood“, S. 17, bereits gesprochen.

K. 2675.

Z. 1. Zwischen *Sin* und *âl Ḫarrana* sind einige Spuren, vielleicht der Rest des Zeichens *bêl* („Sin, Herr von Charran") zu sehen.

Z. 4. Ausser *di*, kann das erste erkennbare Zeichen auch *sag* (*ḳaḳḳadu*) sein.

Z. 5. Den Spuren nach, möchte ich am Anfang dieser Zeile *a-na* ergänzen (*âna ilani*).

Z. 6. Am Anfang dieser Zeile ist ohne Zweifel *ina ûme šû* „zu jener Zeit" zu ergänzen.

Z. 11. Anstatt „fünfzig", ist hier vielleicht besser „sechzig" zu lesen.

Z. 13. *Êšḳi.* Dieses Wort bedeutet augenscheinlich eigentlich „das Ganze". *Ina êšḳi âbnē šadî danni ûšši-šu addî*, „mit dem Ganzen der Steine eines mächtigen Berges baute ich sein Fundament". Vgl. auch S. 10, Z. 13: *ina pîli êšḳi šikitta-šu urabbî*, „mit Quaderstein das Ganze seines Fundaments machte ich gross". Ob dies *êšḳu* mit *êšḳu*, „Gabe, Einkommen" (auch *îšḳu* geschrieben) eins ist oder nicht, ist sehr zweifelhaft. Ausser *êšḳu* „Ganze, Stärke", und *êšḳu* oder *îšḳu*, „Gabe", giebt es auch ein anderes Wort *êšḳi*, das durch *ana* „zu" erklärt wird. Zu diesem St. vergl. Äthiopisch እስከ፡ „bis".

Z. 15. *Šurmeni* oder (Akkadisch) *šurman.* Dieses Wort ist auch zuweilen *šur-i-ni* geschrieben, woraus zu ersehen ist, dass es vielleicht *šurweni* ausgesprochen wurde. Die Herleitung ist dunkel. — Am Ende dieser Zeile ist noch ein Theil von *rab* zu sehen. Dieses dürften wir zu *urabbû* vervollständigen, und das Ganze mit „Cypressenstämme mit einem schönen Duft, die in Sirara wachsen" übersetzen.

Z. 17. *Ištu mât Dišunu.* Diese Zeichen sind vielleicht besser *ultu ša-di-šu-nu* (= *ultu šadî-šunu*) zu transscribiren, und „von ihren Bergen" zu übersetzen.

Z. 23. *Ina êšrâ bilti êšmarē mêšritē-šunu naklis ab[nî].* „Mit 20 Talenten *êšmarū* ihre Glieder (oder Gestalten) kunstvoll machte ich" — so ist diese Zeile zu transscribiren, und zu übersetzen. Was *êšmarū* betrifft, so scheint dieses Wort „Email" zu bedeuten. In Babylonien giebt es sehr wenig Steine, und die Gebäude waren deshalb, beinahe ohne Ausnahme, aus Backsteinen gebaut. Auf diesen Backsteinmauern schnitt man Basreliefs aller Art. die sehr schön emaillirt wurden. Assurbanipal scheint hier von solchen Verzierungen zu sprechen.

Z. 24. Den Spuren nach könnte man am Anfang dieser Zeile *a-na* lesen. In diesem Fall ist *itkub* Inf. I, 2 von *nakabu* „schneiden, abschneiden" — *ana itkub zamâni* „um die Schranken durchzuschneiden". Beim Inf. der Form I, 2, der Zeitwörter ן"פ, sowie der Form IV. 2 der starken Zeitwörter fällt das vorhergehende ן weg.

Z. 25. Vor *kaspu* sind zwei vollständige Zeichen und am Anfang Spuren eines dritten. Die zwei vollständigen Zeichen sind, ohne Zweifel *laḫ-me* und das andere ist wahrscheinlich das Gottespräfix *an*. Diese Zeile lese ich: *D. P. Laḫme kaspi, tamšil šud tâmti, ša zik[ni?]*, „ein Bild der Gottheit Laḫme von Silber, nach Art von dem des Meeres (oder: auf, d. h. am Ufer des Meeres), dessen Bart(?) . . . . . ." Das Meer, welches hier erwähnt wird, war vielleicht dem des Tempels zu Jerusalem ähnlich.

Z. 26. Vor *âtuli* ist noch ein Keil zu sehen, entweder *aš* (*ina*), oder ein Theil eines anderen Zeichens.

Z. 27. Vor *biltu* sind drei Keile der Zahl 50 oder 60 noch erkennbar.

Z. 28. Am Anfang dieser Zeile steht ein senkrechter Keil, vielleicht ein Theil des Zeichens *na* (*a-na*), *Ana mutîr rêš balaṭîa*, „Zu dem, der den Anfang meines Lebens zurückbringt", ist ohne Zweifel = „Zu dem, der meine Jugend erneuert".

Z. 29. Vor *âbnu* sind die Zeichen *ši-ka* noch zu lesen. Von dem Reste dieser Zeile ist mir wenig verständlich. Die einzigen Wörter, die sicher sind, sind *na za-gin* (= *âbnu uknû*), „*Uknû*-stein" (blauer Chalcedon?). *Nêbiḫu êbiḫ-šu* ist vielleicht „als Verzierung zierte ich es" = „Ich zierte es mit einer Verzierung von *Uknû*-stein". Diese Übersetzung ist aber gar nicht sicher.

K. 1794 (Col. X.).

Z. 1. Im Originale sind die Zeichen *pa-rak* (nicht *par-*[*ak*]) noch ziemlich klar.

Z. 9. *Bît šâdû rabû mâtâtê.* Da diese Wörter der Name eines Tempels sind, sind sie wohl auf Akkadisch, *Ê-'garsag-gal-kurra*, zu lesen. Auf Assyrisch würde vielleicht die Lesung *Bît šadî rabî mâti*, „das Haus des grossen Berges des Landes", besser sein.

Z. 21. *Parakku maḫḫu.* Diese Zeichen sind besser als ein Wort, *paramaḫḫu* zu lesen. Vergl. *kisalmaḫu*, W. A. I. pl. 13, Z. 11—12, und meine Bemerkung, Heft I, S. 108 (Anm. zu Z. 24) — auch S. 110 (Anm. zu Z. 121). Wie Herr S. A. Smith mich aufmerksam macht, kommt das Wort *paramaḫê* auch in Lyon's Keilschrifttexte Sargon's, S. 71, 49, vor.

Z. 29. Anstatt *ap-ru-us*, ist hier *at-ru-uṣ* zu lesen. Die Übersetzung des Satzes ist daher: „Über Merodach, den grossen Herrn, stellte ich seine Bedeckung".

Z. 36. *Parak lu.* Diese Zeichen möchte ich *pasallu* lesen — was aber dieses Wort bedeutet, ist sehr unsicher. Vielleicht ist Hebr. פָּסַל „einschneiden" zu vergleichen, und der ganze Satz „ein Bett von Palmenholz und *Ṣidarê*-holz, mit Einschneiden bekleidet (*ša pasallu litbušat*), und mit Edelgestein geziert" (*za'inat*). Meines Erachtens ist das letzte Wort der Zeile *za'inat* zu transscribiren. Der St. ist *za'ânu* oder *zânu*, woher vielleicht *zîttu* (= *zîntu*), „Besitzthum", und *uza'in*, Z. 45. Vergl. Arab. زان, زينة.

Z. 59. Vor *an Sin* sind noch zwei Keile zu sehen, vielleicht der Überrest des Zeichens *mat*. Hier möchte ich deshalb *ina âmat* ergänzen, und „auf Befehl des Sin und des Nusku" übersetzen.

Z. 62. [*U*]*bil anâku.* Am Anfang dieser Zeile ist noch Raum für ein Zeichen, vielleicht *ê* (*bît*). Wenn diese Ergänzung richtig ist, so sind diese Zeichen *Ê-melam-anna*, „das Haus der himmlischen Herrlichkeit" zu transscribiren und zu übersetzen.

Z. 68. Am Anfang dieser Zeile sind zwei senkrechte Keile noch zu sehen. Deshalb müssen wir hier *šanê rêmi kaspi* lesen, und „zwei silberne Wildochsen“ übersetzen.

Z. 70. Nach dem Originale ist diese Zeile folgendermassen zu vervollständigen: *šanê* D. P. *Laḫ-me eš-ma-ri-e ša ti*(?)-*iz*(?)-*bu*(?)-*ut*(?) *iz*(?) . . . *ṣi*(?), „zwei (Bilder von) Laḫme aus emaillirtem Backstein(?), dessen . . . .“. Für *ēšmarē*, vergl. meine Anmerkungen zu K. 2675, Z. 23 (S. 70—71).

Z. 78. Zwischen *šu* und *ša* ist das Zeichen *u* (Winkelhaken) noch zu sehen (*malâ bašû*).

Z. 80. Den Zeichenspuren nach möchte ich hier anstatt [*pi*]*tiḳ*-[*šu aptiḳ*], *ti-iḳ-li-ia*, „meine Helfer“ lesen. Der Zusammenhang aber ist nicht klar.

K. 538.

Z. 4. *Zar-panitum.* Schon im Jahre 1878 las ich das erste Zeichen dieses Wortes *Zir* (siehe „Records of the Past“ Band XI, S. 75). Diese Lesung (*Zir* oder *Zēr* statt *Zar*) ist durch die alliterirende Hymne in meinen „Texts“, pl. 16, Rev., Z. 4 (*Zi-ir-pa-ni-tum ru-ba-tum ṣir-tum*), sowie W.A.I. II, pl. 67. Z. 12 (*âna Bêl, Zēr-banî-ti*), u. a. m., bestätigt. Die Babylonier scheinen den Namen dieser Göttin als „diejenige, die die Saat (*zērû*) hervorbringt (*banîtu*)“ erklärt zu haben.

Z. 17. *Niḫiṭûni.* Dieses Wort ist Praes. I. 1 von *ḫaṭû* „sündigen“, und diese Bedeutung habe ich in meiner Übersetzung (*R. of P.*, Band XI, S. 76) angenommen. Jetzt aber bin ich geneigt einfach „vermissen“ zu übersetzen, weil es sehr unwahrscheinlich ist, dass ein Mann gestehen würde, dass er ein Dieb sei. Die Zeilen 14—19, wenn wir die Bedeutung „vermissen“ annehmen, sind „das Gold welches im Monat Tisri der *Ittu* (oder *Abarakku*), der *Aba-êgal*, und ich mit ihnen, vermisst haben — 3 Talente gut verkäuflichen Goldes, (und) 6 Talente unverkäuflichen“ u. s. w., zu übersetzen.

Z. 20. Diese Zeile lese ich *îna bêti ḳâtâ. Issakna*, Z. 22, ist dual, und bezieht sich natürlich auf *ḳâtâ* „Hände“. „Die Hände des *Rab-danibe* haben das Gold in das Haus gelegt — er hat das Gold für die Bilder der Könige, (und) für das Bild der

Mutter des Königs versiegelt, (und) hat (es) nicht abgegeben". Ohne das Gold konnte die Arbeit nicht fortgesetzt werden.

Z. 30. *Rêš ârḫi ṭâbûni* möchte ich übersetzen „der Anfang des Monats ist gut (die Bilder zu machen)".

Z. 32. *Tillu.* Dieses Wort ist vielleicht besser *tullu* zu lesen. Die Bedeutung, wie ich gezeigt habe, ist „Arbeit". Vergl. S. 67. *Tillu* bedeutet augenscheinlich „Pferdegeschirr".

K. 513.

Z. 4, etc. *Âmêlu ša bît Kutin* oder *Kudin*, „der Mann von Bît-Kutin" oder vielleicht besser „der Mann des Hauses des Maulesels". Für *kutin* „Maulesel", vergl. meine Schrift „Cappadocian Tablets in the British Museum and in the Louvre" in P. S. B. A. für Nov., 1881, S. 15, und die Bemerkungen dazu von Herrn Prof. Sachau in P. S. B. A. für Juni, 1882, S. 117, der damit Aram. כּוּדַנְיָא oder כּוּדְנָא, Arab. كَوْدَن, und Aramaeo-Pahlevî *kûtîn-â*, „Maulesel" vergleicht. Meines Erachtens sind die Wörter „der Mann des Hauses des Maulesels" ein höhnischer Ausdruck. Der Brief des Aššur-bêl-danin scheint gegen Nabûa, „den Mann des Hauses des Maulesels" geschrieben zu sein.

Z. 20. Anstatt *ti*, lese ich hier *na* (*naṣṣa*).

Z. 23. *Rêḫu.* Dieses Wort bedeutet „hinauswerfen, austreiben". *Ûltu libbi-šunu îna lib mât Jasume, îna lib mât Bît-Zamâni rêḫu*, „von ihrer Mitte in das Land Jasumu (und) in das Land Bît-Zamâni wurden sie hinausgetrieben". Vgl. W.A.I. II, pl. 17, Z. 67—68 *ab*, Akk.: *gar ku gurgurri, a immeli kada**) = *âkâlu ša ina âkâli târru, mû ša îna šatê rêḫu*, „Speise, die beim Essen herauskommt; Wasser, das beim Trinken ausgespuckt wird".

K. 562.

Z. 14. Anstatt *ki-i šar* (= *ḫir*)-*ṣa-a*, ist hier (wie W.A.I. IV, pl. 51, Nr. 1) *ki-i tu-ṣa-a* zu lesen. *Âlakti ši âltu Niba'ati*

---

*) Die Transscription ist zweifelhaft.

kî tûṣâ, „diese Depesche von den Nabatäern geht also aus". Dass *âlaktu* theilweise Synonym von *šipru* „Botschaft" ist, lehrt, z. B., W.A.I. II., pl. 48, Z. 16—18.

K. 604.

Z. 10. *Gabrê.* Dieses Wort stammt von dem akkadischen *gab-ri*, „die Brust setzen" (= „entgegensetzen") her, und bedeutet daher gewöhnlich „Abschrift" — vielleicht zuweilen auch „Antwort". Das assyrische Synonym ist *miḫru* (W.A.I. V, pl. 4, Z. 48cd). Vergl. T.S.B.A. VII, S. 280 (Rev. 1) und 289 (Anm. dazu).

K. 476.

Z. 4. *Ûmu ussu.* Diese Zeichen sind vielleicht besser *ûmussu* (ein Wort) zu lesen. Vergl. *balṭussu* (*balṭussunu*) „Lebendig," *âr̂ḫussu*, „allmonatlich". *Ûmussu Bêl, Zir-panitum, Nabû, Nanâ, u Tašmêtum ana balaṭ napšâti ša šar kiššati bêlia, u mârat šarri bêltia usallî*, „tagtäglich zu Bêl, Zirpanit, Nebo, Nanâ, und Tašmet um die Bewahrung des Lebens des Königs der Gesamtheit, meines Herrn, und der Tochter des Königs. meiner Herrin, bete ich".

81—2—4, 57.

Z. 7, etc. *Kusâa*, „Kuschiter". Über dieses Volk siehe meine Schrift „Cappadocian Tablets", P.S.B.A. für Nov. 1881, S. 12—15.

Z. 18. *Lâ gammarûni.* Meiner Ansicht nach bedeuten diese Wörter „unvollständig" (= Wallachen). Vergl. meine Übersetzungen von 80—7—19. 25 und 26, P.S.B.A. für Nov., 1881, S. 12—14.

K. 95.

Z. 16. *Banî.* Zu diesem Worte vergl. K. 824 (S. 64, Z. 36). *ban ša têpuša'*, „die Arbeit (oder das Ding), die du gemacht hast". *Enna banî ša tašpura*, „durch dieses Ding. welches du gesandt hast".

K. 509.

Z. 8. Anstatt *ap-pa-ru*, kann auch *ab-bar-ru* gelesen werden. Es ist nicht unwahrscheinlich dass dieses *âbbaru* mit *âbaru*, W.A.I. V, pl. 42, Z. 55, verwandt ist, und in diesem Fall würde das Wort etwa wie „Feldhütte“ (Syn. *lânu*) bedeuten.

Z. 13. Anstatt *ša* ist hier *irbît* „vier“ zu lesen; auch zwischen *ša* und *Tin-tir-ki* ist das Zeichen *šarru* (*lugal*) ausgefallen. *Irbît ummâne ina libbi ummâne ša šar Babîli iddûku*, „4 Leute inmitten der Leute des Königs von Babylon tödteten sie“.

Z. 14. *Ibukuni* stammt von dem wohlbekannten *âbâku*, „nehmen, gefangen nehmen“ her. Vgl. T.S.B.A., Band VIII, S. 285, Z. 26 (Obv.). Der Permansiv (*âbku*) kommt am Ende der Zeile 18 vor.

K. 312.

Z. 1. Am Ende dieser Zeile sind noch Spuren von *a-a* (*Tamtimaa*) zu sehen.

Z. 2. Anstatt *a* (*ârdi-ia*), ist vielleicht besser *ia* (das Zeichen für „fünf“) zu lesen.

Z. 16. Hier ist wohl D.P. *Tam-tim-a-a* zu ergänzen. Ein Keil des *tim* ist noch zu sehen.

Z. 14. Das erste Zeichen sieht wie *tul* aus — vielleicht *tullu* „Arbeit“ zu ergänzen.

Z. 19. *Tammara* ist wahrscheinlich „ihr sehet“ zu übersetzen.

Z. 22. *Ja'inû* oder *ja'nû* ist augenscheinlich hier, wie S. 63, Z. 25, Fragwort. *Ša bêlê-šunu iššûnu . . ., ja'nû aššâ? Anaku D.P. êmukîa altapra, itîpšu âttu-kunu. Minû dumki-kunu u ṭâbti-kunu ina panîa?* „was ihre Herren gebracht haben . . ., habe ich nicht gebracht? Ich habe meine Streitkräfte geschickt — sie haben mit euch gearbeitet. (Hier scheint der König zornig zu sein). Was ist euer Glück und euer Wohlergehen vor mir?“

Z. 24. *Idibšu*. Hier möchte ich *itibšu*, I. 2 von *êpêšu* „machen“ lesen.

Z. 25. *Minû*. Dieses Wort bedeutet „was?“ Vergl. S. 64, Z. 29, auch W.A.I. IV, pl. 7, Z. 23, u. a. m.

K. 359.

Z. 1. Anstatt *êgirtu*, möchte ich hier *duppu* lesen. Das Zeichen *im* wird durch *duppu* „Täfelchen“ erklärt. W.A.I. IV, pl. 70, Z. 31.

Z. 5. Am Ende dieser Zeile sind noch Spuren eines Zeichens, vielleicht *ki*, zu sehen.

Z. 11. Am Ende dieser Zeile anstatt *man*, giebt es zwei Keile, die vielleicht ein Theil des Zeichens *mat* sind. Das letzte Zeichen ist nicht *ni*, sondern *za*.

Z. 19. Nach *kima*, sind noch vier Zeichen, *na-as*, und vielleicht *ki-ri* zu sehen. Was aber *naskiri* bedeutet, ist sehr unsicher.

Z. 20. Das *me* von *taḫume* ist noch zu sehen.

Z. 22. Nach meiner jetzigen Collation, sehe ich, dass die Lesung Herrn Smith's (*apil šiprê*, „Boten“) richtig ist. Meine Übersetzung auf S. 53 ist deshalb zu streichen.

K. 524.

Z. 14. *Napšâte*. Obgleich das Wort „Leben“ hier sehr gut passt, bezweifle ich sehr, dass dieses die richtige Lesung ist. Es ist wahr, dass es Täfelchen giebt, wo das Zeichen *me* statt *meš* gebraucht wird, aber in diesem Fall wird gewöhnlich *me* anstatt *meš* durch den ganzen Text geschrieben. Hier aber findet man *meš* überall und nicht *me*, und deshalb möchte ich *zime* anstatt *napšâte* transscribiren. Daher lautet meine Übersetzung der Zeilen 6 (*Šumâ*)—16 (*ušapparaššu*) folgendermassen: „Šumâ, Sohn des Šumiddina, Sohn des Gachal (Sohn der Schwester des Tammaritu), als er aus Elam floh, ging er zu den Tachcha'. Aus den Tachcha' nahm ich dann seine Hände, ich brachte ihn nieder. Er ist krank. Wann er sein volles Aussehen angenommen hat, dem König meinem Herrn werde ich ihn schicken.“ Zu diesen Sätzen ist zu bemerken, dass der Schreiber zuerst den Aorist (*iḫliku*, *uṣbatu*, *ultêbira*) gebraucht, weil er beschreiben will, was geschehen ist während Šumâ bei den Tachcha' war. Darnach aber gebraucht er das Permansiv (*maruṣ*) um seinen Zustand, sowohl vor als nach der Gefangennahme, zu beschreiben; und endlich das Präsens oder Fut. (*iṣabbatu*, *ušappara*) um anzudeuten, was er zu thun beabsichtige, sobald Šumâ sich erholen sollte. Die Bedeutung dieser Beispiele für den richtigen Gebrauch der Zeiten der assyrischen Zeitwörter ist nicht zu hoch zu schätzen.

Z. 35—42. Meine Übersetzung des Schlusses dieses höchst interessanten aber ausserordentlich schwierigen Textes lautet wie folgt: „Was nur immer du als Kaufpreis nach Elam sendest, wenn nur ein Schaf zu einer Weide (?) Elam's ausgewählt wird ich werde dich nicht am Leben lassen. Ein beständiges Wort zu dem König, meinem Herrn schicke ich."

K. 824.

Z. 35. Über *ban*, vergl. meine Bemerkung zu K. 95.

Glossar.

Die Stämme, welche hier nicht gegeben sind, sind im Glossar zu Heft I zu finden. Die Nummern beziehen sich auf die Seiten des Buches und auf die numerirten Zeilen der Texte.

א

א$_1$ = hebr. א, א$_2$ = ה, א$_3$ = ח d. h. ح, א$_4$ = ע. d. h. ع, א$_5$ = ע$_2$ d. h. غ.

אבא? a-ba Präfect? 30, 15.

אבר(?) ab-bat-tim-ma gehorchen (?) 49, 13.

אבה$_1$ wollen. a-bat Wille 46, 1.

אבח? ê-bi-iḫ-šu . . . ni-bi-ḫu . . . 13, 29.

אבן$_1$ spitz sein. ûbanni Finger 59, 23.

אבך$_2$ wenden, in die Flucht schlagen. ab-ku 47, 18. i-bu-ku-ni 47, 14.

אבכל abkallu Machthaber 1, 7.

אבר$_4$ überschreiten. **I, 2** ê-tab-ru 51, 18. **III, 2** ul-tê-bi-raš-šu 54, 13.

אברך$_1$ abarakku Grossvezier 30, 15.

אגא(?) a-ga-a dieser 63, 26. 64, 39.

אגאשו(?) a-ga-a-šu-u derjenige 63, 20.

אגג stark sein, zürnen. uggatu Zorn ug-gat 20, 46.

אגר agurru gebrannter Backstein 19, 22.

אגר$_1$ ê-gir-tu Brief 34, 23. ê-gir-ti-ia 38, 11.

אדה$_1$ adi bis. a-du-u 36, 21. (Viell. jetzt).

אדם$_1$ bauen. admânu Gebäude, Wohnstätte. ad-man 13, 21. 20, 47.

אדן$_4$ a-dan-niš 42, 4. ad-dan-niš 58, 3.

אזב$_4$ übrig lassen. **III, 1** retten u-šê-zi-bu 36, 19.

אזז$_4$ stark sein, zürnen. ê-zu-zu 2, 18. ê-zi-zu 2, 27.

אזן$_1$ uznu Ohr. Dual uznâ 45, 14. 17. 51, 12.

אחז$_1$ nehmen, besitzen. iḫ-zi Inhalt 1, 8.

אחל(?) a-ḫu-la gegenüber 51, 5.

איב$_1$ âibu Feind 13, 24.

אין$_1$ nicht sein (?) ia-'-nu-u 49, 22. 63, 25.

אכד ik-du-u-ti mächtig, gewaltig 13. 22. 20, 41.

אכי a-ki wie 41, 11.

אכל$_1$ essen, weiden. li-ku-lu 55, 31. i-kul 63, 10.

אלך$_2$ hingehen. it-tal-ku 51, 12. ittalliku-u-ma 10, 11. **III, 1** u-ša-lik-ma 20, 57. al-ka-kat-ê-šu-nu Hergang 1, 12. a-lak-ti 36, 12.

אלף aufgrünen. **III, 2** aufgrünen lassen. uš-tê-li-pu 2, 25.

אמר$_1$ sehen. lum-mur 63, 20. ta-ma-ra 49, 19.

אמר$_2$(?) voll sein. am-mar Fülle 59, 22.

אנא? annu dieser. Adv. an-nu-šim 34, 15. an-ni-u 43, 23.

אנך$_1$ anâku Blei 20, 62.

אנק$_4$ unḳu Ring, Siegelring 47, 19. 23.

אסה? isu mit? is-si-šu-nu 30, 16.

אפל antworten [i]-pu-lu-in ni 20, 52 (siehe „Nachträge").

אפר$_1$ bedecken. apparu Wiese 47, 8.

אצר$_4$ rings umschliessen. uṣûrtu Wand. uṣûrâtê-šu 19, 17.

ארב$_5$ eintreten. einziehen. **I, 2** i-tir-ba

36, 20. ê-tar-bu-ni 43, 23. ê-tar-bu 51, 12. ri-i-ba 52, 19.

ארם$_4$ ir-me-a-nu Platane 19, 24.

ארש$_4$ iršu Bett 19, 35.

אש ia-a-ši mir, mich 44, 3; ai-ši 46, 3.

אשד$_1$ išdu Fundament 1, 4 [iš-da-šu] 12, 8. iš-du 63, 15.

אשש$_1$ gründen. aš-ši-šu 12, 9. uššu-šu Fundament 13, 13.

אדת(?) îttu Dienst 63, 17.

אדל gross sein, werden. ê-têl-li Herr 19, 31. a-tu-li . . . . . 13, 26.

אדן? i-ta-an-na Schlinge? 34, 8.

ב

באש stinken, schlecht sein. bîšû schlecht pl. bi-šu-u-tu 63, 6.

בדא$_1$ anfangen. ba-di vorher(?) 59, 16.

בכה weinen. i-ba-ku-u. ab-bi-ik 2, 30.

בלה vernichtet sein. u-bal-an-ni 34, 29.

בנה schaffen, erzeugen. [ub]-na-a 20, 64. nabnîtu Erzeugniss. nab-nit-sa 19, 32. ba-an 64, 36. ba-ni 45, 16.

בתבת ba-ta-ba-ti-ia um mich herum 34, 7.

ג

גבא$_1$? gabbu Ganzheit 34, 10. 12.

גברו gabrû Gegner, Rival. gab-ri 10, 12. gab-ri-ê Abschrift(?) 38, 10.

גמר vollendet sein gam-mar-u-ni 43, 18. gimru Gesamtheit 1, 8.

גרה jem. befehden. ag-ru-u-šu. ig-ra-an-ni 1, 15. gi-ri-ia 12, 3.

גרה? gir-ru-' . . . . . 20, 38.

ד

דבב sprechen, planen. i-dib-šu 49, 24. dib-bi Wort, Nachricht 55, 41. 63, 5.

דדם dadmu Wohnsitz. da-ad-mê 2, 31.

דיש niedertreten ad-is 12, 3. da-a-iš 13, 24.

דין richten. dânu Richter 19, 18.

דלח stören, verstören. da-li-iḫ 34, 14.

דנבת? da-ni-bat Schatzmeister(?) 31, 21.

דנן stark, mächtig sein. dan-dan-ni stark 1, 10. dun-nu Stärke 1, 10.

דפסר dupsarru Tafelschreiber 1, 8.

דקא$_1$ aufbieten. di-ku-ut 1, 13.

דרג durgu Weg. du-rug-šu 12, 9.

ו

ובל bringen, fortführen. III, 1 šê-bi-la 51, 8. us-si-bil-ka 51, 8.

ולד gebären. lid-tu-tu Nachkommenschaft 30, 12.

וצא ausgehen. na-aṣ-ṣa 34, 20. ṣet 1, 2. tu-ṣa-a 36, 14.

ורח arḫu Monat. arḫi-šam allmonatlich 1, 6.

ותל(?) heben(?) u-tu-li 59, 20.

ז

זאם(?) za-mat ein Edelstein 13, 29. za-'-mat 19, 36.

זחת za-aḫ-tu . . . . . 52, 24.

זכר männlich. zik-ru-tu Mannhaftigkeit 1, 10.

זמה einschliessen. za-ma-a-ni Schranken 13, 24.

ח

חדה sich freuen. III, 1 šu-uḫ-du-u-ma 63, 14.

חטא$_1$ sündigen. iḫ-ti-iṭ-ṭu-u-nik-ka 51, 4. ḫîṭu Sünde. st. cstr. ḫi-iṭ 49, 7.

חלן(?) ḫu(?)-la-a-na . . . . . 13, 14.

חלק zu Grunde gehen, fliehen. iḫ-li-ḳu 54, 10. ḫal-ḳu 34, 11. ḫal-ḳu-tê 34. 5. 27.

חנה(?) ḫa-ni-u allgemein(?) 59, 10.

חפא$_1$ zerstören. ḫi-pu-u 47, 18.

חצב ḫiṣbu Fülle, Ueberfluss. ḫi-ṣib 19, 13.

חרם ḫârimtu Concubine 49, 8.

חרש ḫuršu Gebirg. Pl. ḫur-ša-a-ni 2, 38.

ט

טיב gut sein. tu-ṭi-ib-ki 41, 10. lu-u-ṭa-ab-ka 44, 5. ṭûbu Güte, Gesundheit, Fröhlichkeit st. cstr. ṭûb 10, 17. ṭu-ub 38, 8. 9. ṭâbâti 64, 39. lu-u-ṭa-ab-ku-nu-ši 49. 4.

טרד verjagen. iṭ-ru-du-šu 1, 16.

י

ידי idu Hand, Macht pl. id-da-a-tê 51, 7. i-da-tu-tu Bestärkung(?) 54, 26.

ידא4 kennen, wissen. i-du-u 63, 24.

יום ûmu Tag. û-mu-us-su täglich 41, 4.

כ

כבה(?) vertrauen(?) a-kib-bu-' 64, 32.

כבס treten, betreten. ki-bi-is 20, 42. kib-si 20, 71.

כון festsetzen. Adv. beständig. ka-ai-ma-nu-ut 55, 41. ki-nu-ut-ka 63, 23.

כי ki-i als, wenn, also, wie 47, 9 54, 9. 59, 16.

כמי(?) ki-ê-mu-u a vor mir(?) 1, 16.

כנך siegeln. ik-ta-nak 31, 22.

כנן(?) ik-nin(?) 2, 26

כרב gnädig sein. lik-ru-bu 58, 6.

כרה(?) ku-ri Umgebung(?) 13, 12. 59, 11.

כרם überwältigen, versperren. ka-ri-im 34, 15.

כשד ki-šad st. cstr. Ufer 13, 16.

ל

לו(?) lu ardâ-ni (oder mit Pinches lû ni) 54, 29. lu ardu (Pinches lû) 55, 38.

לכא4 vermindern. la-ku-u 58, 9.

למה umschliessen, belagern. il-mu-u 63, 22.

לקא3 nehmen. III, 1 nehmen lassen. u-šal-ḳu-u 2, 19.

מ

מג mu-ga Fürst 64, 39.

מגל ma-gal sehr(?) 2, 25.

מדד ausmessen. lu-man-di-id 55, 35.

ממה mimma alles was. me-me-ni 59, 24

מנה(?) mi-nu-u unterdessen(?) 49, 25. was 64, 29 (nach Pinches). me-nam-ma 63, 5.

מסמכנן mis-ma-kan-na eine Holzart 19, 24. 35.

מצר maṣartu Woche. maṣarta-a-a 64, 37.

מקת stürzen, fallen. III, 1 niederwerfen. u-šam-ḳa-tu 2, 28. šum-kut 13, 37.

מרץ stramm, arg sein. nam-ra-ṣi Unwegsamkeit 13, 17.

מרץ krank sein. ma-ru-uṣ 54, 13.

משל tam-šil nach Art von 13, 25.

נ

נאש nêšu Löwe. Pl. nêšê 2, 26. 32.

נכב stossen. mu-nak-ki-bu 20, 68.

נדה werfen, legen. id-du-u 19, 6.

נדן geben. lid-di-nu 58, 7. 36, 7. I, 2 it-ti-din 59, 27. id-din-u-ka 63, 11.

נדר wüthen. IV. 1 ergrimmen in-na-ad-ru-ma 2, 27.

נוח ruhen, sich beruhigen. i-nu-uḫ 2, 18.

נחץ drängen. III, 1 us-sa-an-ḫi-iṣ 51, 6. u-ša-an-ḫu-ṣu 52, 21. I, 2 it-taḫ-ṣu-u 52, 13.

נכה ak-ka-a-' erwarten? wachen? 49, 5.

נכר sich empören. II, 2 ut-tak-ka-ru 1, 7.

נמר glänzen. nam-ru-u-ti 13, 35.

נסח herausreissen, fortführen. issu-ḫa 63, 8.

נצא1(?) na-aṣ-ṣu-u hinfliehen 51, 5. 10.

נקד na-ḳi-di Viehbesitzer 2. 30.

נשא1 tragen. iš-ša(šu)-nu 49, 21.

ס

סאד(?) sa-a-du Ufer(?) 55, 31. 39.
סגר(?) si-ig-ru Entzündung 59, 10.
סדר reihen. si-di-ru 1, 13.
סכפ niederwerfen, stürzen. iš-ki-pu 2, 19.
סמך sa-mê-ik-tu . . . , . 52, 24.
ספד trauern, klagen. i-sa-ap-pi-du 2, 31.
ספח hingiessen, verwüsten. sa-pa-aḫ 2. 40.
ספן bedecken, überwältigen. sa-pan-ni 47, 8. sa-pi-in 19, 34.
סקה? . . . . . suḳ-ḳu-ti 13, 22.

פ

פדה losgeben, freigeben. tap-di ê Niederlage 2, 29.
פחר sich versammeln. u-pa-ḫar-an-ni 34, 28. napḫariš zusammen 26, 46. 43, 9 u. ö.
פטר spalten. ap-ta-ṭar 59, 18.
פנה pani-ia vor mir 49, 10. pa-nu-ti 49, 11.
פפח pa-pa ḫi Heiligthum 13, 28.
פקד jem. etwas anvertrauen. pa-ḳi-du-u-ni 34, 19. pit-ḳad Verwahrung? 31, 20. ap-ḳit-ti 44, 9.
פרך trennen, auslesen. ip-tê-ir-ku 55, 40.
פרע befehlen. ap-ru uṣ-ma 19, 29.
פרר II, 1 zerbrechen. u-par-ri-ir 2, 34.
פשק stark, steil, beschwerlich. pa-aš-ḳiš 13, 17.
פתא öffnen, eröffnen. li-ip-ti-u 31, 29. u-pat-ta 45, 15. tu-pat-tu-u 45, 17.

צ

צאצא(?) ṣuṣû Feld. ṣu-ṣi-ê 2, 25.
צבת ṣubatu Kleid 54, 26.
צדר? ṣi-da-ri-ê eine Holzart 19, 25. 35.
צחר ṣi-ḫi-ri ia Kleinheit, Jugend 1, 11. ṣiḫrûti die Kleinen 49, 2. ṣi-ḫi-ir-tê 59, 23.
צלל überdecken. u-ṣa-lil-ma 13, 18. ṣulûlu Schatten, Bedachung. ṣu-lul-šu 19, 28.

ק

קבא sprechen, befehlen. taḳ-bu-u-ni 46, 9. taḳ-bi-ni 46, 13. **I, 2** ak-ṭi-bi 46, 11. iḳ-ta-bu-niš-šu 54, 28. i-ḳab-ba-am-ma 63, 6.
קיש schenken, verleihen. Imp. ki-šim-ma 10, 17. ḳîštu Geschenk ḳiš-ti 12, 5. kîš-u 64, 39.
קלד **I, 3** iḳ-da-na-lu-du gefangen nehmen(?) 2, 39.
קנן ḳinnu Nest. ḳin-na-a-ti-šu-nu 2, 34.
קרב drängen, sich nähern. ḳit-ru-ub Angriff 10, 4.
קרץ nagen. ḳarṣu Verleumdung. ḳar-ṣi-ka 63, 9.
קתה aufhören, vernichten. ḳa-ta-a-ta 63, 19.

ר

ראם lieben. i-ram-mu 1, 8. i-ra-'-a-mu 45, 11. i-ram-mu 64, 31. ra-i-mu-ti 30, 9. ri-mu Gnade 63, 24.
רבה gross sein. u-rab-bu-in-ni 1, 12. ra-bi-ia. Grösse, Mannhaftigkeit 1, 14. **III. 1** u-šar-bu-u aufziehen 1, 14. rabî-ti 10, 4. rab-ba-a-ti 13, 19. ra-bi 20, 43.
רגם rufen. rigmu Ruf, Geschrei. rig-mê-šu-nu 2, 38.
רום erhöhen. ir-tu-mu **I, 2** 59, 14.
רחץ sich verlassen. ta-ra-aḫ-ḫu-uṣ 55, 32.
רחה? ri-ê-ḫu festsetzen? 34, 23.
רכס binden. **II, 2** ur-ta-ki-is 59, 13.
רמה werfen. aufschlagen. **III, 1** u-šar-ma-a 19, 15.
רמה locker werden. ir-ma-a 12, 8.
רמם brüllen, donnern. i-ram-[mu-um] 2, 38.
רפש weit sein. rapšu Breite 13, 11.
רשא ruššû stark, massiv. rušša-a 19, 26.

רשה verleihen. li-ir-ši-ma 13, 38. tar-ša-a 20, 48.

ש

שאל entschieden, fragen, ausrufen, warnen(?) u-šal-an-ni-i-ma 63, 13.
שדד schleppen. III, 1 ul-taš-du-ud 64. 29. u-šal-di-du 13, 17.
שדה (?) hoch sein (?) ša-du-ti Hoheit (?) 41. 17.
שדל weit sein. šad-lu-u-ti weitgedehnt 12, 4.
שיב šêbu Alter, Greis. šêbûtu Greisenalter. ši-bu-tu 30, 12. šêbûti 49. 2.
שכן setzen, legen, thun. is-sak-na 31, 22. aš-kun-ak-ka 63, 25.
שכנך šakkânâku Machthaber 10, 3.
שכר verkaufen. šak-ru verkäuflich, gemünzt(?) 30, 18. 19.
שמ(?) šum-ma wenn 52, 17. 18. 59, 24.
שמא$_1$ hören. ta-šim-mu-u 36. 11. liš-mi 36, 23. i-šim-mu-u. ni-šim-mu-u 54, 24. a-šim-mêš 63, 7.
שמה šamû, šamâmu Himmel. Adv. ša-ma-mê-êš himmelgleich 19, 25.
שנה anders sein. aš-ni-ma 27, 12.
שנה doppelt sein. šanî-ta zwei 63, 26.
שפץ fest, mächtig sein. šipṣu Herrschaft. ši-ip-ṣi 12, 2.
שפר schicken. Imp. šup-ra 36, 12. taš-pu-ra 44, 8. al-tap-raš-šu 36, 22. taš-šap-ra 51, 7. a-šap-pa-raš-šu 54, 19. ni-šap-pa-rak-ka 51, 25.
שרח gewaltig sein. u-šar-ri-iḫ 20, 53 u. ö. šurruḫu gewaltig. šur-ru-ḫi 20, 50.
שרט durchschneiden, zerreissen. ši-ir-ṭu Wunde(?) 59, 17.
שרך šar-ku weisser Eiter 59, 20.
שרן? Šu-ri-in-ni eine Holzart 13, 26.
שרק schenken, verleihen. aš-ruḳ 19, 34. širiḳtu Geschenk 19, 34.

ת

תבך ausgiessen. i-tab-ba-ku 2. 28. tab-kat 2, 29. i-tab-ku-ni 54, 27.
תור sich wenden, zurückkehren. [u]-tir 63, 24. u-tar-rak-ka 64, 40. târat 2, 17. mu-tir 13, 28.
תחם ta-ḫu-mê-šu-nu Grenze 52, 14. 20.
תכף? angreifen? it-ku-up 13, 24.
תלא$_1$ umbinden (?) ta-al-i-tam Verband 59, 12. 19. ta-al-i-tê 59, 21.
תלל? talâlu jem. einen Auftraggeben? til-lu Auftrag, Geschäft 31, 32.
תמה sprechen. III, 1 šu-tam-ma 59, 26.
תמל ti-ma-li gestern 59, 15.
תמן tim-mê-ên-šu-[un] Grundstein 19, 6.
תרן(?) ta-ra-an-šu? Überzug 22, 29. (Vgl. V R. 47, 17 a).

Nachträge und Berichtigungen.

Zu den in diesem Hefte erklärten Briefen habe ich die Bemerkungen von Bezold in seinem vortrefflichen Werk „Kurzgefasster Überblick über die Babylonisch-Assyrische Literatur“ und die dort angeführten Stellen aus Strassmaier's AV stets verglichen. Meine Bemerkung S. 100, 28 des ersten Heftes ist zu stark. Das Zeichen ist nicht ganz deutlich und mag *gur* sein. Demgemäss heisst die Stelle: „welcher unten einen Überzug von *uknî* hatte“ u. s. w.

S. 1, Z. 6. Nach *Šamaš* lies *ina*.

Z. 7. Lies *abkal* anstatt *abkallu*.

Z. 9. Am Ende der Zeile lies *ṭa*-[*ba*] anstatt *da*.

S. 2, Z. 17. Lies *u-ḫal-li-ḳu* anstatt *u-ḫal-li-ku*. — *irṣit* u. s. w. Pinches transscribirt *mât nugia âšar lâ* und übersetzt „to Hades. the place [from which is] no [return]“.

Z. 22. Pinches liest *ḳâšti* anstatt *ḳašti*.

S. 3, Z. 12. Anstatt „machen . . . . gross“ lies „zogen . . . . auf“.

Z. 16. *ki-ê-mu-u-a* wird wohl von כום abzuleiten sein. Dieser St. bedeutet „Stätte“. Demgemäss heisst unser Wort „für mich, um meinet willen“. Vgl. die ähnliche Bildung *êllamû*. Pinches vergleicht hebr. כְּמוֹ.

S. 5, Z. 7^{a}. Die Erklärung von Pinches ist „*ab* ‘greyhaired old man’ = ‘patriarch’ *gal* „*great*“. Vgl. V R. 13, 35 flg.. Allein dies scheint mir keinen recht passenden Sinn zu geben. Haupt erklärt dasselbe als *ab* „Herr“ und *gal*, *kal* „gross, mächtig“. Siehe KAT^{2} S. 78, Z. 21 und Glossar I. Vgl. auch IV R. 14, Nr. 2 Z. 6 u. 7 Revers.

Z. 7^{b}. *uš-tê-pi-lu* V R. 65, 31 leitet Pinches von *êpêlu* ab.

S. 7, Z. 17. Hinter „Tod“ lies „ist“.

S. 8, Z. 25. Zwischen „AL^{3}“ und „Z. 6“ lies S. 93.

S. 9, Z. 20. Lies *tap-di-ê* anstatt *tab-di-ê*.

S. 10, Z. 2. Lies *pa-liḫ-ša* anstatt *pa-laḫ-ša*.

Z. 11. Anstatt *ittalliku-u-ma* lies *attalliku-u-ma*.

Z. 17. *ba-laṭ ûmê arkûtê* übersetzt Pinches durch „a life of long days“.

Z. 18. Zu dieser Zeile schreibt Pinches „or *attalliku* . . . . . I will (constantly) go to Bît-maš-maš, and may my feet (there) grow old“.

S. 11, Z. 1. Lies Bitmasmas.

Z. 13. Lies „mit mächtigen Quaderstein" anstatt „mit Quaderstein machte ich mächtig".

S. 12, Mitte. Lies „Zu bauen" u. s. w.

Z. 5. Lies *ķiš* und *ķiš-ti*.

S. 13, Z. 12. Hinter *ti-ib* sieht Pinches noch *ki*.

Z. 13. Anstatt *šâdi i-dan-ni* lies *šâdî danni*.

Z. 14. *ḫu*(?)*-la a-nu* liest Pinches *ḫulânu*(?).

Z. 17. Lies *pa-aš-ķiš*. — *u-šal-di-du*. Dies Wort ist III, 1 von דרר „schleppen". Das letzte Zeichen *u* gehört zu dem nächstfolgenden Wort.

Z. 19. Das letzte Zeichen ist *u* zu lesen.

Z. 29. Anstatt *mat* lies stets *gin*. Vgl. IV R. 18, 42. 45.

Z. 34. Vor *ê* sieht Pinches noch ein Zeichen — wahrsch. *an*. Anstatt *ana ša* liest derselbe das drei keilige Zeichen *a*.

Z. 36. Anstatt *kuššê* lies *kussê*.

Z. 37. Am Anfang der Zeile sieht Pinches noch *an*, *ilu*.

Z. 38. Nach Pinches ist das erste Zeichen *ê* und hinter *li* noch ein Zeichen — vielleicht *ḫi* zu lesen.

S. 15. Z. 30. Den letzten Theil dieser Zeile übersetzt Pinches: „by the work of the god Nudimmut". Vgl. II R. 58 54 *nu-gim-mut* = *Ê-a ša nab-ni-[tu]*.

S. 17, Z. 23. Anderer Ansicht ist Herr Theo G. Pinches; s. dessen Zusatzbem.. — Anstatt *nak-lis* lies *nak-liš*.

S. 19. Z. 7. Anstatt *ma* lies *ina*.

Z. 14. Lies Akkad. *Ê-ḫar-sag-gu-la* anstatt *bît šâdû Gu-la*.

Z. 28. *ṣu-lul-šu* ist gemäss dem Text auf Rm 3. Das Zeichen *bi*, welches auf K. 1794 ganz deutlich steht, scheint auch den Lautwerth *šu* zu haben.

Z. 29. Anstatt *u-ķin* lies *u-kin*

Z. 31. Anstatt *ê-bê-li* lies *ê-til-li*. Vgl. IV R 44, 2 *ê-ti-êl-lu*.

S. 20, Z. 37. Lies *Belti-ia* anstatt *Bêlit izkaru*. Vgl die Bemerkung zu Z. 18, S. 23. Kann *mu* = *parṣu* sein? Vgl. Heft I, S. 78, Z. 62.

Z. 44. *parak* ist zu streichen.

Z. 52. Vor *ki-ê-nu* lies *pu-lu-in-ni an-nu*. Pinches transscribirt [*i*]*-pu-lu-in-ni an-nu ki-e-nu* und übersetzt „they returned to me everlasting grace".

Z. 57. Die Punkte sind zu streichen. Es fehlt nichts. Lies *u-šat-ri-[ṣa* anstatt *u-šat-ri-[sa*.

Z. 62. Vgl. Pinches' Zusatzbem.

Z. 67. Das letzte Zeichen ist *un* zu lesen.

S. 22, Z. 31. Anstatt „beherrschten die" lies „des Herrn der".

Z. 32. Diese Zeile ist vollständig.

Z. 44. Die Worte „des Heiligthums von" sind zu streichen.

Z. 50. Streiche „Im Anfang". *šar-ru-ḫi* ist wahrsch. von שרח. Siehe das Glossar.

S. 24. Z. 29. Vgl. V R. 47, 17a *ta-ra-nu* = *ṣil-lu*. Demgemäss bedeutet dies Wort „Schatten. Bedachung". Die Herleitung ist dunkel.

S. 24, Z. 88. Lies *gir-ru-'*.

S. 25. In der ersten Zeile der Vorbemerkung zu R^m 3. lies „zweiten und dritten“ anstatt „ersten und zweiten“.

S. 26. Z. 25. Das letzte Zeichen ist *di* zu lesen.

S. 27, Z. 20. Am Anfang der Zeile lies *ina*.

Z. 22. Lies *dan-nu-ti-šu*.

S. 30. Z. 12. Da der zweite ägyptische Feldzug V R 2 hier anfängt, so konnte man denken, dass das Wort „zum zweiten Mal“ heissen sollte, die Form aber passt nicht.

S. 31, Z. 20–2. Besser „in der Verwahrung des Schatzmeisters(?) sind übergeben worden, er hat (sie aber) versiegelt“.

S. 32, Z. 29. Anstatt „aufmachen“ lies „öffnen“.

Pinches' „Free translation of **K. 538**“ mag hier Platz finden.

To the king my lord, thy servant Arad-Nabû. May there be peace to the king my lord, may Aššur, Šamaš, Bêl, Zîr-panîtum, Nabû, Tašmêtum, Ištar of Nineveh, (and) Ištar of Arbela, these great gods, lovers of thy kingdom, let the king my lord live for a hundred years. May they satisfy the king my lord with old age and offspring.

The gold which, in the month Tisri, the *ittu* (or *abarakku*), the *aba-êkal*, and I with them, missed — 2 talents of standard gold, (and) 6 talents of gold not standard — (this gold) the hands of the *rab-danibe* placed in the house, he sealed it up, (and) the gold for the image of the kings (and) for the image of the king's mother he gave not. May the king my lord give command to the *ittu* (and) to the *aba-êkal*, that they may discover the gold. The beginning of the month is good (to begin the work). Let them give it to the men. Let them do the work.

S. 46, Z. 14–6. Das Wort *mê-i-ni* leite ich von מנה „zählen“ ab. Vielleicht ist gemeint: „zu dem Regiment des Chamuna ist er hingegangen“.

S. 47, Z. 18. Anstatt *ile-e-šu* liest Pinches *ilān-e-šu*.

Z. 26. Pinches liest *šar* anstatt *šir*. Ich mache auf die Schreibweise *u-maš-ši-ra* oben S. 2, Z. 24 aufmerksam. Vergl. Heft I, S. 4, Z. 45.

S. 49, Z. 2. K. 312. Die Transscription *siḫrûti* „die Jüngere“ ist von Strassmaier. Die Auffassung ist gewiss recht passend.

Z. 6. Herr S. will auch überall anstatt *muḫ-ḫi*, *eli* lesen. Allein kann ich dieses auch nicht annehmen, da eine Stelle für *muḫ-ḫi* = *eli* oder *e-li* nicht vorhanden ist. Das die zwei Wörter gleichbedeutend sind ist klar, da sie so häufig mit einander wechseln, aber desswegen lässt sich nicht annehmen, dass sie ein und dasselbe Wort sind. Ferner scheint es mir, dass *êlî* mit langen Vocalen zu schreiben ist. Der St. ist gewiss אלה, „hoch sein“.

Z. 23. *ê-mu-ki-ia* übersetzt Strassmaier durch „mein Rathgeber(?)“.

S. 49, Z. 24. K. 312. Strassmaier schreibt: „Der Sinn fordert; er wird euer Angelegenheit besprechen". Er meint: „Der Text scheint hier falsch zu sein". Allein dies ist nicht anzunehmen, da Pinches auch denselben bestätigt hat.
Z. 28. Die Lesung *Bêl-êllatûa* „Bel is my might" ist die von Pinches.

Pinches' „Free translation of **K. 312**" füge ich hinzu.

The will of the king to the coastmen, old and young, my servants. Peace from me to your heart, may there be good to you.

I have been watching for a long time(?) from the midst of my eyes over you, and before the sin of Nabû-bêl-šumē, I separated the concubine of Menanu from you. Now I send Bêl-ibnî, my servant and attendant, as a leader over you. You I command(?), and in consequence of the will which is upon me . . . . which is in the midst of . . . . the coastmen . . . . work . . . . you will . . . . of the servants who . . . . what their lords have brought. have I not brought? I have sent my army — they have worked with you. What is your happiness and your benefit to me?

S. 51, Z. 1. K. 359. *Êgirtu* ist das gewöhnliche Wort für „Brief" (vgl. S. 36, 23), jedoch kenne ich keine Stelle wo das Zeichen *im* dadurch erklärt wird.
Z. 3. Strassmaier schreibt *aḫu* und bemerkt: „das *a* in *aḫu* ist kurz".
Z. 5. Pinches sieht noch das Zeichen *mat* und viell. *ki.*
Z. 6. *bir-ti.* Strassmaier übersetzt: „Grenzfestung von Elam".
Z. 11. Die Zeichen *man* (*šarru*) und *ni* am Ende der Zeile sind *mât* und *za* zu lesen.
Z. 12. Die Lesung der Zeichen *šu-nu it-tal-ku* verdanke ich Herrn T. G. Pinches. Derselbe übersetzt: „As for them, they went".
S. 52, Z. 18. Die Zeile ist wahrscheinlich *tal-*[*li-ku*] zu ergänzen.
Z. 25. Strassmaier ergänzt *aš-*[*kun*?].
S. 53, Z. 8. Strassmaier's Übersetzung lautet: „Ich (ihn) gefangen nehmen, und will den Nabû-bel-šanâte dir zuführen".
Z. 10. Strassmaier übersetzt: „Nach Elam berufen(?) waren".
S. 54, Z. 1. Anstatt *ê-ni* will Strassmaier stets *be-li* lesen. Er nimmt an, dass das Zeichen *ni* den Lautwerth *li* habe und dass die Zeichen phonetisch zu lesen sind.
Z. 17. Pinches und Strassmaier lesen die Zeichengruppe *am. a-ḳin. apil šipri.*
S. 55, Z. 9. *ul-tu Êlamti ki-i iḫ-li-ḳu a-di Taḫ-ḫa' it-tal-ka* übersetzt Strassmaier: „von Elam aus ist in Gefangenschaft gerathen; zu den Tachâ' war er (gegangen =) gebracht worden".
Z. 22. Strassmaier meint: „fragten um ein Orakel(?)". „ כִּי leitet die Frage ein".

S. 55, Z. 29 bis zu Ende des Briefes übersetzt Strassmaier also:
„Lämmer sollen geschickt werden (= gehen).
zu den Ubainat, am Ufer sollen sie weiden
bis wir erhört(?) werden.
Und ein Bote an den König, meinen Herrn,
soll gehen und opfern für Nadan das (Opfer)fleisch
also: Wenn Jemand für den Kaufpreis ist, so mögest
du nach Elam schicken und ein Lamm
an der Grenze von Elam (zum Opfer) möge
geholt werden(?). Er wird nicht am Leben bleiben,
der Bericht ist glaubwürdig, zu dem König, meinem
Herrn, schicke ich ihn."

Die zwei letzten Zeilen transscribirt derselbe also:
ul u-bal-laṭ pî dib-bi pî ai-ma-nu-ut
a-na šarri beli-ia al-tap-ra.

Es scheint mir gegen diese Auffassung, dass das Verbum *balâṭu* **II**, 1 „am Leben lassen" bedeutet. Ferner muss „ihn" eingeführt werden, was auf dem Original nicht steht. Jedoch ist die Erklärung ausserdem recht passend.

Einige Herren Assyriologen haben auf meine Aufforderung hin Bemerkungen zu dem ersten Heft dieses Werkes eingesandt. Es wird daher wohl von Interesse sein, diese verschiedenen Ansichten der Reihenfolge nach hier zusammen zu stellen. Mein Freund Dr. Carl Bezold hat mir folgende Erklärung der schwierigen Stelle Col. II, 122—125 mitgeteilt.

Pinches' Auffassung scheitert an *i'âti*, das wir hier (7. Jahrh.) wohl kaum mit Hinblick auf Flemming, *Diss.* S. 30 zu Neb. I, 47 = *anâku* „was mich betrifft" nehmen dürfen. Ich möchte lesen: ..... *išpurá-ma iṣbata šîpâ šarrûtî'a, umma: Šarru ša ilu idûšu atta; abû'a tarur-ma limuttu iššakin ina pânišu; i'âti arda pâliḫka kurbáni-mam l-âšûṭa apšânka* .... „.... sandte und erfasste die Füsse meiner königlichen Hoheit; also (sprach er): Du bist der König, dessen Stärke Gott ist; meinen Vater hast du verflucht, da ist schlimmes ihm widerfahren; mir aber, dem Knecht, der Ehrfurcht vor dir hegt, sei gnädig, und ich will dir zu Willen(?) sein(?)" [„dein Joch tragen" od. dgl.]. — *pa-liḫ-ka*: Smith-Sayce, *Senn.* p. 2 unten; vgl. meine *Zeitschr.* 1884, 274. — *kurba* von *karâbu*, *ikrub* „gnädig sein" (Delitzsch AL³ 141) wie *šurqa(m)* von *šarâqu*, *išruq* („geben, schenken"). — *lâšûṭa* = *lû* + *ašûṭa* s. Lyon, *Manual* 132 und vgl. E. Müller, *Zeitschr.* 1886, 376. Die Phrase *išûṭû* (*išâṭ(a)* etc.) *ab(p)šâni(-šu, -šunu* etc.), z. B. Sarg. Chors. 109; Botta 8, col. II, 6; 9, 26; 10, 16; 15, 24; Sanh. II, 64; Stierco. c. 11; Baw. 5 (Pognon p. 35); Asarh. II, 54; br. cyl. III, 28; Asurb. II, 77; VII, 88 (Strassmaier AV S. 957), ist der Wortbedeutung nach noch nicht sicher erklärt [es ist wohl auch frgt. 18, obv. 14: *ap-ša-na in(?)-du(?) ú-ša-as-si-ku ili ilâni na-ki-ri-šu* in Betracht zu ziehen? s. Guyard, *Rev. crit.* 1880, 46], dem Sinne nach aber gewiss richtig aufgefasst; vgl. Flemming, *Diss.* S. 32 u. s. f.

8. Januar 1887. C. Bezold.

Folgendes ist von Herrn Dr. C. F. Lehmann eingetroffen, der mit aufopfernder Schnelligkeit gearbeitet hat, um meinem Wunsch nachzukommen. Die Bemerkungen umfassen eine Reihe schwieriger Stellen, die höchst beachtenswerth sind.

Auf Ihre freundliche Aufforderung hin sende ich Ihnen einige Bemerkungen zu dem ersten Heft Ihrer „Keilschrifttexte Asurbanipals“, wie sie sich mir bei sporadischer Beschäftigung mit demselben geboten haben. Sie machen nach keiner Seite hin den Anspruch erschöpfend zu sein.

Zu Col. I, 1 (S. 84 u. 107). Gegen die Lesung *Ašur-bânî-abal* ist nichts zu sagen, da der zweite Theil des Namens *ba-ni* geschrieben erscheint und *ablu* (*aplu*) das gewöhnliche Wort für *Sohn* ist, das jedoch nach meiner festen Überzeugung nicht „sumerisch-akkadischen“ Ursprungs ist, sondern gut semitisch. Auf eine sehr plausible semitische Etymologie wie sie J. Barth („*Beiträge zur Erklärung des Buches Job*“ S. 26 f.) auf Grund einer neuen Erklärung von Hi. 39, 3 . . . . . חֶבְלֵיהֶם תְּשַׁלַּחְנָה „sie beugen sich, gebären ihre Jungen, werfen aus ihre Kinder“ und unter Hinweis auf Arabisch حَبَلٌ „foetus“ حَبِلَ „schwanger sein“ vorschlägt, kann ich hier nur im Vorübergehen verweisen. „Dass die Verkürzung *pal* sich bei den Assyrern selbst finde“, ist eine assyriologische Sage, die eine sehr schwankende Grundlage hat. Den einzigen Anhalt bietet, so viel ich weiss, I R. 5, Nr. XVII, Z. 6; *pal* kann aber hier auch „aus der Dynastie“ heissen (Winckler), und selbst, wenn hier wirklich *Mardukabaliddin* durch das Zeichen *bal*, *pal* als Sohn des *Irbâ-Marduk* bezeichnet werden sollte, so wäre immer noch möglich, dass dieses *bal* eine ideographische Bezeichnung in der Form des Halévy'schen Monogramms wäre. Also bleiben wir lieber bei dem sicher bezeugten: *ablu*, *abal* (*aplu*, *apal*). Der zweite Theil des Namens findet sich nun auch phonetisch *ba-an* geschrieben IV, 18. 32, 33b; V R. 64, Col. I, 47; Col. II, 3 etc. Dies *bân* dürfte st. const. des Part I, 1 *bânû* sein, wie *nâš* (paṭri), von *našû*, „tragend“. — Setzt man dies mit *abal* zusammen, so erhält man die Form *Asurbânabal* (*Asurbânpal*, wie Latrille ZK II, 246 liest, scheint mir unannehmbar), die jedenfalls dem griechischen *Sardanápalos* näher kommt, als *Asurbânipal*.

Übrigens steht es auch Jedem frei die Aussprache *Asurbânabal* als durch Synaloephe aus *Asur-bâni-abal* lautlich entstanden aufzufassen. Vgl. meine Bemerkungen ZK II, 363 No. 1 und die dort Citirten.

Zu Col. I, 16 (S. 85). Ich muss bekennen, dass mir Schrader's „Königin des Alls, des Weltalls" einen recht guten Sinn zu geben scheint, wenn man bedenkt, dass die *Bêlit-Ištar* ständig als „Königin, Herrin der Götter" angesehen wird und die Göttin der die Welt erhaltenden Fruchtbarkeit und Fortpflanzung in der gesammten Natur ist. — Ebenso ist (Z. 17) gegen die leider fast allgemein angenommene sprachlich wie mythologisch ungerechtfertigte Identificirung des NIN. IB. geschriebenen Gottes mit *Adar* Einspruch zu erheben (vgl. Hommel, Semiten S. 387 f. u. 494 N. 237).

Zu Col. I, 35. 36. *Azkura* und *adlabuba* können unmöglich als Verbalformen der *3. Person* aufgefasst werden. Die Stelle ist zu übersetzen: „Auf Geheiss der grossen Götter, deren Namen ich angerufen, auf deren Verherrlichung ich gesonnen hatte. . . ."

Zu Col. I, 71 „*iš-šu-num-ma*". Da die vollere Endung der 3. Person Plur. *ûni âni* ist; so ist hier, und überall, wo gleiche Formen vorkommen, *iš-šu-nim-ma iššûnimma* zu lesen. Das betreffende Zeichen hat bekanntlich den Werth *num* und *nim*. So ist auch V, 27 *irrubânimma* zu lesen: das *u* dieser vollen Endungen ist immer lang, und, wo die Länge des Vocals nicht angedeutet ist, liegt scriptio defectiva vor, nicht umgekehrt. Wenn ferner die Assyerer *ir-ru-bu-u-nim-ma*, *ṣir-uš-šun*, *pan-uk-ka*, *šap-tuk-ka* schreiben, so haben wir, wie ich glaube, nicht die Berechtigung (vgl. S. 114 zu Z. 17 der Nebo-Inschrift) *panû-ka saptû-ka* (mit langem Vocal) zu lesen. Nur der Ton liegt auf der Silbe vor dem Suffix, und wahrscheinlich fand in der That eine Verdoppelung (oder besser Verschärfung) des Consonanten in der Aussprache statt: ein assyrisches *Dagesch forte coniuncticum*.

Col. II, 11 *simat šarruti* heisst „Abzeichen des Königthums", „königliches Abzeichen".

Col. II, 104 Kimmerier!

Col. II, 121—125 bieten grosse Schwierigkeiten, deren

Lösung mir jedoch zum grössern Theil möglich scheint. Sie helfen sich, indem Sie in Z. 122 ein Verbum („brachten") einfügen, das im Assyrischen nicht da steht. Das geht jedoch nicht: *ušabriku* muss das Verbum des Relativsatzes *ša ilâni tikli-ia* etc. sein, das Prädicat des Hauptsatzes ist *išpur*. Also der Sohn des Königs von Lydien schickt seinem Vater durch die Hand eines Boten etwas, mit dem die Götter dessen Vater gegenüber, und zwar auf Bitten von dessen Feinde *Asurbanabal*, die durch *ušabrikû* ausgedrückte Handlung ausgeführt haben. Natürlich ist dies etwas Böses: ein *epšit limuttim*, und da es durch die Hand eines Boten gesandt werden kann, so muss es etwas Greifbares, Concretes sein. Nun haben Sie *ušapriku* offenbar von *paraku* „trennen" abgeleitet und mit „er schaffte weg" übersetzt: da dieses Verb aber (s. o.) Prädicat des Relativsatzes ist, in welchem *ilâni* Subject ist, so ist *ušaprikû* eine Pluralform und könnte höchstens übersetzt werden „sie liessen abtrennen", „hatten abschneiden lassen", was keinen rechten Sinn giebt. Nach meiner Überzeugung ist *ušabriḳu* zu lesen, 3. Pers. Plur. m. Imperf. der Causativform von *barâḳu* √ברק „blitzen" mit dem Zeichen *ku* statt *ḳu* geschrieben, wie dies in den Inschriften bekanntlich öfter vorkommt. Ein sichtbares Teufelswerk aber, das die Götter vor dem *Gyges* hatten herabblitzen lassen und das er nun dem Asurbanabal sendet, das kann, soviel ich wenigstens sehe, kaum etwas anderes sein, als ein Meteorstein(!?) [oder auch eine s. g. Blitzröhre(??)]. Besonders das erstere Phänomen wurde naturgemäss zu allen Zeiten als ein schreckenerregendes Wunder angesehen, dem überirdische Kraft zugeschrieben wurde. Man braucht ja nur an die Kaʿaba in Mekka zu erinnern. Diese wurde von den heidnischen Arabern göttlich verehrt, aber diese Verehrung wird aus Furcht entsprungen sein, und der Annahme, dass solch einer Erscheinung, gleich den Kometen, eine böse Vorbedeutung beigemessen wurde, steht nichts im Wege. Und warum sendet er dieses Ding böser Vorbedeutung an Asurbanabal? Weil dieser die Ursache des Unheils ist, denn auf seine Bitten (*ina niš ḳâtâ-ia*) haben die Götter das Wunder und das Unheil, das ihm folgt, gesandt, und er nur kann den Fluch von den Lydern nehmen. Darauf beziehen sich direct die folgenden Worte, welche der überbringende Bote bestellt: *abû-a tarur-ma limuttu iššakin ina pâni-šu. ia-a-ti ardu paliḫ-ka kurbannî-ma lâšâṭa abšân-ka.* So ist zu lesen.

Z. 125. Hier, wie an allen entsprechenden Stellen, ist *pâliḫ* zu lesen, Part. I, 1 „der Sklave, der dich fürchtet“. Der Lautwerth *liḫ* des betreffenden Zeichens ist ja bekannt (vgl. zuletzt ZK I. 274 a. E.) *palaḫ* könnte nur st. c. des Infinitivs I, 1 sein, der nicht hier her passt.

kurbanni(i) ist Imperativ I, 1 des Verbums *karâbu* (כרב. Imperf. *ikrub*, „segnen“ mit Pron. suff. 1., und durch Synkope aus *kurub-anni* entstanden „segne mich“. In dieser Erklärung trafen, wie ich Ihnen wohl schon schrieb, vor einigen Jahren Prof. Haupt und ich zusammen, und jetzt wird sie selbständig auch von Teloni (ZA II, 100) befürwortet. Dieses *„segne mich“* steht im Gegensatz zu den vorhergehenden Worten: „Meinem Vater fluchtest Du“.

šâṭu (Imperf. *išûṭ* שוט) *abšâna* heisst, wie Amiaud vor längerer Zeit in einem Bande des mir augenblicklich unzugänglichen Journal Asiatique nachgewiesen hat, *„ein Joch tragen“*. Die Form des Verbums mit einer dem Sinn der Stelle entsprechenden Erklärung in Einklang zu bringen, ist allerdings sehr schwer. *Šâṭa* an sich kann sein a) 2 Pers. masc. Imperativ I, 1 mit der Adhortativ(?) = Endung *a* (vgl. S. 51 meiner Dissertation: *„De inscriptionibus cuneatis, quae pertinent ad Šamaš-šum-ukîn, regis Babyloniae, regni initia“*, und E. Müller ZA I, 363, No. 1); ferner b) 2. pers. plur. fem. desselben Modus. welche Form jedoch sicher nicht hierher passt, ebensowenig wie c) 3. Pers. fem. des Permansiv der Intensivform II, 2 *šûṭâ* (wie *dummuḳâ* Col. X, 70). Selbst wenn wir nun widerstrebend annähmen, dass das Qal von *šâṭu* tragen auch causativ für „auferlegen“ gebraucht werden könnte — dergleichen kommt ja vor —, so blieben doch noch ernste Bedenken gegen eine Übersetzung: *„und lege mir nicht Dein Joch auf“*. Wir müssten den Imperativ mit einer Negation verbunden sein lassen, was bekanntlich dem semitischem Sprachgeiste widerstreitet; und auch der Sinn wäre durchaus nicht befriedigend. Wir schliessen uns daher Teloni a. a. O. an, welcher *lâšûṭa* (durch Synaloephe aus *la ašûṭa* entstanden vgl. ZA I, 376) liest: *ašûṭa* ist 1. Pers. Sg. Imperf. I, 1 mit „überhängendem“ Vocal *a*. Bedenken wir nun, dass *ma* im Assyrischen durchaus nicht blos Conjunctivpartikel ist, sondern alle möglichen Arten auch der Unterordnung ausdrücken kann (D. H. Müller; Winckler), so dürfen wir übersetzen: „obgleich, wenn ich auch Dein Joch nicht getragen habe“. Eine solche verbindliche Form in welcher die grössere Macht des Assyrers anerkannt wird, ohne dass sie eine vollständige Unterwerfung in sich schliesst, würde recht wohl zu dem passen, was wir von dem Verhältniss zwischen Assyrien und Lydien sonst wissen. In den Kämpfen zwischen ihnen stand überhaupt die Entscheidung bei den *Kimmeriern*. *Gyges* besiegt diese erst mit *Asurbanabals* Hülfe *ina zikir šumi-šu, ina nibit šumi-ia* (II, 99. 119); dann wendet er sich gegen die *Assyrer*, denen es vielleicht sehr übel ergangen wäre, wenn nicht die *Kimmerier* (auf Anstiften der Assyrer?) sich gegen *Gyges* gewandt hätten. Vermuthlich waren beide Herscher froh, wenn sich ein modus vivendi fand (vgl. a. Herodot I, 15). Ohne also ein neues Land *Banni*(!) in Kleinasien ad hoc zu entdecken, und ohne sonst dem Texte in irgend einer Weise Gewalt anzuthun, dürfen wir übersetzen. „Nach ihm (Gyges) kam sein Sohn zur Regierung: ein Teufelswerk, welches die grossen Götter meine Beschützer auf mein Flehen hin, vor dem Vater, der ihn gezeugt, hatten niederblitzen lassen, sandte er (zu mir) in der Hand seines Boten, (liess ihn) meine königlichen Füsse umfassen und also (reden): Du bist der König, den (ein) Gott (aner)kennt; Meinem Vater fluchtest Du: da ward Böses vor ihn hingeworfen (und — das ist mit zu verstehen — geschah ihm in Folge dessen). Mich, den Sklaven, der Dich fürchtet, segne, wenn ich auch Dein Joch nicht getragen habe[1].“

Col. III, 88 ist *simtu* (וסם) „Abzeichen“ mit *šimtu* (שים) „Ge-

1) Vielleicht(??) auch: „.... segne mich, der ich (*mala*) Dein Joch auf mich genommen habe“. Dagegen nicht: „dann will ich Dein Joch auf mich nehmen“, das müsste .... *ma lûšûṭa(a)* heissen (vgl. *lûkul* „ich will essen“).

schick. Schicksal" verwechselt, es muss heissen: „Asurbanabal, welchem die grossen Götter ein günstiges Geschick bestimmt haben".

III, 108 *iprusu alkâtu*, „schnitt den Verkehr ab" (?).

III, 125 „mit (flimmerndem) flammendem Eisendolche": *hamṭi* könnte als Attribut zu *mikid išâti* nicht vorausgestellt werden sondern gehört zum vorhergehenden *paṭar parzilli*. *Hamâṭu* heisst auch „flackern", „flimmern", „zucken", vom Feuer, Blitz und von glänzenden Waffen gesagt.

Zu Col. IV, 50—52, 57 vgl. HAUPT ZK II, S. 281 82 u. No. 4.

IV, 61 *ša la naparšudi* ist passivisch zu fassen „die Schlinge, das Netz der grossen Götter, welchem nicht entronnen werden kann", „das unentrinnbare". Vgl. *ašar la âri* „ein Ort, der nicht betreten werden kann".

IV, 89. Das Ideogramm *er-ša-ku-mal* wird man getrost mit ZIMMERN, *Busspsalmen* S. 1 No. 2 *šigû* lesen können.

IV, 97—105 bilden eine Periode, nicht zwei getrennte Sätze. „Die Bewohner Akkads etc., welche Šamaš-šum-ukîn herbeigerufen und vereinigt hatte, welche sich gegen mich empört hatten, um sich selbst zu befreien, trat ich .... nieder" etc. Über den Abfall dieser Völker war ja bereits oben (Col. III, 96 f) berichtet worden, hier wird derselbe nur in Verbindung mit der Bestrafung wieder berührt.

Col. VI, 75. *Ekimmu* ist bekanntlich der Name eines bösen Dämons im Assyrischen. Als solche werden hier die Gottheiten der feindlichen Elamiten bezeichnet. Diese, die bisher durch irgend einen Schutz (*ṣillu*) den Blicken Uneingeweihter entzogen waren, stellen die Assyrer blos und entweihen so die heiligen Haine, in welche (Z. 66) früher „kein Fremder eingedrungen war". Dies der Sinn der Stelle.

Zu Col. VII, 123—Col. VIII, 14 ist hinzuweisen auf HAUPT, *Wâteh-Ben-Hazael*, „*Hebraica*" Vol. I, Nr. 4, April 1885.

Zu Col. VIII, 87 (S. 103) hätte wohl auch der recht beachtenswerthe Grund, welchen HAUPT (ZK II, 270, No. 1) für Beibehaltung der Lesung *lablabti* geltend macht, angeführt werden können.

Die *Nebo-Inschrift* (S. 112 f.) ist, wie ich Ihnen bereits

schrieb, schon bei LAYARD, *Inscriptions* p. 85 veröffentlicht und danach von OPPERT, EM I, p. 303 übersetzt. (Vergleiche BEZOLD, Lit. 114 sub e). LAYARDS Ausgabe zeigt einige Verstümmelungen, weil ihm die zwei ergänzenden Exemplare nicht vorlagen. Auch sind einige Fehler zu vermerken, die durch Ihre Ausgabe verbessert werden.

In Z. 14 ist auszusprechen: *Ana šatti Nabû naplisma*. Mit *ana* beginnt ein neuer Satz. Zu übersetzen ist: „Für alle Zeit, blicke Du, o Nebo, (den Bau) freudig an!“ STRASSMAIER hat ganz recht, wenn (s. S. 114) dies Wort mit *šattu* „Jahr“ identificiert. Es ist allerdings dasselbe Wort; nur hat es hier, wie auch *ûmu*, „Tag“ (vgl. ZA II, S. 64), die allgemeinere Bedeutung „Zeit, Zeitdauer“. — ŠI. BAR ist das gewöhnliche Ideogramm für *naplusu* „anblicken“, hier imperativisch gebraucht. Vgl. für die beiden letztgenannten Worte und überhaupt für diese Art von Schlussformeln meine Dissertation (s. o) S. 23 Z. 30f und S. 49 u. 50.

Hamburg, 10. März 1887. C. F. Lehmann,
Dr. jur. et phil.

Die nachstehenden Bemerkungen zum Commentar des ersten Heftes hat mir mein hochverehrter Freund J. N. Strassmaier S. J. eingesandt.

Col. I, 1. *Ašur-bâni-pal* ist wohl zu lesen: *Ašur-bâni-aplu*, oder *Ašur-bân-aplu*, nach der Form: *Nabû-ba-an-ziru*, *Marduk-na-ṣi-ir-ap-lu*. *Aplu* mit *p*, nicht mit *b*, nach der griechischen Transscription.

Col. I, 2. *Bît ridûti* kann auch *Bît tal-du-u-ti* gelesen werden, und vielleicht ist dieses vorzuziehen und dann von ילד abzuleiten.

Col. I, 12. [cuneiform] [cuneiform] ist sicher nicht mit hebr. שׁישׁ zusammenzustellen; der Context erfordert die Bedeutung von Opfertag, Festtag, vielleicht [cuneiform] = *nadânu*, [cuneiform] *šakânu*, also ein Tag, an dem Opfer dargebracht werden.

Col. I, 19. *e-li-ti* ist fem. von *elû*, wie *šaplit* von *šaplû* (mit langem Endvocal), daher *elîti*, *šaplîti*; der erste Vocal in *elû* scheint kurz zu sein und ist ohne Circumflex zu schreiben.

Col. I, 20. *mar šarrûti-ia* ist derselbe Ausdruck wie l. 2, nicht *tûr šarrûti-ia*; es ist die Prinzregentschaft, im Gegensatze zum folgenden *šarrûtu*, die Alleinherrschaft.

Col. I, 21. ist *šum ilâni*, gemeint sind die Gesetze und Bestimmungen, welche auf den Namen der Götter gemacht sind, d. h. unter Anrufung der Götter, mit Eidesleistung, mit einer religiösen Verpflichtung.

Col. I, 22. *šakâru* ist hier wohl nur hebr. זָכַר, nach II R. 11. 19.

Col. I, 51. könnte vielleicht *i-ik-lum iklu*, Acker, sein, und *kummuru* ist eine Participial-Bildung, passiv. pael, كَمَرَ bedecken, der Sinn wäre: Die Felder waren mit Getreide, Frucht bedeckt. Doch ist mir das noch zweifelhaft.

Col. I, 86. scheint mir nur *šu-pur*, *šu-par* gelesen werden zu können (von *šapâru*, *šipirtu*, *našpartu*) und scheint Kunstwerk, Glanz, Schmuck, oder etwas Ähnliches zu bedeuten, ist Apposition zu *ilâni*.

Col. II, 33. ist *irti-ia*, nicht *irat-ia*, zu transcribieren.

Col. III, 90. *paššuru* ist sicher das syr. ܦܬܘܪܐ Tisch, Opfertisch, oder etwas Ähnliches, wahrscheinlich das Gestell, welches dargestellt ist bei Opferscenen auf den Sculpturen.

Col. IV, 35. Es ist wohl richtig, dass die Pluralformen wie *ilâni* nicht vor den Suffixen gebraucht werden, also wohl richtiger *ili-ia* zu lesen.

Col. VIII, 112. = *amelu 'a-lu* (nicht *â-lu*).

Col. IX, 50. kommt in späteren Inschriften häufig als Name einer Priesterklasse vor, doch ist mir die Aussprache unbekannt. Es ist nicht sondern . In späteren Opferlisten scheint *amelu mu-u-tu* synonym oder identisch mit diesem Worte zu sein.

Col. X, 95. *ubbalu* ist von *babâlu* nicht *abâlu*.

pag. 108 unten (u. pag. 110): *amelu bat gid-da* ist oft geschrieben [cuneiform] *amelu til-la gid-da*, also *amelu tilla-gidda* zu lesen.

pag. 109. Das *mât Bannî* ist wohl zu lesen: *iâti ardu paliḫ-ka, kurbannî mala šûṭa abšan-ka*, und der Sinn: ich bin ein Diener, der dich ehrt, fürchtet, und Opfergaben sind alle die deiner Herrschaft, deinem Joche unterworfen sind; *šûṭa* ist wohl plur. von einer Participial-Bildung von *šâṭu*, wie oben *kummuru*, und bezieht sich auf den plur. *kurbannî*; er will sagen: ich diene dir und opfere mich dir auf mit meinen Unterthanen.

Bemerkungen zu Heft I von Theo. G. Pinches.

Wie Herr Smith mir gesagt hat, hat meine Vermuthung betreffs Assurb., Col. II., Z. 125, die jüngeren deutschen Assyriologen sehr aufgeregt, obgleich ich meine Erklärung als reines Errathen gegeben hatte. Man konnte beinahe glauben, dass ich eine Frevelthat verübt hätte, anstatt eine blosse Vermuthung als solche zu äussern.

Wie ich Herrn Smith schon längst schrieb, kann die Zeichengruppe *mat-ban-ni-i* auch *kur-ban-ni-i*, „sei mir gnädig" transscribirt und übersetzt werden. Diese Übersetzung aber schien mir nicht mit den folgenden Wörtern zusammen zu passen. Als ich über den Satz nachdachte, erinnerte ich mich dass die beiden Wörter, *kurba* und *šûṭa a* als auslautenden Vocal besitzen, und dass sie deshalb dieselbe grammatische Form sein konnten — wenn *kurba* Imperativ war, so konnte auch *šûṭa* Imperativ sein. Diese Erklärung gab aber, wie es mir damals schien, viele Schwierigkeiten, und deshalb nahm ich sie nicht an.

Meine jetzige Transscription und Ubersetzung der betreffenden Zeile sind wie folgt:

Jâti ârdu paliḫ-ka.

Ich (bin) der Knecht dein Verehrer *Kurbanni-ma.* Sei mir gnädig und

lâ šûṭa âbšan-ka

übe deine Macht nicht aus.

Für den langen Vocal des pron. suf. *-annî*, vgl. K. 824, Z. 13 (*ušâlannî-ma*).

Die Redensart *lâ šâṭa* ist augenscheinlich nicht so stark wie *ûl tašâṭa* oder *lâ tašâṭa* (vergl. *âḫi raman-ka lâ tanasaḳa*, „deinen eigenen Bruder wirst (= sollst) du nicht küssen" — eine Redensart, die beinahe ein Befehl ist). Dass es keinen Unterschied zwischen *lâ* und *ûl* gab, zeigt die wohlbekannte Bruderschaftsurkunde (vergl. meine „Early Babylonian Deed of Brotherhood"), inneres Täfelchen, Z. 20 (*lâ išarru*, *lâ igirrû*, „soll nicht zornig sein, soll nicht Unrecht zufügen"), und Z. 23 (*ûl išû*, „soll nicht haben"). Meine Übersetzung von Z. 119—125 (col. II.), die fast durchaus mit derjenigen von Herrn Smith übereinstimmt, lautet wie folgt: „Die Gimirâa, die er durch die Nennung meines Namens sich unterworfen hatte, kamen und zerstörten die Gesamtheit seines Landes. Nach ihm setzte sich sein Sohn auf seinen Thron. Das böse Ding, welches auf mein Gebet, die Götter, meine Helfer, dem Vater, seinem Erzeuger, austheilen, durch die Hand seines Boten sandte er und umfasste meine königlichen Füsse, also: ‚Der König, den Gott erkannt hat, bist du. Du fluchtest meinen Vater, und Böses geschah damals. Ich bin der Knecht, dein Verehrer. Sei mir gnädig, und übe deine Macht nicht aus.'" — *Ušapriku* ist III. 1 von *parâku* Vergl. *ipterku*, S. 55 (Z. 40).

Berichtigung.

Heft I, S. 107, Z. 18. Anstatt „Sardanapal der Griechen" lese man „Aššurbanîpal der Assyrer".

Druck von August Pries in Leipzig.

REV.

K. 2867.

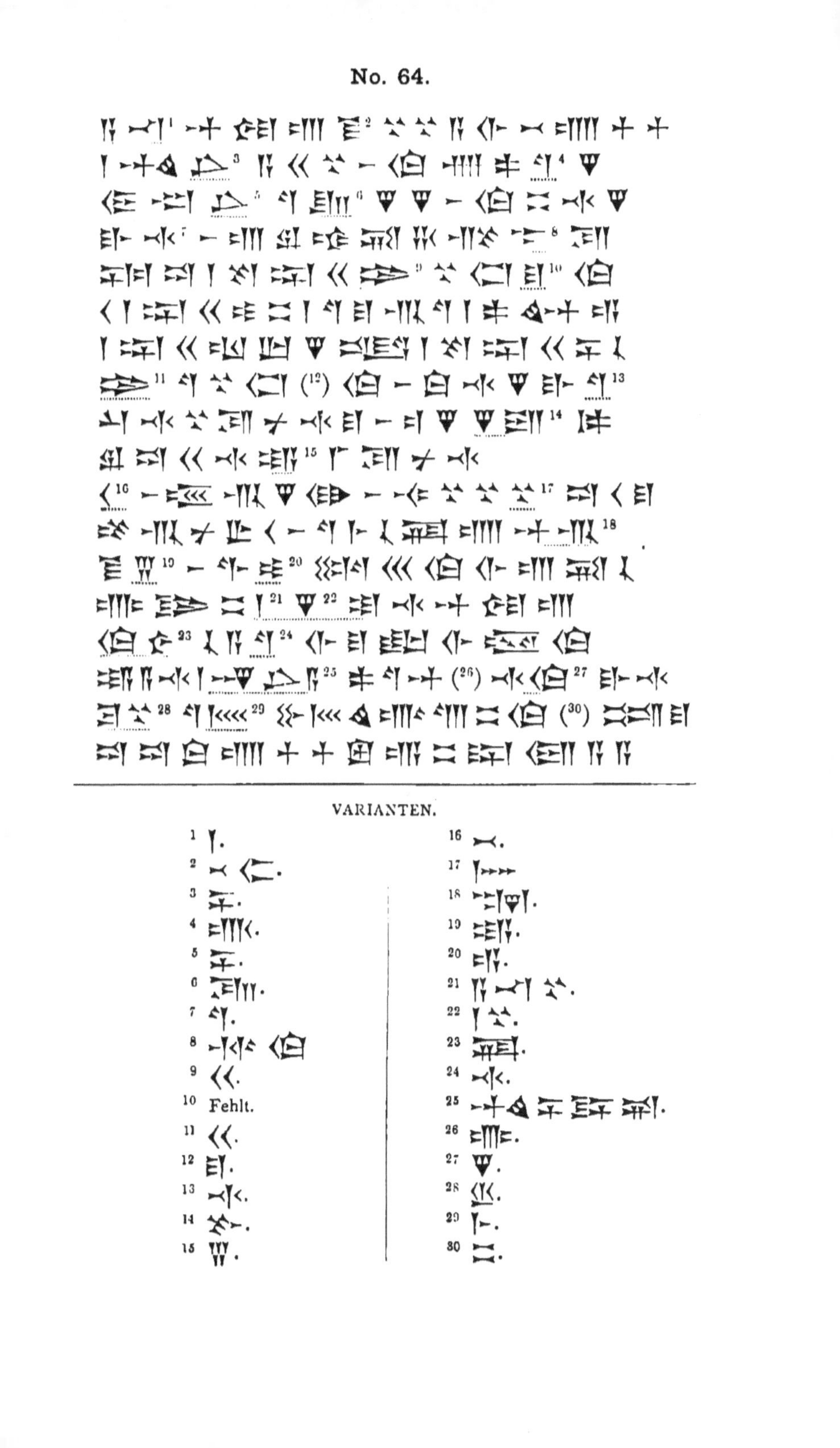

No. 64.

[illegible]

VARIANTEN.

1 [illegible]

2 [illegible]

3 [illegible]

4 [illegible]

5 [illegible]

6 [illegible]

7 [illegible]

8 [illegible]

9 [illegible]

10 Fehlt.

11 [illegible]

12 [illegible]

13 [illegible]

14 [illegible]

15 [illegible]

16 [illegible]

17 [illegible]

18 [illegible]

19 [illegible]

20 [illegible]

21 [illegible]

22 [illegible]

23 [illegible]

24 [illegible]

25 [illegible]

26 [illegible]

27 [illegible]

28 [illegible]

29 [illegible]

30 [illegible]

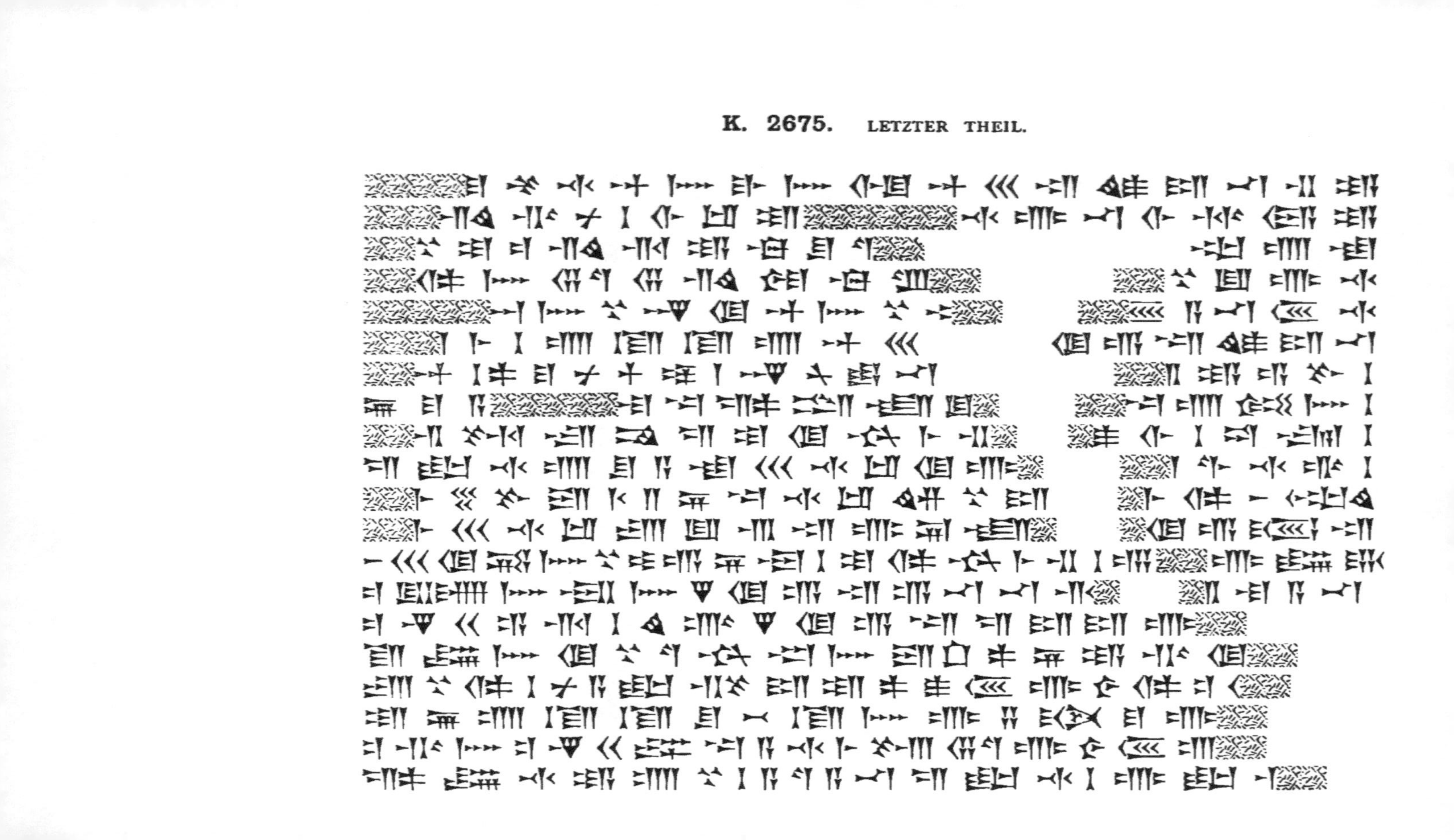

K. 2675. LETZTER THEIL.

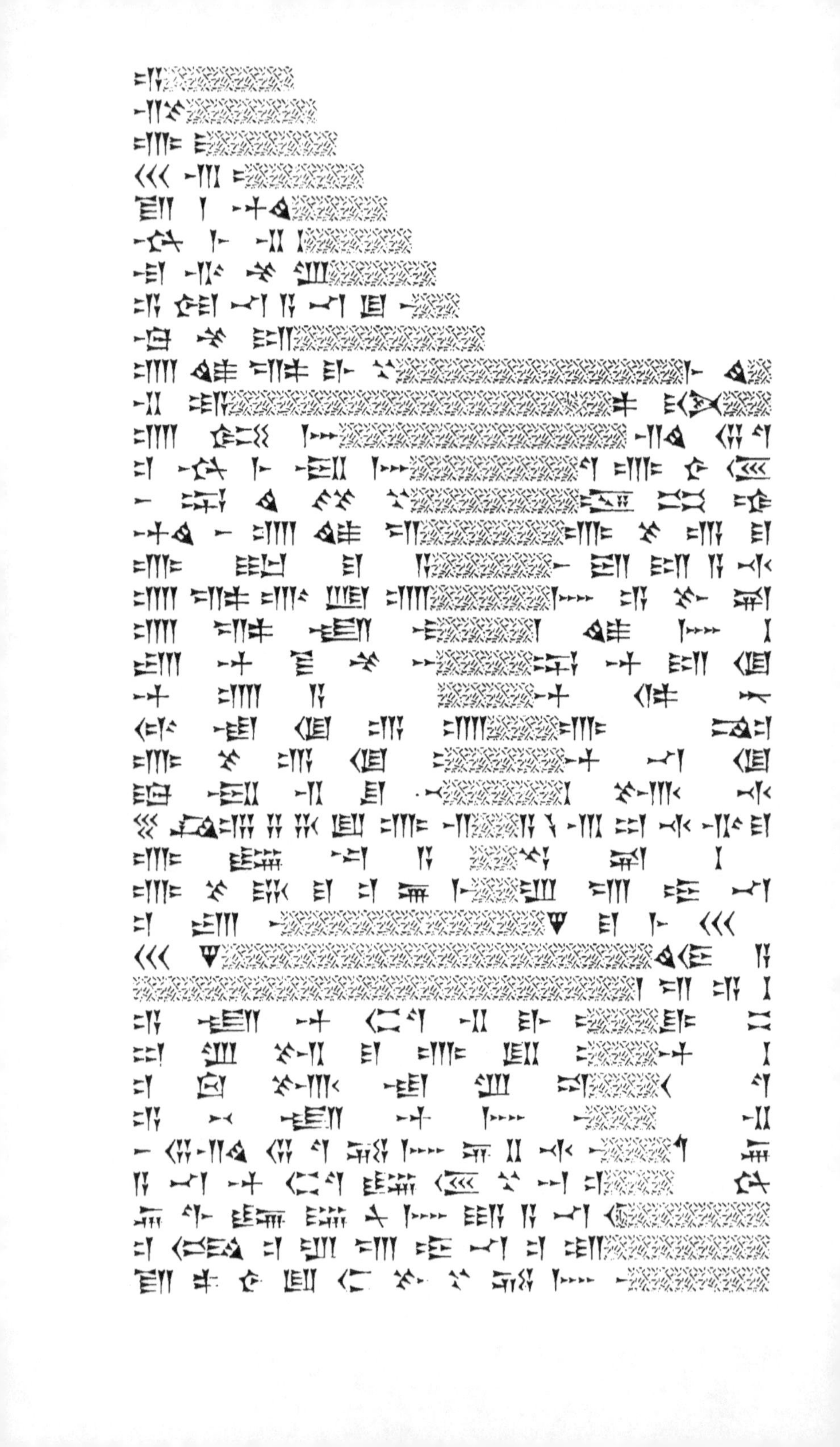

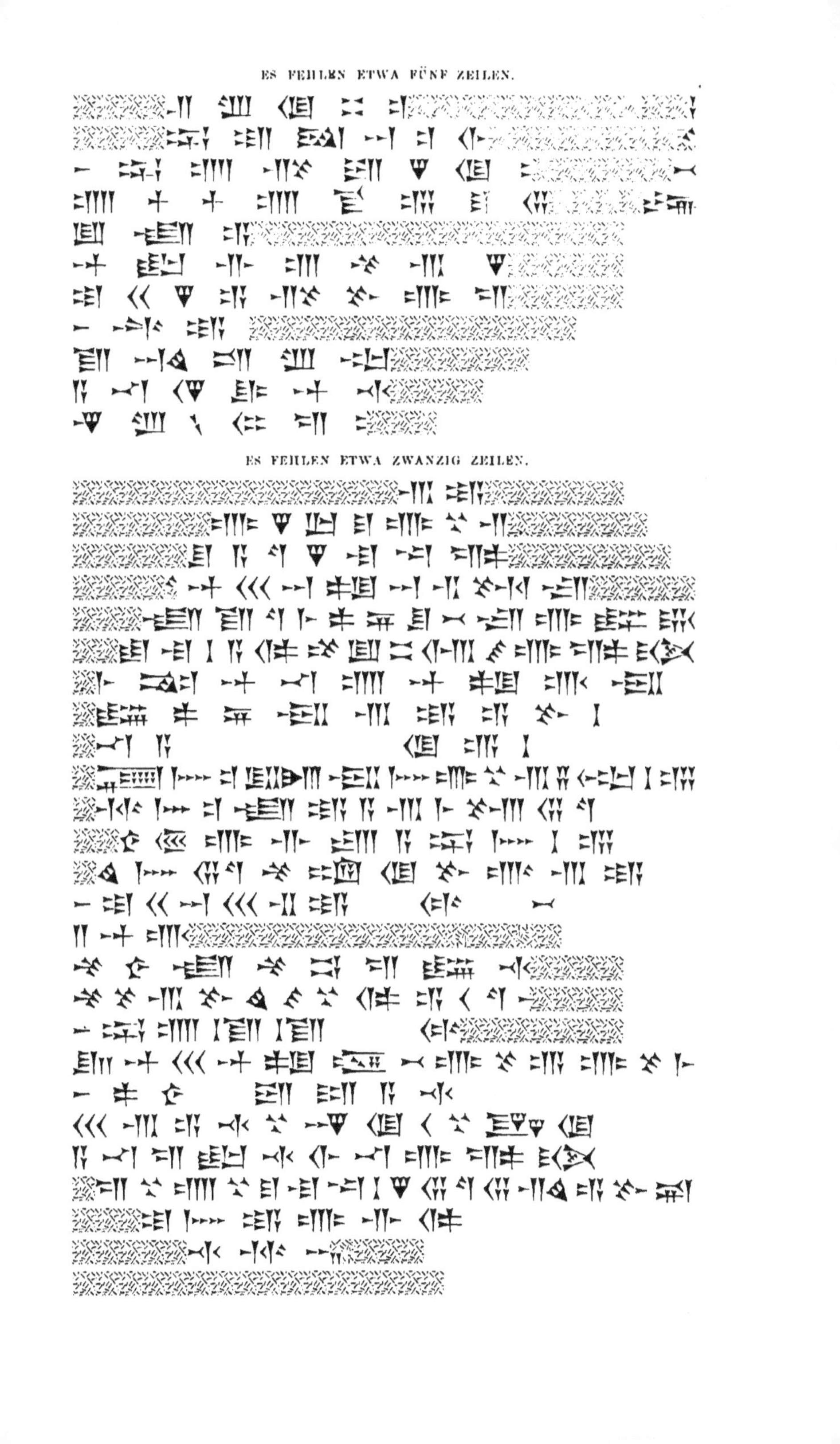

ES FEHLEN ETWA FÜNF ZEILEN.

ES FEHLEN ETWA ZWANZIG ZEILEN.

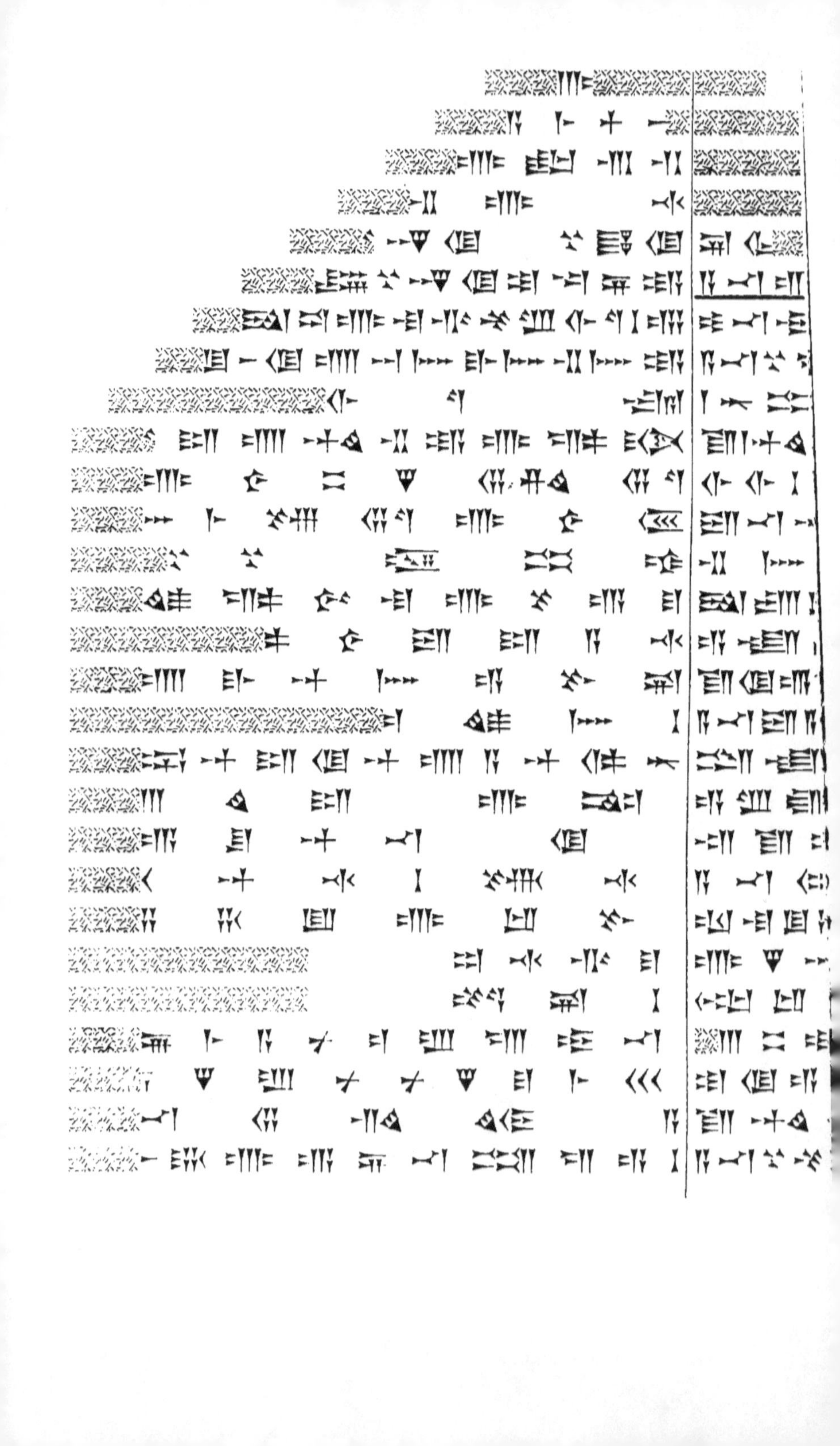

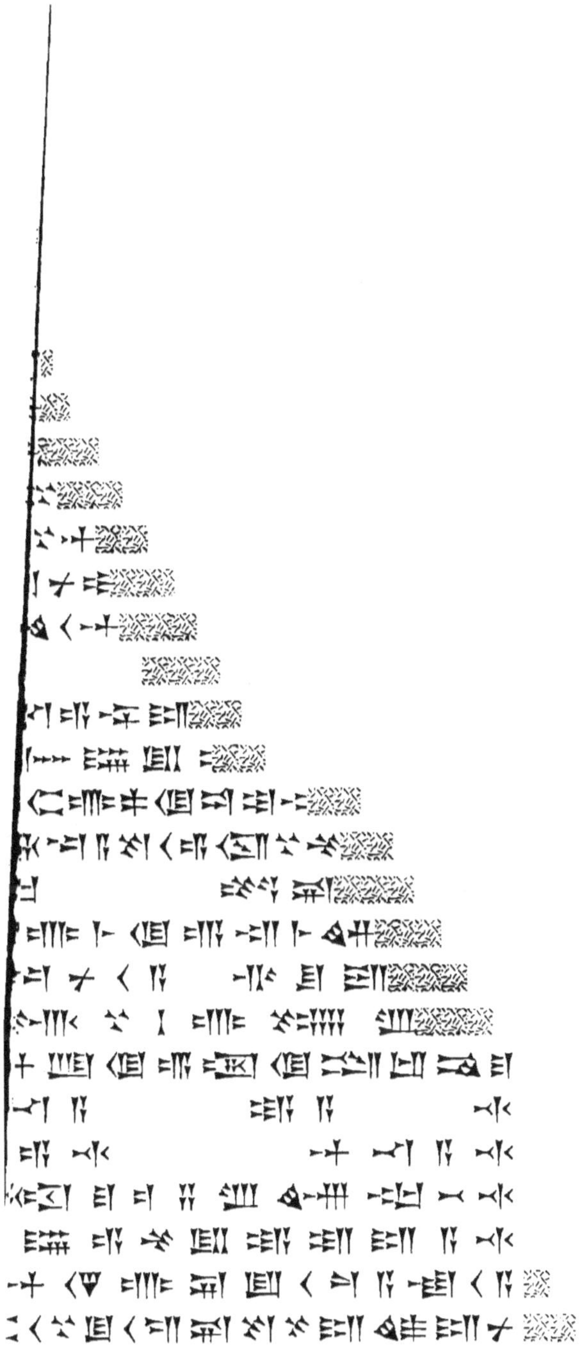

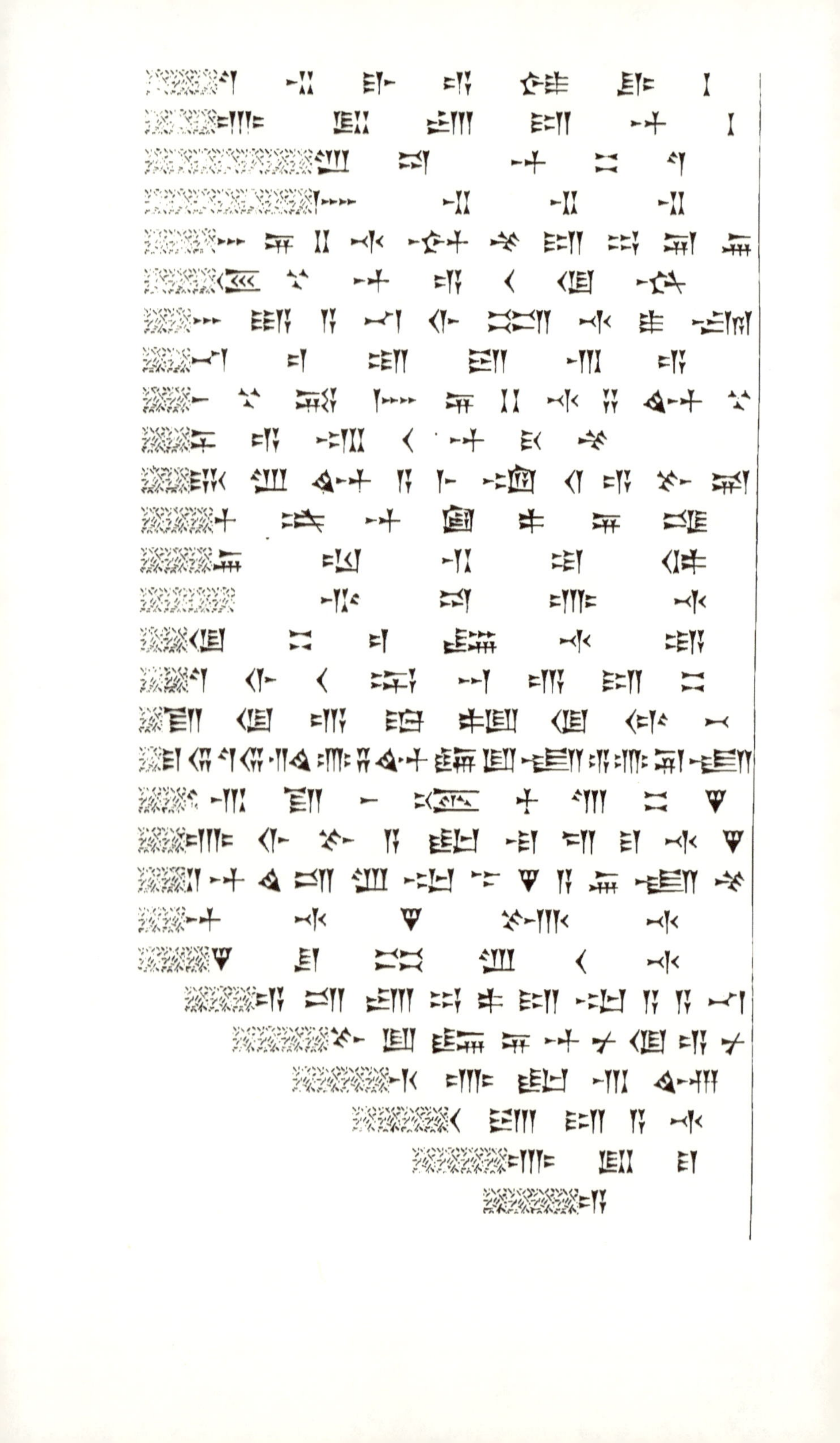

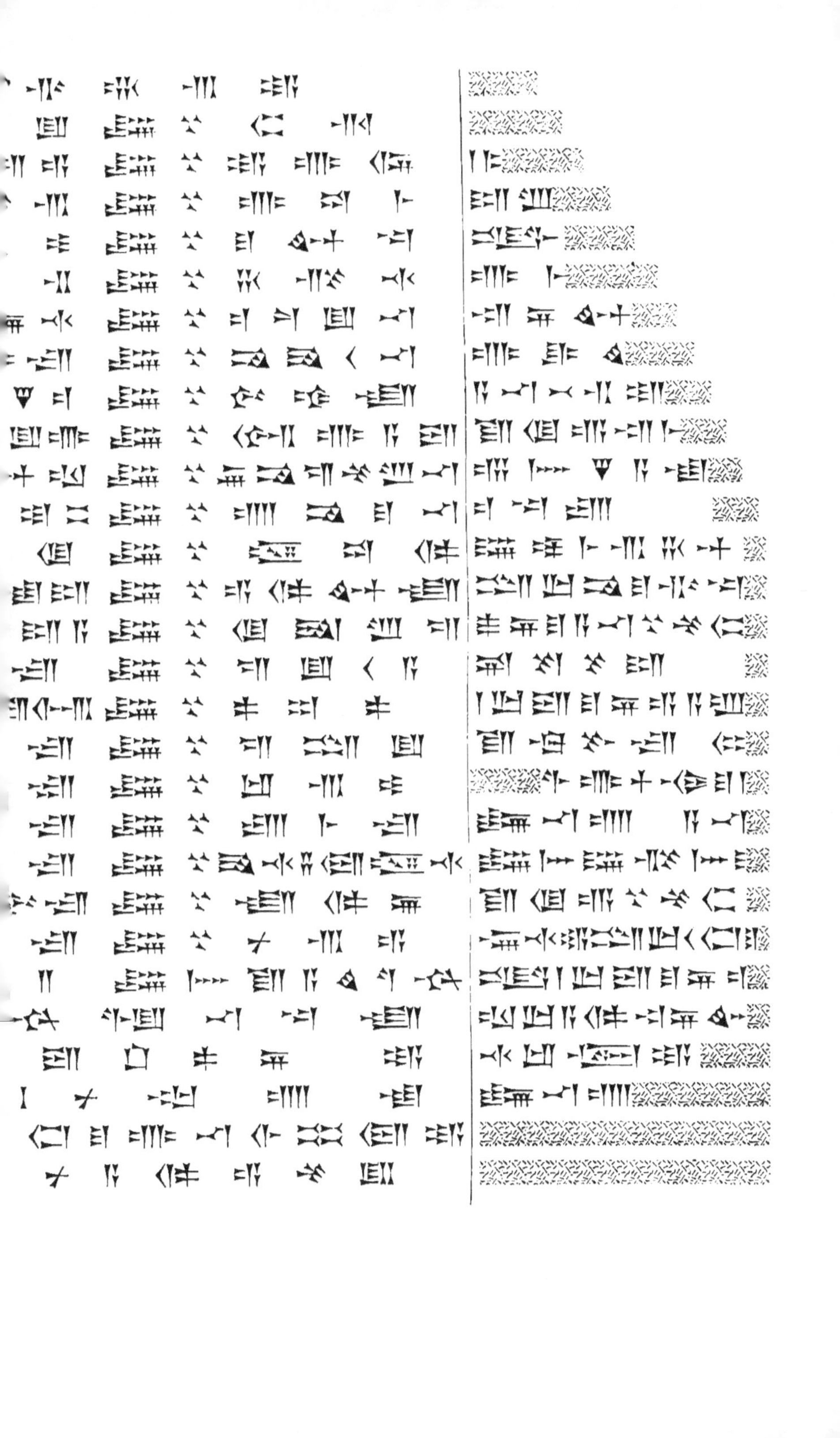

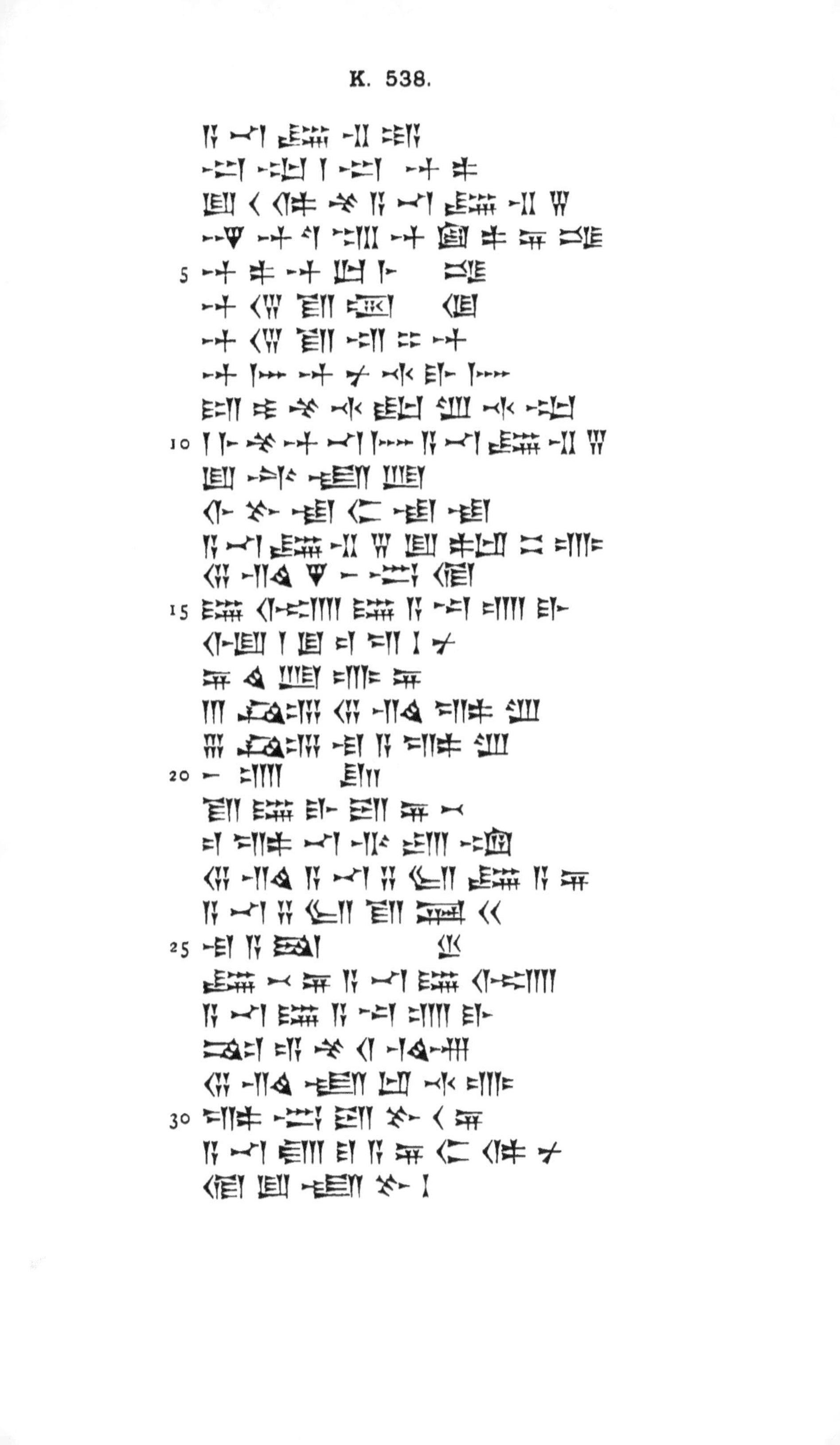

K. 538.

K. 513.

Rev.

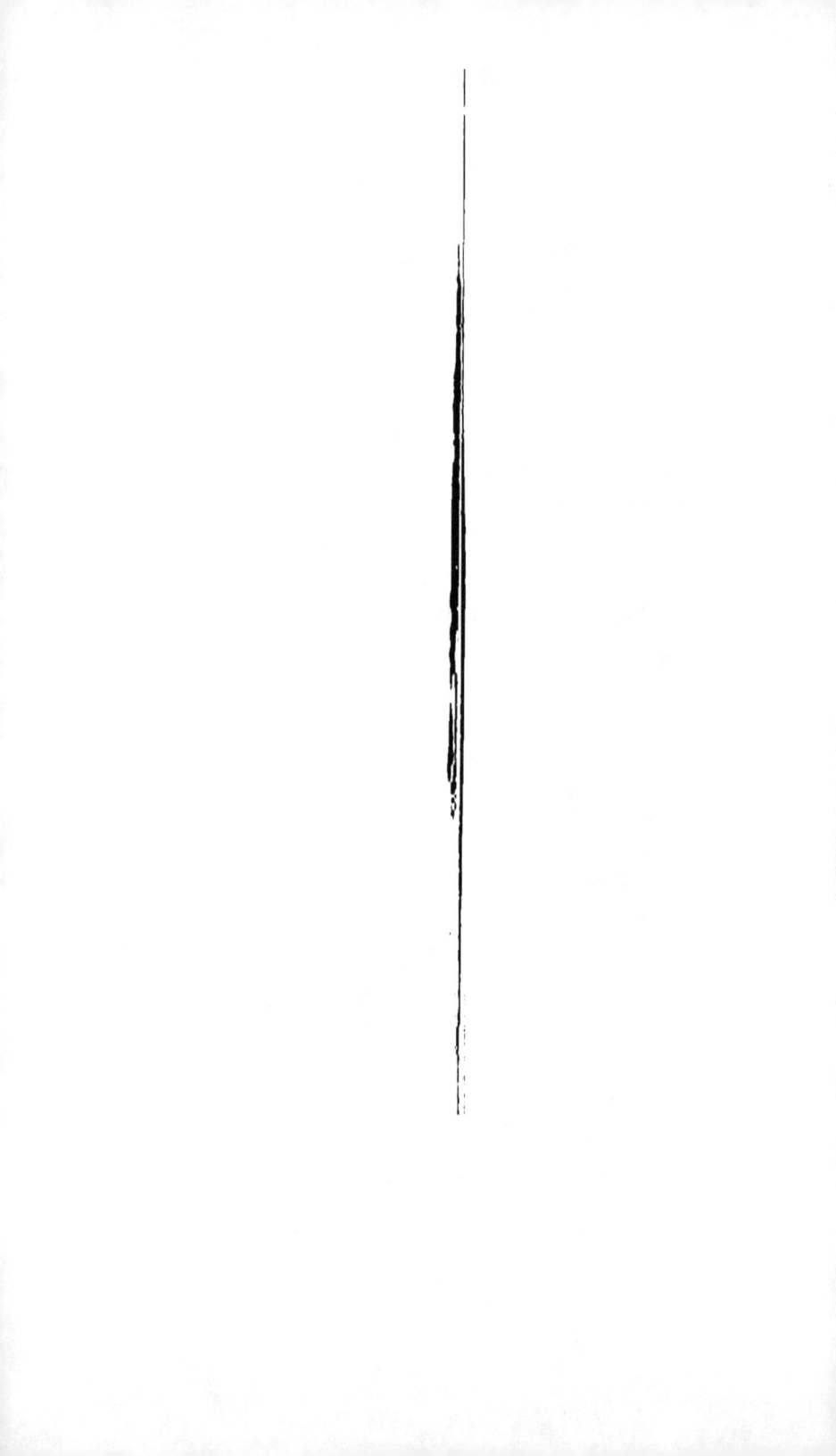

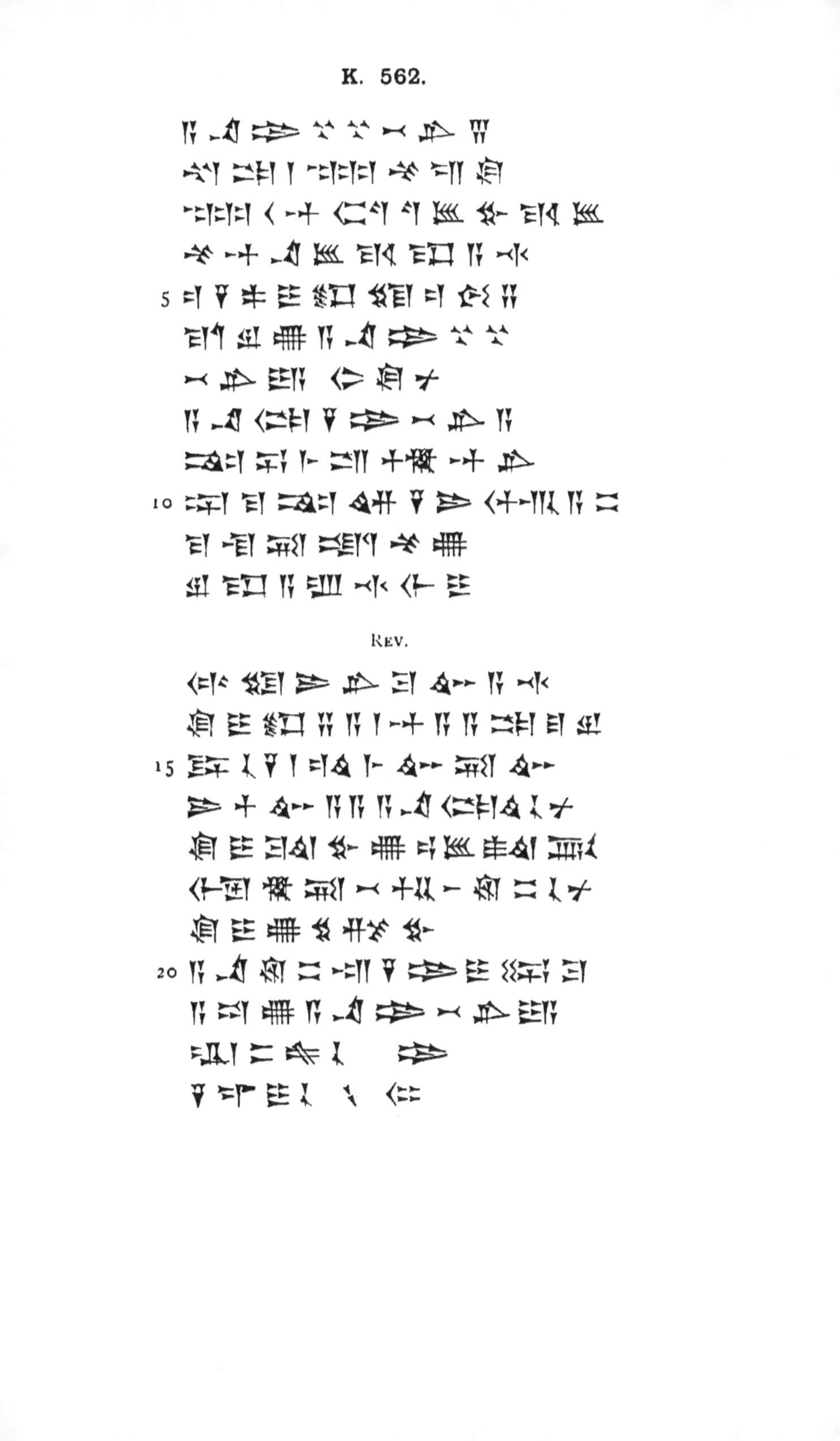

K. 562.

Rev.

K. 604.

K. 476.

81, 2-4, 57.

Rev.

K. 95.

Rev.

K. 486.

Rev.

K. 509.

Rev.

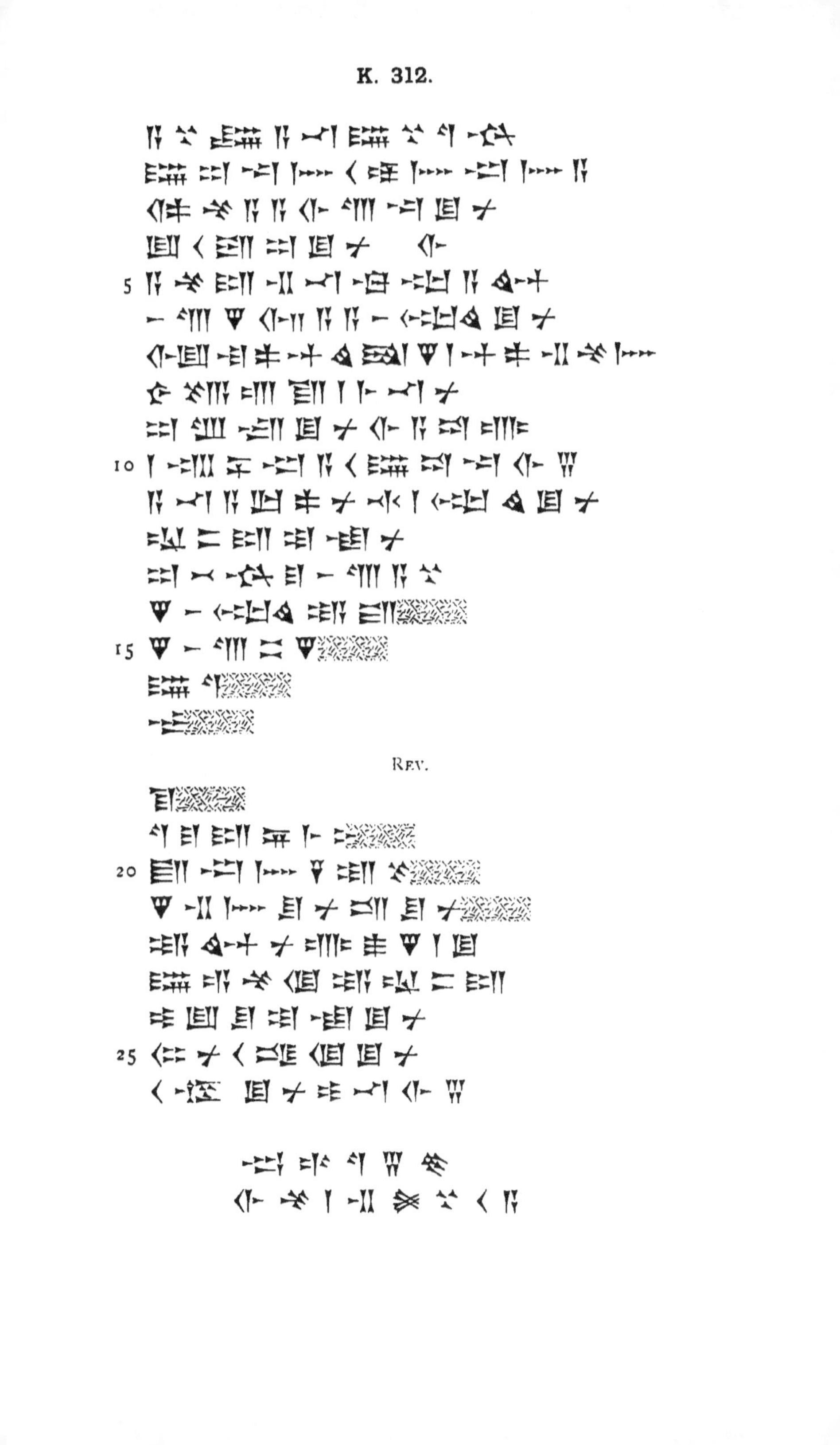

K. 312.

Rev.

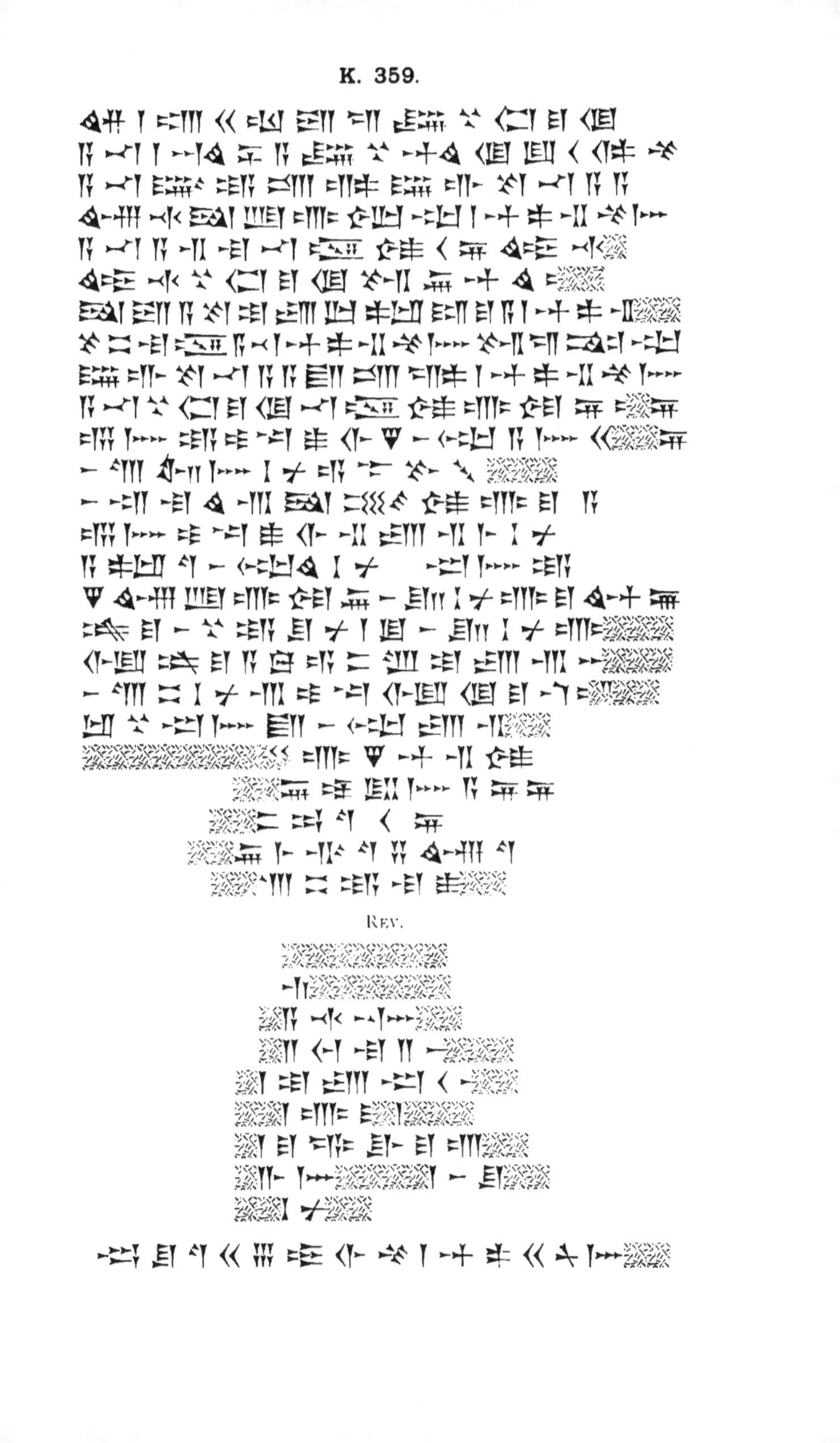

K. 359.

Rev.

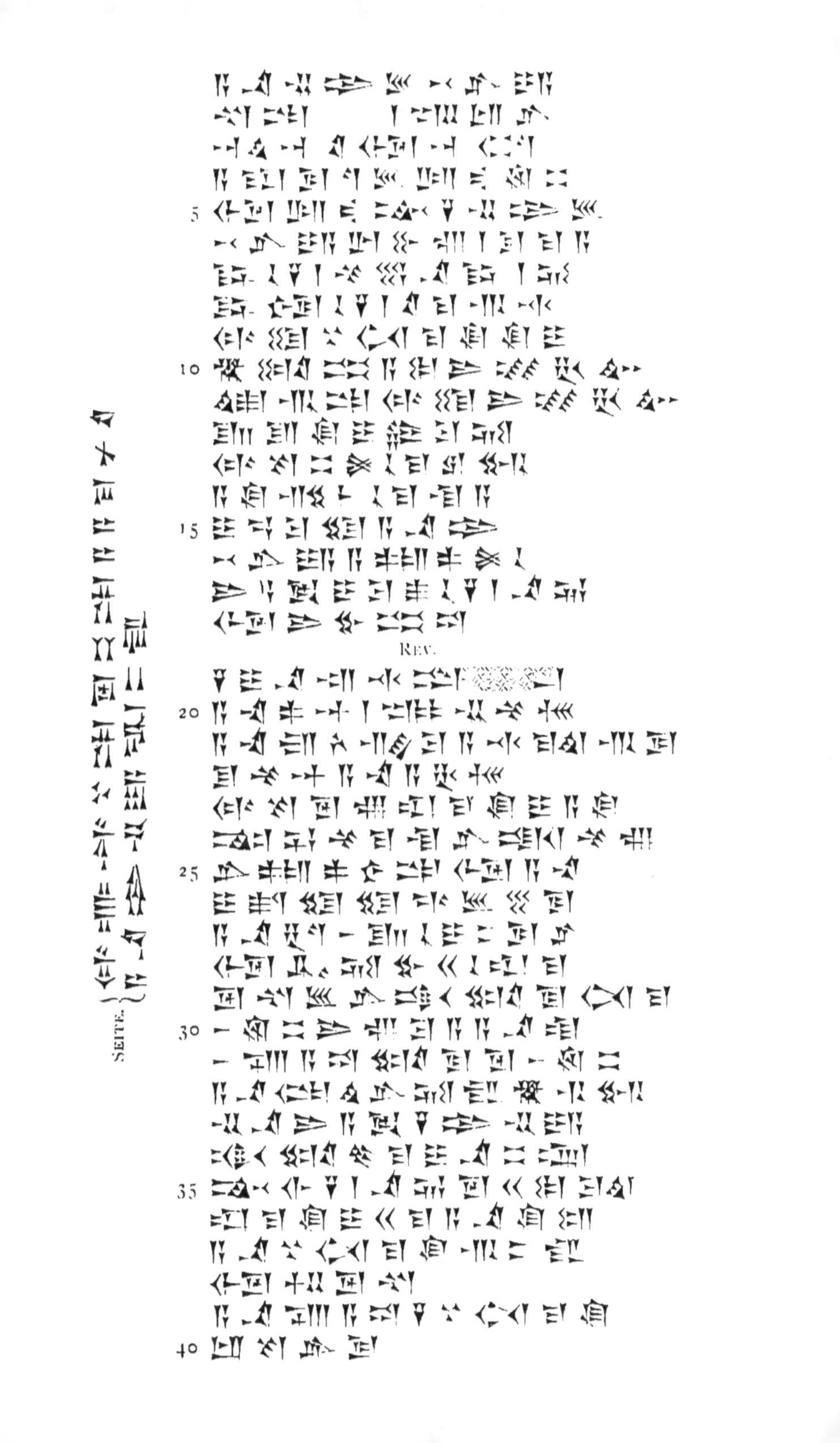

Rev.

Seite.

S. 1064.

Rev.

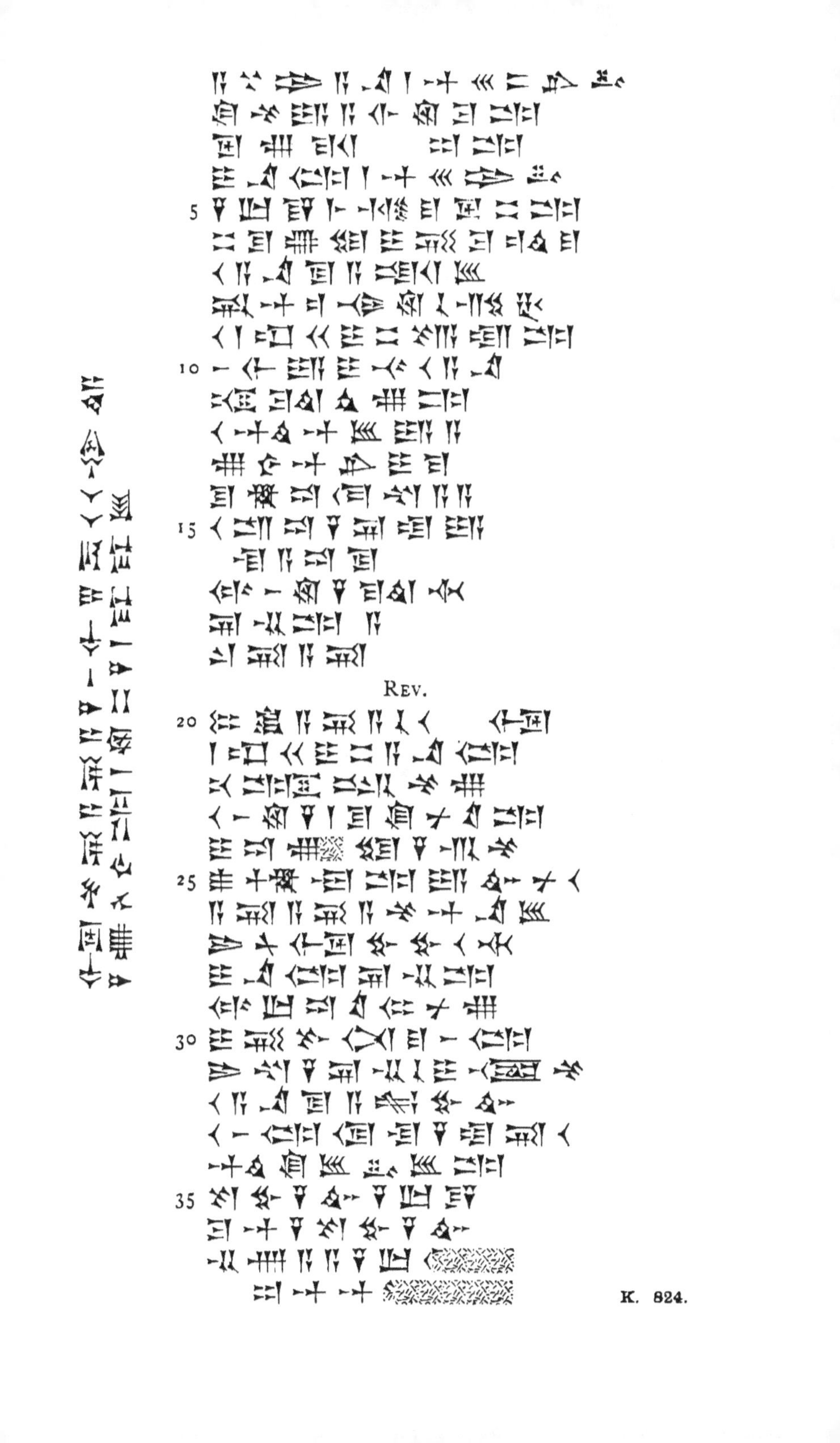

Rev.

K. 824.

DIE

KEILSCHRIFTTEXTE ASURBANPIALS,

KÖNIGS VON ASSYRIEN

(668—626 v. CHR.)

NACH DEM IN LONDON COPIRTEN GRUNDTEXT

MIT

TRANSSCRIPTION, ÜBERSETZUNG, KOMMENTAR

UND

VOLLSTÄNDIGEM GLOSSAR

VON

SAMUEL ALDEN SMITH.

HEFT III.

UNEDIRTE BRIEFE, DEPESCHEN, OMENTEXTE U. S. W.

LEIPZIG
VERLAG VON EDUARD PFEIFFER.
1889.

VORREDE.

Zum dritten Mal habe ich die Freude, ein Heft meines den Keilschrifttexten Assurbanipals gewidmeten Werkes den Fachgenossen vorzulegen. Seitdem das zweite Heft ausgegeben wurde, ist fast ein Jahr verflossen. Während dieses Jahres ist auf dem Gebiet der Assyriologie viel geleistet worden in Bezug auf die Veröffentlichung neuer assyrischer Texte. Strassmaier hat von seiner Edition der *Inschriften von Nabonidus* fünf Hefte vollendet; Winckler hat seine *Sargontexte* herausgegeben; auch der Verfasser hat eine Anzahl unedirter Tafeln veröffentlichen können, darunter die *Miscellaneous Texts*. Das vorliegende Heft bringt viele Berichterstattungen aus der Zeit Assurbanipals; zu diesen sind die von mir in den *Proceedings of the Society of Biblical Archaeology*, 1887—8 veröffentlichten Briefe hinzuzunehmen. Ich habe mich während der letzten Zeit sehr viel mit Briefen und Depeschen beschäftigt, da sie nur wenig bekannt sind und doch einen wichtigen Theil der assyrisch-babylonischen Literatur bilden. Gewiss darf ich mich der Hoffnung hingeben, dass alle Fachgenossen darin mit mir übereinstimmen werden, dass durch die besondere Sorgfalt, die hier den Berichterstattungen gewidmet ist, dieses Werk sich eines nicht zu unterschätzenden Vorzugs erfreuen kann.

Dass Friedrich Delitzsch (*Literar. Centralblatt* vom 16. Febr. 1888) etwas an meinen Uebersetzungen und Erklärungen auszusetzen hat, stört natürlich niemanden, da er bekanntlich eines Urtheils über Berichterstattungen nicht fähig ist. Ich erlaube mir dazu zu bemerken, dass, wenn Delitzsch sich an mich gewandt hätte, ich ihm bedeutendere Fehler meines Werkes hätte zeigen können als er gefunden hat. Zudem sind die meisten der von ihm hervorgehobenen vermeintlichen Fehler in Wirklichkeit gar nicht vorhanden. Er klagt über die „gröbsten Verstösse gegen die assyrische Lautlehre", die er den Assyrern zuschreibt. Erst nach vieler Mühe ist es mir gelungen, die „Hausdächer" der Delitzsch'schen Transscription wegzulassen. Bei meinen fortgesetzten assyriologischen Studien im British Museum war ich genöthigt, das Meiste von der in seinen Vorlesungen mitgetheilten assyrischen Grammatik als unbrauchbar zu verwerfen. Auch ich bedaure, dass ich Assyrisch nicht besser kenne; wäre ich so glücklich gewesen einen Lehrer gehabt zu haben, der irgend etwas vom Lehren verstand, so wäre ich jedenfalls viel weiter. Ich soll ferner die „schweren Zusammenhänge der oft sehr knapp stilisirten Briefe" nicht erkannt haben. Die „Zusammenhänge", welche Delitzsch zwischen die Zeilen hineinliest, sind wie seine übrigen grossen assyrischen Weisheiten rein aus der Luft gegriffen; die Assyriologie bedarf ihrer keine. Delitzsch scheint zu befürchten, dass Halévy eine ähnliche Erbauung durch mein Werk finde, wie seine *Hebrew Language* diesen seiner Zeit erbaute. Auffallend wenn nicht unerhört ist es, dass Delitzsch mir das Studium der zweiten Lieferung seines *Assyrischen Wörterbuchs* eindringlich empfiehlt. Nachdem ich allen Assyriologen ganz klar gezeigt habe, wie unzuverlässig die erste Lieferung ist, und Prof. Sayce ihm das ganze Werk als unbrauchbar aufzugeben in so trefflicher Weise empfohlen hat (vergl. Z A II S. 341 flg.), findet er wohl seinen letzten Halt darin, die zweite Lieferung zu empfehlen. Er müsste dann seine Kenntniss der assyrischen und der semitischen Sprachen überhaupt in den letzten Monaten bedeutend erweitert haben. Aber wer weiss, dass er in einer seiner „alljährlich wiederholten" Reisen nach London in vier Wochen kaum mehr als 14 Stunden im British Museum gearbeitet und dabei erklärt hat, er habe seit vier Jahren nichts mehr von Keilschriften studirt, der wird dies kaum wahrscheinlich finden. Selbst bei seinem letzten Aufenthalt in London war es ihm nur mit Hilfe der „sensationssüchtigen" Publicationen von Lenormant möglich, fünf publicirte Inschriften zu collationiren, so dass in dieser Weise wohl tausend Jahre für ihn nicht hinreichen würden, die Inschriften des British Museum zu erforschen: und dabei will er ein vollständiges Wörterbuch für die Keilschriften liefern!! Ich erlaube mir ihm das Studium der in den letzten zwei Jahren von Strassmaier und von mir veröffentlichten assyrischen Inschriften eindringlich zu empfehlen; denn daraus kann er seinen mangelhaften (*Wörterbuch* passim) assyrischen Wortschatz bedeutend vervollständigen. Delitzsch könnte sich seine Frage „Ob wohl der Verf. auf Englisch einen Satz" u. s. w. selbst beantworten, wenn er meine PSBA 1887—8 veröffentlichten und wörtlich übersetzten Briefe studiren wollte; er könnte dadurch auch „die vielen Lücken seiner assyrischen und allgemein semitischen Sprachkenntnisse ausfüllen".

Der Verfasser der vorliegenden Schrift wagt nicht, sich eine solche Gewandtheit im deutschen Stile zuzutrauen, dass er das Assyrische in Verse übersetzen könnte, vgl. *Expositor* 1886, Seite 239.

„Sō gĕ | gĕssĕn | wīrd vŏm | Măgĕn
mag er | freilich | nicht so | sagen."
(Chaldäische Genesis S. 76.)

Aber wenn das neue Wörterbuch, wie viele orientalische Wörterbücher, und wie alle gut stilisirten poetischen Erzeugnisse, in Versen geschrieben würde, so sollte Delitzsch sich doch mit tiefgehenden Studien auch darin üben. Vielleicht bringt die empfohlene zweite Lieferung eine weitere Anleitung zur assyrischen Verskunst. Welch grossartige Perspectiven werden sich für die Assyriologie da erst eröffnen, wenn wir nicht nur die Genesis, sondern auch den Exodus und selbst den Brief an die Colosser direct aus dem Babylonischen, das dem gelehrten Professor bis jetzt noch weniger bekannt ist, in gut stilisirte Verse übersetzen können!!

Endlich möchte ich die freundliche Bitte an Delitzsch richten, dass, wenn er wiederum mein Deutsch kritisiren will, er seine Kritik in englischer Sprache schreiben möge, da ich Englisch besser verstehe und seine Bemerkungen das Ziel dann besser erreichen werden. Wenn er darin Recht hat, dass mir die Sinnlosigkeit so vieler meiner Uebersetzungen gar nicht zum Bewusstsein kommt, so hätte ich doch von meinem !!Lehrer!! in meiner Muttersprache sofort von diesem bedauerlichen Missstand in Kenntniss gesetzt werden sollen. Ich hoffe, dass es mir wenigstens jetzt gelinge, solches Deutsch zu schreiben, dass Delitzsch ohne allzu grosse Mühe es verstehen kann. In seiner Kritik dieses Heftes möge er uns etwas neues bringen und ein Paar Omentexte vollständig übersetzen. Alle Assyriologen möchten Delitzsch's „Uebersetzungskunst" sehen. Ich mache darauf aufmerksam, dass in den 14 Jahren, während welcher er Assyrisch gelehrt hat, er niemals die erste Uebersetzung einer Inschrift gewagt hat. Seine Kunst scheint zu sein, andere Assyriologen und Semitisten zu beschimpfen. Delitzsch und der grösste Theil der Assyriologen haben ganz verschiedene Meinungen über die Fragen, wie die Assyrer ihre Sprache geschrieben und ausgesprochen haben.

Die in diesem Hefte gebotenen Texte sind sehr schwer. Was die Originaltextausgabe betrifft, so glaube ich den Fachgenossen versichern zu können, dass die Copien zuverlässig sind. Dass sie ganz fehlerlos sind, habe ich lange nicht die

Kühnheit zu behaupten. In den Uebersetzungen und Erklärungen habe ich das gegeben, was mir am Wahrscheinlichsten schien. Ich darf wohl hoffen, dass dieses Büchlein trotz seiner Mängel zur Vervollständigung der assyrisch-babylonischen Literatur sowohl wie zum bessern Verständniss der schwierigen Berichterstattungen sein Scherflein beitragen wird.

Den gelehrten Herren, deren Bemerkungen am Schlusse zu finden sind, spreche ich an diesem Orte meinen herzlichsten Dank aus.

Herrn T. G. Pinches, der beim Lesen der Correcturen sich hilfreich erwiesen hat, sowie auch den anderen Beamten des „Department of Egyptian and Assyrian Antiquities of the British Museum" bin ich zu ganz besonderem Dank verpflichtet.

Leipzig, Weihnachten 1888.

S. Alden Smith.

K. 2674.

Transscription.

Um-ma-a-ti Ašûr-bâni-pal šar Aššûr
ša it-ti Um-man-i-gaš apil Ur-ta-ki šar Êlamti
mun-nab-tu ša iṣ-ba-tu šêpâ šarru-ti-ia aš-pu-ru a-na ka-šad
Êlamti
Si-im-bu-ru am. nagiru ša Êlamti ma-lak ummâni-ia iš-me-ma
zi-kir šumi-ia ip-luḫ-ma ina pan am. apil šipri-ia il-lik-am-ma
u-na-šik šêpâ-ia
Um-ba-ki-din-ni am. nagiru ša Ḫi-da-li
ša kakkadu ša Iš-tar-na-an-di šar ša Ḫi-da-li na-šu-ni
Zi-ni-e-ni am. Ša-ši Šu-am-mu-ri ina miṣ-ri šupali-i e-ṣir
da-na-an Ašûr bêli-ia pu-luḫ-ti šarru-ti-ia is-ḫup-šu-nu-ti
kakkadâte rubûtê ša Êlamti la kan-šu-ti-ia ik-ki-su-nim-ma
id-du-u ina pan am. rabûtê-ia iṣ-ba-tu šêpâ šarru-ti-ia
Si-id-ru ša Ašûr-bâni-pal šar Êlamti
it-ti Tê-um-man šar Êlamti is-di-ru iš-ku-nu abikta Êlamti
Te-um-man šar Êlamti taḫ-te-e ummâni-šu e-mur-ma
a-na šu-zu-ub napiš-tim-šu in-na-bit-ma i-ba-ka-am zik-na-a-šu
apil Te-um-man šar Êlamti ša ina tap-di-e ip-par-ši-du
naḫlapta-šu iš-ru-ṭu a-na abî ba-ni-šu
i-ša-as-su-u ku-uš-šid la ta-kal-la
Te-um-man šar Êlamti ša ina taḫâzi-ia dan-ni muḫ-ḫu-ṣu
a-na šu-zu-ub napiš-tim in-na-bit-ma iḫ-lu-ub ki-rib kišti
. . . . i-na lib-bi ru-kub šarru-ti-šu iš-še-bir-ma ib-bal-
kit ṣir-uš-šu
. . . . ša ṣu-um-bu it
. . . . ba . . . .

karânê êlî-šu-nu ta-nak-ki ša . . . .
e-nin . . . . u Rammânu ina ṣimitti-ia .
ḳaḳḳadâtê nakrê(?)-ia ak-ki-kis karâni aḳ-ḳi(?) . . . . .
ša ina uṣ-ṣi muḫ-ḫu-ṣu la iḳ-tu-u napšâtê-[šu]
a-na na-kas ḳaḳḳada ra-me-ni-šu aplê Aš-šur i-ša-si
um-ma al-ka ḳaḳḳada-ia naki-is ma-ḫar šarri bêli-ka
i-ši-ma li-e-ki-mu damiḳ-tim
I-tu-ni-i am. Šu-ud-šaḳ napḫar Êlamti
ša ir-ḫa-niš iš-tap-pa-raš-šu adî pani-ia taḫâzi dan-nu e-mur-ma
ina paṭar parzilli šib-bi-šu ḳaštu tuḳ-mat idi-šu iḳ-si-ma ra-ma-ni-šu
Um-man-i-gaš mun-nab-tu ardu ša iṣ-ba-tu šêpâ-ia
ana e-piš pi-ia ina ḫidâtê ki-rib Šu-ša-an
u Ma-ṭak-te am. Šu-ud-šak-ia a-ša . . . u-še-rib u-še-šib-šu
ina kussî Te-um-man ša ikšudu kâta-a-a
Ummânâtê-ia ša gi-ir-ri Êlamti . . . . . . li-ku
ul u-pa-aš-ši-ḫu an-ḫu-us-su-un
a-na Ša-pi-i-bel ma-ḫar Du-na-ni aš-ku-na pa-ni-šu-un
êlî âli šu-a-tu uš-man-nu id-du-u ni-i-tu il-mu-u u-ṣab-bi-tu mu-ṣa-a-šu
Du-na-nu apil Bel-iki-ša am. Gam-bu-la-a-a ḫat-tu im-ḳut-su-ma
âli-šu u-maš-šir-ma ina pan am. apil šipri-ia
u-ṣa-a-ma u-na-aš-šiḳ šêpâ-ia
A-na-ku Ašûr-bâni-pal. šar Aššûr ki-rib Iš-ki-a
niḳê . . . . . . ak-ki epu-uš i-sin-ni Kur(?)-ri
ina û-me-šu Du-na-nu ḳâta u šêpâ bi-ri-tu parzilli na-di-ma
iš-šu-u-ni a-di pani-ia
. . . . u-šal-li-mu Du-na-nu apil Bel-iki-ša
. . . . up-pa-niš as-ḫu-up-šu-ma
. . . . iš(?)-ḳu-pa ṣi-ru-uš-šu
. . . . am. Gam-bu-la-a
. . . . šêpâ a-na âli . . . . a
. . . . a a-di pani-ia

Rev.

. . . . Asûr ilu ba-ni-ia
. . . . lišânu-šu-un aš-lu-up
. . . . maŝak-šu-un
Du-na-nu apil Bel-iki-ša am. Gam-bu-la-a-a
nir-ri-ṭu šarru-ti-ia
. . . li iṣ-bat . . . .uk-ka aṭ-bu-uḫ-šu-ma
u-par-ri-sa meš-ri-ti-šu
Um-man-i-gaš apil Ur-ta-ki šar Êlamti
ša iṣ-ba-tu šêpâ šarru-ti-ia id-dan . . . . . .
a-na kid-ri-šu it-ti-šu aš-pur

Si-id-ru ša Ašûr-bâni-pal šar Aššûr
ša-kin abikta Êlamti

Si-id-ru ša Te-um-man šar Êlamti

Abikta ummânâte ša Te-um-man šar Êlamti
ša ki-rib til tu-u-bu Ašûr-bâni-pal šarru rabû šarru dan-nu šar kiššati šar Aššûr
ina la me-i-ni iš-ku-nu id-du-u am. pagrê ḳu-ra-di-šu
A-na-ku Ašûr-bâni-pal šar Aššûr ul-tu niḳê Kur(?)-ri
ana-aḳ-ḳu-u e-pu-šu i-sin-ni bît a-ki-ti
at-mu-ḫu-šu a-ša-a-ti Iš-tar
ina libbi Du-na-ni Sa-am-gu-nu Apli-ia u naki-is ḳaḳḳada Te-um-man
šar Êlamti Ištar bêlti im-nu-u ḳa-tu-u-a
e-rib Arba'il e-pu-uš ina ḫidâtê

Am. pagrê ḳu-ra-di nišê ša Êlamti
nâru U-la-a-a as-ki-ir
pagrê-šu-nu ku-um mê III û-me nâri šu-a-tu
[u-šar]-di a-na kiš-ša-ti-ša
Ana-ku Ašûr-bâni-pal šar Aššûr ša ina tukul-ti Ašûr bêli-ia na-ki-ri-ia
ak-šu-du am-ḫur ma-la lib-bi-ia

Rev. Col. II.

Gab-ri iz-zu ša ina pan šarri ša aš-mu-u-ni

Übersetzung.

Der General Asurbanipals, Königs von Assyrien;

welchen ich mit Ummanigas, dem Sohne des Urtaki, Königs von Elam,

dem Flüchtling, der meine Königsfüsse umfasste, sandte um Elam zu erobern.

Simburu, der Führer von Elam hörte den Fortgang meines Heeres und

bei der Nennung meines Namens fürchtete er sich, kam vor meinen Boten und küsste meine Füsse.

Umbakidinnu, der Führer von Hidali,

der den Kopf des Istarnandi, Königs von Hidali, brachte;

Zineni, der *Sasi* des Suammuri, (den) ich an der unteren Grenze belagerte;

warf die Macht Asurs, meines Herrn, der Schrecken meiner Herrschaft, nieder.

Die Köpfe der Fürsten von Elam, welche sich vor mir nicht beugten, hieben sie ab und

warfen (sie) vor meinen Feldherren, umfassten meine Königsfüsse.

Die Schlachtordnung Asurbanipals, Königs von Elam,

wider Teumman, König von Elam, ordneten sie, brachten Elam die Niederlage bei.

Teumman, König von Elam, sah die Niederlage seines Heers und

floh um sein Leben zu retten und zerraufte seinen Bart.

der Sohn des Teumman, Königs von Elam, der in der Niederlage floh,

zerriss sein Gewand, dem Vater, seinem Erzeuger

sprach er: Erobere! Du sollst nicht nachlassen.

Teumman, König von Elam, der in meiner mächtigen Schlacht geschlagen wurde,

floh, um sein Leben zu retten und verbarg sich in dem Wald

...... in seinem königlichen Wagen fuhr er weg und empörte sich wider ihn.

.... welche den Lastwagen ....

. . . .
Wein über sie sollst du ausgiessen, welche . . . .
jetzt (?) . . . . . . und Ramman unter mein Gespann . . . . . .
die Köpfe meiner Feinde hieb ich ab, Wein goss ich aus.
welcher mit einem Pfeil geschlagen war, sein Leben (aber) nicht beendete,
sprach, damit ihm der Kopf abgehauen wurde, den Söhnen Assyriens
also: Gehe, haue meinen Kopf ab, vor den König, deinen Herrn
trage (ihn) und möge er (ihn) freundlich hinnehmen.
Ituni, der Feldherr der Gesamtheit Elams,
welcher schnell mir entgegen geschickt wurde, sah meine mächtige Schlacht und
mit dem eisernen Dolch seines Gürtels, dem Bogen des Kampfes seiner Hand, durchbohrte er sich selbst.
Ummanigas, der Flüchtling, der Diener, welcher meine Füsse umfasste,
um mir Gehorsam zu leisten, mit Freude in Susa
und Matakte mein Feldherr . . . . liess einziehen, ich setzte ihn
auf den Thron des Teumman, den meine Hände erobert hatten.
Meine Soldaten, welche die Elamitische Feldzüge mit machten (?),
brachen nicht zusammen,
nach Sapibel zu Dunanu richteten sie ihr Angesicht,
selbiger Stadt gegenüber schlugen sie ihr Lager auf, belagerten . . . . . nahmen ihre Ausgänge in Besitz.
Dunanu, Sohn des Belikisa von Gambuli, hat der Schrecken niedergeworfen;
seine Stadt verliess er und vor meinen Boten
zog er heraus und küsste meine Füsse.
Ich, Asurbanipal, König von Assyrien, in Iskia
Opfer . . . . opferte ich, feierte das Fest von Kurri(?).
In jenen Tagen warf man Dunanu in eiserne Bande und
brachte ihn vor mich.
. . . . vollführte Dunanu, Sohn des Belikisa

. . . . warf ihn nieder und
. . . . stellte(?) wider ihn auf.
. . . . die Gambuläer
. . . . die Füsse der Stadt Iskia
. . . . vor mich.

Rev.

. . . .
. . . . Ašûr, der Gott, mein Erzeuger
. . . . ihre Zunge zog ich heraus
. . . . ihre Haut.

Dunanu, Sohn des Belikisa von Gambuli,
der meiner Herschaft widerstrebte,
. . . . nahm . . . . schlachtete ich ihn und
trennte seine Glieder.

Ummanigas, Sohn des Urtaki, Königs von Elam,
welcher meine Königsfüsse umfasste, schenkte . . . .
sandte ich zu seinem Bündniss mit ihm.

Die Schlachtordnung des Asurbanipal, Königs von Assyrien,
brachte Elam die Niederlage bei.

Die Schlachtordnung des Teumman, Königs von Elam.

Niederlage der Truppen des Teumman, Königs von Elam,
welche im Sturm des Kampfes Asurbanipal, der grosse König, der mächtige König, der König der Schaaren, König von Assyrien
ohne Zahl beibrachte; er warf die Leichname seiner Krieger nieder.

Ich, Asurbanipal, König von Assyrien, nachdem ich die Opfer von Kurri
geopfert, das Fest des Bit-akiti gefeiert hatte,
fasste das *Ašâti* der Istar
dort; Dunanu, Samgunu, Aplia und den abgehauenen Kopf des Teumman,
Königs von Elam, zählten meine Hände, Istar, meiner Herrin,
den Einzug in Arbela machte ich mit Freude.

Mit den Leichnamen der Krieger der Leute Elams
verstopfte ich den Eulaeus,

anstatt Wasser liess ich ihre Leichen drei Tage in selbigem Fluss
fliessen nach ihrer Gesamtheit.

Ich, Asurbanipal, König von Assyrien, der unter dem Beistand Asurs, meines Herrn, meine Feinde
eroberte, empfing die Fülle meines Herzens.

Rev. Col. II.

Die Abschrift des Documentes, welches vor dem König (ist), wie ich gehört habe.

Anmerkungen.

Die Beschreibung dieser Tafel von Friedrich Delitzsch (Herrn Dr. Bezold's *Literaturgeschichte* S. 288) ist natürlich gemäss dem veröffentlichten Theil derselben. III R 37 „Tablet No. 1" gibt George Smith ein Fragment dieser Tafel, welches nur etwa einen Drittel des Ganzen enthält, wie eine Vergleichung mit meiner Ausgabe zeigen wird. Jetzt ist die Tafel ziemlich vollständig geworden, seitdem neue Fragmente gefunden und in das British Museum eingeführt worden sind. G. Smith hat in seinem *History of Assurbanipal* S. 140 flg. die III R 37 Veröffentlichung dieses Fragments wiederholt.

Z. 4. *am. nagiru.* Das Zeichen für *nagiru* ist eig. ohne ein vorangehendes *šu* und dieses ist das gewöhnliche Zeichen für *nîru* „Joch"; daher ist unsere Zeichengruppe *am. nîru* zu lesen und „Mensch des Joches" zu übersetzen, aber da ich nicht verstehe was das heissen soll, habe ich versucht anders zu lesen. Dass die Assyrer den Officier *amêlu nîru* genannt haben, glaube ich nicht. Es scheint mir nach dem Zusammenhang, dass er der Feldmarschal (General-in-chief) des Elamitischen Heeres war. Vergl. auch Z. 6.

8. So scheint mir ist diese Zeile zu transcribiren. Delitzsch's Beschreibung dieser Tafel (Bezold, *Lit.* S. 288) bringt uns die Transscription *Zinêni . . . . . . ina sidri šaplê êṣir.* Ich möchte doch darauf aufmerksam machen: 1. Dass die Zeile auf dem Original vollständig ist, was man nicht denkt, wenn man nach dieser Transscription urtheilt. 2. Dass das Zeichen *šit*, *šid*, *rit* u. s. w. nach Delitzsch selbst den Lautwerth *sid* nicht hat. (Vgl. ALS^3 S. 20 Nr. 168). 3. Dass die Frage ist, wie er die Zeile übersetzt, so dass daraus

klar erhelle, dass diese Tafel „einen die Palastsculpturen betr. die elamitischen Feldzüge erklärenden Catalog“ bilde. *Eṣir* stammt sicher von אצר „einschliessen, rings umschliessen“ her und bezieht sich nicht auf Sculpturen. — *am. Ša-ši.* Zur Erklärung dieses Ideogrammes weiss ich nichts auszusagen.

17. *naḫlapta-šu.* So ist zu lesen. G. Smith liest phonetisch *ku-tig-ud-du-šu* und übersetzt „line of battle (?)“. — — *iš-ru-ṭu* Wurzel שרט. Smith übersetzt „had arranged“.

18. *ku-uš-šid.* II, 1 von כשד „erobern.“ George Smith übersetzt diese Stelle: „the battle (?) do not continue“.

21. Es ist möglich, dass George Smith's Text *narkabtu ṣu-um-bi* u. s. w. hier gestanden hat, jetzt kann man aber nur sehen, was ich gegeben habe. Durch die offenen Keile habe ich meine Ergänzungen bezeichnet. Die Lesungen von G. Smith scheinen aber nicht mit dem auf dem neuerdings gefundenen Fragmente vervollständigten Zeilenende zusammen zupassen. Das betr. Fragment bietet am Ende der Zeile *ib-bal-kit ṣir-uš-šu*, welches mit Smith's Uebersetzung: „The war chariot, his royal carriage was broken and fell“ durchaus nicht passt. Aus diesem Grunde dachte ich, dass am Anfang dieser Zeile ein Name gestanden habe. Die einzige Schwierigkeit bietet das Wort *iš-še-bir.* Smith hat es offenbar von שבר „zerbrechen“ abgeleitet, was an und für sich möglich ist. Der Sinn scheint mir zu fordern, dass man durch „sich fortmachen“ übersetze. Vielleicht heisst die Zeile, „sein General (oder Diener) machte sich in seinem königlichen Wagen fort und empörte sich wider ihn“.

22—26 sind so verstümmelt und abgebröckelt, dass wenig sicher ist. — Z. 25 das Zeichen *lal* ist vielleicht hier Ideogram für *ṣimittu* „Gespann“. Ob am Anfang der Zeile das Wort *eninna* „jetzt“ wirklich gestanden hat, bleibt dahingestellt. — Z. 26. *nakrê*(?)-*ia.* Dies ist wenigstens eine mögliche Ergänzung. — *ak-ki-kis.* Dieses Wort wird wohl von נכס herstammen. Die Form ist eigenthümlich, vielleicht liegt ein Schreibfehler vor. Das *ki* scheint überflüssig zu sein.

29. *al-ka.* Imp. von הלך „gehen“.

30. *i-ši* ist Imp. von נשא „tragen.“ — *li-e-ki-mu.* Dieses Wort kommt auch in *Heft* I Col. I, 59. III, 115 vor. Der Stamm ist אכם „wegnehmen, rauben“.

31. *naphar.* Es ist viell. so zu transcribiren. Das Zeichen steht gewöhnlich für das hebr. פְּלֹנִי, welches „ein gewisser, etwas gewisses" — das griech. ὁ ἡ δεῖνα — bedeutet: mir scheint dieses aber hier nicht am Platze zu sein.

32. *ir-ḫa-niš.* Dieses Wort leite ich von dem Stamm ארח, „schnell sein, eilen" ab.

33. *tuḳ-mat.* Die Lesung *tuk-lat* von *tukultu* „Beistand" ist auch möglich, aber diese scheint mir am besten zu passen. Unser Wort ist von תקם *tuḳuntu, tuḳumtu* „Kampf" abzuleiten. — *iḳ-si-ma.* Dies ist mir ein unbekanntes Wort, aber die Herleitung, sowie die Uebersetzung lassen sich mit Wahrscheinlichkeit fest stellen. Der Stamm scheint mir קסם zu sein. Einen solchen Stamm finden wir im Hebräischen auch. Der Grundbedeutung von קֹסֵם (5 Mose 18, 10) scheint „schneiden, trennen" zu sein. Vgl. arab. جَزَمَ. Der Zusammenhang fordert eine Bedeutung wie „durchboren", welche dieser Stamm im Assyrischen wahrscheinlich gehabt hat. Eine solche Bedeutung liegt auch dem arabischen Wort sehr nahe. Vgl. die ähnliche Stelle *Heft* I S. 54, Z. 36—7.

36. Hier fehlt nur sehr wenig, doch kann ich die Stelle nicht mit Sicherheit ergänzen.

38. Vielleicht ist das schraffirte Zeichen mit *al* zu ergänzen, doch ist es nicht sicher.

39. *u-pa-aš-ši-ḫu* stammt von פשח „sich beruhigen". Unsere Form ist **II, 1** „beruhigen". — *an-ḫu-us-su-un* ist ein häufig vorkommendes Wort und zwar gewöhnlich in der Bedeutung „Verfallenheit", diese Bedeutung aber passt hier nicht. Meine Übersetzung ist gemäss dem Zusammhang.

41. *ni-i-tu.* Ich weiss nicht, wie diese Zeilen auszusprechen sind: auch die Bedeutung ist mir räthselhaft. Pinches liest *ni-i-tam.*

42. *ḫat-tu.* So ist zu lesen. Die Bedeutung des Wortes ist „Schrecken". Vgl. Khors. 111. Sanh. IV, 71. V, 14. — *im-ḳut-su-ma.* Nach einer Mittheilung des Herrn Pinches bietet das Original *ma* anstatt *šu.* Der Stamm ist מקת „stürzen. fallen".

46. Hier kann ich das Bruchstück mit der Tafel nicht richtig zusammenbringen. Vielleicht ist etwas noch verloren.

Mit dem vierten Zeichen *lik*, weiss ich, wie der Text jetzt steht, nichts anzufangen. — *i-sin-ni.* Die Bedeutung „Fest, Festtag" für dieses Wort steht fest. Vgl. IV R 23 Nr. 2, $^{1}/_{2}$ *i-sin-ni id-lu-u-ti* „das Fest der Herrlichkeit". Siehe auch Zimmern, *Bussps.* S. 31, Anm. 1). Vgl. unten Z. 72. — *ilu Kur*(?)-*ri.* Ich bin nicht sicher, dass diese Lesung richtig ist.

50. . . . . *up-pa-niš.* Die Tafel ist hier so verstümmelt, dass es unmöglich ist dieses Wort zu vervollständigen oder zu erklären.

51. Vielleicht ist meine Ergänzung zu *iš-ḳu-pa* „aufstellen" richtig, sicher ist sie aber nicht.

52—57. Von diesen zwei Abtheilungen blieb fast nichts, doch ist der Text, soweit er erhalten ist, ziemlich sicher.

59. *nir-ri-ṭu.* Zur Erklärung dieses schwierigen Wortes siehe *Heft* I S. 95, Z. 58.

60. Der Text dieser Zeile ist sehr unsicher und mir unverständlich, ich wage nichts weiter auszusagen.

63. Das Ende der Zeile kann ich nicht ergänzen. *id-dan* ist wahrscheinlich von נדן abzuleiten. Vgl. die ähnliche Stelle Annalen III, 44—47.

66. *ša-kin.* Der St. dieses Wortes ist שכן.

96. *til tu-u-bu.* Wie diese Zeichengruppe auszusprechen ist, weiss ich nicht; auch die Bedeutung ist mir räthselhaft. Meine Uebersetzung scheint der Zusammenhang zu fordern.

72. *ana-aḳ-ḳu-u.* So ist, scheint mir, zu transscribiren. Der Stamm ist נקה. — *bît a-ki-ti.* Das Ganze bildet wahrscheinlich einen Namen. Das *a-ki-ti* kann ich nicht mit Sicherheit erklären. Vielleicht ist es mit dem Sarg. Cyl. 40, Sanh. I, 5 vorkommenden *akî* verwandt.

72. *u-ša-a-ti.* Ueber dieses Wort vgl. die Annalen (*Heft* I) I, 34.

80. [*u-šar*]-*di.* Diese Ergänzung ist sehr wahrscheinlich. Vgl. die Annalen III, 42 (*Heft* I S. 24).

83. In der oben erwähnten Beschreibung dieser Tafel (Bezold, *Lit.* S. 288) liest Delitzsch das letzte Wort *ša-aš-mu-u-ni.* — *iz-zu* ist das Ideogram für „Document". Wie es auszusprechen ist, weiss ich nicht.

K. 2652.

Transscription.

...... Ištar bêlti ṣi-ir-ti a-ši-bat Arba'il ....
...... ša a-ta e-nu mu-šak-niš at- ....
...... Ašûr-bâni-pal ša a-na ṣi-it la-' ....
ta-ad-di-na ḫaṭṭu i-šar-tu mu-rap-piš ....
ni-bit Dilbat mârat Bêl be-lit ....
ša Ištar mârat Sin a-na šuk-nu-še am. nakrê-ia(?) ..
ina araḫ Abu araḫ na-an-mur-ti kakkab ḳašti i-sin-nu ....
a-na-ku Ašûr-bâni-pal šar Aššûr aš-ši ḳâta-a êllê a-na ....
šu-ud mi-ri-ḫi-e-ti Te-um-man šar Êlamti iš-tap-pa-ra am-da-ḫur ....
az-zi-iz a-na tar-ṣi-ša ak-me-is ša-pal ša ilu-us-sa u-ša-ap-pa
um-ma be-lit Arba'il a-na-ku Ašûr-bâni-pal šar Aššûr bi-nu-tu ḳâta-ki ....
a-na ud-du-ši eš-ri-e-ti Aššûr u šuk-lul ma-ḫa-zi Akkadi ....
a-na-ku aš-ri-e-ki aš-te-ni-' al-li-ka a-na pa-laḫ ilu ....
u šu-u Te-um-man šar Êlamti la mu-ša-piš ilâni ku ......
um-ma at-ti be-lit be-li-e-ti i-lat ḳab-li be-lit ta-ḫa-zi .....
ša ina ma-ḫar Ašûr abî ba-ni-ki damiḳ-tim taḳ-bi-i ina ni-bit(?) ....
a-na šu-ṭu-ub lib-bi Ašûr u nu-uḫ-ḫi ka-bit-ti Marduk .....
aš-šu Te-um-man šar Êlamti ša a-na ilu ....
u a-na Marduk aḫî ta-li-me-ki Šamaš šu ik(?) ....
u ia-a-ši Ašûr-bâni-pal ša a-na nu-uḫ lib-bi Ašûr u ilu ....
id-ka-a um-man-šu iḳ-ṣu-ra ta-ḫa-zu u-ša-' ....
um-ma at-ti ḳa-šit-ti ilâni kima biltu ina ḳabli ....
in-ḫi-ia šu-nu-ḫu-ti Iš-tar iš-me-ma la ....
a-na ni-iš ḳâta-ka ša taš-ša-a ênâ-ka im-la ....
am-ša-la iš-tin šab-ru-u ša ina ša-ad mu-ši ....
i-gi-il-ti-ma tab-rit mu-ši ša Iš-tar ša ....
um-ma Iš-tar a-ši-bat Arba'il ....
tam-ḫa-at ḳaštu ina i-di-ša šal-pat nam-[ṣa-ru] ....
ma-ḫar ša ta-az-zi-iz-ma ši-i ki ....
il-si-ka Iš-tar ša-ḳu-ut ....
um-ma ta-na-aṭ-ṭa-la a-na e-piš ....

at-ta ta-ḳab-bi-ši um-ma a-šar . . . .
ši-i tu-ša-an-nak-ka um-ma at . . . .
a-kul a-kal-lu ši-ti ku-ru-un . . . .
a-di al-la-ku šip-ru šu-a-tu ip . . . .
pa-nu-ka ul ur-raḳ ul i-nir-ru-ṭa . . . .
ina ki-rim-me-ša ṭâbi taḫ-ṣi-in . . . .
pa-nu-uš-ša išâtu in-na-pi-iḫ . . . .
e-li Te-um-man šar Êlamti ša . . . .
ina araḫ Tišritu ûmu 1 in-nin-du-ma êlî-šu-nu .
id-du-u am. pagar Te-um-man šar Êlamti . . . .
ultu Šu-ša-an âli šarru-u-ti-šu a-na Ninua âli na-ram .
a-na âlâni ma-ḫa-zi šu-bat Iš-tar-a-te ša iš . . . .
ina û-me-šu ḳaštu šu-a-tu ina ḳâta-ia at-mu-uḫ . . . . . .
e-li naki-is ḳaḳḳada Te-um-man šar E-lam-ti(?) . . . .
da-na-an Iš-tar bêlti-ia a-mur-ma at-ta-id . . . .
mid-pa-nu šu-a-tu si-mat idâ-ia ša ut-nin-nu . . . .
a-na Iš-tar ka-ši-da-at na-ki-ri . . . .
ki-rib para-maḫ-ḫi šu-bat Ištar be . . . .
e-ma Ištar bêltu a-na e-piš ut . . . .
it-ti Iš-tar bêlti-ia lit . . . .
ša ḳaštu šu-a-tu ši-pir ip- . . . .
Iš-tar ša-ḳu--ut ilâni . . . .
ḳašat-su liš-bir-ma it . . . .

Übersetzung.

. . . . . . Istar, der erhabenen Herrin, die in Arbela wohnt . .
. . . . . . welcher jetzt(?), als ich beugen liess . . . .
. . . . . . Asurbanipal, der zum Sprössling . . . .
ein gerechtes Scepter schenkte, der erweitert hat . . . .
die Berufung der Dilbat, Tochter Bels, die Herrin . . . .
welche Istar, Tochter des Sin um meine Feinde zu unterwerfen
Im Monat Ab, einem glänzenden Monat des Bogensternes, das Fest . . . .
Ich, Asurbanipal, König von Assyrien erhob meine reinen Hände für . . . .
betreffs der Lüge(?) des Teumman, Königs von Elam, schickte, empfing ich . . . .
stellte ich mich vor sie, beugte mich tief vor ihrer Gottheit

nieder, schickte ich(?) . . . .
also: O Herrin von Arbela! Ich, Asurbanipal, König von Assyrien, das Geschöpf deiner Hände . . . .
um die Tempel Assyriens wiederherzustellen und die Städte Akkads zu vollenden . . . .
ich suchte deine Ortschaften, ging um deine(?) Gottheit zu verehren . . . .
und er, Teumman, König von Elam, der die Götter nicht machen liess . . . , ...
also: Du, o Herrin der Herrinen, Göttin des Kampfes, die Herrin der Schlacht . . . .
welches du vor Asur, dem Vater, deinem Schöpfer, in Gnade geboten hast, in der Berufung . . . .
um das Herz Asurs zu erfreuen und um das Gemüth Merodachs zu beruhigen . . . .
weil Teumman, König von Elam, der für . . . .
und für Merodach, deinem leiblichen Bruder Samas . . . .
und von mir, Asurbanipal, welcher um das Herz Asurs zu beruhigen und . . . .
bot sein Heer auf, sammelte (für) die Schlacht, forderte zur Entscheidung(?) auf . . . .
also: Du, o Streitbare der Götter, wie Abgabe im Kampf . .
mein Seufzen, welches ich seufzte, hörte Istar und nicht . . .
nach deiner Händeerhebung, wie du (sie) erhoben hast, deine Augen erfülleten(?) . . . .
Ich war einem Seher ähnlich, welcher am Anbruch der Nacht
Träume und Gesichte der Nacht, welche Istar von(?) . . . . . .
also: Istar, die in Arbela wohnt . . . .
fasste den Bogen mit ihrer Hand, zog das Schwert(?) aus . .
vor welcher du stehest und sie wie . . . .
sprach zu dir, Istar, die Höchste . . . .
also: Du hast angeschaut um zu machen . . . .
du hast ihr befohlen also: Der Ort . . . .
sie erzählt dir also: Du . . . .
Iss Speise, trink Wein . . . .
bis der Bote selbiges Werk machte(?) . . . .
dein Angesicht erblasste nicht, fiel nicht nieder(?) . . . .
mit ihrem hübschen Leib hat sie geschützt . . . .
vor ihr wird Feuer angefacht . . . .

Ueber Teumman, König von Elam, welcher . . . .
Im Monat Tisrit, am ersten Tag, vereinigten sie sich und wider sie . . . .
warfen sie den Leichnam des Teumman, Königs von Elam . .
aus Susa, seiner königlichen Stadt nach Nineve, meiner(?) Lieblingsstadt. . . . .
für die Städte, die Ortschaften, der Wohnsitz der Göttinnen. welche . . . .
In jenen Tagen fasste ich selbigen Bogen in meinen Händen .
über den abgehauenen Kopf des Teumman, Königs von Elam
die Macht der Istar, meiner Herrin, sah ich und verherrlichte
selbigen Bogen, die Bezeichnung meiner Hände, welcher gebeugt hat . . . .
Für Istar, die Eroberin der Feinde . . . .
in dem Heiligthum, dem Wohnsitz der Istar, der Herrin(?). .
bei(?) Istar, der Herrin, um zu machen . . . .
mit Istar, meiner Herrin . . . .
da selbiger Bogen, das Werk . . . .
Istar, die Höchste der Götter . . . .
der Bogen möge zerbrechen und . . . .

Anmerkungen.

Die Beschreibung dieser Tafel von Herrn Dr. Bezold (*Lit.* S. 112 i) macht keinen Anspruch, den unveröffentlichten Theil derselben zu zeigen und nur das III R 16, No. 4 (und 8 Zeilen, wiederholt bei G. Smith *Asurbanipal* S. 139 flg.) veröffentlichte Stückchen wird dort berücksichtigt. Es ist bemerkenswerth, dass in der ganz Delitzsch'schen Sammlung, welche Bezold bekommen hat, diese Tafel nicht zu finden ist, da doch Delitzsch seiner Copien unveröffentlichter Texte sich rühmt. Bei dieser Gelegenheit mache ich darauf aufmerksam, wie wenige unveröffentlichte Tafeln des British Museums Delitzsch beschreiben kann, wenn man nach den Herrn Dr. Bezold mitgetheilten Bemerkungen urtheilen darf; zudem sind die Beschreibungen manchmal mangelhaft oder falsch. Vgl. meine *Miscellaneous Texts*, *Textual Notes* S. 11 (zu S. 526). Mehrere Variante in diesem Texte werden zum Verständniss einiger Wörter der historischen Inschriften beitragen. Auf die Fehler der III R 16 veröffentlichten Theiles der Tafel wird in den Bemerkungen unten aufmerksam gemacht.

2 *a-ta* ist vielleicht „jetzt" das gewöhnliche *a-ta-a*, doch ist dies schwer zu sagen, da der Text sehr mangelhaft ist. — *mu-šak-niš* ist Part. **III, 1** von כנש „sich unterwerfen".

6. *šuk-nu-še* stammt auch von der ebenerwähnten Wurzel כנש.

7. *na-an-mur-ti.* Dieses Wort kommt von נמר „glänzen" her. — *i-sin-nu.* Vgl. oben S. 10.

9. *mi-ri-ḫi-e-ti.* Vgl. *mi-ri-iḫ-tu* Annalen IV, 14. Der Stamm scheint מרח zu sein, aber die Bedeutung des Wortes ist mir nur soweit der Zusammenhang dieser Stellen lehrt bekannt. Siehe auch *Heft* I S. 96.

10. *ak-me-is šapal.* Diese Transscription wird wohl richtig sein. *šapal* stammt von שפל „niedrig sein" her. — *u-ša-ap-pa* ist wahrscheinlich *u-ša-ap-pa-ra* zu ergänzen.

14. Am Ende dieser Zeile nach *an* stand vielleicht *ki*, „deine Gottheit".

14. *mu-ša-piš.* Dieses Wort ist Part. III, 1 von $אפש_5$ „machen".

16. Das letzte Zeichen ist vielleicht *bit.*

17. *šu-ṭu-ub.* Dieses Wort ist Inf. III, 1 von טיב „gut sein". — *nu-uḫ-ḫi* stammt von נוח „sich beruhigen" her. — *ka-bit-ti.* So ist das Wort zu lesen. Vgl. *Heft* II S. 7 und Zimmern, *Bussps.* S. 29.

19. *ta-li-me.* „Leiblicher Bruder". St. תלם. — Das letzte Zeichen ist unsicher; Pinches transscribirt *hu* (oder *mut*).

20. Vielleicht ist *Ištar* zu ergänzen.

21. Das letzte Wort wird wohl *u-ša-'-al* „zur Entscheidung fordern" sein. Der Stamm ist $שאל_1$.

22. *ka-šit-ti.* Vgl. die Annalen IX, 10. 87. Der Stamm ist mir nicht bekannt. — *kima biltu.* Meine Lesung passt hier nicht gut, aber ich kenne keine andere Mögliche. Der Text dieser Tafel ist an mehreren Stellen sehr beschädigt.

23. *in-ḫi-ia šu-nu-ḫu-ti.* Diese beiden Wörter stammen von $אנח_1$ „seufzen" her.

25. *am-ša-la.* Als Stamm dieses Wortes betrachte ich משל „gleich sein". — *ša-at mu-ši.* Für diese Redensart vgl. *Heft* I S. 96, 119.

26. *i-gi-il-ti.* Dieses Wort steht in Verbindung mit *tab-rit* „Gesicht" und muss etwas ähnliches bedeuten. Es ist mir unbekannt woher das Wort abzuleiten ist. — *tab-rit* kommt von ברה „sehen, schauen".

28. *tam-ḫa-at* ist Permansiv 3 Pers. fem. von תמח „fassen".

— *šal-pat* stammt von שׁלף „ausgehen". — Die Ergänzung *nam-ṣa-ru* „Schwert" scheint mir der Zusammenhang zu fordern.

30. *il-si-ku*. Dieses Wort steht für *iš-si-ka* und ist von שׂסה „sprechen, befehlen" abzuleiten. — *ša-ku-ut*. Dieses Wort scheint von שׁקה „hoch sein" herzustammen. Vgl. unten Z. 53, wo das Wort noch einmal vorkommt. Sonst ist es mir unbekannt.

31. *ta-na-aṭ-ṭa-la* stammt von נטל „schauen, anschauen" her. Das Wort kommt öfters vor in der Redensart *naṭâlu šuttu* „einen Traum schauen". Vgl. die Annalen III, 120. Sintfl. Z. 2. *a-na-aṭ-ṭa-la-kum-ma* „ich schaue dich an".

32. *a-šar*. Meine Uebersetzung hier macht keinen Anspruch richtig zu sein. Es ist unmöglich zu vermuthen, was nach *šar* gestanden hat.

33. *tu-ša-an-nak-ka*. Der Stamm dieses Wortes ist שׁנה „doppelt, zweifach sein"; die Form ist **II, 1** „erzählen."

34. *ši-ti*. Dieses Wort scheint mir von שׁתה „trinken" herzustammen, welches auch in den Zusammenhang ganz gut passt. — *ku-ru-un*. Dieses Wort betrachte ich als eines mit dem Asarh. VI, 39 vorkommenden *ku-ru-un-nu;* vielleicht stand *nu* auch noch hier. Der Stamm ist wohl כרן, die Bedeutung „Most".

35. Das letzte Wort ist wahrscheinlich eine Form von עפא₅ „machen".

36. *ur-rak* ist von ירק „grün sein, erblassen" herzuleiten. — *i-nir-ru-ṭa* St. נרט. Vgl. oben S. 10.

37. *ki-rim-me-ša*. Dieses Wort ist mir nur an noch einer Stelle bekannt: George Smith, *Hist. Assurbanipal* S. 126, 72 *ina kirimmiša ṭâbi taḫṣinkâma taḫtena gimir lanêka* „mit deinem hübschen Leib hat sie dich geschirmt, die Gesammtheit deiner Seiten geschützt". Wahrscheinlich ist unsere Stelle auch ähnlich zu ergänzen. — *taḫ-ṣi-in*. Der Stamm dieses Wortes ist חצן. Ob wir zur Erklärung dieses Wortes mit Halévy das arab. حَصَنَ heranziehen dürfen, bin ich nicht sicher. Die Bedeutung scheint mir nach dem Zusammenhang, „schirmen" oder „schützen" zu sein. Es steht hier in Parallelismus mit *ḫatânu*, welches auch diese Bedeutung hat.

38. *in-na-pi-iḫ* ist **IV, 1** von נפח „anfachen".

40. Hier beginnt der III R 16 veröffentlichte Theil der Tafel. *in-nin-du-ma* ist von נדה „werfen“ abzuleiten. Vgl. Sanh. V, 42.

43. Das drittletzte Zeichen dieser Zeile ist *te*, nicht *tu*, wie III R bietet.

44. *at-mu-uh* kommt von חמה „fassen“ her.

46. *at-ta-id* ist 1 Ps. Sg. Impft. Ifte. und von נאר₁ „erhaben sein“ herzuleiten.

47. *ut-nin-nu*. Dieser Text ist wahrscheinlich richtig. III R bietet nichts sicheres nach *ut*. Dieses Wort ist ziemlich sicher von אנה₁ „beugen“ abzuleiten, wie ich *Heft I* S 102, 95 bemerkt habe. Rev. C. J. Ball, aber in seiner neuen Bearbeitung der Steinplatteninschrift Nebukadnezzars II PSBA Dec. 1887 S. 87—129. leitet das Wort immer noch von חנן her (siehe S. 93, zu Z. 51), was mir unmöglich zu sein scheint.

48. Das letzte Zeichen dieser Zeile hat der Setzer falsch eingestellt; es ist *ri*, wie III R richtig bietet. — *ka-ši-da-at*. So wird zu lesen sein. Das *iš* III R ist sicher falsch und *la* ist entweder ein Versehen des Schreibers oder ein Copierfehler.

49. *para-mah-hi*. So ists richtig. Vgl. Pinches *Heft II* S. 72. — *šu-bat*. Das *is* in III R ist falsch.

50. *e-ma*. Der Text ist wahrscheinlich richtig. III R ist *e* schraffirt. Dieses Wort kommt Neb. VI, 14 VIII, 8 und IX, 16 vor. Flemming *Diss.* S. 50 flg. übersetzt, „an, bei“ und leitet das Wort von אמי₄ (Heb. עמ) ab. Ball PSBA Dec. 1887 S. 116 gibt als Wurzel אמה₁, was mir richtig zu sein scheint. Derselbe übersetzt „round“. Die Abbröckelung lässt den Zusammenhang schwer erkennen. — Vielleicht könnte man am Ende der Zeile *e-piš-tu* „That“ lesen.

54. Das dritte Zeichen ist *su* und das nächste scheint mir sicher *liš* zu sein. III R bietet *li-ši*.

— —

K. 11.

Transscription.

A-na šarri be-li-ia
ardu-ka Išid-Nabû
lu-u šul-mu a-na šarri bêli-ia
Bêl Nabû Istar ša Ninua
Ištar ša Bît-Ki-di-mu-ri
a-na šarri bêli-ia a-dan-niš a-dan-niš
lik-ru-bu ṭu-ub lib-bi
ṭu-ub šêrê a-na šarri bêli-ia
lid-di-nu šul-mu a-na maṣartê
ša šarru bêli-ia Iddin-šum-ilu
apil A-ra-mis-šar-ilâni
am. mu-šar-kis a-bat šarri
ina pani-ia i-za-kar
ma-a abu-u-a mât na-ki-ri
me-e-ti ma-a L ṣâbê
ša ḳâta XII sisê
ina ḳâta-šu-nu i-ṣab-tu-u-ni
it-tal-ku-u-ni
ina bat-ti-bat-ti ša Ninua
kam-mu-su
ma a-na-ku aḳ-ṭi-ba-šu-nu
ma-a abu-u-a
lu me-e-ti
maṣartu ša šarri a-ta-a
tu-ra-am-me a-tal-lik-a-ni
u-ma-a an-nu-šim
i-na pa-an šarri bêli-ia us-si-bi-la-aš-šu
šarru be-li liš-al-šu
ki-i ša a-bu-tu-u-ni
a-na šarri bêli-ia liḳ-bi
am. damḳaru šu-u Gar-ga-mis-a-a
ardâni-šu i-du-ku-uš
ištê-en ina lib-bi-šu-nu
la u-še-zib nu-ṣa-bi-it

ki-tin-nu ša Bêlit
ša bêlit Ki-di-mu-ri
ša ummê ša i-ra-ma-ka-a-ni
a-na šarri bêli-ia us-si-bi-la
ina êlî Sippar šarru be-li
li-iḫ-ḫi-ri-it
ni-ip-šaḫ
šul-mu šarri bêli-ia
la aš-me
a-li-ma mi-i-ni

Übersetzung.

An den König, meinen Herrn,
dein Diener, Išid-Nabî.
Gruss dem König, meinem Herrn.
Mögen Bel, Nebo, Istar von Nineve,
Istar von Bit-Kidimuri,
dem König, meinem Herrn beständig, beständig
gnädig sein, Freude des Herzens,
Gesundheit des Körpers, dem König, meinem Herrn,
verleihen. Gruss der Wache
des Königs, meines Herrn. Iddin-šum-ilu,
der Sohn des Aramis-šar-ilâni,
der *Mušarkis*, hat den Willen des Königs
vor mir gesprochen
also: Mein Vater ist in Nakiri
gestorben, also: 50 Soldaten
seiner Hände, 12 Pferde
in ihren Händen nahm man gefangen,
brachte sie
in die Nähe von Ninive
gebunden
und ich habe über sie Befehl gegeben.
Also mein Vater
ist wohl gestorben;
den Wächter des Königs, (den) du jetzt
erhöht hast, habe ich gebracht;
jetzt (?) sogleich

vor den König, meinen Herrn, bringe ich ihn,
möge der König, mein Herr ihn fragen,
wie ich zu Grunde richtete,
möge er dem König, meinem Herrn, sprechen.
Den Arbeiter, den die Bewohner von Karchemich,
seine Diener, töteten;
keinen von ihnen
liess ich entkommen; wir nahmen
den Leibrock (?) der Beltis,
der himmlischen Herrin von Kidimuri,
der Mütter, welche dich lieben, —
dem König, meinem Herrn, bringe ich (ihn).
Was Sippar anbetrifft, möge der König, mein Herr,
sich erkundigen (?).
Wir haben uns beruhigt.
Gruss dem König, meinem Herrn.
Ich habe nicht gehört.

. . . .

Anmerkungen.

Diese Tafel ist unedirt, aber Strassm. in seinem *Alphabet. Verz.* hat Z. 3—43 mitgetheilt. Für diese Citate vgl. Bezold, *Lit.* S. 236. Pinches in *Records of the Past* vol. XI p. 77 flg. hat das Ganze übersetzt, was Bezold in seiner Beschreibung nicht beachtet hat. Meine Übersetzung weicht von der seinigen wesentlich ab; doch wäre es nicht recht seine Übersetzung, welche vor vielen Jahren gemacht wurde, zu kritisiren. Es sind auch mehrere Wörter und Stellen, die ich noch nicht erklären kann.

Z. 5. *Bît-Ki-di-mu-ri.* Diese Zeichengruppe bildet sicher einen Tempelnamen, so ist sie in den Annalen überall zu lesen und nicht etwa *gil-mu-ri* „All, Weltall", worauf ich ZA II, S. 227 aufmerksam gemacht habe.

12. *am. mu-šar-kis.* So liest auch Strassm. AV No. 661. Pinches RP S. 77 übersetzt „librarian"; allein sehe ich nicht ein, warum das Wort so widergegeben werden sollte. Es könnte vielleicht von dem Stamme רכס abgeleitet werden. Der einzige solche Stamm, der mir im Assyrischen bekannt, ist *rakasu* „binden, fest fügen". Da ich die Bedeutung gar nicht kenne, habe ich das assyrische Wort in der Übersetzung gegeben.

14. *mat na-ki-ri.* Es ist möglich, dass dieses heisst „das Land der Feinde"; doch bezweifle ich es jetzt.

15. *me-e-ti* stammt von מות „sterben" her.

16. Das erste Zeichen ist wohl richtig. Strassm. AV. No. 47 transscribirt *istu* (?).

19. *bat-ti-bat-ti.* Vgl. *Heft II* S. 35, 7. Über die Herkunft des Wortes weiss ich nichts sicheres auszusagen.

20. *kam-mu-su.* Dieses Wort kommt in diesem Zusammenhang häufig vor. Vgl. unten K. 525, 31.

25. *tu-ra-am-me.* Dieses Wort leite ich von dem Stamme רום „hoch sein" ab.

29. *a-bu-tu-u-ni.* Wahrscheinlich stammt dieses Wort von אבת, „zu Grunde gehen, zu Grunde richten" her. Pinches übersetzt „destructions".

31. *am. damkaru.* Pinches gibt dieses Wort durch „viceroy" wieder. Jetzt aber wird es durch „Arbeiter, Knecht" übersetzt. Vgl. ALS [3] S. 22 No. 182. Der Stamm des Wortes ist unsicher. Vgl. II R 7, 34—5. 31, 72. K. 279, 21.

35. *ki-tin-nu.* Dieses Wort ist mir unbekannt. Pinches übersetzt durch „ordinances"; er leitet das Wort offenbar von כון ab. Meine Übersetzung beruht auf einer Vergleichung mit hebr. כְּתֹנֶת; allein dies ist sehr unsicher.

37. *i-ra-ma-ka-a-ni.* Ich verstehe diese Stelle nicht. Das Wort scheint von einem Stamm רמך herzustammen, aber dieser Stamm bedeutet „ausgiessen, opfern", was mir nicht recht passend scheint.

40. *li-iḫ-ḫi-ri-it.* Der Text ist hier sicher. Pinches Übersetzung ist mir unverständlich: „May (a statue of) the Lady of Sipara by the king, my lord be carved". Für unser Wort hat er sicher hebr. חָרַת, welches II Mose 32, 16 vorkommt, zum Vergleich herangezogen. Die Bedeutung „eingraben" scheint mir nicht zu passen. Meine Übersetzung befriedigt wohl den Zusammenhang; doch bleibt das Wort unerklärt.

43—4. Wie diese zwei Zeilen zu übersetzen sind, dass sie in den Zusammenhang hineinpassen, ist mir räthselhaft. Die Lesung *a-li-ma* ist nicht ganz sicher; ist sie aber richtig, so weis ich nichts damit anzufangen.

K. 549.

Transscription.

A-na šarri be-li-ia
ardu-ka Nabû-šum-iddin
lu šul-mu a-na šarri bêli-ia
a-dan-niš a-dan-niš
Nabû Marduk a-na šarri
be-li-ia lik-ru-bu
IV sisê Ku-sa-a-a
ša abarakku ša ummi šarri
XIV sisê ša bit-ḫal-li
IX ku-din pl.
napḫariš XXVI ša I-sa-na
napḫariš XXX sisê
ku-din pl.

Übersetzung.

An den König, meinen Herrn,
dein Diener, Nabû-šum-iddin.
Gruss dem König, meinem Herrn.
Mögen immerfort, immerfort
Nebo, Merodach dem König,
meinem Herrn, gnädig sein.
Vier Pferde aus Kus
von dem Grossvezier der Mutter des Königs,
vierzehn Pferde der Reitpferde,
neun Maulesel(?),
zusammen 26 aus Isana,
zusammen 30 Pferde,
Maulesel(?).

Anmerkungen.

Diese Tafel ist von Bezold *Lit.* nicht erwähnt. Der Revers ist ganz weggebrochen. Die Summen Z. 11—12 haben augenscheinlich mit den vorhergehenden Zahlen nichts zu thun.

K. 183.

Transscription.

A-na šarri be-li-ia
ardu-ka Rammânu-šum-uṣur
lu šul-mu a-na šarri be-li-ia
Nabû u Marduk a-na šarri be-li-ia
a-dan-niš a-dan-niš lik-ru-bu Ašûr šar ilâni
a-na šarru-u-ti Aššûr šu-mu ša šarri
bêli-ia iz-za-kar Samaš u Rammânu ina bi-ri-šu-nu
ki-e-ni a-na šarri bêli-ia a-na šarru-u-ti
mâtâtê uk-tin-nu pa-lu-u damḳu ûmê
ki-nu-u-ti šanâtê ša me-ša-ri
zu-un-ni daḫ-du-u-ti mi-i-li
gab-šu-ti ma-ḫi-ru dam-ḳu ilâni
sa-al-mu pa-liḫ ilu ma-'-da êšrêtê
da-ḫu-da ilâni rabûtê ša šame-e u irṣi-tim
ina tar-ṣi šarri bêli-ia us-si-lu-u-ni
am. par-ša-mu-te i-ra-ḳu-du
am. ṣiḫrûtê i-za-mu-ru zinnišâtê batulâtê
ḫa-di u ri-ša zinnišâtê iḫ-ḫu-zu
ḳu-du-da-a-te i-šak-ku-nu
aplê mârâtê u-šab-šu-u ta-lit-tu
aš-rat ša ḫi-da-šu-u-ni a-na šana-a-te
ḳa-bu-u-ni šarru be-li ub-tal-li-su
ša šanâtê ma-'-da-ti
ṣa-bit-u-ni tap-ta-ṭar
ša ûmê ma-'-du-u-ti
mar-ṣu-u-ni ib-tal-ṭu
ba-ri-u-ti is-sab-bu
ub-bu-lu-ti us-sa-at-mi-nu
mi-ri-šu-tu ku-zip-pi uk-ta-at-ti-mu
a-ta-a a-na-ku ultu Arad-Gu-la
ina bir-tu-šu-nu ik-ki-ni ku-ri lib-bi-ni
ša-ne an-nu-šim šarru be-li ra-a-mu
ša Ninua a-na nišê uk-tal-lim
a-na ḳaḳḳadâtê ma-a aplê-ku-nu bi-la-a-ni

ina pa-ni-ia li-iz-zi-zu Arad-Gu-la
apla-a-a šu-u is-si-šu-nu-ma ina pa-an šarri
bêli-ia li-zi-iz a-ni-nu ultu nišê-ma
gab-bu lu-ḫa-di-a-ni ni-ir-ḫaṣ
šarru be-li ni-iḳ-ru-ub ênâ-ia
ultu šarri bêli-ia šak-na ša ina lib-bi êkalli
i-za-zu-u-ni gab-bi-šu-nu
la i-ra-'-mu-un-ni be-el ṭâbti-ia
ina lib-bi-šu-nu la-aš-šu ša šul-ma-an-nu
a-da-na-aš-šu-un-ni i-maḫ-ḫar-an-ni-ni
ab-bu-ut-ti i-ṣab-bat-u-ni šarru be-li
ri-e-mu ina êlî ardi-šu li-iṣ-bat-su
ina bir-ti nišê gab-bu a-na-ku lu-la . . . .
ḫa-di-a-nu-te-ia mâr lib-bi-šu-nu
ina êlî-ia lu-la i-ma-ṣi . . . . .

Übersetzung.

An den König, meinen Herrn,
dein Diener, Rammânu-šum-ûṣur.
Gruss dem König, meinem Herrn.
Mögen Nebo und Merodach dem König, meinem Herrn,
beständig, beständig gnädig sein. Asur, der König der Götter,
hat zur Herrschaft Assyriens den Namen des Königs,
meines Herrn, genannt: Samaṣ und Ramman haben mit ihrem
treuen Bund für den König, meinen Herrn zur Herrschaft
der Länder festgesetzt, eine gnädige Regierungszeit, ewigdauernde
Tage, Jahre der Gerechtigkeit,
Regen in Überfluss, eine massenhafte Fluth,
das gnädige Entgegenkommen der Götter,
Gnade, die Verehrung der vielen Götter der Tempel,
den Überfluss der grossen Götter Himmels und der Erde,
den König, meinen Herrn zu Theil werden lassen.
Die Alten tanzen;
die Jungen singen; die Weiber, die Jungfrauen;
mit Freude und Jauchzen nehmen die Frauen Theil;
sie beugen sich,
Söhne, Töchter gebären(d);

das Heiligthum der Freude sprechen sie für Jahre
sich zu; der König, mein Herr hält sie am Leben.
Diejenigen, die viele Jahre
fest gehalten, sollst du frei lassen;
diejenigen, die viele Tage
krank gewesen sind, werden genesen,
mit Fettigkeit gesättigt,
zum Anbringen bestimmt(?),
die Anpflanzung(?) mit Schnee(?) bedeckt.
Jetzt zeige ich, nachdem Arad-Gula
dort eingesetzt, unsere Verhältnisse
ganz anders geworden, sogleich dem König, meinem Herrn die Liebe
Nineves zu den Leuten.
Was die Köpfe anbetrifft, also; Eure Söhne, die Herren
mögen vor mir stehen; Arad-Gula,
mein Sohn möge mit ihnen vor dem König,
meinem Herrn, stehen. Wir, da alle
Menschen sich freuen sollen, vertrauen
dem König, meinem Herrn, nähern (uns ihm); meine Augen
sind auf den König, meinen Herrn, gerichtet; die in dem Palast
stehen —, sie alle
lieben nicht meinen gnädigen Herrn.
Unter ihnen war keiner der grüsste,
ich war ihrer mächtig, sie kamen vor mich,
nahmen meine Partei; möge der König, mein Herr,
Liebe für seinen Diener zeigen.
Unter dem ganzen Volke möge ich . . . . .
meine Freuden, der Sohn ihres Leibes
in mir mögen sie nicht finden . . . . . .

Anmerkungen.

Dieser ausserordentlich schwierige, aber höchst interessante Text ist von Strassmaier in seinem *Alphabet. Verz.* vielfach citirt; für diese Stellen vgl. Bezold's *Literaturgeschichte* p. 248. Meine Ausgabe weicht etwas von diesen Citaten ab, worauf unten aufmerksam gemacht wird. Friedrich Delitzsch in seinem jüngst erschienenen *Assyrisches Wörterbuch* (S. 164—5) hat diesen Text nach seiner „Transscriptionsmethode" mitgetheilt. Seine Edition ist, wie alle auf dieser Weise in dem *Wörterbuch* veröffentlichten Texte, durchaus nicht zuverlässig. Hierzu vgl. meine Schrift, *Why*

That „Assyrisches Wörterbuch“ Ought Never to Have been Published S. 12—13 und die Recension von E. in dem *Expositor* für September 1887. Zimmern, *Babylonische Busspsalmen* S. 60 bespricht eine Stelle nach Strassmaier's Citat und Delitzsch ibid. S. 117. (Siehe Bezold) fügt einige Bemerkungen darüber hinzu. Sonst blieb der Brief unerwähnt. Das Original ist sehr wohl erhalten und der Text durchweg zuverlässig. Die Transscription und Uebersetzung sind durchaus nicht so leicht. Letztere besonders bietet manche Schwierigkeiten, welche wir jetzt nicht im Stande sind zu überwinden. Die folgenden Erklärungen sind daher als sehr unsicher zu betrachten.

Z. 9. *uk-tin-nu* stammt von כין her, sowie *ki-nu-u-ti* der nächsten Zeile.

11. *daḫ-du-u-ti*. So ist zu lesen und nicht *gab-du-u-ti*, wie Strassm. AV No. 1471 liest. Das Wort ist von דחד abzuleiten. Vgl. *da-ḫu-da* Z. 14.

15. *uš-ši-lu-u-ni*. Ich leite dieses Wort von סלה „aufheben, abwerfen“ ab.

16. *am. par-šu-mu-te*. Die Herkunft dieses Wortes ist mir nicht sicher bekannt. Wenn die Zeichengruppe phonetisch zu lesen ist, so muss der St. פרשם sein. Das Wort ist mir an zwei anderen Stellen bekannt. K. 482, Z. 19, ein Text, den ich PSBA Juni 1887 S. 243—4 veröffentlicht habe, kommt unser Wort auch vor. Die Stelle heisst: *šarru be-li apil aplê-šu ina bur-ki-e-šu li-in-tu-ḫa par-šu-ma-a-te ina zi-iḳ-ni-šu-nu li-mur* „möge der König, mein Herr, seine Enkel auf seinen Knien ruhen lassen, graue Haare auf ihrem Bart sehen“. Die andere Stelle ist V R 52, No. 3 Obv. Z. 15 flg. (K. 618). *Ultu da-ba-bi an-ni-i u ik-ri-bi an-nu-ti ša šarri be-li a-na kal-bi-šu ana am. ardi-šu u par-šu-me ša bîti-šu iš-pur-u-ni u ik-ru-bu-u-ni.* „Von der Zeit dieser Wörter und dieser Gebete des Königs, meines Herrn, zu seinem Hund, seinem Knecht und den Alten seines Hauses hat er geschickt und ist gnädig gewesen.“ Vgl. noch meine Bemerkungen PSBA S. 244. Der Zusammenhang dieser Stellen verlangt wohl eine Bedeutung, wie „graue Haare“ für das Wort. Delitzsch *Assyr. Wörter.* S. 164 giebt auf dem Rand diese Zeile durch „die Alten hüpfen“ wieder. — *i-ra-ḳu-du* bedeutet „tanzen, springen, hüpfen“. Das Assyrische Wort scheint dem hebr. רָקַד zu entsprechen. Vgl. Kohel. 3, 4. Jes. 13, 23.

17. *i-za-mu-ru*. Die Bedeutung und Herkunft dieses Wortes

sind sicher. Vgl. Hebr. זָמַר Syr. ܙܡܰܪ. — *sal-tur*. Dieses Ideogram ist wohl *baltultu* zu lesen. Dazu vgl. V R 42, 56 ef. *ba-tul-tu*.

18. Der Text am Anfang der Zeile ist etwas beschädigt, doch scheint mir meine Copie nach allen Seiten hin richtig zu sein. Mit dem *ha-mi-ri* in Delitzsch's Copie *Wörterbuch* S. 164 ist, wie ich in meiner Schrift *Why that „Assyrisches Wörterbuch"* u. s. w. schon bemerkt habe, nichts anzufangen, da diese drei Zeichen den Raum nicht füllen und da die Zeichenspuren dagegen sind. Das Zeichen *ri* ist wohl ganz sicher, sowie *ha*; zwischen denselben sind zwei Zeichen gewesen. Auch Pater Strassmaier würde seine Copie nicht mehr vertheidigen. Meine Lesung passt in den Zusammenhang und lässt sich leicht erklären. — *ih-hu-zu* ist von אחז₁ „fassen, nehmen" herzuleiten.

19. *ku-du-da-a-te*. Das zweite Zeichen allein ist etwas unsicher. Das dritte Zeichen darf man wohl als sicher annehmen, keinenfalls ist es *iš*, wie Delitzsch's Ausgabe bietet. Das Wort habe ich von קדד „sich beugen" abgeleitet.

21. *hi-da-šu-u-ni*. Das zweite Zeichen ist wohl nicht *ta* zu transscribiren, wie Delitzsch thut. Das Wort ist von חדה „sich freuen" abzuleiten. — Die letzten drei Zeichen der Zeile sind nicht sicher so zu transscribiren, aber dies ist das Wahrscheinlichste. Strassmaier transscribiert auch *hi-da-šu-u-ni a-na šanâte*. Vgl. AV No. 986.

22. *ub-tal-li-su*. Dieses Wort stammt von dem bekannten בלט her. Nicht *up-* u. s. w. zu transscribiren, wie Delitzsch thut.

23. Nur die zwei letzten Keile des ersten Zeichens sind noch zu sehen, wie ich in meiner Ausgabe angedeutet habe. Das *ša* Z. 25 habe ich ganz gut sehen können. Strassm. lässt die beiden *ša* unberücksichtigt.

24. *tap-ta-ṭar*. Dieses Wort kommt von der Wurzel פטר her.

26. *mar-su-u-ni* ist wohl von מרץ „krank sein" abzuleiten.

27. *ba-ri-u-ti*. Das Wort scheint von ברא₁ „fett sein" herzustammen, doch ist dies nicht sicher. Vgl. Strassmaier AV Nr. 1047 u. 1049. — *is-sab-bu* leite ich von שבא₁ „sich sättigen, satt sein" ab.

28. *ub-bu-lu-ti*. Der Stamm dieses Wortes ist wahrschein-

lich בבל „bringen". Vgl. *še-um ub-bu-lu* II R 16, 38 und *biltum ub-bu-lim*, und auch die anderen von Strassmaier AV Nr. 2447 angeführten Stellen. — *us-sa-at-mi-nu*. Der Text ist hier wohl sicher, aber das Wort ist mir völlig unbekannt in den assyrischen Texten. Der Stamm ist vielleicht סמן und ein solcher ist uns aus dem Hebräischen bekannt. נִסְמָן Jes. 28, 25 ist von dieser Wurzel abzuleiten. Die Bedeutung ist „bezeichnen, bestimmen". Vielleicht darf man auch σημαίνω zum Vergleich heranziehen.

29. *mi-ri-šu-tu*. Sarg. Cyl. 47 kommt ein Wort *mi-ri-ši* vor, welches Lyon S. 70 mit מוֹרָשׁ Hiob 17, 11 verglichen und durch „Begabung" übersetzt hat. Einem anderen Wort aber begegnen wir Sanh. Bav. 23. III R 50 No. 2, 9. No. 3, 21, worauf Lyon auch aufmerksam gemacht hat. Derselbe übersetzt dieses Wort durch „Anpflanzung (?)" und vergleicht das arabische *magrisun* (?). Durch diese Stellen kann man nicht sicher entscheiden, was das Wort bedeutet; ich vermuthe aber, dass unser Wort mit diesem letzten *mirišu* zusammenhängt; mit der Bedeutung des Wortes an der Sargonstelle kann ich hier nichts anfangen. — Diese ganze Stelle ist mir dunkel, da ich das Wort *ku-zip-pi* nicht erklären kann; es ist mir nur an einer anderen Stelle bekannt. K. 511, Z. 11 kommt es vor. Dort steht es in Verbindung mit *kirsi*, welches ich PSBA Nov. 1887 S. 67 durch „Kälte" übersetzt habe. Meine dortige Erklärung ist aber leider nicht ganz sicher. — *uk-ta-at-ti-mu* ist von כתם „bedecken" abzuleiten.

31. *ik-ki-ni* stammt wahrscheinlich von כון her. — *ku-ri*. Zu diesem Wort vgl. *Heft II* S. 13, Z. 12 S. 59, Z. 11 und Pinches' Bemerkungen S. 62. Ein anderes *kuru* bespricht Sayce ZA Band II, Heft 3 S. 331.

32. *šu-ne*. So ist die Stelle am Wahrscheinlichsten zu lesen. Das Wort leite ich von שנה „anders sein" ab.

35. *li-iz-zi-zu* ist Prec. und von זזנ „stehen" abzuleiten. *li-zi-iz* Z. 37 und *i-za-zu-u-ni* Z. 41 sind auch von diesem Stamm.

39. *lu-ḫa-di-a-ni*. Dies Wort ist Prec. von חדה „sich freuen". — *ni-ir-ḫaṣ* ist von רחץ „vertrauen" abzuleiten.

42. Das vorletzte Zeichen ist nicht *lim*, wie Delitzsch copirt hat, sondern ganz deutlich *mun*. Es ist natürlich zu transscribiren und übersetzen: *be-el ṭâbti-ia* „der Herr meiner Wohl-

that“ d. i. „mein wohlthätiger Herr“. Wie Delitzsch’s *tim* zu erklären ist, ist mir unbegreiflich; es ist einfach ein leicht zu vermeidender Fehler. Vgl. noch meine oben erwähnte Schrift. *Why that „Assyrisches Wörterbuch“* u. s. w. S. 12.

43. *šul-ma-an-nu.* Dieser Text wird wohl richtig sein. So auch Delitzsch. Das Wort leite ich von der Wurzel שלם ab.

44. *a-da-na-aš-šu-un-ni.* Dieses Wort scheint mir von דִּין herzustammen. Es steht für *adanan-šu-un-ni* und das ן wird assimilirt.

45. *ab-bu-ut-ti i-ṣab-bat-u-ni.* Diese Redensart ist noch nicht sicher erklärt. Dr. Heinrich Zimmern, *Babyl. Bussps.* S. 59 ff. gibt eine lange Auseinandersetung, doch ist sie nicht nach allen Seiten hin befriedigend. Zimmern hat bewiesen, dass Haupt und Delitzsch, die hebr. עֲבֹדָה für *abbuttu* zum Vergleich heranziehen, nicht „das Richtige getroffen haben“; jedoch entscheidet er nicht zwischen den zwei Stämmen עבט und עבת, was wohl nothwendig ist. Das Hebräische besitzt die beiden Stämme und das Assyrische scheint sie ganz sicher gehabt zu haben. Delitzsch hat aller Wahrscheinlichkeit nach Recht, da er das Wort der Wurzel אבת₄ zuschreibt. Siehe *Assyrisches Wörterbuch* S. 75—6. Seine Besprechung des Wortes ist aber gewiss sehr mangelhaft. Was das Wort bedeutet ist sicher; Zimmern hat zuerst die Bedeutung „Band, Fessel“ erschlossen. Die specielle Redensart bedeutet „jemand vertreten, seine Partei nehmen“.

47. Das Ende der Zeile ist nicht mehr zu lesen und eine Ergänzung ist mir auch unmöglich.

48. *ḫa-di-a-nu-te-ia.* Ich betrachte dieses als ein Wort und leite es von dem bekannten חדה ab.

49. *i-ma-ṣi.* Das Wort kommt wahrsch. von מצא „finden.“ Die drei letzten Zeilen sind mir unverständlich, da die Zeilenenden weggebrochen sind.

K. 487.

Transscription.

A-na šarri be-li-ia
ardu-ka Nabû-šum-iddin
lu šul-mu a-na šarri
be-li-ia a-dan-niš a-dan-niš
Nabû Marduk a-na šarri
be-li-ia lik-ru-bu
12 sisê
Ku-sa-a-a
ša am. šaknu mâti
e-tar-bu-u-ni

Übersetzung.

An den König, meinen Herrn,
dein Diener Nabû-šum-iddin.
Gruss an den König,
meinen Herrn. Beständig, beständig
mögen Nebo und Merodach dem König,
meinem Herrn, gnädig sein.
12 Pferde
aus Kus
von dem Statthalter des Landes
sind eingetroffen.

K. 525.

Transscription.

A-na šarri be-li-ia
ardu-ka Ašûr-dûr-pani-ia
lu šul-mu a-na šarri be-li-ia
ûmu XXIII^{kan} ša araḫ Adari am. rabûtê
Šu-pur-a-a ina Ša-bi-ri-šu

it-tal-ku-u-ni is-su-ur-ri šarri be-li-ia
i-ḳab-bi ma-a man-nu-šu-nu Ja-ta-'
am. rab âlâni-šu ša ḳa-ni ta-ḫu-me
ša Akkad-a-a lib-bi-ia ḳa-a nišê mâti šu-u-tu
i-si-šu it-tal-ku-u-ni i-su-ur-ri
šarri be-li i-ḳab-bi ma-a a-ta-a aḫû-šu
ša am. šâni-i-šu ša ina ma-šar-ti
iḳ-bu-u-ni ma-a il-lak-u-ni la il-lik-u-ni
ma-a Ḫu-te-ru ma-ri-ṣi ma-a an-nu-te
a-na te-gir-te it-tal-ku-u-ni
am. ṣâbê šarri am. nišê mâti
ša mad-dag-giš ina šal-še-ni ina ra-bu-še-ni
ultu pa-an il-ki ultu pan ûmê šarru-te
iḫ-li-ḳu-u-ni ina lib-bi
e-ra-bu-u-ni a-na šu-na-šu-nu
ina lib-bi e-gir-te pl.
. . . . i-sa-ṭa-ru
a-na te-gir-te-šu-nu
i-sa-ak-nu
na-ṣu-u-ni a-na šarri be-li-ia
u-ša-aš-mu-u-ni u am. ṣâbê pa-ni-te
ša u-ma-a ultu pa-an til-li šarri
iḫ-ḫal-li-ḳu-u-ni ina lib-bi i-lak-u-ni
êḳlê kirêtu bîtâtê id-da-na-šu-nu
ina libbi mâti-šu u-ša-aṣ-bat-su-nu
ina lib-bi kam-mu-su an-nu-te am. maḫḫa-ni
ša il-lik-u-ni-ni a-na te-gir-te šu-u-tu
Ḫu-te-ru ma-ri-ṣi ma-a ni-il-lik
ni-mur an-nu-šim il-lak-u-ni
la ki-e-tu ši-i-te e-gir-tu an-ni-tu
a-na šarri bêli-ia u-ša-aš-mu-u-ni VII ṣâbê
I ku-du-nu III imêrê ša ultu am. rabûtê
il-lik-u-ni-ni šarru be-li iḳ-ṭi-bi-a
ma-a ki-ma am. maḫḫa-ni il-lak-u-ni
ma-a Šur-bi-su-nu i-si-šu-nu
lil-li-ka šum-ma šarru be-li i-ḳab-bi
i-si-šu-nu lil-li-ka
lid-di-bu-bu mi-i-nu ša a-bat-u-ni
šarru be-li liš-pu-ra

Übersetzung.

An den König, meinen Herrn,
dein Diener Aŝûr-dûr-pania.
Gruss dem König, meinem Herrn.
Am dreiundzwanzigsten Tage des Monats Adar, zogen die Fürsten
der Bewohner des Landes Supur in Sabirisu
fort, das Gebot des Königs, meines Herrn
sprachen sie also: Wer (mit) Jatâ'
dem Fürst seiner Städte, wer am Grenzpfahl
der Bewohner Akkads mit mir (ist), wache. Die Leute selbigen Landes
kamen mit ihm, das Gebot
des Königs, meines Herrn verkündigten sie also: Jetzt, sein Bruder,
sein zweiter Officier, der in Gerechtigkeit
sprach also: sie gehen; sie gingen nicht,
denn Ḫuteru war krank, aber diese
gingen an die Arbeit(?).
Die Soldaten des Königs, die Bewohner des Landes,
die haufenweise(?) zu dreien(?), zu vieren(?)
vor der Gefangenführung, vor den Tagen des Königreichs,
flohen, dort hin
zogen,
dort Briefe
schrieben,
ihre Arbeit(?)
machten,
flohen zu dem König, meinem Herrn,
wurden (ihm) gehorsam, und die früheren Soldaten,
die damals(?) vor dem Auftrag des Königs
geflohen sind, gingen alldort;
Felder, Baumpflanzungen, Häuser gab er ihnen,
inmitten seines Landes liess er sie gefangen nehmen,
dort beugten sich diese, die Grossen,
welche zu mir zur selbigen Arbeit kamen.
Ḫuteru war krank, aber wir gingen,

wir sahen, gleich kamen sie. . . . . diesen Brief an den König, meinen Herrn lassen sie hören. 7 Soldaten ein Maulesel(?), 3 Esel von den Fürsten, kamen zu mir. Der König, mein Herr, hat mir geboten, also: So wie die Fürsten kommen, soll auch Surbisunu mit ihnen kommen. Wenn der König geboten hat, soll er mit ihnen kommen, verkündigen die Zahl der Vernichtungen. Möge der König, mein Herr, schicken.

Anmerkungen.

Dieser Brief ist plötzlich sehr berühmt geworden durch Friedrich Delitzsch's sehr unzuverlässige Copie, welche nach seiner „Transscriptionsmethode" S. 114—5 seines *Assyrisches Wörterbuches* mitgetheilt ist. Wenn der Verfasser des *Wörterbuches* irgendwo unter Assyriologen für seine Editionen Assyrischer Texte Hochachtung gefunden hat, so hat er sie durch die in dem *Wörterbuch* veröffentlichten Texte gewiss überall verloren. Seine Copie zeigt ganz klar, dass ihm die Kenntniss der Schreibweise des assyrischen Schriftstellers und die nothwendige Sorgfalt fehlen. Ich weise hier auf die Besprechung von „E" in dem *Expositor* September 1887, sowie auf meine Schrift *Why that „Assyrisches Wörterbuch"* u. s. w. hin. Ich mache auf diese Fehler in den folgenden Bemerkungen aufmerksam. Strassmaier hat den Brief an vielen Stellen citirt. Vgl. Bezold's *Literaturges.* S. 264. Manchmal kann ich auch mit seiner Copie nicht übereinstimmen. Dr. Bezold wird unten das Resultat seiner Collation meiner Ausgabe angeben.

Z. 6. *is-su-ur-ri.* Siehe auch unten Z. 10 *i-su-ur-ri.* Dieses Wort kommt K. 691 Z. 9 in gleichem Zusammenhang vor. Die Stelle heisst: *is-su-ri šarru be-li i-ḳab-bi* „das Gebot hat der König, mein Herr, gesprochen." Zur Erklärung ist אֱסָר „Verbot" Dan. VI, 7 flg., auch אֵסָר und אִסָּר zu vergleichen. K. 691 habe ich PSBA Juni 1887 zuerst veröffentlicht; vgl. meine dortige Bemerkungen S. 255.

7. *man-nu.* Vgl. meinen Aufsatz PSBA Juni 1887 S. 245.

8. *ḳa-ni.* Das Wort kommt von dem bekannten Stamm קָנֶה „Rohr" her. — *ta-ḫu-me.* Vgl. K. 359. 14. 20 *Heft* II S. 51 flg.

9. Das Zeichen *lib* hat Delitsch schraffirt; es scheint mir, dass man nicht anders lesen kann. — *ḳa-a.* Ich leite dieses Wort von dem St. קוה „warten" ab. Die ganze Stelle

ist mir aber nicht sehr klar. Zu diesem St. vgl. Zimmern *Busssps.* S. 16. — *šu-u-tu.* Die Lesung dieses Wortes, welches Z. 32 noch einmal vorkommt, hat Delitzsch viel Schwierigkeit gegeben und das Richtige hat er nicht getroffen, wie ich in *Why that „Assyrisches Wörterbuch“* u. s. w. nachgewiesen habe. Die Stelle ist ganz klar auf dem Original. Zudem kommt das Wort anderswo vor; in dem ebenerwähnten K. 691 Z. 11 finden wir auch dieses *šu-u-tu.* Das konnte Delitzsch natürlich nicht wissen, da er K. 691 nicht kannte. Dieser Brief stand unglücklicherweise für ihn nicht im Schrank des *Student's Room* im British Museum mit meinem Namen darauf, so dass er ihn nicht so leicht copiren konnte „um meine Ausgabe zu controlliren“, wie er mit K. 525 und anderen gethan hat. Das Wort ist eine andere Form des Wortes *šû'atu.* Vgl. meine Bemerkungen PSBA Juni, 1887 S. 256.

12. Das sechste Zeichen ist *ša;* Delitzsch hat es schraffirt. — *ma-šar-ti.* So ist es zu lesen, keinesfalls ist das erste Zeichen *is*, wie Delitzsch's Ausgabe bietet. Das Wort leite ich von ישר „recht sein“ ab.

14. *ma-ri-ṣi* ist wahrscheinlich von מרץ „krank sein“ abzuleiten.

15. *te-gir-te.* Dieses Wort ist mir nur in dieser Berichterstattung bekannt und kommt nur dreimal vor; Z. 35 ist sicher *ši-i-te e-gir-tu* zu lesen; diese Lesart kommt anderswo vor. Vgl. Strassmaier AV No. 8346. Delitzsch *Wörterbuch* S. 113 braucht nicht sagen „ob Z. 35 *té-é-gir-té* zu einem Wort zu verbinden, ist wenigstens nicht ganz sicher“. Zur Erklärung möchte ich syr. ܥܓܪܐ „Arbeit“ zum Vergleich heranziehen. Mit dieser Bedeutung wird der Zusammenhang auch befriedigt.

16. Wie ich in meiner schon erwähnten Schrift *Why that „Assyrisches Wörterbuch“* u. s. w. angedeutet habe, hat Delitzsch am Schlusse dieser Zeile ganz falsch gelesen. Das letzte Zeichen ist sicher *mat* und was Delitzsch als *ut* (auf dem Rand „*ka?* braucht nichts weiter zu fehlen“) gelesen hat ist ein vom Schreiber ausgetilgtes *ši*, denn der Schreiber hat auf dem Rev. *bi ši* geschrieben, was noch deutlich zu sehen ist. Warum schrieb Delitzsch eine solche Bemerkung, da die Tafel so gut wie möglich erhalten ist?

17. *mad-dag-giš.* So ist zu lesen; vgl. unten K. 582 Z. 25 *ina mad-dag-giš.* Delitzsch hat unsere Stelle nicht lesen können und schreibt auf dem Rand „Zeichen wie *bit?*“ Über die Herleitung und Bedeutung des Wortes weiss ich nichts einigermassen Sicheres auszusagen. Die ganze Zeile ist sehr unsicher; die übrigen Wörter sind mir auch unbekannt. — *šal-še-ni.* So ist diese Stelle ziemlich sicher zu lesen und nicht *man*, wie Delitzsch bietet. Ein St. שלש ist mir nur in dem Wort *šalšu* „dritte“ bekannt; vielleicht gehört unser Wort auch hierher. Vgl. שִׁלֵּשִׁים — *ra-bu-še-ni.* Das vorletzte Zeichen ist wohl sicher *še* und nicht *man* (Delitzsch auf dem Rand). Das Wort ist mir sonst unbekannt; vielleicht könnte man hebr. רבאית oder aram. רבי, רביתא heranziehen.

18. *il-ki* ist von לקח „nehmen“ abzuleiten. — Die nächsten Zeichen sind klar genug; wir finden auf dem Original *ta ši*, was *ultu pan* zu lesen ist. Delitzsch aber hat uns einen sonderbaren Text dargeboten. Er copirt *ina* 15 *šal* (darüber *ši*?) und weiter *sab* anstatt *ut;* er wird wahrsch. übersetzen „mit 15000 Soldaten“ u. s. w. Dies aber passt nicht in dem Zusammenhang; zudem steht es nicht auf der Tafel.

20. Das letzte Wort dieser Zeile scheint mir *šu-na-šu-nu* zu sein: keinesfalls ist es *ši-pir (ut)-šu-nu.* Ich vermag das Wort aber nicht zu erklären.

21. *e-gir-te* pl. „Briefe“. Das gewöhnliche Wort für „Brief“. Vgl. *Heft* II S. 38. 11. Das Ende dieser Zeile hat Strassm. AV. No. 7791 schraffirt.

25. *na-ṣu-u-ni.* Vgl. meine Bemerkungen *Heft* II S. 53 zu Z. 5. Siehe auch K. 582 Z. 8 *na-ṣu-ni-ni.* — Das zweite *ni*, welches Delitzsch copirt, hat der Schreiber völlig ausgetilgt.

26. *u-ša-aš-mu-u-ni.* So ist zu lesen; das vierte Zeichen ist *mu* nicht *kap.* wie Strassmaier AV No. 8024 bietet. Siehe das Wort unten Z. 36. — *pa-ni-te.* Über *te* schreibt Delitzsch „besser als *tu*“. *tu* ist falsch. Zu diesem Wort vgl. meine Bemerkungen PSBA Jan. 1888 S. 159 (K. 146. 5), III R 51 No. 9 Z. 15 (K. 480) *ša ina pa-ni-ti a-na šarri bêli-ia aš-pur-an-ni* „worüber ich vorher zu dem König. meinem Herrn, sandte“. Meiner Ansicht nach ist das Wort nicht *an?-ni-te* zu lesen, wie Strassm. AV No. 8914 vorschlägt.

31. *kam-mu-sa* leitet Strassmaier von *kamûtu* ab. Vgl.

3*

AV No. 4096. (In diesem Citate fehlt das Zeichen *bi*). Den St. des Wortes betrachte ich als כמט. — *am. maḫḫa-ni.* Das Ideogramm wird gewöhnlich durch *rabûtê* wiedergegeben, aber das phonetische Complement *ni* scheint ein anderes Wort zu fordern; ob ich das Richtige getroffen habe, ist nicht sicher.

35. *ki-e-tu.* Diese Stelle ist mir dunkel. Zu diesem Worte vgl. meine Bemerkungen PSBA Jan. 1888 S. 169. (K. 504, 13). Die Erklärung ist aber nicht sicher.

37. *ku-du-nu.* Dieses Wort ist wahrsch. eine andere Form des bekannten *kudin.* Vgl. unten K. 550 Z. 11. 13. 17. 18. Strassm. AV No. 4478—79. Die Bedeutung ist vielleicht „Maulesel".

38. Das letzte Zeichen ist nicht „ein radirtes *ša*" (Delitzsch,) sondern ganz klar *a.*

40. Delitzsch zeigt hier wiederum, wie beispiellos die Zuverlässigkeit seiner Abschrift dieser Berichterstattung ist; sein Text bietet *ina* 15 anstatt *šur.*

43. *a-bat-u-ni.* Anstatt *a* hat Delitzsch *ša* und Strassm. das babylonische *ša* s. AV No. 8002. Dieses Wort stammt von אבת I her.

K. 578.

Transscription.

A-na Nabû-ibaš-ši
ina êlî sisê
ša taš-pur-an-ni
ki-i tam-di-na
la ta-šap-par-an-ni
Ašûr-gimil-tira am. abarakku
am. e-muḳ-ḳi is-si-šu
as-sap-ra me-i-nu
ša a-na e-pa-še
tâbu u-ni-ip-ša
šum-ma nâru Ḫar(?)-ru sik-ra
. . . . . nišê am-mu-te
. . . . . ni-u id-da-at

. . . . . e-gir-te ša taš-pur-an-ni
Bêl-êṭi-ir
Ub-ba-ia
am. rab ka-šar II C
sisê ina kâta-šu-nu
us-si-bi-lak-ka
li-iz-zi-zu
is-si-ku-nu til-lu
li-pu-šu

Übersetzung.

An Nabû-baši,
über die Pferde,
welche du mir gesandt hast.
Wenn du gegeben hast,
hast du mir nicht geschickt.
Asur-šugurra, den Grossvezier,
die Streitkräfte mit ihm,
sende ich. Die Zahl,
welche um Gutes
zu thun, ich vermehrte,
als der Fluss Charru verstopft wurde
. . . . . diese Leute
. . . . . und die Macht
. . . . . die Briefe, welche du mir gesandt hast.
Bel-eṭir
Ubbâ'a,
der Obersten des Königs haben zwei hundert
Pferde in ihren Händen
zu dir gebracht.
Mögen sie stehen
bei euch, die Arbeit
machen.

Anmerkungen.

Zu meiner Ausgabe dieser Tafel vgl. die Auszüge bei Strassmaier AV. Siehe Bezold, *Lit.* S. 268.

Z. 4. *tam-di-na* ist von נדן abzuleiten.

9. *e-pa-še.* Dieses Wort muss man von אפשׁ „machen" herleiten, die Form ist aber nicht gewöhnlich.

10. *u-ni-ip-ša.* Zu diesem Worte vgl. die Bemerkungen von Dr. Zimmern *Bussps.* S. 99, 4. Der Stamm dieses Wortes ist sicher eins mit dem hebr. נָפַשׁ. Die Grundbedeutung dieses Stammes ist „weit sein, sich ausbreiten". Die Redensart *na-pa-aš nisaba* Annalen I, 48 ist auch ein Beweiss für diese Bedeutung.

11. Das Zeichen *bat* ist das gewöhnliche Ideogramm für *šumma* „wenn"; es steht aber häufig mit dem phonetischen Komplement, wie hier geschrieben. — *nâru Ḫar(?)-ri.* Es ist sehr unsicher, wie dieser Name zu lesen ist. Vgl. K. 95, Z. 7 (*Heft* II S. 44). — *sik-ra* leite ich von סכר „sperren, verstopfen" ab.

12. *am-mu-te.* Strassmaier AV. No. 468 bemerkt: „plur. m. von *ammu* wie *ammâte* plur. f. ist" und vergleicht hebr חֵמָה, was richtig zu sein scheint. Vgl. K. 492 Z. 11 und meine Bemerkungen dazu in meiner Veröffentlichung desselben PSBA Jan. 1888. S. 166.

14. *e-gir-te.* Die Ergänzung des ersten Zeichens dieses Wortes mit *e* wird wohl richtig sein.

17. *ka-šar.* VR 30 ab finden wir eine grosse Anzahl Ideogramme für „König". Z. 16 bietet die Gleichung *ka-šir=šarru.* Nach meiner Copie ist das zweite Zeichen *(šar)* vorne mit drei Keilen geschrieben, während es in VR mit zwei gegeben wird. Diese beiden Zeichen sind wohl verschieden, aber manchmal ist es schwierig zu sehen, welches auf dem Original steht. Zudem haben die assyrischen Schriftsteller selbst diese Zeichen verwechselt. Daher habe ich angenommen, dass an unserer Stelle eben dieses Ideogr. uns begegnet.

19. Strassm. AV No. 2310 liest diese und die folgende Zeile falsch. *us-si-bi-lak-ka* leitet er von *esibu* (?) her, da er das vorletzte Zeichen als *in* copirt hat. Z. 20 ist das zweite Zeichen *is* und das letzte *zu.*

21. *til-lu* wird wohl richtig sein. Strassm. hat das Wort nicht erkannt.

K. 646.

Transscription.

A-na šarri be-li-ia ardu-ka I-ši-ilu
lu-u šul-mu a-na šarri be-li-ia
Marduk u Zir-pa-ni-tum
a-na šarri be-li-ia lik-ru-bu
šul-mu a-na bît ilâni-ka
ṣalmânu ša šarru bêli-a iḳ-ba-a e-te-pu-uš
agû A-num ša šarru be-li-a iḳ-ba-a etepu-uš
aš-me pl. ša a-na šarri aḳ-bu-u
u a-ša-an-na-nu ip-šu ša ana šarri bêli-ia
aḳ-bu-u um-ma XII ma-na ḫurâṣu
ša a-na šul-ma-na-a-ti a-na Bêl
i-ru-ba ina pa-ni-ia a-na a-a-ru
u teme-en-šu-u ša Zir-pa-ni-tum
e-te-pu-uš kunûkê ša šarru be-li-a
id-di-na a-du-u ip-pu-uš
ana libbi agû A-num di-ga-lu
il-la-ku u a-na libbi *aš-me* pl.
di-ga-li-ka il-la-ku
ina bît nak-kan-du ša bît Ašûr ša-kin
ša la am. šangû-u Nabû-êṭer-napšâtê
man-ma ul i-mit-ti
en-na a-na šarri be-li-ia al-tap-ra
man-ma ša pa-ni šarri bêli-ia maḫ-ru
šarru liš-pu-ram-ma lip-te-e-ma
lu-ku-ti-ma a-na šarri bêli-ia lud-din
ka-ri-bu ša šarri be-li-ia ana-ku
a-na êlî šarri be-li-ia ra-aḫ-ṣa-ku
Marduk u Zir-pa-ni-tum ana balaṭ napšâtê
ṭu-ub lib-bi ṭu-ub šêri u la-bar û-me
ša šarri be-li-ia u-ṣal-li
la libbi šarri bêli-ia la el-li
Marduk-zêr-ib-ni a-na êlî Arad-Nabû
u Na-di-nu ki-i it-tak-lu dib-bi-ia
bi-'-šu-tu i-dib-bu-ub u a-na-ku
a-na êlî šarri be-li-ia tak-lak

ênâ ša šarri lu-u ana muh-hi-ia
Marduk-zêr-ib-ni iz-kur da-a-nu
kunûku ša Šum-iddi-na
ip-ti-ti abnê
ul-tu lib-bi it-ta-ša-a
šarru lu-u i-du

Übersetzung.

An den König, meinen Herrn, dein Diener Iši-ilu.
Gruss dem König, meinem Herrn.
Mögen Merodach und Zirpanit
dem König, meinem Herrn, gnädig sein.
Gruss dem Hause deiner Götter.
Die Bilder, welche der König, mein Herr, bestellt hat, sind fertig;
die Krone des Anu, welche der König, mein Herr, bestellt hat, ist fertig.
Die *Ašme,* welche ich für den König bestellt habe
und die *Ašananu* hat man gemacht. Was ich für den König, meinen Herrn,
bestellt habe, nämlich: 12 *mana* Gold,
welches für Bilder für Bel (ist),
ist eingetroffen vor mir für Ijjar
und den Grundstein des Zirpanit
hat man gemacht; die Siegel, welche der König, mein Herr,
gegeben hat, sind jetzt fertig.
Auf der Krone des Anu stand die Fahne,
und auf den *Ašme*
stand deine Fahne,
in die Schatzkammer des Tempels des Ašûr wurde (sie) gelegt,
wo der Priester, Nabû-êṭir-napšâtê nicht (ist).
Wer nicht gestorben ist.
zu dem König, meinem Herrn schicke ich.
Wer vor dem König, meinem Herrn, anwesend ist,
möge der König schicken; möge er öffnen und
verleihen und dem König, meinem Herrn, geben.
Da der König, mein Herr, gnädig ist, verlasse
ich mich auf den König, meinen Herrn;

zu Merodach und Zirpanit, Leben,
Fröhlichkeit des Herzens. Gesundheit des Körpers und Länge der Tage
des Königs, meines Herrn, zu schenken, bete ich;
noch ist es nicht zu dem Herzen des Königs, meines Herrn, hinaufgestiegen.
Als Marduk-zêr-ibni sich auf Arad-Nabû
und Nadinu verliess. plante er Schlechtes
gegen mich, aber ich verliess
mich auf den König. meinen Herrn.
Mögen die Augen des Königs auf mich (sehen).
Marduk-zêr-ibnî sprach, (als) Richter,
das Siegel des Šum-iddina
that er auf. die Steine
hat er heraus genommen.
Möge der König (es) wissen.

Anmerkungen.

Diese Tafel ist sehr schön erhalten; die Schrift ist neubabylonisch, deutlich und prächtig geschrieben. Für die vielen Citate von Strassm. AV siehe Bezold *Literaturges.* S. 272. In den Strassmaier'schen Citaten sind die babyl. Zeichen sehr genau wiedergegeben, meine Abschrift aber weicht manchmal von der seinigen ab. Delitzsch hat auch diesen Text auf seiner vermischten Weise (*Wörterbuch* S. 141 flg.) mitgetheilt. Wo er die babylonischen Zeichen gegeben hat, sind sie sehr schlecht copirt; häufig schreibt er das assyr. Zeichen anstatt des Babylonischen. In der Schrifttafel seiner *Assyrischen Lesestücke* hat er viele Formen der babyl. Zeichen gegeben, welche in der Wirklichkeit nie vorkommen. Vgl. *Why that „Assyrisches Wörterbuch"* u. s. w. Strassmaier hat den Namen in Z. 1 falsch copirt; das erste Zeichen ist sicher *tuk* und nicht *ḫu* (AV No. 3463).

Z. 3. *zir-pa-ni-tum.* So ist zu transscribiren; Delitzsch liest falsch *zar-pa-ni-tum.* Dass das erste Zeichen nicht *zar*, sondern *zir* zu lesen ist. beweist Pinches' *Texts* S 16 Z. 4 *zi-ir-pa-ni-tum.* Schon im Jahre 1878 hat Pinches *RP* XI. S. 75 richtig gelesen. Vgl Pinches *Heft II* S. 73.

6. *ṣalmânu.* Vgl. das Zeichen in meiner Edition mit der sonderbaren Form auf dem Rand der Delitzsch'schen Ausgabe. Das Zeichen, welches Delitzsch copirt. hat der assyrische Schriftsteller nimmermehr geschrieben.

7. *agû*. Dieses Zeichen hat Delitzsch auch falsch copirt; auf dem Original giebt es keinen Keil oben zwischen den senkrechten Keilen.

8. *aš-me-mêš*. Diese Zeichengruppe vermag ich nicht zu erklären; sie wird wohl als Ideogram zu lesen sein. Aller Wahrscheinlichkeit nach haben wir irgend welche Gegenstände hier zu suchen; oben haben wir die „Bilder" und die „Krone" und in der nächsten Zeile wahrscheinlich einen anderen Gegenstand. welcher für den König fertig war. Strassmaier AV No. 1038 bietet *bar-meš*. Vgl. Z. 17 unten.

9. *a-ša-an-na-nu*. Diese Zeichen bilden wohl ein Wort. Der Text scheint mir sicher. So auch Delitzsch. Strassmaier aber hat *nu*, *ip*, *šu* dieser Zeile schraffirt (AV No. 7303). Zur Erklärung weiss ich nichts auszusprechen.

11. *ṣul-ma-na-a-ti*. Dieses Wort muss der Plural von *ṣalmu* „Bild" sein. aber er wird gewöhnlich *ṣalmânu* gegeben. Vielleicht hat das erste Zeichen auch den Lautwerth *ṣul*.

12. *a-a-nu* ist wahrsch. der Monat Ijjar; so auch Strassmaier AV No. 19.

13. Das erste Zeichen haben Delitzsch und Strassm. schraffirt. aber *u* wird wahrsch. richtig sein. Strassm. AV No. 19 hat Spuren davon schon gegeben.

14. *kunûkê*. Vgl. II R 40, 42 gh | *ku-nu-uk-ku*. Das Zeichen *me* scheint mir sicher; es wird für den Plur. häufig gebraucht. Strassm. AV No. 4554 hat den richtigen Text nicht getroffen; auch Delitzsch schraffirt *me*.

15. Strassmaier und Delitzsch schraffiren das erste Zeichen, es scheint mir aber nicht zweifelhaft.

16. *ana libbi*. Delitzsch vermuthet diese Lesart. aber sie ist noch zu sehen; Strassm. hat auch den Text hier richtig. — *di-gu-lu* das Wort hier und in Z. 18 ist von דגל „schauen" abzuleiten.

19. *bît nak-kan-du*. Diese Phrase halte ich für dieselbe, wie die gewöhnliche *bît nakamti* oder *nakanti*.

20. Das vierte Zeichen ist eigentümlich und Delitzsch hat es nicht reproduciren können.

21. *i-mit-ti* stammt von מות „sterben" her.

25. *lu-ku-ti*. Dieser Text scheint mir am wahrscheinlichsten: das zweite Zeichen kann auch *šu* sein. Für das erste

Zeichen copirt Strassmaier *ra* und schraffirt es; Delitzsch giebt nur einige schraffirte Zeichenspuren. Wenn mein Text richtig ist, ist das Wort *lukuti* viell. von קות „schenken, verleihen" abzuleiten.

26. *ka-ri-bu* ist von כרב „gnädig sein" abzuleiten.

27. *ra-aḫ-ṣa-ku*. So ist zu transscribiren. Strassm. AV No. 7470 hat es richtig, gibt aber *ra-aḫ-za-ku* No. 481. Das Wort ist Permansiv 1 Person Sing. von רחץ „vertrauen".

31. Das erste Zeichen copirt Strassmaier AV No. 2241 richtig, transscribirt aber falsch *ma*.

35 *tak-lak*. Der Stamm ist תכל „vertrauen," die Form Perm. 1 Pers. Sing.

37. *iz-kur* ist von זכר „sprechen" herzuleiten. — *da-a-nu*. „Richter." Wurzel דין.

38. Das erste Zeichen hat Delitzsch falsch reproducirt.

39. *ip-ti-ti* stammt von פתח „öffnen".

K. 550.

Transscription.

A-na šarri be-li-ia
ardu-ka Nabû-šum-iddin
lu šul-mu a-na šarri be-li-ia
a-dan-niš a-dan-niš
Nabû Marduk
a-na šarri be-li-ia
lik-ru-bu
III sisê Ku-sa-a-a
ša am. rak-su pl.
ša bît am. rab-šaḳ
. . . . . . ku-din
ša Kal-zi
. . . . . . ku-din
ša Arba'il
. . . . . sisê
Ku-sa-a-a
XXXIII ku-din

napḫariš XXXVI sisê ku-din
û-mu an-ni-u
e-tar-bu-u-ni

Übersetzung.

An den König, meinen Herrn,
dein Knecht Nabû-šum-iddin.
Gruss dem König, meinem Herrn.
Beständig, beständig
mögen Nebo, Merodach
dem König, meinem Herrn,
gnädig sein.
Drei Pferde aus Kus,
welche der Oberster(?)
des Hauses des Generals
. . . . . . Maulesel(?)
aus Kalzi
. . . . . . Maulesel(?)
aus Arbela
. . . . . Pferde
aus Kus
33 Maulesel(?)
zusammen 36 Pferde, Maulesel(?)
sind diesen Tag (heute)
eingetroffen.

Anmerkungen.

Diese Tafel ist, soviel ich weiss, noch gar nicht beschrieben oder citirt worden. Die Nummer fehlt in Bezold's *Literaturgeschichte*. Dieser Text gehört zu den Berichterstattungen über Pferde und dergleichen. Einen ähnlichen Bericht habe ich in *Heft II* S. 42 mitgetheilt; ein anderer ist PSBA Jan. 1888 S. 158 (K. 146) zu finden. Ausserdem vgl. die in diesem *Heft* noch mitgetheilten Berichte dieser Art; K. 549, K. 578, K. 1252, K. 1229 + K. 1113, K. 487.

Z. 9. *am. rak-su* pl. Zu diesem Worte vgl. II R 31, 92 *am. rak-su* K. 653, 14 *am. rak-su* pl. *am. šanu-u* (s. unten) K. 533, 8 *am. rak-su-ti* Asurn. II, 103 *ina rak-*(var. *ra-ka*)*su-te*. Ich weiss nicht, wie das Wort zu erklären ist. Die Bedeutung scheint mir „Oberster“ oder etwas ähnliches zu sein.

K. 1252.

Transscription.

A-na šarri bêli-ia
ardu-ka Rammânu-itti-ia
lu-u šul-mu a-na šarri bêli-ia
ina êlî am. damḳarê
ša šarru bêli ṭi-mu
iš-kun-an-ni-ni
Ša-ri-i Kan-nu-'-a-a
ina Ur-zu-ḫi-na
ina ni-ir-ti-ia
LXX sisê ina ḳâta-šu
a-sa-'-al-šu
mu-muḳ-ri-iḫ-ti
sisê ka-a-li-i
u-ma-a II C sisê
. . a a is . . . . .
ni-si-ḳi-ma e . . . . .
ki-i Ur-zu-ḫi-na
ina ni-ir-ti-ia
ištu êlî
a-sa-'-al-šu
ma-a gab-bi
ni-si-ḳi-ma a . . . . .
ina ni-ir-ti i . . .
i-lak-u-ni
XXI sisê
II nun-na
ša Nabû-irba
Kal-ḫa-a-a
ša ḳâta Sa-ni-i
ina Ur-zu-ḫi-na
ina ni-ir-ti-ia

Übersetzung.

An den König, meinen Herrn,
dein Knecht Ramanu-itti'a.

Gruss dem König, meinem Herrn.
Betreffs der Knechte,
worüber der König, mein Herr mir Befehl
gegeben hat.
Sarî der Leuten von Kannû'
in Urzuchina
in meinem Dienst (?)
70 Pferde in seinen Händen
forderte ich von ihm.
der geschoren hat(?)
die Pferde, alle
heute 200 Pferde
. . . .
Kostbar und . . . . .
als ich in Urzuchina
in meinem Dienst(?)
darüber
von ihm forderte
also: Alle
kostbare und . . . .
in meinen Dienst(?)
sollen gehen.
21 Pferde
2 *nunna*
von Nabû-irba
der Leute von Kalach,
der Hände von Sanî
in Urzuchina
in meinem Dienst(?).

Anmerkungen.

Strassmaier hat diese Tafel zweimal citirt. Vgl. AV No. 7499 und 8045. (Bezold, *Lit.* S. 280). Meine Copie weicht von der seinigen etwas ab. Der Text ist schwierig und manche Wörter sind mir völlig unverständlich. Ich habe den Text Wort für Wort übersetzt, da einige Wörter fehlen und der Zusammenhang schwer zu erkennen ist.

Z. 9. *ni-ir-ti-ia*. So wird wohl zu lesen sein. Anstatt *ia* bietet Strassm. *ša*. Das Wort leite ich von ניר „bezwingen, niederschlagen, unterjochen" ab. Vgl. den Ausdruck *nîrtu nâru*

Zimmern *Babyl. Busssps.* S. 83 Anm.1. *Heft* I S. 95. An unserer Stelle ist die Bedeutung viell. „Bezirk“ oder „Dienst“.

10. Die letzten zwei Zeichen sind meiner Ansicht nach sicher. Strassm. No. 8045 und 7499 hat sie schraffirt.

12. *mu-muḳ-ri-iḫ-ti*. Dies scheint zu einem Wort zu verbinden. Es ist allerdings möglich anders zu lesen. Das Wort wird wohl von einer Wurzel קרח herstammen. Im Hebr. bedeutet dieser Stamm „kahl sein, scheren“. Ob unser Wort auch diese Bedeutung hat, bleibt dahingestellt.

16. *ni-si-ḳi*. So wird die Stelle ohne Zweifel zu ergänzen sein. Vgl. Z. 22 unten. Dieses Wort kommt wahrsch. von נסק „kostbar sein“ her.

26. *imêru nun-na*. Dieses Ideogr. ist mir in der ganzen Keilschriftliteratur unbekannt. eine Übersetzung müsste daher lediglich errathen werden.

K. 533.

Transscription.

a-bat šarri a-na Man-nu-ki-Rammânu
I M I C XIX am. ṣâbê dannûtê
VI M-šu-nu napšâtê ina êlî a-ḫi-iš
am-mar mi-tu-u-ni ištu lib-bi-šu-nu
mi-e-tu u am-mar bal-ṭu-u-ni
bal-ṭu a-na am. Zu-ku ša êkalli
ta-ad-nu ki-i pi-ḳid-ti i-na pa-ni-ka
paḳ-du at-ta a-ta-a ta-na-aš-ši
an-nu-ti a-na am. rak-su-ti
an-nu-ti a-na am. a-sig pl.
an-nu-ti a-na imêru ša bit-ḫal-la-ti
a-na ki-iṣ-ri ša ra-mi-ni-ka
tu-ta-ar-šu-nu ištu lib-bi-ka
la ta-at-bu-u-ma
ma-a ki-i na-šu-u ri-ši-šu-nu
il-la-kan-ni ma-a pa-ni-ia
ina bît man-nu a-šak-kan
u-ma-a an-nu-šim

a-sa-ap-rak-ka
ma-'-ad ištu lib-bi-šu-nu
a-na zak-ḳap me-me-e-ni a-na
ši-pir-ti ta-as-sa-par
bi-it-šu-nu ri-is-su-nu
i-ši pa-na-at am. šâḳû-ia
lu-ḳur-bu an-nu-šim
am. šâḳû-ia a-šap-pa-ra
a-šir-ta-šu-nu i-šak-kan

Übersetzung.

Der Wille des Königs an Mannuki-Rammânu.
1119 mächtige Soldaten,
6000 Seelen von ihnen mit einander
habe ich gesehen, gestorben von ihnen,
gestorben, und ich habe die Lebendigen gesehen;
lebendig zu dem *Zuku* des Palastes
sollst du übergeben, wie von dir bestimmt ist,
nach der Bestimmung sollst du (sie) jetzt bringen.
Diese zu dem Obersten(?),
jene zu dem *Asig*,
andere für die Esel der Reitpferde,
für deine eigene Macht
sollst du sie zurückbringen, aus deiner Mitte (Bezirk)
sollst du nicht kommen,
also, wenn ihre Köpfe gebracht werden,
so werden sie vor mich kommen;
in wessen Haus ich (sie) stelle,
werde ich jetzt sogleich
zu dir schicken.
Viele von ihnen,
um irgend etwas aufzurichten sollst du für
das Geschäft schicken;
ihr Haus, ihre Köpfe
bringe, vor meinen Officier
sollen sie gebracht werden, sogleich
meinen Officier schicke ich,
ihre Gnadenstätte wird er bestimmen.

Anmerkungen.

Dies ist auch eine unedirte Tafel. Für die Auszüge bei Strassmaier vgl. Bezold, *Lit.* S. 265; nur fehlt hier das Citat AV S. 396. No. 3016.

Z. 6. *am. zu-ku.* Auf eine exacte Erklärung dieses Wortes muss ich verzichten. Folgende Stellen sind hier in Betracht zu nehmen: II R 65. 8 flg. steht dieses Wort in Verbindung mit *narkabtu* „Wagen". Vgl. vor allem aber Asurn. III, 58. 60. 63. Z. 60 *narkabâtê bit-ḫal-lu am. zu-ku i-si-ia a-si-kin* „Wagen, Reitpferde, den *Zu-ku* mit mir stellte ich".

7. *ta-ad-nu.* Strassmaier AV No. 1874 leitet dieses Wort von *danû* ab. aber ein solcher Stamm ist mir sonst unbekannt im Assyrischen. Die ungefähre Bedeutung deutet der Zusammenhang an. Ich möchte das Wort von נדן „geben" ableiten.

8. *pak-du.* Diese Stelle wird wohl zu lesen sein. wie Strassm. No. 3400 vorschlägt. Wurzel פקד.

9. *am. rak-su-ti.* Zu diesem Worte vgl. oben S. 44.

10. *am. a-sig* pl. Strassmaier's Copie ist ganz richtig, aber No. 7485 bietet er die Transscription *a-ba* an. was mir unmöglich scheint. Zu diesem Worte vgl. II R 17, 45 flg. II R 31, 69 *am. a-sig.* Die Aussprache sowie die Bedeutung dieses Ideogrammes ist mir unbekannt.

12. *ki-iṣ-ri.* Dieses Wort halte ich als von dem Stamme קצר „binden, zusammenfügen" herkommend.

13. *tu-ta-ar-šu-nu.* Strassmaier's Copie ist ganz richtig, aber No. 549 bietet seine Transscription *li(?)-ta-ar-šu-nu.* Das erste Zeichen ist dasselbe, wie in Z. 4—5 oben *mi-e-tu* u. s. w. Das Wort ist von תור „sich wenden. zurückkehren" herzuleiten.

14. *ta-at-bu-u-ma* leitet Strassm. No. 8848 ganz richtig von חבא, „herankommen" ab.

21. *zak-ḳap.* Die richtige Lesung ist wahrsch. *imni šumêli* „rechts, links". — *me-me-e-ni* „irgend etwas, alles" ist eine der Formen des Plurals von *mimmu.* Vgl. Pinches in *Heft* II S. 63.

24. *i-ši* Imp. von נשא, „tragen, bringen." — *pa-na-at.* Wurzel פנה. Vgl. K. 622, 5.

25. *lu-ḳur-bu.* Dieses Wort stammt von קרב „drängen, sich nähern" her.

26. *a-šir-ta-šu-nu.* So wird wohl zu lesen sein, nicht *a-zir-ta*, wie Strassm. No. 213 bietet; vgl. vielmehr No. 797 und Strassmaier's Vergleichung mit hebr. אֲשֶׁרָה „Glück", was hier soviel ich sehe, ganz schön passt. Ich habe auch das Wort von eben diesem Stamm abgeleitet; אשר‎ „vorwärtskommen, Gelingen haben."

K. 1249.

Transscription.

A-na šarri mâtâtê bêli-ia ardu-ka Apla-a û-mu-us-su
Uraš u bêlit êkalli a-na balaṭ napšâtê arku ûmê
ṭu-ub lib-bi u ṭu-ub šêri ša šarri šakkânâku dan-nu bêli-ia
u-ṣal-la aplê ša Bel-iddi-na aplê bêl da-ba-ba
aplê mu-šam-ḫi-ṣu ša ul-tu ḫarrâna Bâbîli u-ṣab-bi-tu-ma
a-na šarri bêli-ia aš-pu-ru u a-na šarri bêli-ia iḳ-bu-u
um-ma ma-aḳ-tu-tu a-ni-ni ma-'-diš lu ṭâbtu-šu-nu
ina pa-an šarri bêli-ia ma-a-da Šu-la-a am. ša-ku
ša Dilbat Šamaš-šum-ukîn ip-ki-du apil aḫâti-šu-nu
lu-u am. Dilbat-ki pl. ma-la i-ma-aḳ-ḳut-nim-ma . . . .
. . . . ki šu-u-nu ina ku-ri-bu . . . .
. . . . aplê-šu-nu ap- . . . .
. . . .
bêl ṭâbtê a-na-ku ul-tu Šamaš-šum-ukîn . . . .
Karû-Nergal a-na êlî Ma-ṭaḳ-tu ša šarru bêli-ia u-ṣa-a
a-na-ku ina û-me-šu ina Ma-ṭaḳ-tu ša šarri Za-mal-mal-iri-ba it-ti
Šamaš-šum-ukîn ki-i u-ṣa-a Ri-man-ni-Ilu am. mu-šar-ki-su
id-duk u ṣubâtê-šu it-ta-šu u ul-tu
it-ba-am-ma ul-tu Bâbîli in-ḳu-tu
ina Ma-ṭaḳ-tu i-ḳab-bu um-ma kubšu ša i-na ḳaḳḳadi-ia
ša-ak-nu ša Ri-man-ni-Ilu am. mu-šar-ki-su šu-u kubšu
ša ina ḳaḳḳadi-šu šak-nu-ma a-na pa-an šarri bêli-ia il-li-ku
ša Ri-man-ni-lu
am. mu-šar-ki-su šu-u ṣâbê a-gan-nu-tu ul bêlê ṭâbti
šu-u-nu bêlê da-ba-ba šu-u-nu ki-i i-na lib-bi

an-nu-tu šal-mu la šal-mu a-na šarri bêli-ia aš-pu-ru
a-na muḫ-ḫi lu-mut šarru a-na ardâni-šu liš-pu-ram-ma
ḫarrâna ina bi-rit Bâbili u Bar-sip lip-ru-su

Übersetzung.

An den König der Länder, meinen Herrn, dein Diener Aplâ. Tagtäglich
zu Nebo und der Herrin des Palastes, um das Leben, Länge der Tage,
Freude des Herzens und Gesundheit des Körpers des Königs, des mächtigen Machthabers, meines Herrn,
bete ich. Die Söhne des Bel-iddina, die Söhne des verführenden Herrn,
die Söhne, die geschlagen sind, welche ich von den Wegen Babylons gefangen genommen habe,
zu dem König, meinem Herrn, schicke ich; und zu dem König, meinem Herrn spreche ich
also: Umgestürzt(?) sind wir gar sehr; mögen ihre Wohlthaten
vor dem König, meinem Herrn viel sein. Sulâ, der Officier
von Dilbat hat Samas-sum-ukîn dem Sohn ihrer Schwester übergeben,
mögen die Leute von Dilbat, alle umgestürzt werden und . . .
. . . . sie in der Nähe(?)
. . . . ihren Söhnen habe ich anvertraut(?)
. . . .
der wohlthätige Herr, ich, da Samas-sum-ukîn . . . .
Karû-Nergal wider Maṭaḳtu des Königs, meines Herrn, zog aus
Als ich in jenen Tagen in Maṭaḳtu des Königs (war), zog Zamalmal-iriba mit
Samas-sum-ukîn aus, Rimanni-Ilu, den *Mušarkis*
tötete er und seine Kleider brachte er, und als
er herankam, aus Babylon stürzte,
sprach er in Maṭaḳtu also: Der Turban. welcher auf meinen
Kopf gestellt, gehört Rimanni-Ilu, dem *Mušarkis*, er, den Turban,
welcher auf seinen Kopf gelegen war, vor den König, meinen Herrn brachte, gehört Rimanni-Ilu,
dem *Mušarkis*, er diese Soldaten, nicht die wohlthätigen Herren,

sie, die verführenden Herrn, mit diesen Worten grüssten, keinen Gruss an den König, meinen Herrn sende ich, über Bosheit möge der König zu seinen Dienern schicken und die Wege zwischen Babylon und Borsippa trennen.

Anmerkungen.

Dies ist eine vollständig unedirte Tafel; nur ist hier auf das Citat bei George Smith (*History of Assurbanipal*) S. 204 und die Beschreibung der Tafel von den Herren Lehmann-Winckler bei Bezold, *Literaturgeschichte* S. 280 aufmerksam zu machen.

Z. 3. *šakkânâku* u. s. w. Das Ideogramm für dieses Wort hat gewöhnlich noch das Zeichen für *ardu* „Knecht". Meine Auffassung giebt einen recht passenden Sinn, obwohl sie nicht ganz sicher ist. Vgl. unten zu K. 96. Z. 11.

4. *bêl da-ba-ba*. So wird diese Stelle wohl zu lesen sein. Vgl. Z. 24 unten. Der assyrische Schreiber hat aber die Zeichen *ba* und *ma* gar nicht auseinander gehalten. Gewöhnlich pflegten die Babylonier das *ma* mit dem untersten senkrechten Keil kürzer als in *ba* zu schreiben, in dieser Inschrift aber ist *ma* häufig wie *ba* gemacht; der Zusammenhang allein zeigt, wie man lesen muss. Das Wort *da-ba-ba* habe ich von דבב „sprechen, planen, verführen" abgeleitet, ich verstehe aber nicht, was damit gemeint ist.

5. *mu-šam-ḫi-ṣu*. Dieses Wort habe ich von מחץ „schlagen" abgeleitet.

7. *ma-ak-tu-tu*. Es scheint mir, dass man dieses Wort von מקת „stürzen" ableiten muss.

9. *Dilbat-ki*. Diese Zeichengruppe bildet wahrsch. einen Namen, doch ist dies nicht ganz sicher. Nach Zeile 10 bildet die Gruppe mit vorausgesetztem *amelu* einen Titel.

10. *i-ma-ak-kut-nim-ma*. Dieses Wort stammt auch von מקת „stürzen".

11. *ku-ri-bu* ist viell. gleich mit *kirbu*.

17. *am. mu-šar-ki-su*. Vgl. oben K. 11, Z. 12.

18. *ṣubâtê-šu*. So wird die Stelle wohl zu verstehen sein. Das Zeichen *ku*=*ṣubatu* „Kleid" hat beide Pluralzeichen. — *it-ta-šu* halte ich für I, 2 von נשא „tragen".

19. *in-ku-tu* ist von מקת „stürzen“ abzuleiten.

20. *kubšu*. Diese Auffassung dieser Stelle verdanke ich Herrn T. G. Pinches.

23. *a-gan-nu-tu*. Dieses Wort ist Plur. von *agâ* „dieser“.

26. *lu-mut*. Dieses Wort habe ich von למן „feind, böse sein“ abgeleitet. Die Form ist mir sonst unbekannt.

S. 760.

Transscription.

A-na šarri bêli-ia ardu-ka Paḫir-bêl
lu-u šul-mu a-na šarri bêli-ia
šul-mu a-na mât ša šarri
šul-mu a-na âli ḫal-ṣu pl.
lib-bi ša šarri bêli-ia lu-u ṭâbu
ina êlî ṭe-e-me ša Akkada-a-a
am. da-a-a-li a-sa-par
e-tam-ru ki-i an-ni-i-e
iḳ-ṭi-bi-u-ni ma-a am. bêl piḫâti
ša pu-ut un-ni am. bêl piḫâti šânu-u
i-si-šu ina Ḫa-ar-da
pu-ut am. sukkalli maṣarta i-na-ṣur
ma-a âlu a-na âli a-di Ṭu-ru-uš-pa-a
ul-lu-a-te sa-ad-ra
ma-a apil šipri ša Ar-gi-is-ta it-tal-ka
ma-a ina êlî til-li ša ṭe-mu
aš-kun-ka-a-ni ma-a til-lu
ma-a la te-pa-aš ma-a sisâ-ka
ša-ki-il a-di apil šipri
ia-šap-par-kan-ni
gušûrê ša ina E-zi-at
ik-lu-u-ni am. I-tu-a-a
ištu am. rab âli a-sa-ap-ra
ina libbi ka-ra-bi u-si-te-ḳa
am. šânu-u ša rab âlâni-šu-nu

IX am. ṣâbê i-si-šu ina libbi ḳašti
ma-ḫu-ṣu šâni ina libbi-šu-nu mêti
III am. ṣâbâ-ni-šu-nu tam-ta-ḫi-ṣu
an-ni-i-u ṭe-en-šu-nu
am. I-tu-a-a ša êkalli ša ina pani-ia
ištu êlî Pu-rat-te i-suḫ-ru-ni
ištu am. sukkalli-ia il-li-ku
a-sa-ap-ra-šu-nu ištu bît ešte-en bît šanû
ištu libbi âli it-tu-ṣu-u-ni
šarru be-li ina êlî am. ba(?)-sik pl.
liš-pu-ra am. ṣâb šarri itti a-ḫa-iš
lu-še-ṣu-u-ni maṣarta
ina Šu-ru-ba i-si-ia
li-ṣu-ru a-di e-ṣa(?)-du
nu-ka-na-šu-u-ni

Übersetzung.

An den König, meinen Herrn, dein Diener Paḫir-bêl.
Gruss dem König, meinem Herrn.
Gruss dem Lande des Königs.
Gruss den Vesten.
Möge es dem Herzen des Königs, meines Herrn, wohl ergehen.
Betreffs der Nachricht von den Akkadäern
habe ich den Dâ'li gesandt,
er soll sehen wie diese
befohlen haben also: der Statthalter,
welcher vor(?) der Auflehnung(?) des zweiten Statthalters
mit ihm in Charda
vor(?) dem Boten die Wache hielt
also: von Stadt zu Stadt: bis Ṭuruspâ
seit längerer Zeit ist geordnet
also: Der Bote des Argista ist hingegangen
also: Ueber das Geschäft, worüber ich Nachricht
dir gegeben habe, also: das Geschäft
ist nicht gemacht, also: dein bezahltes Pferd
nebst dem Boten
sende ich dir.
Die Balken, welche in Egiat

verweigert wurden, hat der *Itu*,
als ich den Stadtherrn sandte,
bis hieher gebracht.
Der zweite von ihren Stadtherren,
9 Soldaten mit ihm, mit dem Bogen
verwundet, zwei von ihnen sind tot,
3 von ihren Soldaten hast du geschlagen,
diese, Befehl über sie,
den *Itu* des Palastes, welcher vor mir (ist),
als sie sich über den Euphrat wandten,
als mein Bote kam,
sandte ich: aus dem ersten Hause, dem zweiten Hause,
aus der Stadt kamen sie heraus.
Möge der König, mein Herr betreffs der Fürsten(?)
schicken, möge man die Soldaten des Königs zusammen
ausziehen lassen, die Wache
in Suruba mit mir
einschliessen;
wir wollen sie festsetzen.

Anmerkungen.

Zu meiner Ausgabe dieser Tafel, vgl. die Auszüge bei Strassm. angeführt von Bezold, *Lit.* S. 321.

Z. 4. *âli ḫal-ṣu* pl. Wurzel חלץ „Veste, Schanze".

7. *am. da-a-a-li.* Zu diesem Worte vgl. K. 279, 26 *pan Nabû-šar-uṣur am. da-a-a-lu*, V R 29, 35 und die anderen von Strassm. AV No. 1836 angeführten Stellen. Auf eine Erklärung des Wortes muss ich verzichten.

9. *iḳ-ṭi-bi-u-ni.* Strassmaier AV No. 415, 549, 4160 u. s. w. liest *iḳ-ṣur-u-ni* und leitet das Wort von קצר ab.

10. *pu-ut.* So lese ich hier und Z. 12. Vgl. hierzu III R 5, 46 *pu-ut šâdî Lib-na-na* Asurn. I, 62. II, 70 *ina pu-ut âli Par-sin-di* „Am Eingang der Stadt Parsindi". III, 85. 108. Asurn. III, 14—15 steht das Wort im Parallelismus mit *ina riš.* Vgl noch die vielen von Strassm. AV No. 1448 angeführten Stellen. Die Bedeutung „vor" scheint mir an unserer Stelle gut zu passen; es ist aber möglich, dass wir hier mit einem

ganz andern Wort zu thun haben. Der Stamm des ebenerklärten *pût* ist פר, wovon *pû* „Mund“ herkommt. — *un-ni.* Dieses Wort kann ich mit Sicherheit nicht erklären. Ich habe es von אנן₁ „sich widersetzen“ abgeleitet, doch scheint mir die Bedeutung „Befehl“ oder „Wunsch“ an unserer Stelle besser zu passen.

13. Die Trennungszeichen sind nicht häufig in diesen Berichterstattungen, doch vgl. V R 54.

14. *ul-lu-a-te.* Dieses Wort leite ich von אלה₄ „hoch sein“ ab. Vgl. die häufig vorkommende Redensart *ûmê ullûti.* — *sa-ad-ra.* So ist, scheint mir, am besten zu lesen. Wurzel סדר.

19. *ša-ki-il.* Die ganze Zeile fehlt in Strassmaier's Citat No. 2329. Zu diesem Worte vgl. Strassm. No. 7807. Der Stamm des Wortes ist wahrsch. שקל „wägen, zahlen“.

20. Das erste Zeichen hat Strassm. als *a* copirt.

22. *ik-lu-u-ni* leite ich von כלא₁ „verweigern“ ab. — *am. I-tu-a-a.* Wahrsch. ist dieses Wort eins mit *I-tu-'* II R 67, 5. 52, 1 u. s. w. Vgl. noch Strassm. AV No. 3948.

24. *ḳa-ra-bi* stammt von קרב „sich nähern“ her. — *u-si-te-ḳa* ist III, 1 von אתק₁ „rücken“ abzuleiten.

28. *tam-ta-ḫi-ṣu.* Dieses Wort leite ich von מחץ „schlagen ab.

34. *it-tu-ṣu-u-ni.* Dieses Wort betrachte ich als I, 2 von וצא „ausgehen“; es ist aber auch möglich das Wort von נצא₁ „hinfliehen“ herzuleiten.

35. *am. ba*(?)-*sik* pl. Strassmaier AV No. 7332 bietet *ḳa* anstatt *ba.* Das Zeichen ist nicht sicher, aber gewiss entweder *na* oder *ba.* Meine Ausgabe bietet *ba.* Viell. ist das Wort *nasik* zu lesen und von *nasiku* „Fürst“ abzuleiten; etwas ähnliches muss es bedeuten. Das Wort *ba-sik* ist mir nach Lesung und Bedeutung unbekannt. Ist *ba-si-ka-tu* II R 39, 76 mit unserem Wort zusammen zustellen?

39. *e-ṣa(?)-du.* Ich weiss nicht, wie dieses Wort zu erklären ist.

K. 96.

Transscription.

A-bat šarri
a-na Nabû-šar-aḫê-šu
šul-mu ia-a-ši
lib-ba-ka
lu-u-ṭa-ab-ka
ina êlî sisê
ša ma-ḫir-te
ša taš-pur-an-ni
ši-dim-ma ina libbi arḫi
ša araḫ Addaru ni-sap-par
al-ka ki-i am. šakkânâku
ik-kil-u-ni
nu-uḫ-tar-rib
ina libbi araḫ šabaṭu ni-is-sa-par
ina dan-ni-te ša ku-uṣ-ṣu
ina ku-uṣ-ṣi-im-ma
ina ku-uṣ-ṣu i-mut-tu
ina meš-la-te ša araḫ Šabaṭu
ni-iš-pur bi-is(?)
a-na Addaru i-šad-da-du-niš-šu-nu
il-la-ku-u-ni
il-la-ka ina libbi Nisannu
i-kaš-ša-du-u-ni

Übersetzung.

Der Wille des Königs
an Nabû-sar-aḫêšu.
Gruss von mir;
möge es deinem Herzen
wohl ergehen.
Über die Pferde
früherer Zeit,
worüber du mir gesandt hast.

Das *Šidimma* in dem Monat,
welcher der Monat Adar (ist), haben wir gesandt.
Wohlan! wenn die Machthaber(?)
arglistig sind(?),
so werden wir (sie) zu Grunde richten;
in dem Monat Sabaṭ haben wir gesandt.
In der Macht des Verderbens,
in Vernichtung und
in Verderben starben sie.
Gleich wie(?) im Monat Sabaṭ
wollen den Vorrath(?) schicken,
für den Monat Adar haben sie fortgeschleppt,
sind gegangen.
Er ist im Monat Nisan abgereist.
Sie haben erobert.

Anmerkungen.

Diese kleine Tafel, welche einen Erlass des Königs an Nabû-šar-aḫêšu (nicht *uṣur-ri*, wie Strassm. No. 47, 3554.) enthält, ist sehr schwer. Einige Wörter kann ich nicht erklären und der Zusammenhang ist mir manchmal unklar. Für die Strassmaier'schen Citate vgl. Bezold *Lit.* S. 242.

Z. 9. *ši-dim-ma*. Ein solches Wort ist mir nur bekannt als Name des Zeichens *kim*. Vgl. IV R 70, 19. Die Bedeutung des Wortes an dieser Stelle ist mir daher vollständig räthselhaft. Dass die Zeichengruppe als Ideogr. aufzufassen ist, halte ich für sicher.

11. *am. šakkânâku*. Vgl. oben K. 1249, Z. 3, wo dasselbe Ideogr. vorkommt. Sicher ist die Lesung aber nicht.

12. *ik-kil-u-ni*. Ich leite dieses Wort von נכל „arglistig sein", ab.

13. *nu-uḫ-tar-rib*. Dieses Wort stammt von חרב „verwüsten, zu Grunde richten" her. Vgl. hebr. חָרֵב.

15. *dan-ni-te*. Der Stamm dieses Wortes scheint דנן zu sein. Vgl. Strassmaier AV No. 1885. — *ku-uṣ-ṣu*. Den Stamm dieses Wortes betrachte ich als כצץ. Das Ideogr. ist *lu-te-na*. Vgl. ALS[3] S. 11. No. 69. Die Bedeutung ist viell. „Unwetter". Vgl. aber Halévy ZA Band II S. 431 flg. Die

drei folgenden Wörter sind auch von demselben abzuleiten. Z. 16 fehlt bei Strassm. No. 1885. 4585. 5661.

18. *meš-la-te*. Dieses Wort ist mir völlig unbekannt, es ist aber möglich, dass es von משל „gleich sein" herstammt. Daher meine Uebersetzung.

19 *bi-is*(?) ist mir auch ganz fremd. Meine Uebersetzung scheint mir doch am Platze zu sein. Eine Erklärung dieser Wörter ist mir jetzt unmöglich.

K. 514.

Transscription.

A-na šarri mâtâtê be-li-ia
ardu-ka Nabû-ibaš-ši
Uruk u Bit-an-na
a-na šarri mâtâtê be-li-ia lik-ru-bu
û-mu-us-su Ištar Uruk
u Na-na-a a-na balaṭ napša-te
ša šarri be-li-ia u-ṣal-la
ṣênê ša bît ili
u ša Pu-ḳu-du i-na
Ru-'-u-a ik-ka-lu
II am. rê'ê-šu-nu ešte-en ša bît ili
u ša-nu-u ša Pu-ḳu-du
12 sisê pi-ṣu-tu
. . . . ni u ti-il-li-šu-nu ša kaspi
. . . . siparru mu-ni-'-e
. . . . ti-il-li ša-dir
. . . . ṭi(?) ma ri-ti
ša il-te-ip-pi-ir
šarru Êlamti
a-na Ištar Uruk sisê
ša i-bu-ku-ni a-du-u
u-šu-uz-zu la-pa-ni šarri
be-li-ia pal-ḫu-ku-u-ma

a-na bît ili ul ad-din
a-du-u am. rê'ê
III sisê i-bu-ku-ni
a-na šarri bêli-ia al-tap-ra
u siparru mu-ni-'-e
ša-ṭa-ru i-na muḫ-ḫi
ki-i a-mu-ru a-na šarri bêli-ia
ul-te-bi-la šarru be-li-a
ki-i ša i-li-'-u li-pu-uš

Übersetzung.

An den König der Länder, meinen Herrn,
dein Diener Nabû-ibašši.
Mögen Erech und Bitanna
dem König der Länder, meinem Herrn, gnädig sein.
Tagtäglich zu Istar von Erech
und Nana, das Leben
des Königs, meines Herrn, zu erhalten, bete ich.
Die Schafe des Hauses Gottes
und von Pekod in
Ru'a hat man gegessen.
Zwei von ihren Hirten, einem von dem Hause Gottes
und dem andern von Pekod,
12 weisse Pferde
..... und ihren Auftrag von Silber
.... gemünztes(?) Kupfer
.... dein Auftrag geboten
.... und mit Futter,
welches geschickt hat
der König von Elam
zu Istar von Erech, Pferde,
welche fortgeführt sind,
stelle ich jetzt vor den König,
meinen Herrn; ich fürchtete mich und
habe (sie) dem Hause Gottes nicht gegeben.
Jetzt sind die Hirten,
drei Pferde fortgeführt,
zu dem König, meinem Herrn, schicke ich (sie),

und gemünztes (?) Kupfer,
worauf geschrieben,
als ich (es) sah, zu dem König, meinem Herrn,
brachte ich. Möge der König, mein Herr,
wie ihm gefällt, thun.

Anmerkungen.

Diesen Text hat Delitzsch in seinem *Wörterbuch* S. 141 auch mitgetheilt; er bedarf aber einer neuen Edition. Für Strassmaier's Citate vgl. Bezold, *Literaturges.* S. 263. Das Original ist leicht zu copiren und Delitzsch hat in seiner Abschrift weniger Fehler als sonst gemacht. Vgl. aber *Babylonian and Oriental Record* Juni 1887. S. 124—26 und meine Schrift, *Why that „Assyrisches Wörterbuch"* u. s. w. S. 11, 13.

3. *Uruk* und *Bitanna* stehen wahrsch. für die Götter dieser Städte. Derselbe Ausdruck kommt K. 81, Z. 2 vor. Vgl. meine Bemerkungen PSBA Nov. 1887 S. 65 flg., wo ich diesen Text zuerst veröffentlicht habe.

6. Das letzte Zeichen dieser Zeile ist *te* und nicht *šu*, wie Strassmaier AV No. 986, 2621, 7170 und Delitzsch *Wörterbuch* S. 141 copirt haben.

8. Das erste Zeichen ist wohl sicher; Strassm. No. 7121 hat es schraffirt, aber richtig No. 7636.

10. *Ru-'-u-a.* Für andere Stellen, wo das Wort vorkommt vgl. Strassmaier AV No. 7636. — *ik-ka-lu.* Strassm. AV No. 4060 leitet dieses Wort von *kalû* „verschliessen, verweigern" ab, aber meiner Ansicht nach stammt es von אכל$_1$ „essen" her. Von כלא$_1$ würden wir hinten ein langes *u* erwarten.

13. Die Zahl am Anfang der Zeile ist nicht sicher. — *pi-ṣu-tu.* Wurzel פצא „weiss, hell sein".

14. Das erste sichtbare Zeichen ist aller Wahrscheinlichkeit nach *ni.* — *ti-il-li-šu-nu.* Diese Schreibweise beweist, dass das Wort anderswo *tillu* und nicht *dillu* oder *dullu* zu lesen ist. Vgl. meine Bemerkungen Heft II S. 33 und ZA Band II Heft 2 S. 229. s. auch Z. 16. Pinches meint dies sei nicht dasselbe Wort wie *tillu* „Geschäft, Arbeit".

15. *mu-ni-'-e.* Dieses Wort scheint mir von אנה$_1$ „beugen, ändern" herzustammen; die Bedeutung an unserer Stelle ist wahrsch. „gemünzt". Vgl. Z. 28 unten.

16. *ša-dir*. So wird wohl zu transscribiren sein. Das Wort betrachte ich als Permansiv von שדר „gebieten".

17. Das Anfangszeichen ist sehr unsicher. — *ri-ti* „Weide, Futter". Wurzel ר׳אה „weiden".

18 *il-te-ip-pi-ir*. Es kann wohl kaum bezweifelt werden, dass dies der richtige Text ist; Delitzsch hat ganz falsch copirt. Seine Ausgabe bietet *il-la ip-pi-ir* mit der Bemerkung über das verlorene Anfangszeichen: „stand hier ein Zeichen, so war es keinesfalls *ti*". Es stand wohl ein Zeichen am Anfang, welches sehr wahrsch. *ša* gewesen ist, wie meine Edition bietet, aber das dritte Zeichen ist sicher nicht *la*, es ist *te*. Unser Wort stammt von dem bekannten שפר her.

21. Das erste Zeichen scheint *ša* zu sein; man kann nicht sehen, was es sonst sein könnte, doch ist es nicht ganz sicher. Delitzsch bietet nur einen senkrechten Keil.

22. *la-pa-ni*. Diese Lesung dürfte wohl sicher sein. Delitzsch schraffirt und bemerkt, „zwei Zeichen". Bêl-ibnî, der Ref. in *B. and O. Record,* obwohl er diesen und andere Fehler erkannte, hat einige der obenerwähnten Irrthümer der Delitzsch'schen Ausgabe nicht bemerkt.

23. *pal-ḫu-ku-u-ma*. Diese Lesung ist wahrsch. richtig. Das Wort ist von פלח abzuleiten.

26. Die Zahl ist nicht „V" wie Delitzsch und Strassmaier AV No. 36, 165 (schraffirt) bieten, sondern sehr wahrscheinlich III.

29. Delitzsch hat hier Recht: am Ende der Zeile „fehlt wohl nichts". Strassm. No. 2786, 5496, 7791 schraffirt.

31. *ul-te-bi-la*. So ist offenbar zu lesen. Das Zeichen *te* auf dem Original ist dem *la* sehr ähnlich und Strassmaier hat es treu widergegeben; AV No. 415 (Lieferung I) transscribirt er falsch. Das Wort stammt natürlich von ובל her.

32. *i-li-'-u*. Dieselbe Phrase findet sich K. 82, Z. 27, eine Berichterstattung, welche ich PSBA Juni 1887 S. 247 flg. veröffentlicht, transscribirt, übersetzt und erläutert habe. Der St. dieses Wortes ist ל׳אה „stark sein, weise sein"; dann „wollen".

K. 679.

Transscription.

A-na šarri be-li-ia
ardu-ka Ašûr-aḫî(?)-a(?)
lu-u šul-mu a-na šarri be-li-ia
ina êlî nišê ša Ḫa-za-nu
ša šarri be-li iš-pur-an-ni
an-nu-šim gab-bi-šu-nu up-ta-ḫir
a-na šu-ma-a-ti a-sa-ṭar a-na pa-an
šarri be-li-ia u-si-bi-la U-ba-ra
Nabû-ba-ni aḫû-šu I apil šizbi II aššatê
napḫariš V Pa-li-iḫ-ka-lub-luṭ
Nabû-aḫî-ere-eš aḫû-šu I apil IV
II aššatê napḫariš V Za-za-a I apil IV
I aššatu II mârâtê napḫariš V Mur-ra-nu-u
A-mat-bêl-ûṣur apil IV III aššatê napḫariš V
Na-'-id-bît-še-ri-ga Nabû-ina-aḫê-šu
III aššatê napḫariš V Bêl-la-mur
A-nu-ere-eš aḫû-šu I aššatu napḫariš III
Iki-ša-a Ri-ḫa-a-ni am. ḫu-ḳak pl.
I apil III II aššatê napḫariš V Bal-ta-ṣi Ḳâta-itbal
(napḫariš II) mârat Ḫa-za-nu napḫariš XII ṣâbê dannûtê
I apil V; II apil IV; I apil III; I apil šizbi
XV aššatê II mârâtê napḫariš-ma XXXV
ṣâbê napištu V ištu lib-bi-šu-nu
ma-di-i-šam III a-na Bâbîli
ina kas-pu ta-dan-nu
ša ina bît Ia-da-'
id-din-nu-ni la nu-u-da
u ma-ti ina lib-bi nišê
an-nu-te gab-bi ištên u-di-šu
ardu-šu ina lib-bi u ri-iḫ-ti
šarru be-li liš-al ki-i
la am. ardûtê-šu ku-nu-ni
a-na-ku ultu pan šib-ṭu ša šarru
be-li iš-pur-an-ni ma-a ištên ištu lib-bi-šu-nu

e-te-li-ka lu tu-da ki-i
at-ta-ḫi-liḳ ina muḫ-hi-šu-nu ištu na-ma-šu-nu
ap-ta-luḫ gab-bi u-si-ṣi
at-ti-din

Übersetzung.

An den König, meinen Herrn,
dein Diener Asur-aḫi(?)-a(?).
Gruss dem König, meinem Herrn,
Über die Leute des Cḫazan,
worüber der König, mein Herr, mir gesandt hat,
sogleich habe ich sie alle gesammelt,
den Namen noch aufgeschrieben, vor
den König, meinen Herrn, liess ich (sie) bringen. Ubara
Nabû-banî, sein Bruder, ein Säugling, zwei Weiber.
zusammen 5; Paliḫka-lubluṭ,
Nabû-aḫî-ereš, sein Bruder, ein Kind von 4 (Jahren)
zwei Weiber zusammen 5; Zazâ, ein Kind von 4 (Jahren)
ein Weib, zwei Töchter zusammen 5; Murranû,
Amat-bel-uṣur, ein Kind von 4 (Jahren), 3 Weiber zusammen 5;
Na'id-bit-šeriga, Nabû-ina-aḫešu,
3 Weiber zusammen 5; Bel-lamur,
Anu-ereš, sein Bruder, ein Weib zusammen 3
Ikîša Richâni, der Vogelfänger,
ein Kind von 3 (Jahren), zwei Weiber zusammen 5; Baltaṣi, Kâta-itbal
(zusammen 2) Töchter von Chazan zusammen 12 mächtige Soldaten
ein Kind von 5 (Jahren); zwei Kinder von 4 (Jahren); ein Kind von 3 (Jahren); ein Säugling
15 Weiber, zwei Töchter zusammen 35
Soldaten; 5 Seelen von ihnen,
der Menge nach 3, für Babylon
mit Silber hast du bestimmt;
diejenigen, die im Hause des Iada'
gegeben sind, kennen wir nicht
und wann ich unter allen diesen
Leuten einen kenne,

seinen Diener im Herzen und Liebe(?)
möge der König, mein Herr fragen, wenn
seine Diener nicht treu sind
ich vor dem Scepter, welches der König,
mein Herr mir gesandt also; einer von ihnen
soll zu dir hinaufsteigen, magst du wissen, wie
ich vernichtete; über sie von ihren Verderben (? ?)
fürchte ich mich; alle lasse ich ausgehen,
gebe ich.

Anmerkungen.

Dies ist eine ziemlich grosse Tafel und sehr schwer zu copiren; meine Copie hat mir viel Mühe gekostet; ich glaube, dass die Fachgenossen auf meine Ausgabe bauen dürfen. Der Student wird gleich bemerken wie mein Text manchmal ganz verschieden ist von den Strassmeier'schen Auszügen (vgl. Bezold *Lit.* S. 274). Jede mögliche Lesung habe ich versucht nach allen Seiten hin zu prüfen und obwohl einige Wörter mir dunkel sind, kann ich nicht glauben, dass dies an falscher Lesung liegt. Trotz alledem werden doch die Collationen von Herrn Dr. Carl Bezold und Theo. G. Pinches, welche unten Platz finden, von allen Lesern willkommen geheissen werden.

Z. 2. Die letzten zwei Zeichen sind nicht sicher. Das Wahrscheinlichste habe ich gegeben.

6. *up-ta-ḫir* stammt von פחר „sich versammeln" her.

7. *šu-ma-a-ti.* Dieses Wort betrachte ich als Plural von dem bekannten Wort *šumu* „Name".

9. *apil šizbi.* So wird wohl zu lesen sein. Wörtlich „Sohn" oder „Kind der Milch" d. i. „Säugling". Wir haben hier ein Verzeichniss der Leute, über welche der Bericht handelt.

10. Das drittletzte Zeichen ist wahrscheinlich *ka* zu lesen. Strassmaier AV No. 4889 bietet *tur* schraffirt und den senkrechten Keil mit *Lul-lut* als einen anderen Namen; allein dies ist schon desswegen unmöglich, da in dem Falle die Zahl 5 (Z. 12), 6 sein müsste.

11. *apil IV.* So, scheint mir, ist diese Zeichengruppe zu lesen. „Ein Kind von 4 (Jahren)". Ich sehe nicht ein, was sonst diese und die folgenden Stellen bedeuten können.

17. Dies ist die richtige Lesung der Zeile. Strassm. falsch No. 505, aber richtig No. 1186.

18. *am. hu-kak pl.* Wie diese Zeichengruppe auszusprechen ist, ist mir unbekannt; die Bedeutung steht aber fest. Vgl. II R 24, 56 cd.

19. Meine Copie weicht hier von der von Strassmaier ab. S. AV No. 1002. Es sind meiner Ansicht nach zwei Namen hier: Baltaṣi (nicht *at*) und viell. Ḳâta-itbal.

20. *napḫariš II.* Ich habe diese Wörter in Klammer gesetzt, da sie auf dem Original an dem Rand geschrieben stehen. Der Schreiber hat sie wahrsch. später hineingeschrieben.

24. *ma-di-i-šam.* Dieses Wort betrachte ich als ein Adv. von מאד „viel sein".

25. Diese Zeile ist mir nicht klar. Viell. bedeutet *kas-pu* hier „Silber" und *ta-dan-nu* „richten, entscheiden" von דין.

27. *nu-u-da.* Wurzel ידע „wissen". Vgl. meine Bemerkungen PSBA Juni 1887. S. 245.

30. Für das erste Zeichen bietet der Text *arḫu* „Monat", aber ich kann nicht begreifen, was für einen Sinn das geben soll; es scheint mir, dass das Wort *ardu* „Diener" heissen muss. — *ri-iḫ-ti.* Gemäss dem Zusammenhang kann dieses *riḫtu* nicht dasselbe Wort sein, wie das, welches Asurn. III, 41. Annalen IV, 79 flg. (vgl. Zimmern *Bussps.* S. 83) vorkommt. Es scheint mir vielmehr von dem andern St. רחא „lieben" (woher *marḫitu* „Gattin") herzustammen.

36. *at-ta-ḫi-lik.* Diese Lesung dieser Stelle ist sehr unsicher; ich habe das Wort von dem bekannten חלק „zu Grunde gehen" abgeleitet. — *ištu na-ma-šu-nu.* Diese Zeichengruppe ist viell. anders zu lesen. Die Uebersetzung ist auch sehr unsicher. Viell. ist *na-mu* von נמה „verfallen" herzuleiten.

K. 582.

Transscription.

A-na šarri bêli-ia
ardu-ka Ina-Rammânu-bêl-a-lak
la-u šul-mu a-na šarri bêli-ia
Nabû Marduk a-na šarri bêli-ia lik-ru-bu

ilâni a-ši-bu-te âlu Dûr-Šar-gina
ûmê arkûtê a-na šarri bêli-ia lid-di-nu
nišê alpê ša ultu
Gu-za-na na-ṣu-ni-ni
a-di Ša-bi-ri-šu
ina ir-ti-šu-nu at-ta-lak
a-ta-šar a-ta-ḫa-ar
ṣillu u-sa-aṣ-bit
i-ba-ši išaḳalu ina lib-bi
Ki-na-a am. malaḫu su-bar-ra III napšâtê
Sa-an-da-pi-i am. nu is ur-ḳi III napšâtê
Ilu-li-i am. ikkaru V napšâtê
Ku-ṣa-a am. ša-sa-ga-te-šu IV napšâtê
napḫariš XV napšâtê išaḳalu ša iz-zu-ia
ištu libbi Ša-bi-ri-šu
am. ḳur-bu-tu ina muḫ-ḫi-šu-nu
a-na Gu-za-na
u-sa-ḫi-ir
nu-uk a-lak ri-iḫ-te nišê
i-za-al ka-bi-la
ina mad-dag-giš šarru bêlu ina Bab-ilu
iḫ-ḫaṣ-du-u-ni ša as-bu-su
ša II C *Gi-gab*$^{pl.}$
a-na til-li ša bît Nabû a-ti-din
u-ma-a Aḫî-i-ši
iḳ-ṭi-bi-a ma-a ša II C
Gi-gab$^{pl.}$ ri-e-šu i-ši
an-nu-šim Išid-Bâbîli
ina pa-an šarri bêli-ia liš-u-lu
šum-ma šu-u i-da-an
a-na-ku la-din
mi-i-nu ša šarru bêli
i-ḳa-bu-u-ni
II *Ḳa* aklê (?) II *Ḳa* šikârê ša am. bar-bar
I *Ḳa* aklê (?) I *Ḳa* šikârê ša am. ummâ-ni
napḫariš VI *Ḳa* aklê (?) šikârê gi-nu-u
par(?)-ru ša bît Nabî
šarru bêli lu u-di
a-na me-me-ni la-ra-ḳa

Übersetzung.

An den König, meinen Herrn,
dein Diener Ina-Rammânu-bel-alak.
Gruss dem König, meinem Herrn.
Mögen Nebo, Merodach dem König, meinem Herrn, gnädig sein.
Mögen die Götter, die in Dûr-Sargina wohnen,
lange Tage dem König, meinem Herrn, schenken.
Den Leuten, Rindern, welche aus
Guzana geflohen sind
in Sabirisu,
ihnen entgegen ging ich,
zog vorwärts, empfing (sie);
den Schutz nahm ich.
Sie wurden dort gezählt:
Kinâ, der Schiffer . . . . . . 3 Seelen
Sandapî, der Gärtner (?), 3 Seelen
Chulî, der Oberster der Bewässerung (?) 5 Seelen
Kuṣâ der *Sasagatesu*, 4 Seelen.
Zusammen 15 Seelen wurden gezählt, gegen welche in meiner Stärke
aus der Stadt Sabirisu
der Streiter (?) zu ihnen
in Guzana
sich wandte.
Daher gehe ich; die Zerstörungen der Leute
sind vorüber (?) allesamt (?);
gar sehr (?) wurde der König, mein Herr in Babylon
beschimpft (?), worüber ich zürnte,
200 *Gab*-Röhre
für den Auftrag des Tempels des Nebo schenkte ich.
Jetzt Aḫî-išî
hat mir befohlen also: Mit 200
Gab-Röhre stelle seine Spitze auf;
sogleich möge Išid-Bâbili
vor dem König, meinem Herrn, fragen;
wenn er entscheidet,
werde ich nicht entscheiden.

Die Zahl, welche der König, mein Herr,
geboten hat,
zwei *Ḳa* Speisen, zwei *Ḳa* Getränke von dem Baumeister (?)
ein *Ḳa* Speisen, ein *Ḳa* Getränke des Generals,
zusammen 6 *Ḳa* Speisen, Getränke ist festgesetzt
im Gemach (?) des Tempels des Nebo.
Möge der König, mein Herr, wissen,
warum (es) nicht leer (?) ist.

Anmerkungen.

Dieser Brief ist sehr schwer und viele Wörter zu erklären ist mir nicht gelungen. Manche dieser Wörter sind mir nicht anderswo vorgekommen und assyrische Wörter, welche an einer einzigen Stelle bekannt sind, sind nie mit Sicherheit zu erklären. Für die Citate bei Strassm. vgl. Bezold, *Lit.* S. 268.

Z. 5. Das sechste Zeichen ist *te* nicht *tu,* wie Strassm. AV Nr. 2128 und 3764 bietet.

9. *Ša-bi-ri-šu.* So ist meiner Ansicht nach zu lesen. Strassm. Nr. 1708, 1774, 6118 bietet *Da-bi-ri-šu.* Siehe auch unten Z. 19.

11. *a-ta-ḫa-ar* ist **I, 2** von מחר „entgegentreten, empfangen".

13. *lal-e.* Das Zeichen *lal* wird S^b 144 durch *ša-ḳa-lu* „wägen, zahlen" erklärt. Vgl. II R 15, 35 ab, ferner noch II R 13, 30 cd.

14. *su-bar-ra.* So ist zu lesen. Das erste Zeichen ist nicht etwa *li*, wie Strassm. Nr. 4332, 5005 bietet. Zu diesem Worte vgl. II R 30, 20 *e-la-a-a-tum.* 49, 65 ef. *di-bu-u.*

15. *am. nu is ur-ki.* Wie diese Zeichengruppe zu lesen, ist, ist mir völlig unbekannt. Das Ideogr. *am. nu* in anderen Verbindungen kommt mehrere Male vor. Vgl. II R 31, 71 b, vielleicht ist es *ikkaru* (Hebr. אִכָּר) zu lesen, 80 a. *is ur-ḳi* betrachte ich als „Gewächs"; *ur-ḳi* leite ich von ורק ab. Vielleicht bedeutet das Ganze auch „ Gärtner", oder etwas dem ähnliches.

16. *am. ikkaru.* Das Zeichen *pin* wird S^b 290 durch *ik-ka-ru* erklärt. Dieser Titel kommt K 113 Z. 1 und 4 vor. Vgl. meine Bemerkungen dazu PSBA Jan. 1888 S. 158. Siehe II R 48, 10 ef. VR 16, 39 ef.

17. *am. ša-sa-ga-te-šu.* So ist am Wahrscheinlichsten zu

lesen, doch ähnelt das letzte Zeichen mehr dem *liš*, wie ich in meiner Ausgabe gezeigt habe. Strassm. AV Nr. 3416 und 4489 bietet *šu*.

20. *am. ḳur-bu-tu*. Dieser Titel kommt K 526, Z. 9 vor. Vgl. meine Edition PSBA Jan. 1888. S. 177.

23. *nu-uk*. Strassm. AV Nr. 6396. Sicher ein Conjunctio-Partikel. Vielleicht von gleicher Bedeutung mit *mu-uk* u. s. w. Vgl. noch meine Bemerkungen PSBA Nov. 1887. S. 64.

24. Diese Zeile ist mir sehr dunkel; die Wörter sind mir sonst unbekannt. Vielleicht darf man *i-za-al* mit hebr. אָזַל und *ka-bi-la* mit כָּבַל arab. كبل combiniren, aber dies ist sehr unsicher.

25. *ina mad-dag-giš*. Vgl. oben zu K 525, Z. 17.

26. *iḫ-ḫaṣ-du-u-ni*. Dieses Wort ist sehr unsicher. Meine Uebersetzung stützt sich auf hebr. חסר und den Zusammenhang. — *as-bu-su* ist von סבס „zürnen" abzuleiten.

27. *Gi-gab*pl. Ueber dieses Ideogr. weiss ich nur zu sagen, dass *gi* Determ. ist, sodass wir hier eine Rohrart zu suchen haben.

31. *ri-e-šu*. So ist zu lesen; gemeint ist „die Spitze" des Tempels.

33. *liš-u-lu*. So wird wohl zu lesen sein. Das Wort stammt von שאל „fragen" her.

34. *i-da-an*. Dieses Wort ist, scheint mir, von דין „richten, entscheiden" abzuleiten.

38. *ḳa* ist ein Maas. Das Zeichen *ša* scheint mir für „Speise" zu stehen, weil es in Verbindung mit *bi* = *šikaru* „Getränk" vorkommt, beweisen kann ich dies aber nicht. — *am. bar-bar*. Vgl. meine Bemerkungen ZA 1886. S. 425.

40. *gi-nu-u*. Vgl. *Heft I* S. 99, 106.

41. *par(?)-ru* So ist die Stelle vielleicht zu lesen. Vgl. die Annalen I, 24 und Pinches' Bemerkung *Heft I* S. 108.

43. *ra-ḳa*. Der Text ist etwas unsicher; möglicherweise ist das Wort von ריק „leer" abzuleiten.

K. 686.

Transscription.

A-na šarri bêli-ia
ardu-ka Ṭâbu-Ašûr
lu šul-mu a-na šarri bêli-ia
ûmu XXVII^{kan} am. rab ki-ṣir
ša am. rab-šaḳ un-ḳi šarri
ina libbi A-ni-su ina muḫ-ḫi-ia
na-ṣa am. apil šipri ša ana bilti kaspi
ina libbi A-ni-su ina muḫ-ḫi-ia
it-tal-ka a-na êlî ṭe-e-me a-sa-al-šu
ma-a šul-mu a-na Bir-a-te
ma-a Kil-ḫu gab-bu ia-mu-tu
til-lu-šu e-pa-aš
šul-mu a-dan-niš
lib-bu ša šarri bêli-ia lu ṭâbu
ûmu XXVIII^{kan} ina Ja-ri
a-na-ku

Übersetzung.

An den König, meinen Herrn,
dein Diener, Ṭâbu-Ašûr.
Gruss dem König, meinem Herrn.
Am 27. Tag der Oberste der Mächte
des Generals mit dem Siegelring des Königs
in Anisu wider mich
zog. Den Boten, welcher um die Steuer von Silber
in Anisu zu mir
kam, über die Nachricht fragte ich
also: Gruss der Stadt Birat,
also; (Die Leute von) Kilḫu, all diese
machen sein Geschäft.
Gruss, beständig
möge das Herz des Königs, meines Herrn fröhlich sein.
Am 28. Tage in der Stadt Jari
(bin) ich.

Anmerkungen.

Diese Tafel ist sehr verwischt und hat mir viel Mühe gekostet zu copiren. Strassmaier hat nur einige Zeilen citirt. Vgl. Bezold *Lit.* S. 275. Der Name des Verfassers ist nicht mit Sicherheit zu lesen, aber es giebt kaum Raum auf der Tafel für Strassmaier's Text. Meine Lesung ist das Wahrscheinlichste.

Z. 4. *am. rab ki-ṣir.* Vgl. K. 82 Z. 25 und meine Bemerkung dazu PSBA Juni, 1887. S. 250. u. s. w.

11. *ia-mu-tu.* Dieses Wort ist wahrsch. dasselbe wie *ammu-te*, welches ich PSBA Jan. 1888 S. 166 besprochen habe. Hebr. חֵמָה ist zum Vergleich heranzuziehen.

12. Das erste Zeichen gibt Strassm. durch *ki* wieder; sieh AV No. 2329.

15. *Ja-ri.* So ist, scheint mir, zu lesen, Strassmaier dagegen bietet *Ṣi-ri.* AV No. 7246.

K. 1229 und K. 1113.

Transscription.

A-na šarri be-li-ia
ardu-ka Nabû-šum-iddin
lu šul-mu a-na šarri be-li-ia
a-dan-niš a-dan-niš
Nabû Marduk a-na šarri
be-li-ia lik-ru-bu
I C XXI bit-ḫal-li
I šul-lam bit-ḫal-li
napḫariš I C XXII bit-ḫal
ša am. tur-ta-ni
e-tar-bu-u-ni la gam-ma-ru-ni
V bit-ḫal ša am. bêl piḫâti
ša Kal-ḫi e-tar-bu-u-ni
la gam-ma-ru-u-ni
napḫariš I C XXVII bit-ḫal
û-mu an-ni-u e-tar-bu-ni
. . . . . sisê

ša ni-i-ri
ša Bar-ḫal-ṣa
ša Arab-ḫa
ša ina ti-ma-li
e-ru-bu-ni-ni a-na šarri
be-li-ia aš-pur-an-ni
ina kal-la-ma-a-ri
a-sa-di-ir
sisê rak-ka-su-te
Me-sa-a-a ša ka-a-a-ma-ni-u
u-rak-ka-su-ni
i-si man-ma a-sa-di-ir
mi-i-nu ša šarru
be-li i-šap-par-an-ni
ûmu V^{kan}

Übersetzung.

An den König, meinen Herrn,
dein Diener Nabû-šum-iddin.
Gruss dem König, meinem Herrn.
Beständig, beständig
mögen Nebo, Merodach dem König,
meinem Herrn, gnädig sein.
121 Reitpferde,
ein *Šullam* Reitpferd,
zusammen 122 Reitpferde
vom Turtan
sind eingetroffen; (sie sind) nicht vollkommen.
5 Reitpferde von dem Statthalter
von Kalach sind eingetroffen;
(sie sind) nicht vollkommen;
zusammen 127 Reitpferde
sind diesen Tag (heute) eingetroffen.
. . . . . Pferde
des Joches
aus Barchalsa,
aus Arrapachitis,
welche gestern

eingetroffen sind, zu dem König,
meinem Herrn, sende ich,
mit *Kallamari*
habe ich geordnet.
Pferde, gekoppelt
aus Mes, welche beständig
gekoppelt sind;
mit irgend andern habe ich geordnet
die Zahl, welche der König,
mein Herr, geschickt hat.
Am 5. Tag.

Anmerkungen.

Diese Tafel ist von Strassmaier unter den zwei Nummern citirt. Vgl. Bezold *Lit.* S. 278 und 279.

Z. 8. *šul-lam.* Das Wort ist mir sonst unbekannt; ich vermag es nicht zu erklären.

9. In diese Zeile hat der Setzer viel Verwirrung gebracht. Das drittletzte Zeichen ist *mat*, wie in der Zeichengruppe Z. 12. und sonst vorkommt. Die Zahl ist I C XXII zu lesen.

10. *am. tur-ta-ni.* Vgl. II R 31, 26—7a.

11. *la gam-ma-ru-ni.* Vgl. Pinches' Bemerkung *Heft* II. S. 75.

21. *ina ti-ma-li* „gestern". Vgl. hebr. תְּמוֹל.

24. *kal-la-ma-a-ri.* Wahrsch. ist diese Zeichengruppe zu einem Wort zu verbinden, aber ich vermag es nicht zu erklären.

K. 669.

Transscription.

A-na šarri bêli-ia
ardu-ka Ašur-bêl-dan-in
lu-u šul-mu a-na šarri bêli-ia
âl am. Uš-ḫa-ai
âl am. Ḳu-da-ai
ša šarru be-li ina muḫ-ḫi-šu-nu

iš-pur-an-ni
ina êlî pi-e ša šarru bêli-ia
iḫ-ta-an-šu
âlâ-ni ša ûmê
ša Šamaš A-a
la ḫa-an-šu-ni
u-ma-a an-nu-šim
am. ḳur-bu-te up-ta-ḫi-ir
ina muḫ-ḫi-ia na-ḫa
u-sa-li-im-šu-nu
ša il-ka-šu-ni
il-ku-šu-i-ti . . . . . .
ša ṣâbê šarri-šu . . . .
ṣâbê šarri (?) i-ti . . . .
šadu-u gab-bu . . . . .
šarru i-ta-šir . . . . . .
lib-bu šarri bêli-ia . . . . .
am. e-mu-ḳi . . . . . .
ša ina pani-ia lu . . . .-nu
u-la-a ma . . . . .
li-ṣu-ur . . . .
Mu-ma-ai
i-ba-ši la ḫa-an-šu-ti
la li-ki ina êlî pi-e šarri
is-si-šu-nu la da-bu-ub
u-la-a mi-nu ša šarru
i-ḳab-bu-u-ni
liḳ-bi

Übersetzung.

An den König, meinen Herrn,
dein Diener Asur-bel-danin.
Gruss dem König, meinem Herrn.
Die Stadt der Uschäer,
die Stadt der Kudäer,
über welcher der König, mein Herr
mir gesandt hat.
Ueber das Gebot, welches der König, mein Herr

unterstützte,
die Stätte welche die Tage
des Samas (und) des Aa
nicht leuchten (?)
wird heute, sogleich
der Streiter (?) sammeln.
Ueber mich hat er sich beruhigt,
wandte sich zu ihnen,
welche kamen,
brachte sie (?) . . . . . .
aus den Soldaten seines Königs . . . .
die Soldaten des Königs . . . .
den ganzen Berg . . . . .
der König schaffte Recht . . . . .
das Herz des Königs, meines Herrn . . . . .
Streitkräfte . . . . . .
welche vor mir . . . .
dass nicht etwa . . . . .
möge er bewahren . . . .
Mumâ
waren sie . . . .
ich ging nicht wieder das Gebot des Königs,
mit ihnen plante ich nicht.
Möge er nicht etwa die Zahl, welche der König
befohlen hat
gebieten.

Anmerkungen.

Dieses Täfelchen ist etwas verstümmelt, so dass ich den Text nicht vollständig bekommen konnte; zudem sind einige Wörter mir unbekannt und desshalb ist der Sinn des Briefes grössten Theils nicht klar. Die Citate von Strassm. (Bezold *Lit.* S. 273) stimmen mit meiner Copie fast völlig überein.

Z. 9. *iḫ-ta-an-šu.* Die Grundbedeutung des Stammes חתן scheint mir „unterstützen" zu sein. Vgl. Delitzsch's Auseinandersetzung Proll. S. 90 flg.

11. *A-a.* Diesen Namen hat man früher durch *Malik* „Molech" wiedergegeben. Diese Lesung ist die von Prof. Oppert.

Pinches dagegen liest PSBA Nov. 1885 einfach *ḫa* und versucht durch Beispiele seine Ansicht zu rechtfertigen.

12. *ḫa-an-šu-ni*. Dieses Wort kann ich nicht erklären. Vgl. *ḫa-an-šu-ti* Z. 29 und ferner *ḫa-an-ša-ti* II R 15, 6 (nach Strassm. AV Nr. 3203) und 14, 21.

15. *na-ḫa*. Dieses Wort leite ich von נוח „sich beruhigen" ab.

16. *u-sa-li-im-šu-nu*. Die Wurzel ist wohl סלם „sich zuwenden".

18. Die zehn folgenden Zeilen sind so verstümmelt, dass die Wörter sehr unsicher sind.

22. *i-ta-šir* leite ich von ישר „gerade sein" ab.

26. *u-la-a*. Vgl. hebr. אוּלַי. Siehe Z. 32.

K. 4.

Transscription.

Šamaš-šum-ukin aḫû lâ kênu
. . . . . . i-dal-la-ḫu-ma
. . . . . . rabu-u i-pu-šu
. . . . . un-ni-i la ṭa-a-bu
i- . . . . -'-ki-na Ašûr-bâni-pal šar Aššûr
šar binu-ut kâta-ka ša ana duppi-ka(?) ṭâbu
u-bak-ku-u ki-di-in ša napišti-ka
šit-ku-na ênâ-šu iš-mu-u um-ma
Šamaš-šum-ukîn ana Êlamti
i-ḫal-lik a-mat u-ša-ši-tu ši-i
ana Êlamti i-ḫal-li-ki
V *tag* pl. ina libbi ul ṭâbu
araḫ Tišritu ûmu XV kan lim-mu Sa-gab
Da-ri-šarru Dan-a-a-bel-ku
ilâni rabûtê bêlê purûsi
û-mu-us-su purûsi-šu-nu
ša damiḳtu a-na šarri be-li-ia
liš-tap-pa-ru-u-ni

Übersetzung.

Samaš-šum-ukîn, der untreue Bruder
. . . . . . richteten sie zu Grunde und

. . . . grosse . . . . machten
. . . . . nicht gut.
. . . . Asurbanipal, König von Assyrien,
der König, das Geschöpf deiner Hände, der für diese gute Tafel
richtete(?) die Ordnung(?) deines Lebens ein,
fixirte seine Augen, hörte also:
Šamaš-šum-ukîn nach Elam
floh, eine Sache liess er führen(?) vor mich
nach Elam floh er.
Fünf Omina in den Herzen (sind) nicht gut.
Im Monat Tisrit, am 15. Tag, in der Periode von Sagab,
Dari-šarru, Dana'a-belku.
Mögen die grossen Götter die Herren der Entscheidung
tagtäglich ihre Entscheidung
der Gnade dem König, meinem Herrn,
schicken.

Anmerkungen.

Die Omentexte, welche den Schluss dieses Heftes bilden, kann ich nicht ganz übersetzen und erklären. Ich habe aber mit vieler Mühe versucht den ganzen Text nach dem Original wiederzugeben. Auszüge von diesen Tafeln sind bei George Smith *History of Assurbanipal* zu finden. Einzelne Theile dieser Tafeln, die ich zu übersetzen gewagt, füge ich bei.

K. 4. Davon hat auch G. Smith die von mir erklärten Zeilen mit Transscription und Uebersetzung veröffentlicht. *Assurb.* S. 186. flg. Nur kleine Differenzen sind zu beachten.

Z. 18. *lal du.* Das Zeichen *lal* kann auch *la* gelesen werden und das Zeichen *du* ist Ideogr. für kênu „wahr, fest, treu“.

19. *i-dal-la-ḫu-ma.* Der Stamm ist דלח „verstören“, nicht „embroiled“, wie Smith übersetzt.

22. Wie der Anfang dieser Zeile zu lesen ist, kann ich nicht vermuthen; ich habe das Original möglichst treu wiedergegeben.

23. Das drittletzte Zeichen scheint *šaḳ* zu sein, aber ich glaube, dass es *ka* sein sollte.

24. *u-bak-ḳu-u.* So ist offenbar zu lesen, nicht *u-ḫu-ḳu-u.* Vgl. *u-ba-aḳ-ḳu-šu* G. Smith *Assurb.* S. 182 c. Der Stamm dieses Wortes ist wahrscheinlich בקא, aber ich kenne kein

semitisches Wort, welches man zum Vergleich heranziehen kann. — *ki-di-in*. Vgl. K. II Z. 20 *ki-din-nu*. Meine Uebersetzung stützt sich auf keinen sprachlichen Beweis.

27. *i-ḫal-lik*. Dieses Wort leite ich von חלק „zu Grunde gehen, fliehen" ab. Vgl. auch *i-ḫal-li-ki* in der nächsten Zeile. — *u-ša-ši-tu* ist mir auch ein unbekanntes Wort.

29. *tag*$^{pl.}$ Ich weiss nicht, wie dieses Ideogramm zu lesen ist. G. Smith liest *libiti(?)*. Die Bedeutung steht aber fest.

K. 1523 und 1436.

Transscription.

Rev.

Ina pan ilu-ti-ka rabî-ti ša ṭâbu
Ašûr-bâni-pal šar Aššûr
a-na am. šangû-tu ša A-nu^{m}
ša Ašûr lip-ki-su
kima ip-taḳ-du-šu êlî ilu-ti-ka
rabî-tum ṭâbu i-ši ilu-ti-ka rabî-ti
ši-ri êlî A-nu^{m} bêli rabe-e
ṭâbu i-ši A-num bêli rabe-e ši-ri
lapta-at
Marduk-šum-uṣur ana êlî Ba-ni-i
epa-aš ana šangu-u-te ša A-nu^{m}

Übersetzung.

Vor deiner grossen, guten Gottheit
möge Asurbanipal, König von Assyrien,
zum Priesterthum des Anu
von Asur bestimmt werden.
Wie er ihn bestimmt hat, über deine grosse
Gottheit: Gut ist deine grosse Gottheit.
Dann(?) über Anu, den grossen Herrn:

Gut ist Anu, der grosse Herr, immer(?)
ist er gnadenvoll.

Marduk-šum-uṣur auch(?) Banî
machte er zu Priestern des Anu.

Anmerkungen.

Diese Tafel ist meines Wissens in der Keilschriftliteratur unerwähnt. Der hier übersetzte Theil scheint eine Formel zur Priestereinweihung zu sein. Den Rest der Inschrift kann ich nicht in Zusammenhang übersetzen und erklären.

Z. 22. *lip-ki-su.* Dieses Wort leite ich von פקד ab. Das Wort *ip-tak-du-šu* Z. 23. stammt auch hiervon ab.

25. *ši-ri.* Nach Bedeutung und Herkunft ist dieses Wort mir vollständig dunkel. Vgl. auch Z. 26.

27. *lapta-at.* Das Zeichen *tag* ist Ideogr. für *lapâtu* „umwenden".

K. 159.

Transscription.

Rev.

Nabû-bel-šîmâtu mât tam-tim-a-a
la naṣi-ir ṭâbtu Ašûr-bâni-pal šar Aššûr
binu-ut ḳâta-ka bêli-šu ša ni-iš šumi-ka raba-a
ḳa-liš iz-kur-u-ma i-me-šu šal-ṭiš
i-nin-na Ašûr-bâni-pal šar Aššûr
pa-liḫ-ka iš-mu-u-ma
um-ma ḳaštu ina Êlamti
up-taḫ-ḫir illi-kan-a
itti ṣâbê id-dan ša Ašûr-bâni-pal
šar Aššûr lu-u Aššûr-a-a
lu-u Akkadu lu-u Kal-da-a-a
lu-u am. Aḫ-lam-i ša šêpâ Ašûr-bâni-pal
binu-ut ḳâta-ka ṣab-tu ana epe-eš kakki ḳabli
u taḫâzi itti-šu-nu im-maḫ-ḫa-a-ṣa
ul ṭâbu

ɜ-zib ša-du-ma lu-u ina me-ṣir ša Êlamti
lu-u ina me-ṣir ša mâti-šu izzi-zu-ma
lu-u a-na pul-luḫ lu-u a-na ṣa-bat ḳâta
u me-ṣir la ib-bal-ak-ki-ta
araḫ Nisannu ûmu IV kan lim-mu Sa-gab
Ašûr-dan-in-šarru Dan-a-a-bel-ku
šiptu libbi êkalli êšši e-tap-šu

Übersetzung.

Nabû-bel-šîmâtu von den Bewohnern des Meerlandes,
der nicht beobachtet die Wohlthat Asurbanipals, Königs von Assyrien,
des Geschöpfes deiner Hände, seines Herrn, der die Anbetung deines grossen Namens
ausrufend befiehlt, zog siegreich fort.
Jetzt Asurbanipal, König von Assyrien,
dein Verehrer hörte
also: Die Bogenschützen in Elam
haben sich versammelt, gehen
mit den Kriegern, den Mächten Asurbanipals,
Königs von Assyrien. Die Assyrer,
die Akkadäer, die Kaldäer,
die Aḫlamî, welche die Füsse Asurbanipals,
das Geschöpf deiner Hände umfassten, um Widerstand, Kampf
und Schlacht mit ihnen zu liefern, bekämpfte er.
Nicht gut.
Er verliess den Berg und entweder an der Grenze von Elam
oder an der Grenze seines Landes stellte er sich,
sei es wegen Furcht, sei es um ihm zu helfen
und die Grenze empörte sich nicht.
Im Monat Nisan, am 4. Tag, im Jahre des Sagab,
des Asur-danin-šarru, des Danâ-bel-ku.
Die Beschwörung wurde im neuen Palast gemacht.

Anmerkungen.

Dies ist eine sehr schön und vollständig erhaltene Tafel. Den Rev. hat G. Smith *Assurb.* S. 182 flg. mit Transscription und Übersetzung veröffentlicht. Vgl. Lehmann-Winckler bei Bezold, (*Lit* S. 169, 95, 2). Sowohl meine Text-Ausgabe, als auch meine Transscription und Übersetzung bieten einige Abweichungen.

Z. 21. *Nabû-bel-šimâtu*. G. Smith liest *Nabu-bel-zikri*.

24. *ḳa-liš* Dieses Wort leite ich von קול „Stimme" ab. G. Smith. übersetzt „Always". — *i-me-šu*. Ich leite dieses Wort von אמש „fortziehen" ab, wovon das Wort *attumuš* auch herstammt. Es ist aber auch möglich *i-šib-šu* zu lesen und das Wort von בשה „sein, haben" abzuleiten. G. Smith übersetzt „is valiant".

32. *am. Aḫ-lam-i*. So steht es auf dem Original, nicht *Gun-dun-i*, wie George Smith bietet. Das Wort ist mir auch sonst bekannt. Vgl. Strassm. AV No. 283, der arab. أحلام vergleicht und „die Verbündeten?" übersetzt. Hier viell. ein Volksname?

33. *ṣab-tu*. So ist zu lesen; das erste Zeichen fehlt bei G. Smith. Seine Uebersetzung ist daher selbstverständlich falsch.

34. *im-maḫ-ḫa-a-ṣa* stammt ohne Zweifel von מחץ her.

38. *pul-luḫ*. Permansiv **II, 1** von פלח.

42. Das erste Zeichen (*šu*+*an*) ist das Ideogr. für *šiptu* „Beschwörung"; so ist es hier zu lesen.

K. 1139.

Transscription.

A-mat šarri a-na am. Ra-ša-ai
am. šêḫûti u ṣiḫ(?)-ru-u-ti
šul-mu ia-a-ši lib-ba-ku-nu
lu-u ṭâbu-ku-nu-ši mi-nam-ma
a-na-ku i-na ra-a-mi ša Êlamti
a-ra-am adi ṭâbti-ia u ên-ni-ti-ia
ul u-ba-ša(?) a-na gab-bi ṭâbtu
e-pu-uš-u-šu-nu li-mut-ti
e-tib-šu-u-ni ri-eš-su ina ûmê

ša Ur-tak ul-tu bu-bu-ti
i-na Êlamti ur-[du-u-ni]
[il-li]-ku-u-ni a-na [Aššûr]
. . . .
. . . u . . . . . . ma it . . . .
. . . bel de-ni-ia . . . . . ma ilâni uznâ(?)
. . . bu-ub . . . ša-an uznâ-šu a-mat . . . . . .
iṣ-bat-tu-u lil-li-kan-ma
it-ti Tam-mar-itu li-iṣ-bat
ia-'-nu-u ki-i ša Ašûr
u Marduk ile-e-a
u-šal-u-in-ni ip-pu-uš
mimma lib-ba-ti-ia la i-mal-lu

Übersetzung.

Der Befehl des Königs an die Leute von Ras,
die Älteren und die Jüngeren(?).
Gruss von mir euren Herzen.
Es mögen euch wohl ergehen. Wie(?)
ich in der Liebe Elams
liebte mit meinen Wohlthaten, und meine Herrschaft
übte(?) ich nicht; für alle ihnen erwiesenen
Wohlthaten haben sie mir Böses
gethan. Erst in den Tagen
des Urtaki aus der Theuerung
in Elam zogen sie fort,
kamen nach Assyrien.
. . . .
. . . .
. . . der Herr meiner Entscheidung . . . die Götter, die Ohren
. . . . seine Ohren, der Befehl . . . .
gefasst haben, möge er kommen und
mit Tammaritu in Besitz nehmen.
Habe ich nicht, wie Asur
und Merodach, meine Götter,
von mir gefordert haben, gethan?
Mein ganzer Zorn wurde nicht voll.

Anmerkungen.

Den Obvers dieser Tafel hat George Smith *Hist. of Assurb.* S. 108 109 veröffentlicht. Ausserdem ist die Proclamation von Schrader ABK S. 252, KAT 2 S. 152 und von Strassmaier AV (vgl. Bezold *Lit.* S. 278) citirt. Der Revers aber ist unveröffentlicht.

Z. 2. Vgl. mit dieser Zeile K 312 Z. 2; *Heft II* S. 49. — *ṣiḫ(?)ru-u-ti.* Meiner Ansicht nach ist diese Stelle so zu lesen. Ein Wort *ne-ru-u-ti* ist, soviel ich weiss, nicht zu erklären, dagegen aber ist meine Lesung sehr einfach und bekannt; zudem ist dieses Wort, was man in diesem Zusammenhang erwartet. Dass das Zeichen *ne, ṭe* den Lautwerth *ṣiḫ* hat, bin ich jetzt nicht im Stande zu beweisen, daher ist die Lesung fraglich.

4. *mi-nam-ma.* So wird wohl zu lesen sein. Das Wort scheint nach dem Zusammenhang „wie" oder etwas ähnliches zu bedeuten. Für *ṭabu-ku-nu-ši* vgl. K 312, Z. 4 u. s. f.

5. *ra-a-mi* leite ich von רא3ם „lieben" ab. G. Smith gibt dieses Wort durch „prosperity" wieder.

6. *a-ra-am.* Dieses Wort scheint von רא3ם „lieben", abzustammen, aber der Sinn ist nicht recht passend. G. Smith übersetzt „rejoiced."

7. *u-ba-ša.* Das letzte Zeichen ist nicht sicher. G. Smith's Ausgabe bietet *'u.* ALS^3 *Schrifttafel* No. 279.

9. Für das zweite Zeichen dieser Zeile bietet G. Smith *ip, ib,* aber es scheint sicher *lu, lib* zu sein.

Bis zur Zeile 16 ist der Text des Revers sehr unsicher.

14. Die Transscription ist wenigstens möglich.

19. *ile-e-a.* So lautet wohl der Plural hier. Möglich ist es, dass mit Suf. der Plur. dieses Wortes stets so zu lesen ist.

20. *u-šal-u-in-ni* leite ich von שא1ל „fragen, fordern" ab.

21. *lib-ba-ti-ia* bedeutet wohl „Zorn". Vgl. die Annalen VII, 26 *Heft I* S. 54 und 102.

—

Zusatzbemerkungen

von

Theo. G. Pinches.

K. 2674, auch S. 2010, und 81—2—4, 186.

Z. 4. *Nagiru.* Wie Herr S. A. Smith auf Seite 7 bemerkt, ist das durch *nagiru* wiedergegebene Ideogramm das gewöhnliche Zeichen für *nîru,* „Joch“; aber in diesem Fall hat es in der Regel das Zeichen für „Holz“ vor sich. In W. A. I. V., pl. 70, Z. 197—200, ist *šudul* und *šudun*, die sumerische und die akkadische Aussprache des Zeichens, je zweimal geschrieben. Dies zeigt an, dass dem Zeichen mindestens zwei assyrische Wörter entsprachen. Jedoch ist es nicht unmöglich, dass die Aussprache wirklich *âmel nîri* „Mann des Joches“ oder „Mann der Grenze“ (ein dem englischen „Warden of the Marches“ entsprechender Ausdruck) war. Vgl. W. A. I. V., pl. 18, Z. 20—21: *nîru ša êḳli*, „Grenze eines Feldes“.

Z. 8. *Âmel šaši mât Šuammuri.* Vielleicht sind die ersten drei Zeichen *âmelu ša pan,* „der Mann welcher vor (dem Land Šuammuri ist)“ zu lesen.

Z. 16. Dem Basrelief gemäss, war der Name des Sohnes des Te-umman Parrītu oder Tamrītu.

Z. 17. *Naḫlapta.* Dieses Wort, welches, wie iḫlup in Z. 20, von *ḫalāpu*, Hebr. חָלַף, abstammt, scheint eigentlich „Mantel“ zu bedeuten. Vergl. W. A. I. IV., pl. 30, Z. 27—28: (*ku*) *gu-ê sā* = *naḫlapta san*[*ta*], „ein blauer Mantel“. (*Ku*) *gu-ê* (oder *gu-uddu*) bedeutet eigentlich „Rückenbedeckung“. Eine der Bedeutungen der Wurzel *ḫalāpu* ist „zurücklassen“, „hinten sein“. Cf. Arab. خَلَفَ, خَلَّفَ, تَخَلَّفَ, خَلْفٌ, u. s. w. Auch חֲלִיפָה, Richt., 14, 19.

Z. 21. Hier würde es vielleicht besser sein, das abgebrochene Wort durch „Achse" (oder „Deichsel" ?) zu ergänzen. . . . . *ina libbi rukub šarrûti-šu iššebir-ma ibbalkit ṣiruššu*, „(Die Achse wurde) mitten in seinem königlichen Wagen zerbrochen, und (der Wagen) stürzte über ihn." Auf dem Basrelief sieht man eine Darstellung dieser Scene. Te-umman und Tamrītu fallen kopfüber zu Boden. Nur ein Wagenrad ist sichtbar; aber vier Pferde sind sich auf dem Boden krümmend dargestellt. Zwei dieser Pferde — diejenigen, die zum Wagen gehörten — sehen nach rechts, und die zwei anderen nach links, gerade als ob sie auf den Wagen des Königs von Elam losgestürzt wären, und ein Zusammenstoss stattgefunden hätte. Von den anderen Wagentheilen sind nur die Deichsel und das Joch dargestellt; die erstere scheint durch die Macht des Zusammenstosses gekrümmt zu sein.

Z. 22. Am Ende dieser Zeile sind noch zwei Zeichen (*šu-ma*) und die Ueberreste eines dritten (*ma*?) zu sehen. Das Ende der Zeile lautet daher: . . . . *ša ṣumbu itma*(?)*-šu-ma*, „. . . . des Wagens sprach (?) zu ihm und".

Z. 23. Die letzte Hälfte dieser Zeile ergänze ich *iṣ-ba-*[*ta*?] *ḳâtâ-šu*, „er fasste seine Hände". Wenn ich eine Wiederherstellung dieses Epigraphs wagen dürfte, so möchte ich es folgendermassen ergänzen: „[Tamrītu der Führer] des Wagens, sprach zu ihm, und [kam, und] fasste seine Hände. [Sie flohen zusammen]." Auf dem Basrelief sieht man Te-umman, mit einem Pfeil verwundet, versuchend, von Tamrītu seinem Sohn begleitet, sich durch Flucht zu Fusse das Leben zu retten.

Z. 25. Die Zeichen *aš lal-ja* sind *ina tarṣi-ia* „vor mir" zu lesen und zu übersetzen.

Z. 26. Das letzte sichtbare Zeichen ist *ḳa* (*aḳḳa*), nicht *ḳi*.

Z. 27. Gemäss dem Basrelief, ist der Name Urtaku's, Te-umman's Verwandten (*Urtaku*, *ḫatanu Te-umman*) hier zu ergänzen.

Z. 28. Auf dem Basrelief ist noch das Zeichen *ma* (*i-ša-si-ma*, „er spricht und") zu sehen.

Z. 29. Der Imperativ von *nakāsu* ist ohne Zweifel *ikis*. Das Basrelief hat die Einzahl *mâr* (ein Sohn von Aššur") statt der Mehrzahl *mârâni* (oder *âpli*) in Z. 28, und diese passt besser zu dem in der Einzahl stehenden *ikis*.

Die Darstellung dieser Scene auf dem Basrelief ist sehr interessant. Der auf dem Boden liegende Urtaku, indem er sich, auf die rechte Hand gestützt, emporrichtet, redet mit einer bedeutungsvollen Geberde (die linke Hand an den Hals haltend) den nahestehenden assyrischen Soldaten an.

Z. 31. Nach dem durch *naphar* wiedergegebenen Zeichen. ist das Täfelchen ein wenig abgebröckelt, aber man kann noch einen Winkelhaken des beschädigten Zeichens sehen. Derselbe ist wahrscheinlich zu dem Zeichen für *šarru* (zwei Winkelhaken) zu vervollständigen. Die ganze Zeile lautet daher: *Itunî. šud-šak pulani* (?), *šar Êlamti*, „Itunî, der Feldherr des N. N., Königs von Elam.“ In G. Smith's *Assurbanipal*, S. 145, ist das Zeichen für „N. N.“ durch *Te-umman* ersetzt.

Z. 33. Zwischen *iksî-ma* und *ramani-šu* ist noch das Zeichen für *ḳâtâ*, „die zwei Hände“ zu sehen. Die Worte *ina paṭri parzilli šibbi-šu*, *ḳâšti tuklat îdi-šu iksî-ma ḳâtâ ramani-šu* sind deshalb „mit dem eisernen Dolch seines Gürtels, zerschnitt er eigenhändig den Bogen, den Schutz seines Körpers“ zu übersetzen. Vgl. G. Smith's *Assurbanipal*, S. 145—146. *Idu* heisst auf Assyrisch eigentlich „Seite“. Cf. Dan. X., 4 עַל־יַד הַנָּהָר.

Das Basrelief zeigt uns einen assyrischen Soldaten, der einen elamitischen Eunuchen an dem Haar hält, indem er seine Rechte emporhebt, als ob er dem Eunuchen das Haupt abhauen wolle. Der Eunuch hält einen augenscheinlich abgespannten Bogen, den er zu zerschneiden versucht.

Z. 36. Zwischen [*u*]*šêrib* und *ušêšib* steht im Originale das Zeichen *ma* („er liess einziehen und setzte ihn“). Auch, in der Lücke, giebt das Basrelief die Zeichen [*aš*]-*pu-ru* (*šud-šaki-ia ša ašpuru*). Das ganze Epigraph ist daher zu übersetzen: „Ummanigaš, den Flüchtling, den Knecht, welcher meine Füsse umfasst hatte, um mir Gehorsam zu leisten, liess mein Feldherr, den ich gesandt hatte, mit Freude in Susa und Maṭakte einziehen, und setzte ihn auf den Thron des Te-umman, den meine Hände gefangen genommen hatten.“ Der Feldherr ist auf dem Basrelief als ein ernster, stolz aussehender Eunuch* dargestellt, der kühn hervortritt, indem er Ummanigaš, den er am linken Handgelenk mit festem Griff hält, als ob er zeigen wolle, dass er noch halb ein Gefangener sei, dem Volke vorstellt. Ummanigaš verbeugt sich leutselig vor der versammelten Menge, die vor ihm niedergefallen ist, und erhebt die Hand zum Gruss.

Z. 37. Das Basrelief bietet *ik-šu-da* (dual), die vor *ḳâtâ* („die zwei Hände") gebräuchliche Form des Aorists.

Z. 38. Das letzte Wort ist augenscheinlich *il-li-ku*. Zwei Keile von *il* sind noch zu sehen.

Z. 39. Die Bedeutung von *ûl upaššiḫu ânḫûssunu* ist „sie hatten sich von ihrer Müdigkeit nicht ausgeruht".

Z. 40. *Aškuna pani-šun*, „Ich richtete ihr Angesicht".

Z. 41. *Nîta*^m *ilmû* bedeutet „sie umgaben mit einer Mauer". Cf. W. A. I. V., pl. 19, Z. 21: *kar* = *nîtu*^m *ša lamê*, „eine Mauer welche aufgeführt ist". Die Uebersetzung des ganzen Epigraphs ist daher: „Meine Soldaten, welche in den elamitischen Krieg gegangen waren, und sich von ihren Strapazen nicht ausgeruht hatten, nach der Stadt Ša-pî-Bêl gegen Dunanu richtete ich ihr Angesicht. Selbiger Stadt gegenüber schlugen sie ihr Lager auf, umgaben (sie) mit einer Mauer, (und) nahmen ihre Ausgänge in Besitz."

Z. 46. *Isinni*. Es ist zu bemerken, dass dieses Wort, allem Anschein nach, fremden Ursprungs ist. Wie bekannt, ist *isinnu* eine der Bedeutungen des Zeichens *ḫir* oder *sir* — des Zeichens dessen assyrische Form dem Zeichen *šar* (= *šaṭâru*, „schreiben") so ausserordentlich ähnlich ist, dass die Assyrer selbst die beiden Zeichen oft verwechseln. Eine andere Form des Wortes *isinnu*, nämlich *izunnu*, finden wir in dem Syllabar S^a, Col. IV., 3—5, als den Namen eines abgebrochenen Zeichens, das wir ohne Zweifel durch *ḫir* (*sir*) ergänzen müssen. Vergl. T. S. B. A. VII., S. 157, Z. 6, mit S. 158, Z. 11.

Z. 52. Vor dem Determinativ-Präfix *âmelu*, ist das vierkeilige Zeichen *ša* noch zu sehen. Diese Zeile ist daher [*Dunanu*, *mâr Bêl-iki-*]*ša* (*âmelu*) *Gam-bu-la-a*, „Dunanu, Sohn

* Aus dieser Scene ist zu schliessen, dass der *šud-šaki* oder „Feldherr" oft ein Eunuch war.

des Bêl-ikiša der Gambuläer" zu ergänzen und zu übersetzen.

Z. 60. Anstatt *uk-ku*, ist hier *as-liš* (*âsliš aṭbuḫ-šu*, „ich schlachtete ihn wie ein Lamm") zu lesen.

Z. 63. Nach den Zeichen *id-dan* ist nur Raum für ein einziges Zeichen, wovon zwei Keile — vielleicht die Ueberreste des Zeichens *ja* — noch zu erkennen sind. Statt *id-dan ja* aber ist hier *êmuḳia*, „meine Kriegsmacht" zu lesen. Das Ganze lautet: „Ummanigaš, Sohn des Urtaku, Königs von Elam, welcher meine königlichen Füsse umfasst hatte, mit ihm zu seiner Unterstützung sandte ich meine Kriegsmacht."

Z. 72. Im Originale steht das Zeichen *ana* nicht — das erste Zeichen der Zeile ist *aḳ*. Anstatt *ana-aḳ-ḳu-u* ist daher einfach *aḳ-ḳu-u* zu lesen.

Z. 73. Hier, sowie in den Annalen (Heft 1) I., 34, ist das Zeichen *su* offenbar das Determinativ für „Leder" („Haut"). *Ašâti* heisst daher wohl „Zügel". In Z. 75, zwischen *Elamti* und (*ilu*) *Ištar*, sind Spuren eines Zeichens, allem Anschein nach des siebenkeiligen *ša*. In diesem Fall würde die Uebersetzung des ganzen Epigraphs lauten:

Ânaku, Aššur-banî-âpli, šar mât Aššur (*D. S.*), *ûltu nikê* (*ilu*) *Kurri akḳû, êpušu isinni bît âkiti, atmuḫu D. P. âšâti* (*ilu*) *Ištar, ina libbi Dunani, Samgunu, Âplîa, u nikis kaḳḳadu Te-umman šar mât Êlamti, ša* (*ilu*) *Ištar bêltu imnû ḳâtûa, êrib âl Arba'-ilu êpuš ina ḫidâti.*

„Ich, Assurbanipal, König von Assyrien, nachdem ich die Opfer von Kurri geopfert, das Fest des *Bît-âkiti* gefeiert, die Zügel der Istar gefasst hatte, mit Dunanu, Samgunu, Âplîa, und dem abgehauenen Kopf des Te-umman, Königs von Elam, welchen Istar, die Herrin, meinen Händen übergeben hatte, machte ich den Einzug in Arbela mit Freude."

In T. S. B. A. VII., S. 157, Z. 6, S. 158, Z. 11 u. s. w., finden wir *isinnu âkitu* ohne das Wort *bît* dazwischen: *Isinnu âkitu barum*, „sie feierten das Opferfest (?)"; *êpušu isinni bît âkiti*, „ich hatte das Fest des Opferhauses gefeiert." Vergl. *India-House Inscription*, Col. IV., Z. 7.

K. 2652.

Z. 2. Es ist nicht unmöglich, dass wir hier, anstatt *mušakniš at-*, *mušaknišat* lesen müssen. Vergl. auch Z. 4, wo *murappišat ṣirki* anstatt *murappiš* . . . . vielleicht besser sein würde.

Z. 8. Anstatt *êllê*, würde vielleicht *êllēti* besser sein.

Z. 10—11. Die Zeilen 9—39 werden durch die von Geo. Smith veröffentlichte Cylinderinschrift (siehe „Assurbanipal", S. 120—126) fast ganz vervollständigt. Aus dieser Inschrift sehen wir, dass *u-ša-ap-pa-a*, nicht *u-ša-ap-pa-ra*, in Z. 10 zu ergänzen ist. Diese zwei Zeilen lauten daher: *Azziz ana tarṣi-ša, akmes šapal-ša, ilūssa ušappâ, illaka dima-a, umma: Bêlit Arba'-ili, ânaku Aššur-bān-âpli šar mât Aššur, binût kâtâ-ki*, „Ich stand ihr gegenüber, vor ihr beugt' ich mich tief, zu ihrer Gottheit fleht' ich, es flossen meine Thränen: O Herrin von Arbela, ich bin Aššur-bān-apli, der König von Assyrien, die Schöpfung Deiner Hände", u. s. w.

Z. 14. *Lâ mušâpiš ilāni.* Anstatt *mušâpiš*, würde man eher *mušêpiš* als Part. III. 1 von אפשׁ₅ erwarten. Geo. Smith transscribirt, wohl richtig, *mušâkir*, aber seine Uebersetzung von *lâ mušâkir* durch „hater of (the gods)" ist kaum die richtige. *Lâ mušâkir* bedeutet, ohne Zweifel, „der, welcher (die Götter) nicht verehrt". Die Wurzel ist vielleicht יקר.

Z. 21. Die ganze Zeile lautet, nach G. Smith's „Assurbanipal", S. 122, Z. 42: *idkâ umman-šu, ikṣura taḫazu, uša'ala kakkē-šu âna âlak mât Aššur*, „er musterte sein Heer, sammelte (seine Truppen zur) Schlacht, (und) bot seine Waffen auf nach Assyrien zu gehen". Die Bedeutung von **ša'ulu* ist hier einfach „auffordern," nicht „zur Entscheidung fordern".

Z. 22. Für *kašitti*, würde hier vielleicht *karitti* (= *karidti*) „Kriegerin" eine bessere Lesart sein.

Z. 25. Nach W. A. I., II., pl. 32, Z. 21, ist *amšala* ein Synonym von *mušamma* (vergl. auch Z. 23: *timali* = *mušamma*). *Amšala* ist offenbar verkürzt aus *amša ûlla* „jene Nacht". (*Amšâla êštin šabrû utul-ma inaṭṭal šutta igilti-ma tabrît muši ša Ištar ša ušabrû-šu ušannâ jâši*, „Jene Nacht ein Seher schlief, und er sieht einen merkwürdigen Traum, und das Traumgesicht, welches Istar ihm gezeigt hatte, erzählte er mir").

Für *amšâ*, cf Heb. אֶמֶשׁ, Arab. أَمْسِ.

Z. 26. *Igilti*. G. Smith übersetzt dieses Wort durch „remarkable" („Assurbanipal", S. 123, Z. 51); Sayce („Hibbert Lectures", s. 276) durch „prophetic(?)".

Z. 31. *Tânaṭṭala* ist Präsens.

Z. 32. Augenscheinlich ist diese Zeile nach G. Smith's „Assurbanipal", S. 124—125, Zeilen 61—62 zu ergänzen.

Z. 35. Für diese Zeile siehe G. Smith's „Assurbanipal", S. 125, Z. 67: *Adi allaku*, *šipru šuatû ippišu*, *ušakšadu ṣummurat libbi-ka*, „Wenn ich gehe, werde ich diese Sache ausführen — ich werde (dich) den Wunsch deines Herzens erlangen lassen".

Z. 47. Es ist durchaus nicht unwahrscheinlich, dass Rev. C. J. Ball Recht hat. Ûtninnu ist eine ganz regelmässige Bildung von *ênēnu* (חָנַן). Vergl. *mûtlillū* von *êlēlu* (Haupt, „Keilschrifttexte", 81, 12). Die Formen *ûtninnu*, *mûtninnū*, und *mûtlillū* sind wegen der zwei gleichlautenden Consonanten aus *ûtenninu*, *mûtenninu*, und *mûtellilu* zusammengezogen.

K. 11.

Anstatt einzelne Sätze und Wörter dieses höchst interessanten Textes abzuhandeln, scheint es mir praktischer, meine jetzige Uebersetzung der ganzen Inschrift, mit einigen Bemerkungen über die Schwierigkeiten derselben, an dieser Stelle zu geben: —

Dem König meinem Herrn, dein Knecht Išid-Nabû. Friede dem König meinem Herrn. Mögen Bêl, Nebo, Ištar von Nineveh, und Ištar von Bît-Kidimuri dem König, meinem Herrn, immerdar gnädig sein. Mögen sie Herzensfreude (und) Gesundheit dem König, meinem Herrn, geben. Friede den Wachen[1]) des Königs, meines Herrn.

Nadin-šum-ilu, Sohn des Aramiš-šar-ilâni, der Voll-

[1]) Hier lese ich *maṣarâti* statt *maṣartê*. „Friede den Wachen" heisst soviel als „Friede denjenigen, die dem König von Assyrien treu sind".

strecker[1]) (?) des königlichen Willens, thut kund vor mir also: „Mein Vater ist tot im Lande des Feindes[2]), und 50 ihm untergebene Soldaten haben 12 Pferde in Besitz genommen[3]). Sie sind abgezogen. In der Nachbarschaft von Nineveh haben sie halt gemacht. Und ich habe ihnen verkündigt also: „Mein Vater ist zwar tot, die Wache des Königs versehт ihr jetzt, zieht ab[4])".

Heute sogleich liess ich ihn vor den König, meinen Herrn, bringen. Möge der König, mein Herr, ihn fragen, wie ich zu Grunde gerichtet habe, (und) möge er (es) dem König, meinem Herrn, erzählen. Den Oberstallmeister[5]), ihn, den Karkemischäer, haben seine Knechte getödtet[6]). Nicht einen unter ihnen liess ich entrinnen — wir nahmen (sie) gefangen. Ich habe den Schatz[7]) der Beltis, der Herrin von Kidimuri, deren Mütter dich lieben[8]), vor den König, meinen Herrn, bringen lassen. Möge der König, mein Herr, über Sippara wachsam sein[9]). Wir haben ausgeruht. Das Befinden des

1) *Mušarkiš*, „der, welcher binden lässt", bedeutet vielleicht „Vollstrecker".

2) Oder, im Lande Nakiri.

3) *Ḫanšâ ûmmanē* oder *ḫanšâ ṣabê ša ḳâtâ-šu šanê-êšrit sisê îna kâtâšunu iṣabtūni.*

4) Diese Zeile lese ich *turammea, tallikani*, „ihr habt gehalten, ihr seid gegangen". *Turammea* ist vielleicht 2. pers. plu. Aor. Pu'ul (= Pi'el) von *ramû*, „setzen", und *tallikani* ist 2. pers. plu. Aor. Kal. von *âlâku* „gehen". Diese beiden Wörter sind augenscheinlich hier als eine Art Imperativ gebraucht. Nadin-šum-ilu versucht offenbar diese 50 Soldaten zu ihrer Pflicht zurückzubringen

5) Wenn man nach K. 1252 (siehe S. 45--46) schliessen darf, so muss der *damgar* oder *damkaru* eine Art Stallmeister gewesen sein. Die Namen zweier dieser Beamten sind dort, Z. 7 und 27, erwähnt (*Šarî* der Kannäer und *Nabû-irba* der Kalachäer).

6) War vielleicht der Oberstallmeister, der von seinen Knechten getödtet wurde, der oben erwähnte Aramiš-šar-ilâni, Vater des Nadin-šum-ilu? Die Endung *-miš* in *Garganiš* (Karkemisch) und *Aramiš* ist beachtenswert.

7) Für das Wort *kidinnu* oder *kitinnu* habe ich, in diesem Zusammenhang, die Bedeutung „Schatz" angenommen. Es ist wahrscheinlich hier ein Synonym von *êšru*, „Zehnte".

8) *Ša ûmmati-ša irâmakani* -- die Bedeutung des letzten Wortes ist zweifelhaft.

9) *Liḫḫirid*. Für die Wurzel *ḫaradu* vergl. W. A. I. IV., pl. 68. col. II., Z. 20, *gušurē ša libbi-ka aḫaridi*, „die Balken deines Herzens werde

Königs, meines Herrn, habe ich nicht gehört. Was giebt es Neues[1])?

K. 549.

Z. 11. Ueber Isana, vergl. die Bemerkung Sachau's in P. S. B. A., June, 1882, S. 117: "Isana may be identified with *Isân* (*Tell Isân, Isân Köi*) a tell and village to the right of the road from Aleppo to Biredjik, in the plain between Sadjûr and Kerzîn, 45′ north of Zembûr."

K. 183.

Z. 7. *Ina biri-šunu kêni.* Diese Worte möchte ich „in ihrer ewigen Weisheit" übersetzen.

Z. 13—15. Die Worte *Paliḫ ili, ma'ida ekurāti,* u. s. w. sind vielleicht besser „Gottesfurcht, Vermehrung der Tempel, grosse Menge der grossen Götter Himmels und der Erde[2], zur Zeit des Königs, meines Herrn, haben sie hervorgebracht" zu übersetzen.

Z. 17. Anstatt *zinnišāti* würde *sinnišāti* eine bessere Lesart sein. Vergl. meinen Aufsatz, "A Babylonian wedding Ceremony" in *The Babylonian and Oriental Record*, Band I, S. 145: *îdni si-niš-ta-ki-ma annū lû-muti-ki*, „gieb auch deine Weiblichkeit, und dieser, möge er dein Ehemann sein". Die Form *si-in-niš* kommt auch vor.

Z. 18. Diese Zeile ist *ḫadi û riša šalmiš iḫḫuzu* zu transscribiren („die Weiber (und) Jungfrauen nehmen friedlich Theil mit Freude und jauchzen").

---

ich bewahren": col. III., Z. 32, *ina masiki ša ḫuraṣi ina ḳabal šamê aḫaridi*, „in einem goldenen Schleier mitten im Himmel werde ich bewahren"; col. III., 37 *kî âgê ša ḳaḳḳadîa aḫarisu* (nicht *aḫaririsu*), „wie die Krone meines Hauptes werde ich ihn bewahren". Vergl. חָרַד, 1) zittern etc., 2) Sorge haben. Prof. A. H. Sayce („Hibbert Lectures", S. 274) übersetzt *aḫaridi* durch „I am jealous".

[1]) Für *ali-ma* vergl. W. A. I. V., pl. 40, Z. 12—20: [*mea*] = *ali* [*meam*] = *ali-ma*; [*meamen*] = *ali atta, ali anaku*, „Was bist du? Was bin ich? Auch pl. 23, Z. 56—57 *abc*: [*me*]*a*=*me*=*mimû* (Name des Zeichens) = *ali*, „was?" *êkiam*, „wie?" *janu, jau*, „wo?" *Mîni* bedeutet vielleicht hier „Bericht".

[2] Das heisst vielleicht: „Vermehrung der Standbilder der grossen Götter Himmels und der Erde".

Z. 21. Diese Zeile ist vielleicht besser *ša ḫiṭa-šû-ni ana muate ḳabûni šarru bêli ubtallisu*, „dem, welcher gesündigt hat (und) zum Tode verurtheilt ist, hat der König, mein Herr, das Leben geschenkt“ zu transscribiren und zu übersetzen.

Z. 28. Da *ussatminu* III. 2 von *tamānu* oder *damānu* (auch *ṭamānu*) sein muss, möchte ich eher eine Bedeutung wie „Das Erzeugniss soll man gedeihen lassen“ annehmen. (Vergl. Arab. دمس, „düngen, misten“, und Heb. דֹּמֶן, „Dünger“).

Z. 29. *Mîrišut* (*ku*)*zippi uktattimu* bedeutet wahrscheinlich „die Felder werden mit Grün bedeckt werden“. Vergl. K. 511, Z 11 in S. A. Smith's „Assyrian Letters", S. 22. Ursprünglich hielt ich das Zeichen *ku* für das Präfix für „Kleider“, aber jetzt scheint mir diese Annahme kaum möglich. Wenn das Wort *kirsi*, das an einer andern Stelle in Verbindung mit (*ku*)*zippi* vorkommt, „das Schneiden“ oder „das Mähen“[1] bedeutet, so muss (*ku*)*zippi* etwas ähnliches wie „Gras“ sein.

Z. 30—35. Diese Zeilen bin ich geneigt auf folgende Weise zu übersetzen: „Jetzt, seitdem Arad-Gula unter ihnen ist, fürchte ich sehr. Unser innerstes Herz ist niedergeschlagen (*šapil*). Sogleich sollte der König, mein Herr, die Liebe Nineves zu den Leuten zeigen, (und) zu den Hauptleuten, also: Bringt eure Söhne zu mir, sie sollen vor mir stehen“. u. s. w.

Z. 41—45. (*Gabbi-šunu—iṣabbatuni*). Diese Zeilen möchte ich folgendermassen übersetzen: „Sie alle lieben mich nicht, unter ihnen habe ich keinen Gönner. Wen ich begrüsse, der ist zuvorkommend gegen mich, er nimmt meinen Dienst an“[2].

Z. 47—49. Diese Zeilen sind vielleicht folgendermassen zu übersetzen und zu vervollständigen: „Möge ich unter all den Leuten nicht [allein stehen]; mögen die Wünsche, die sie im Grunde ihres Herzens gegen mich hegen, nicht erfüllt

---

1) Vergl. K. 113 (S. A. Smith, „Assyrian Letters“) wo *kirsi* in Verbindung mit *kikkisi* steht. Letzteres ist wahrscheinlich dasselbe Wort wie *kikkiši*, das „Schilfmoor“ zu bedeuten scheint. „Wenn sie zum Mähen (*kirsi*) gehen, treten sie in das Schilfmoor (*kikkisi*) ein; (wenn) sie von dort zurückkehren, tritt der *Šûi* ein“. Für *kirsi* vergl. Arab. قرش, „schneiden“.

2) Vielleicht = „er ist gehorsamster Diener“.

worden". Die am Ende der letzten Zeile angedeuteten Spuren gehören eigentlich zum Ende von Z. 47. Wahrscheinlich fehlt nach dem Worte *imaṣiu* nichts. *Jamar libbi* in Z. 48 scheint statt *ûmar libbi* zu stehen. Vergl. K. 522, Anm. zu Z. 9, unten.

K. 487.

Z. 9. In R^m 338 ist das vierkeilige *ša* (Akkadisch *menari*), dem Worte *šattammu* gleich. Anstatt *šaknu* ist daher hier *šatam* zu lesen.

K. 525.

Z. 7. Ich glaube, dass die Worte *Mannu šunu* „Wer (oder „was") sind sie?" bedeuten. *Jata'*. Vergl. *Ja-da'*, S. 63, Z. 26, und die Zusatzbemerkung dazu.

Z. 9. Anstatt *ša Akkadâa libbia ḳâ*, könnte man hier *ša mât akkadâa* (bez. *Urṭâa*) [*ina*] *libbi jâḳâ* lesen. Meine Uebersetzung von Z. 4—10 — die ich freilich mit Vorbehalt gebe, lautet: „Am dreiundzwanzigsten Tage des Monats Adar zogen die Fürsten der Šupuräer in Šabirišu ein. Der König, mein Herr, spricht also: „Wer sind sie?"[1] Yata', der Fürst seiner Städte, vom Grenzpfahl der Akkadier (bez. Araratäer) ist mitten in das Land vorgerückt; die Leute selbigen Landes sind mit ihm gegangen". Es scheint mir hier ein Lautgesetz vorzuliegen, nach welchem ein mit einem Vocal anlautendes Wort den Vocal *i* (*j*) annehmen kann, wenn das vorhergehende Wort mit *i* oder *e* endigt. Daher *jaḳâ*, statt *âḳâ* (nach *i*), *jamar* statt *ûmar* (nach *e*) — *ḫadianute jamar libbi-šunu ina, êlia lâ imaṣiu*, K. 183, Z. 48—49. (S. 24).

Z. 18—20. *Ilki* scheint „Grenze" zu bedeuten, vergl. *Proceedings of the Society of Biblical Archaeology*, April, 1884, S. 158, Z. 48: *ilik mât Namur*, „Grenze des Landes Namar". Anstatt *ûmê* möchte ich hier *ṣabê* oder *ummanê* „Soldaten" lesen: „Von der Grenze, vor den Soldaten des Königreichs flohen sie. Zu ihm (Ḫuteru?) sind sie gebracht worden" (*ana-šu našunu*).

---

[1]) Die folgende Uebersetzung ist auch möglich: „Der König, mein Herr, giebt Befehle, und was sind sie?" (d. h. „wozu dienen die Befehle?").

Z. 21. Da dieses Täfelchen eine Art „Palimpsest" ist[1], ist es sehr zweifelhaft, ob wir das Pluralzeichen am Ende dieser Zeile lesen dürfen. Das Zeichen ist nur unvollkommen erhalten, und gehört offenbar zu der ersten, verwischten, Inschrift.

Z. 22. Nach meinem Dafürhalten, ist nichts am Anfang dieser Zeile verloren. Die Zeilen 21—26 sind vielleicht zu übersetzen: „Dort wird er einen Brief schreiben, er wird sie arbeiten lassen (wörtlich: an ihre Arbeit setzen). Sie ziehen aus. Ich lasse es den König, meinen Herrn, wissen".

Z. 27. Anstatt „damals" (?) möchte ich hier „jetzt" (*ûmâ*, wörtl. „diesen Tag") übersetzen: „Und die früheren Soldaten, die jetzt von der Arbeit des Königs fliehen, gehen mitten hinein".

Z. 30. Oder „inmitten seines Landes machte er sie ansässig".

Z. 31. *Ina libbi kammusu* ist vielleicht besser durch „daselbst blieben sie" wiederzugeben. Vergl. K. 11, Z. 20. Von hier bis zum Ende möchte ich folgendermassen übersetzen: „Diese Fürsten, welche zu jener Arbeit gingen — da Ḫuteru krank war — zu sehen gingen wir auch (wörtlich: wir gingen, wir sahen); sogleich gehen sie. Jene Treulosigkeit (?) (durch) diesen Brief brachte ich dem König, meinem Herrn, zu Ohren. 7 (oder 8) Soldaten, 1 Maulesel, 3 Esel, von den Fürsten, sind gegangen. Der König, mein Herr, hat also befohlen: „Sobald die Fürsten gehen, soll Aššur-bisunu mit ihnen gehen". Wenn der König, mein Herr, befiehlt, soll er mit ihnen gehen, soll sprechen. Möge der König, mein Herr, was ich abgestattet habe, schicken".

Da diese Inschrift äusserst schwierig ist, gebe ich obige Uebersetzungen mit grossem Vorbehalt.

---

[1]) Spuren der ersten Inschrift sind in folgenden Zeilen zu sehen: 18 (Spuren von drei Keilen am Ende), 19 (*bi* von *libbi* über zwei horizontalen Keilen geschrieben), 21 (*ina*, am Anfang, über ein dem *a* ähnliches Zeichen geschrieben, und Spuren von *meš*, nach *le*, am Ende), 22 (Anfang verwischt), 23 (Spuren eines Zeichens vor *a*), 25 (Spuren eines *lib* ähnlichen Zeichens mitten in *ni*), 33 (nach *lik* sind einige Zeichen verwischt, dann folgen Spuren von *ik*, und die Zeichen *bi-u-ni* = *iḫbiuni*), und 34 (der obere Keil von *ni* ist verlängert, am Ende des unteren Keils ist ein Winkelhaken sichtbar).

K. 578.

Wir haben hier wieder einen zum Theil sehr schwierigen Text. Ich gebe daher auch hier (anstatt einzelne Sätze zu behandeln) eine zusammenhängende Uebersetzung. Es versteht sich natürlich von selbst, dass diese Uebersetzung, sammt den Ergänzungen der Zeilen 12—14, nur vorläufig ist:

„An Nabû-ibašši, über die Pferde, über welche du mir (eine Botschaft) gesandt hast. Wann du (sie) gabst, sendest du mir nicht (d. h. lässt du mich nicht wissen). Aššur-gimiltêra, den *Abarakku*, (und) Streitkräfte mit ihm, sende ich. Was zu thun gut ist, thue (*meinu ša ana êpaše ṭâbûni*, *êpša*). Oeffne auch den Kanal, verstopfe das Loch (*pitî-ma nâra, ḫarru sikra*). [Was] jene Leute [betrifft], auf dieser Seite, gemäss dem Briefe, welchen du mir gesandt hast ([*Ina êli*] *niše ammute*, [*an*]*niu iddat*, [*ina*] *êgirte ša tašpur-anni*), Bêlêṭir (und) Ubbaia den *Rab-kašar* (oder Rab-kaṣir?) (und) 200 Pferde in ihren Händen habe ich zu dir bringen lassen. Mögen sie bleiben (und) die Arbeit mit euch machen."

K. 646.

Z. 1. Hier lese ich, statt *Iši-ilu, Iraššî-ilu* (vergl. 3 R., pl. 59, Nr. 9, Z. 56).

Z. 6. Hier bin ich geneigt, anstatt „sind fertig", „habe ich gemacht" zu übersetzen.

Z. 8. *Ašme*. Vor einigen Monaten hatte ich Gelegenheit, eine kleine Inschrift, die auf einen kleinen blauen Stein, mit weissen Flecken und von scheibenähnlicher Form geschrieben war, flüchtig zu copiren. Diese Inschrift bietet die interessanten Worte *ašme uknî êbbi*, die (da sie den Gegenstand selbst zu beschreiben scheinen) offenbar „eine Scheibe (oder einen Talisman) von glänzendem Lasurstein" bedeuten. *Ašme* (pl.) — *êpšu* ist daher vielleicht auf folgende Weise zu übersetzen: „Die Scheiben (oder Talismane), worüber ich zu dem König, meinem Herrn, gesprochen hatte, und die ich verändert (?) (umgearbeitet) habe, sind fertig".

Z. 12. *Aaru.* Ich glaube kaum, dass dieses Wort den Monat Ijjar bedeutet. *Aaru* heisst auch „Gazelle“ oder ein ähnliches Thier, und ist wahrscheinlich dasselbe Wort wie *aiaru* = *zikaru.* Z. 13, statt *teme-en-šu-u,* lese ich einfach *te-en-šu-u* (*tenšû*). Die Bedeutung ist aber unsicher. — „Das *aaru* und das *tenšû* von Zirpanitum“ sind vielleicht die Sinnbilder der Göttin. Zu *aaru* vergl. auch 5 R., 21, 43 *ab*: *aar ilu*[m] = *ḫarba bibillu,* und 2 R., 24, 9 *efg*: *maš-gungunnu* (?)-*kurra* = *aarîli* = *ḫarba* [*bibillu*], „Berggazelle = Gottesgazelle = ?“

Z. 16—18. Diese Zeilen sind offenbar „Auf die Krone des Anu geht das Zeichen, und auf die Scheiben (oder Talismane) geht dein Zeichen“ zu übersetzen.

Z. 20—25. Diese Zeilen können auch auf folgende Weise umschrieben und übersetzt werden: —

Ša lâ šangû, Nabû-êṭir-napiâti, manma ûl ipattî; enna ana šarri bêlia altapra. Manma ša pani šarri bêlia maḫru, šarru lišpuramma lûptîma[1] *ana šarri bêlia lûddin.*

„Der kein Priester ist, Nabû-êṭir-napšati, kann nichts öffnen; deshalb sende ich zu dem König, meinem Herrn. Wer auch immer dem König, meinem Herrn, angenehm ist, möge der König (ihn) schicken, und möge er öffnen, und möge ich öffnen und dem König, meinem Herrn, geben“.

Lišpuramma und *liptêma* sind dritte Person des Precativs, aber *lûptima* und *lûddin* sind erste Person.

Z. 26. Die Worte *karibu ša šarri bêlia, ânaku ana êli šarri bêlia raḫṣaku* sind vielleicht besser“ (Als) der Günstling des Königs, meines Herrn, vertraue ich auf den König, meinen Herrn“ zu übersetzen.

Z. 30. *Lâ lib šarri bêlia, lâ êlli.* Augenscheinlich bilden diese schwierigen Worte, die sich auf Marduk-zēr-ibnî zu beziehen scheinen, einen Gegensatz zu den vorhergehenden fünf Zeilen, worin der Schreiber des Briefes sich als Günstling des Königs beschreibt. Diese Zeile ist deshalb vielleicht zu übersetzen: „Weder das Herz des Königs, meines Herrn, noch die Ehre des Königs, meines Herrn, ist; und indem er

[1]) Wie Haupt nachgewiesen hat, hat das Zeichen *ku* auch den Lautwert *up*, was hier zu lesen ist.

sich auf Àrad-Nabû und Nadinu verliess, plante er Schlechtes gegen mich — aber ich verlasse mich auf den König, meinen Herrn". Nachdem Iraššîlu, der Schreiber dieses Briefes, auf dieser Weise gegen Marduk-zēr-ibnî gesprochen hat, fährt er fort (Z. 37): Marduk-zēr-ibnî öffnete die Kisten (šaddanu) (mit) dem Siegel des Šum-iddina, die Steine nahm er heraus. Möge der König (es) wissen". Das assyrische Wort für „Richter" ist gewöhnlich *da-a-a-nu*, nicht *da-a-nu*, geschrieben, so dass wir hier nicht *izkur dânu*, sondern *D. P. šaddānu* lesen müssen. *Šaddānu* bedeutet wahrscheinlich diebfeste Kassen (oder Thüren). Vergl. Arab. سُدّ, „Hinderniss", „Barriere", und Talm. שִׁדָּה „Kiste".

K. 550.

Z. 5. *Marduk*. Im Originale ist das Zeichen für *utu* weit entfernt von dem Zeichen für *amar* geschrieben — ein Beweis für die Richtigkeit der Annahme, dass dieses Ideogramm wirklich aus *amar* (*Mar*) und *utu* = *Marudug*, Merôdach, zusammengesetzt ist.

Z. 15. Am Anfang dieser Zeile sind Spuren von *kur* (*pap*) *III* = *napharis šalšit*, „im Ganzen drei" noch zu sehen. Die 33 Maulesel sind daher auf die Zeilen 11 und 13 zu vertheilen, und in der Übersetzung von Zeile 18 ist die Copula „und" zwischen „Pferde" und „Maulesel" zu ergänzen, obwol sie nicht im Originale steht.

K. 1252.

Z. 4. Wie ich oben (S. 92, Anm. 5) bemerkt habe, waren *damkarē* Knechte, die die Pferde, u. s. w. besorgten.

Z. 12. *Mu-muk-ri-iḫ-ti*. Diese Zeichen sind vielleicht als zwei Wörter, *mumuk riḫti*, zu lesen, und demnach würde die Übersetzung „betreffs des Betrags" („der Pferde alle") vorzuziehen sein. *Riḫtu* mit der Bedeutung „Betrag" kommt oft in den Contrakttäfelchen vor. *Mumuk* ist augenscheinlich eine längere Form des Wortes *muk*, das auch oft vorkommt.

Z. 14. Da *ma* (das zweite Zeichen) nur sehr wenig rechts von *kur* (*mat*) in der vorhergehenden Zeile geschrieben ist, ist es sehr zweifelhaft, ob wir am Anfang dieser Zeile *u* ergänzen dürfen. *Mumuk riḫti sisê kâli mâ šanê mê sisê* bedeutet vielleicht: „Betreffs des Betrags der Pferde alle, nämlich 200 Pferde".

Z. 15. Am Anfang dieser Zeile ist vielleicht *ma-a* zu ergänzen. Anstatt *giš* (*iṣ*) ist das Zeichen *ma* auch möglich. Dann folgen Spuren eines Zeichens wie *na*. Das Ganze ist vielleicht *mâ amana* zu lesen und „auch werde ich (sie) übergeben" zu übersetzen.

Z. 19. Nach *êli* sind zwei oder drei Zeichen abgebrochen.

Z. 21. Nach *gabbi* ist ein Keil noch zu sehen, und dann ist noch Raum für etwa zwei Zeichen.

Dieses Täfelchen ist gerade wie K. 146 (siehe S. A. Smith's „Assyrian Letters", part 3, pl. II.), das sich auf Pferde von Urzuḫina bezieht, geschrieben. Die Schreibart der Täfelchen ist der babylonischen sehr ähnlich.

K. 533.

Auch hier, wie bei K. 11, scheint es mir das Beste, eine vollständige freie deutsche Übersetzung dieses höchst interessanten Täfelchens zu geben: —

Botschaft des Königs an Mannu-kî-Addu. 1119 starke Soldaten — 6000 Mann waren es ausser diesen [1]) — alle die von ihnen gestorben sind, sind tot, und alle welche am Leben geblieben sind, leben. Zum *Zuku* des Palastes bist du gesetzt; als eine Anstellung für dich ist (das Amt) geschaffen — du sollst es jetzt antreten. Diese zu den *Raksuti* (Schwerbewaffneten?), jene zu den *Asige* (Leichtbewaffneten?), die dritten zu den Berittenen in deiner eignen Truppe sollst du sie hinzufügen. Aus deiner Mitte (oder Bezirk) bist du nicht ausgerückt, daher sollen sie, wann sie sich erholt haben[2]), zu mir kommen, und wen auch immer ich vor mir in dem Hause anstelle, ihn werde ich sogleich zu dir schicken. Viele aus ihrer Mitte nach rechts, nach links, überall hin zur Botschaft

[1]) Wörtlich: „6000 sie, Seelen ausser dem".
[2]) Wörtlich: „wann ihre Köpfe emporgerichtet worden sind".

sollst du senden. Dann[1]) (was) sie (betrifft), richte ihr Haupt empor. Mögen sie sich meinem Hauptmann nähern. Sogleich werde ich meinen Hauptmann senden, ihr Recht wird er bestimmen.

Die obige Übersetzung ist nur vorläufig — bloss ein Versuch, einen zusammenhängenden Sinn zu geben.

K. 1249.

Z. 2. *Arku*. Die gewöhnliche Form ist *âraku*. Siehe W. A. I. IV., pl. 52, Nr. 3, Z. 6.

Z. 3. *Šûkkânâku*. Die richtige Lesung des Zeichens nach *šarru* ist *kiš* (*ša šar kiššat dannu, bêlia*, „des mächtigen Königs des Weltalls, meines Herrn").

Z. 4. *Bêl-dababa*. Diese Worte sind ohne Zweifel „Herr der Verläumdung" oder „Verräther" zu übersetzen.

Z. 6. Hier ist zu übersetzen: „zu dem König, meinem Herrn, habe ich gesandt, und zu dem König, meinem Herrn, haben sie gesprochen."

Z. 7. Die Übersetzung „umgestürzt sind wir gar sehr" ist vollkommen richtig. Anstatt *lu-ṭâbtu-šunu*, wrüde vielleicht *lu-mun-šu-nu* „ihre Bosheit" besser sein — „ihre Bosheit vor dem König, meinem Herrn (d. h. in den Augen des Königs, meines Herrn), ist gross."

Z. 18—19. *Ultu itbamma ultu Bâbilu inḳutu*. Diese Worte sind vielleicht besser „nachdem er herangekommen, und nachdem Babylon gefallen war" zu übersetzen.

Z. 23. *Šû* gehört zu dem vorhergehenden Satze — „der Turban, welchen er auf seinem Kopfe hatte (als) er vor den

---

[1]) Das Wort *bit* (*biṭ*. *bid*) ist hier nicht das gewöhnliche Wort für „Haus", sondern eine Art Partikel mit der Bedeutung „dann". Vgl. K. 492. (S. A Smith, „Assyrian Letters", part 3, pl. V.), Z. 9: *bit šarru bêlî ikbûni*, „dann hat der König, mein Herr, gesagt"; K. 504 (S. A. Smith, „Assyrian Letters", part 3, pl. VII.), Z. 16: *bit šarru bêlî išapar*, „dann sendet der König mein Herr"; W. A. I., IV., 54; Nr. 2, Z. 9: *šar mât Urṭâa ana mât Gamir bit illikuni*, „dann ist der König von Ararat nach Gamir gegangen"; und Z. 39: *mât Nakir*(?) *bit illikuni*, „dann ist er nach Nakir(?) gegangen" Wenn *bit* hier „Haus" bedeutete, so sollte das darauf folgende Fürwort nicht *šunu*, sondern *sunu* sein.

König, meinen Herrn, ging, des Rêmanni-ilu, des *mušarkisu*[1]), (ist) er" (d. h. dem Rêmanni-ilu gehört er). Die nächstfolgenden Worte sind folgenderweise zu übersetzen: „diese Soldaten sind nicht treu, sie sind Verräther". Zu *bêli-dababa*, vergl. Z. 4.

Z. 25. Hier möchte ich. anstatt *salmu la salmu* (Smith: „grüssten keinen Gruss"), *mimmu lâ mimmu* („so, nicht so") lesen. Demnach würde der ganze Satz lauten: *kî ina dibbi annutu mimmu, lâ mimmu, ana šarri bêlîa ašpuru, ana êli lûmût*, „denn mit diesen Worten das So, und das Nichtso (d. h. den wahren Sachverhalt), habe ich an den König, meinen Herrn, gesandt. Möge ich dafür sterben" (d. h. „ich werde meinen Kopf zum Pfande setzen").

S. 760.

Da ich diese Inschrift zum Theil anders verstehe als Herr Smith. so gebe ich in Folgendem meine Übersetzung: —

(Z. 6.) Ueber die Nachricht von dem Lande der Armenier (Araratäer), habe ich den *dâalu* gesandt; er hat gesehen, und hat gesprochen wie folgt[2]): „Der Stadthalter dieser Seite[3]) — der zweite Stadthalter mit ihm — hielt die Wache in Charda auf der Seite des Boten, von Stadt zu Stadt. Bis Turušpâ dort[4]) ist die Wache geordnet. Der Bote Argista's ist gegangen. Betreffs der Arbeit, worüber ich die Nachricht gegeben habe, die Arbeit sollst du nicht machen. Dein Pferd ist bezahlt. Bis ich den Eilboten schicke, werde ich die Balken, welche die Ituäer in Eziat gemacht haben[5]), durch den Stadtherrn schicken, ich werde sie vermittelst[6]) des *karabi*[7]) übersetzen lassen. Der zweite ihrer Stadtherrn (und) 9 Soldaten mit ihm

[1]) Vergl. K. 11 (Seite 18—21), Z. 12, und S. 92 (Anm. 1).

[2]) *Êtamru, kî·ânnîe iḳilbiuni mâ*, — wörtl. „er hat gesehen, wie dieses (so) hat er gesprochen, also."

[3]) *Ša butunni* = *ša buti anni*. Vergl. *âḫênna, amšala* (S. 90), u. s. w.

[4]) *Ulluate*, fem. pl. (?) von *ûllu*, „jene", „jenseits."

[5]) *Iklûni*. Vergl. W. A. I. II., pl. 21. l. 37 *cd: ma-ma* = *kalû* (*lišān sinništi*). *Kalušu* in der vorhergehenden Zeile ist offenbar ein Fehler für *kalû*.

[6]) Vergl. Z. 26. (*ina lib ḳâšli*).

[7]) Vielleicht „kurzer Weg".

waren von dem Bogen getroffen — 2 von ihnen sind tot, drei von ihren Soldaten wurden verwundet[1]). Dies ist ihr Bericht.

Die Ituäer des Palastes, welche vor mir sind, sind von dem jenseitigen Ufer[2]) des Euphrat zurückgekehrt — sie sind von meinem Eilboten weggegangen.[3]) Ich schicke sie fort. Aus dem ersten Haus, dem zweiten Haus, aus der mitte der Stadt sind sie hinausgegangen[4]). Möge der König, mein Herr, betreffs der Fürsten (?) schicken; möge man die Soldaten zusammen ausziehen lassen; mögen sie die Wache mit mir in Šuruba halten. Bis ich vertilge[5]), werden wir unterjochen[6])".

In obiger Übersetzung habe ich das Wort *mâ* in Zeilen 13, 15, 16, 17 und 18 nicht wiedergegeben. Der Sinn der Inschrift scheint mir dadurch nicht beeinträchtigt zu werden.

Dem Regentencanon gemäss, war Upaḫḫir-Bêl der Eponym des Jahres 705 vor Christi (des ersten Regierungsjahres Sanherib's). Argisti (= Argista, Z. 12) war Königs von Armenien zur Zeit Sargon's, des Vaters Sanherib's. Dieses Täfelchen ist daher entweder am Ende der Regierung Sargon's, oder am Anfang der Regierung Sanherib's, geschrieben worden.

K. 96.

Z. 6—9. *Ina êli sisê ša maḫirte ša tašpuranni, šikimma.* Ein recht schwieriger Satz. *Maḫirtu* stammt natürlich von der wohlbekannten Wurzel *maḫāru* ab — was aber *maḫirtu* selbst bedeutet, ist sehr unsicher. Gemäss W. A. I., II., pl. 23, Z. 12 *cd*, ist *maḫirtu* ein Synonym von *daltu*, „Thüre;" und noch eine andere Erklärung findet sich W. A. I., II., pl. 46, Z. 11—12 *ab*, wonach *maḫirtu* eine Art Schiff ist (*giš-ma-gab-ru-gu* oder *giš-ma-gab-ri-am* = *ma-ḫi-ir-tu* — vergl. Arab.

---

1) Wörtl.: „drei von ihren Soldaten hat er (der Bogen) verwundet". *Tamtaḫiṣu* ist die dritte pers. fem. Aorist I. 2 von *maḫaṣu* „schlagen".

2) Wörtl. „von über dem Euphrat".

3) Vielleicht „sie haben meinen Eilboten verlassen".

4) *Ittuṣûni* ist IV. 2 von *âṣû*, nicht *naṣû*. Vergl. *ittušbu* von *âšābu*.

5) Dieses Wort lese ich *êṣadu*, von *êṣēdu*, „schneiden", „abschneiden", „ernten". Vergl *êpašu* von *êpēšu*.

6) *Nukanašuni* (= *nukannašuni*) ist II. 1 von *kanāšu*.

مَاخِرَة, („ein Schiff) das die Welle zertheilt)."[1]) In W. A. I., II., pl. 30, Z. 9 finden wir auch *ru-gu* = *maḫâru ša maḫirti*, und in W. A. I., II., pl. 30, Z. 9 den noch wichtigeren Satz *a*[2]) *ru-gu-šu* (*ku*) *ga-ga* = *šaḳû ša maḫirti*. Ausser der Bedeutung „die Welle mit Lärm zertheilen", besitzt das Arab. مَخَرَ eine andere, nämlich „bewässert werden" (Land), oder „Wasser ins Land leiten", und diese ist möglicherweise auch die Bedeutung von *šaḳû ša maḫirti* — wörtl.: „aufheben, von einer Wassermaschine[3]) gesagt". Die Uebersetzung dieser Zeile ist daher vielleicht: „Was die Pferde der Wassermaschine betrifft, worüber du zu mir gesandt hast, arbeite zu".

Z. 11. Das letzte Zeichen ist sehr schwierig; aber *šakkanaku*, wie Herr Smith umschreibt, ist nicht unwahrscheinlich. Der letzte Theil des Zeichens ist im Originale nicht wie *mat*, sondern wie *za*, schräg geschrieben.

Z. 15—17. Für *dannite* (statt *dannute?*) vergl. W. A. I., pl. 68, col. I., Z. 1. — *kuṣṣu*. Das Wort *kuṣṣu* ist hier sehr schwierig. Wie Herr Smith bemerkt, ist die Bedeutung vielleicht „Unwetter" (Del. AL[3], S. 11, 60). Die Wurzel *kaṣâṣu* bedeutet vielleicht „herumgehen", „herumlaufen", oder etwas ähnliches. Vgl. W. A. I., IV., pl. 1, col. I., Z. 9 — *anata guruš-munsiruš, kita kara-nensiga*, Assyr. *êliš ikṣuṣu, šapliš karra iddû*, „oben fliegen sie herum, unten drängen sie sich zusammen". Das Arab. كَصَّ, in der Bedeutung „zusammengekommen sein" liegt zur Vergleichung mit dem assyrischen *kaṣâṣu* sehr nahe. Vergl. auch die Formen أَكَصَّ, „fliehen", إِكْتَصَّ und تَكَاصَّ, „drängen", „sich drängen", und كُصِيص, „Schrecken", „Bewegung", „Zittern (vor Schrecken)". Die wahrscheinlichste Bedeutung von *kaṣâṣu* ist daher „herumgehen", „herumlaufen", „schnell vorüber gehen" (von bösen Geistern, Wind). Ausser *en-te-na* giebt es auch ein anderes Ideogramm für *kuṣṣu*, nämlich *imi-para* (W. A. I., II., 45, 2),

[1]) Siehe auch W. A. I. II. pl. 62, Z. 72: *giš-du-sag-gi-a-ma* = *maḫrâti êlippi*.

[2]) *A* bedeutet hier offenbar „Wasser".

[3]) Oder vielmehr eine Art Wasserrad, von Pferden gezogen.

das gleichfalls durch *kussu* wiedergegeben wird. (Vergl. W. A. I. II., 45, 1; und W. A. I. IV., 21, Z. 6 u. 30). Vergleiche auch den Absatz Halévy's in Z. A. II., 431 ff., in welchem er die Schlüsse Sayce's, Oppert's und Jensen's prüft.

Z. 18. *Mešlate* ist augenscheinlich ein Synonym von *mišlu* (*mešlu*), „Mitte" — „in der Mitte des Monats Sebat".

Z. 19. *Bi-iz*. Vergl. W. A. I., IV, 62, Rev. Z. 8 und 25.

Z. 20. In dieser Zeile ist das *i* ganz über das vorhergehende Zeichen geschrieben. Es ist deshalb sehr wahrscheinlich, dass das Zeichen für Adar wirklich das Zeichen *mad* des folgenden Wortes ist, welches der Schreiber aus Versehen zuerst geschrieben, und dann zu *i* verbessert hat. Anstatt *išaddaduniššunu*, bin ich geneigt, hier *imaddaduniššunu* zu lesen und „sie werden ihnen ausmessen" zu übersetzen.

Z. 23. *Ikaššaduni* bedeutet offenbar „sie werden ankommen" — vergl. *ina kišadi-šu* „bei seiner Ankunft". Die letzten sechs Zeilen übersetze ich: „In der Mitte des Monats Sebat haben wir gesandt. Sie sollen ihnen den Vorrath(?) für den Monat ausmessen — sie sollen gehen. Sie werden gehen und in der Mitte des Monats Nisan werden sie ankommen."

Es ist bemerkenswerth, dass die Schreibart dieses Täfelchens der babylonischen etwas ähnlich ist.

K. 514.

Z. 3. Anstatt *Bit-an-na* ist vielleicht besser *È-anna* (*È-ana*) zu lesen.

Z. 5. *Ûmussu* bedeutet augenscheinlich „diesen Tag".

Z. 10. *Ikkalu* ist Präsens oder Futurum.

Z. 14. *Tilli-šunu ša kaspi* ist vielleicht besser „ihre Verzierung von Silber" zu übersetzen. Das Wort für „Arbeit" ist nicht *tillu*, sondern *tullu*.

Z. 15. *Muni'e. Sipar muni'e* bedeutet vielleicht „das Kupfer des Geschirrs".

Z. 22. *Ušuzzu* (W. *šazû?*), „ich habe wieder vollständig gemacht(?)". *Ana Ištar Uruk sisê [ša] îbukuni âdû ušuzzu* (*lâpani šarri bêlîa palhakûma*) *âna bit îli ûl addin — âdû re'âni šalšit sisê îbukuni* (*ana šarri bêlîa altapra*) *û sipar muni'e šaṭaru ina muhhi. Kî âmuru, âna šarri bêlia ultêbila*: „für Ištar von

Erech hatte ich damals die Pferde, [welche] man entführt hatte, vervollständigt (vor dem König, meinem Herrn, fürchte ich mich) aber ich hatte (sic) dem Hause Gottes nicht gegeben. Jetzt haben die Hirten drei Pferde entführt (zu dem König, meinem Herrn, schicke ich). auch das gravirte Kupfer des Geschirrs. Wie ich gesehen habe, zu dem König, meinem Herrn, habe ich bringen lassen".

Die obige Uebersetzung ist nur vorläufig, und ich gebe sie daher mit grossem Vorbehalt.

K. 679.

Z. 2. *Ašûr-aḫî*(?)-*a*(?). Dieser Name ist wol besser *Aššur-naṣir-âpli* oder *Aššurnaṣîrpal* zu transcribiren.

Z. 7. *Šumāti*. Herr Smith hat hier durchaus Recht, *šumāti* ist der Plural von *šumu* „Name". Vergl. Hebr. שְׁמוֹת.

Z. 9 u. a. Anstatt *âpil* bin ich geneigt, *mâru* zu lesen; und anstatt *aššatê*, *sinnišāti*.

Z. 13. Für *Murranū* würde die Lesart *Ḫarranū* vielleicht besser sein.

Z. 18. *Am. ḫu-ḳaḳpl.* Diese Zeichengruppe kann auch (*âmēlu*) *mušena-du* = *êpēšu ša iṣṣuri* = *êsēru ša iṣṣuri* gelesen werden.

Z. 24. *Ma-di-i-šam*. Die Lesungen *ma-di-i-u* und *ma-di i-šam* (*mâdi išâm*, „viel soll man dafür bezahlen"?) sind auch möglich. Diese Zeichengruppe ist sehr schwierig.

Z. 26. *Ja-da'*. Ein sehr interessanter Name, der auch *A-a-'-da-'* (= *Aa'u-da'u* = *Ja'u-da'u*) geschrieben wird. Der erste Bestandtheil ist sicher das Wort *Jâ* (*Ja'u*) = Hebr. יָה. Rev. C. J. Ball hält, einer mündlichen Mittheilung zufolge, *Ja-da'* oder *Aa'u-da'u* für dasselbe Wort wie יְהוּדָה.

Z. 28. Ausser *mati*, ist die Lesung *kitti* auch möglich.

Z. 32. Anstatt *ku-nu-u-ni*, würde *šu-nu-u-ni* mehr am Platze sein — *kî lâ ârdāni-šu šunūni* kann übersetzt werden: „denn seine Knechte sind sie nicht? Vergl. *ûl mârî atta*, „du bist nicht mein Sohn."

Z. 35. Diese Zeile lese ich: *êteli*, *kalû tûdâ kî*.

Z. 26—38 können auch übersetzt werden: „Welche vom Hause des Ja-da'u verkauft worden sind, wissen wir nicht, noch den Gebrauch unter allen diesen Leuten, Einen kannte ich, (der war) sein (Ja-da'u's?) Diener von Herzen und in (eigenem) Interesse. Möge der König, mein Herr, fragen, denn sind sie nicht seine Knechte? Vor der Botschaft, welche der König, mein Herr, zu mir gesandt hat, habe ich auch einen von ihnen hinaufgebracht. Die Sache(?) kennst du. Wann ich (sie) weggeschickt habe, was sie betrifft, ihr Verderben fürchtete ich. Ich habe (sie) ausgehen lassen, ich habe (sie) verkauft".

Die ganze Inschrift ist sehr schwierig und die Uebersetzung daher unsicher. Die Form *attaḫilik* ist auffällig — vielleicht ist *attalik* zu lesen, denn das Zeichen *lik* steht dicht neben *ḫi;* das letztere Zeichen beruht vielleicht auf einem Versehen.

K. 582.

Z. 12. *Ṣilla ušaṣbit* ist zu übersetzen „ich liess (sie) Schutz finden".

Z. 14. Hier scheint das drittletzte Zeichen nicht *ra*, sondern *usan* (*šimitan*) zu sein. Die Gruppe bedeutet vielleicht eine Art Boot von Häuten.

Z. 18. *Ikkaru* (oder *irrišu*) ist vielleicht „Pflanzer" zu übersetzen.

Z. 18. *Izzu*. Die Zeichenpruppe *iz-zu* bedeutet gewöhnlich „Täfelchen". *Ša iz-zu-ia ultu libbi âl Šabirišu kur-bulu ina muḫḫi-šunu ana Guzana usaḫir*, „in Folge meines Schreibens wandte sich der *Kurbutu* aus der Stadt Šabirišu zu ihnen in Gozan".

Z. 23—24. Diese Zeile lese ich: *nuk âlik riḫte nišê izal-ka bila*. Die Uebersetzung ist sehr unsicher. Die Worte bedeuten vielleicht: „Jetzt geht der Rest der Leute: sie kommen zu dir herab. Bringe (sie)". In Z. 24 ist, zwischen *ka* und *bi*, ein weiter Raum, und demnach sollte *ka* zu dem vorhergehenden Worte gehören. In diesem Fall würde *bila* Imperativ Kal von *âbâlu* sein.

Z. 25. Allem Anschein nach, bedeutet das Wort *maddaggiš* oder *ina maddaggiš* „regelmässig" oder „fortwährend". (Vergl. K. 525, Z. 17, oben). Vielleicht ist das Wort *saddaggiš* zu lesen und mit *sattukku* verwandt.

Z. 38—40. Anstatt *aklê* ist hier *âkali* zu lesen. Vergl. W. A. I. IV., pl. 27, Z. 54—57.

Z. 41. Das Wort *parru* ist ohne Zweifel „Stier" zu übersetzen.

K. 686.

Z. 7. *Ana*. Hier ist anstatt *ana*, *šuššu* „sechzig" zu lesen. Das Zeichen ist nicht *ku*, sondern *šu*, mit dem Zeichen für „eins"', „sechzig" durchgeschrieben — *šuššu bilti kaspi*, „60 Talente von Silber".

Z. 10. *Šulmu* (oder *salīmu*) *ana* (D. P.) *birāte mâ mât Kilḫi gablu jamūtu. Tullu-šu êpaš*, bedeutet „Friede den Festen, und allen jenen (Leuten) vom Land Kilḫi. Er hat seine Arbeit gemacht".

K. 1229 + K. 1113.

Z. 29. *Isi manma asadir mînu ša šarri bêli išapparanni* bedeutet wahrscheinlich: „Welchen soll ich die Zahl, welche der König, mein Herr, schickt, zuordnen?" *Asadir* und *išappar* sind erste und dritte Pers. Präs. Kal von *sadāru* und *šapāru*.

K. 669.

Z. 9. *Iḫtānšu* stammt von *ḫanāšu* ab. Vergl. Z. 12 und 29. Vielleicht können wir Arab. خنس zum Vergleich heranziehen.

Z. 11. Wie bekannt, giebt es keinen Beweis, dass die Zeichengruppe *A-a Malik* zu lesen ist. *Aa* ist die Mondgöttin als Gattin des Sonnengottes, Šamaš; und ist nicht mit *Aa* = *Jâ* oder *Jâu* (= Hebr. יָה) zu verwechseln.

Z. 17—18. *Ilkašuni* und *ilkušu* sind augenscheinlich von *lakû*. Die Bedeutung ist aber unsicher — vielleicht ist es dasselbe Wort wie *lakû* „vermindern".

Z. 4—18 sind vielleicht besser zu übersetzen: „Die Ušchäer (und) die Kudäer, über welche der König, mein Herr, zu mir gesandt hat, sind betreffs des Wortes des Königs, meines Herrn, zurückhaltend gewesen (d. h. sind dem Gebot des Königs ungehorsam gewesen). Die Städte der (Fest-)tage des Šamaš (und) der Aa halten sich nicht zurück. Heute sogleich hat der Ḳurbutu (sic) zu mir versammelt. Ich habe ihnen Ruhe bewilligt. Wer ihn geschlagen hat(?), den hat er geschlagen(?)".

Z. 22. Anstatt *i-ta-šir*, möchte ich hier *i-ta-ṣar* (von *naṣāru*) lesen.

Z. 23. Diese Zeile ist ohne Zweifel *lū-[ṭâbu]* zu vervollständigen. „Möge es dem Herzen des Königs, meines Herrn, wohl sein", d. h. „möge das Herz des Königs, meines Herrn, sich freuen".

Z. 24. Am Ende sind Spuren von *bu* — vielleicht ist *gab-bu* „ganz" zu ergänzen.

Z. 26. Am Ende dieser Zeile ist *ma-ṣar-tam* zu lesen („aber (?) möge er die Wache halten").

Z. 28—34. Als vorläufige Uebersetzung dieser Zeilen gebe ich folgende: „Die Mumäer sind diejenigen, welche nicht zurückgehalten haben". „Sei nicht ungehorsam(?) betreffs des königlichen Willens" habe ich zu ihnen nicht gesagt (*isi-šunu lâdabub* (= *lâ adabub*), wörtl.: „mit ihnen spreche ich nicht"); „aber(?) was der König spricht, mögen sie sprechen". Zu *ulâ*, „aber"(?), vergl. Z. 26. Es ist zu bemerken, dass einige Verbalformen (*ibaši, liki, liḳbi*) in der Einzahl stehen, wo man eher die Mehrzahl erwarten würde.

K. 4.

Von Z. 1—17 möchte ich ebenso wenig eine Uebersetzung versuchen, da der Text äusserst schwierig ist.

Z. 22. Am Anfang dieser Zeile ist vielleicht auch ein Zeichen weggebrochen.

Z. 27. Nach dem Originale sind die Worte in dieser Zeile zu trennen: *i-ḫal-lik a-mat-u ša-ši-tu ši-i* — vielleicht können wir, statt *ša-ši-tu*, *ša maḫri-tu* lesen. In diesem Fall würde die Uebersetzung der letzten Worte sein:" Diese (*šî*) ist die frühere Entscheidung". Der Sinn dieser Zeile ist aber sehr unsicher.

Z. 23. Das drittletzte Zeichen ist *ka*, wie Herr Smith in seiner Transcription bietet. Das Ende diese Zeile lese ich *ša ana šâri-ka ṭâbi*. Der Satz *ša ana šâri-ka ṭâbi ubaḳḳû, kidin ša napišti-ka šitkuna ênâ-šu*, bedeutet wahrscheinlich, „welcher deinem guten Geiste sich hingiebt, und dessen Augen auf die Ordnung deines Lebens gerichtet sind".

Z. 29. *Ina libbi* bedeutet augenscheinlich „darüber" — „5 Omina darüber sind nicht gut".

Z. 33. *Umussu* bedeutet „diesen Tag" = „heute".

K. 1523 + K. 1436.

Die ersten 16 Zeilen dieser Inschrift können wir ebenso wenig übersetzen — der Text ist zu schwierig. Zeilen 17 und 18 können aber folgendermaassen transscribirt und übersetzt werden: *Âmelu ša šumi-šu ina lib imi-gida ânnâ šaṭir-ma*, „der Mann, dessen Name auf diesem Täfelchen geschrieben steht, und (welcher vor deiner grossen Gottheit gut ist").

Z. 24—26. Die Worte *iši* und *širi* sind augenscheinlich Verba, das erstere Aor. Kal von *išû*, und das letztere Imperativ Kal von *šarû* (*šerû*). In diesem Fall könnten wir übersetzen: „deiner grossen Gottheit ist er gut; deine grosse Gottheit sei gnädig (= möge deine grosse Gottheit gnädig sein); dem Anu, dem grossen Herrn, ist er gut; Anu, grosser Herr, sei gnädig".

Z. 28. Die Worte *âna êli* bedeuten gewöhnlich „über" oder „gegen". Wenn dies hier der Fall ist, so können die Zeilen 28—29 übersetzt werden: „Marduk-šum-uṣur ist über Banî zum Priesterthum[1]) gemacht worden", d. h. „ist Banî als Priester vorgezogen worden".

Z. 31. Im Originale scheint das erste Zeichen *ta* = *ûltu* zu sein. Die drei Zeilen 30—32 sind aber sehr dunkel, und eine zuverlässige Uebersetzung ist daher gegenwärtig unmöglich.

K. 159.

Die Omina (Z. 1—20) kann ich auch nicht übersetzen — sie bedürfen einer gründlicheren Untersuchung, als ich ihnen jetzt widmen kann.

Z. 24. *Imešu.* Hier ist vielleicht Hebr. עמש zum Vergleich heranzuziehen. *Attumuš* stammt am wahrscheinlichsten von

[1]) Vgl. die Redensart *ana âššûti iršânni*, „er hatte mich zum Weibe" in meinem Aufsatz „Documents relating to house-property, etc.," T. S. B. A. Band 8, S. 282.

ימש ab, wovon der Aor. Kal zweifelsohne *umuš* sein würde. Die Lesart *i-šib-šu* ist nicht wahrscheinlich, und die Ableitung von בשה ganz unmöglich.

Z. 29. Für *id-dan* = *êmuku*, siehe S. 89. Die Zeilen 27—34 sind besser zu übersetzen: „Die Bogenschützen (lit. der Bogen) in Elam haben sich versammelt, sie gehen; mit den Kriegern, der Heeresmacht Aššurbanî-apli's, Königs von Assyrien, seien sie Assyrer, oder Akkadäer, oder Kaldäer, oder die Aḫlami[1]), welche die Füsse Aššur-banî-âpli's, des Geschöpfes deiner Hände umfasst haben, zum Widerstand, zum Kampf, und zur Schlacht (wörtl.: um Widerstand, Kampf und Schlacht zu machen) kämpft er".

Z. 36. *Ša-du* kann auch *Kudurru* (= Akk. *nig-gin*), „Mark" gelesen werden — „Er verliess die Mark, und entweder an der Grenze von Elam, oder an der Grenze seines Landes stellte er sich auf, entweder um zu verehren, oder um zu helfen; und die Grenze überschritt er nicht".

K. 1139.

Von diesem Täfelchen hat Herr Smith eine sehr gute Uebersetzung gegeben, zu welcher ich sehr wenig hinzuzufügen habe.

Z. 6. Hier würde es vielleicht besser sein, *arâm* als Präsens zu fassen.

Z. 9. *Rêssu* kann auch „hauptsächlich" bedeuten — „hauptsächlich in den Tagen des Urtak". Vergl. *ûmussu*, *ârḫussu*, u. a. m.

Vor Z. 13 sind Spuren der vorhergehenden Zeilen zu sehen, nämlich die Zeichen *en ma*.

Z. 14. Am Ende dieser Zeile ist besser *di* statt *pi* (*uznâ*) zu lesen — vielleicht ist *dînu* zu ergänzen.

Z. 15. Das erste Zeichen ist vielleicht *lid* (*lidbubu*). — „Möge der Fürst (NUN-ME = *apkallu?*) der Götter [sein] Urtheil sprechen".

---

[1]) Vgl. K. 4525, wo das Wort (*amelu*) *aḫ-la-mu-u* geschrieben erscheint. Die weibliche Form (*sal*) *aḫ-la-mi-ti* habe ich kürzlich auf einem in Privathänden befindlichen und aus 24 Zeilen bestehenden Täfelchen aus Babylonien gefunden.

Noch eine Zusatzbemerkung: die meisten obiger Bemerkungen sind nicht das Resultat einer gründlichen Untersuchung, sondern eines blossen Durchlesens dieser Texte, obgleich einige wenige Texte eine eingehendere Behandlung erfahren haben. Fast alle Texte sind mit den Originalen verglichen worden, wodurch mehrere Fehler verbessert worden sind, und der Sinn mancher Stelle richtiger gefasst werden konnte.

Die Gesammtzahl der von Herrn Smith hier herausgegebenen Texte ist 25. Viele enthalten dialektische Eigenthümlichkeiten, wodurch ihr Verständniss sehr erschwert wird, und selbst diese flüchtigen Zusatzbemerkungen haben daher viel Zeit in Anspruch genommen. Etwaige Versehen des Verfassers dieser Zusatzbemerkungen möge der gütige Leser entschuldigen.

Glossar.

א

א$_1$ = hebr. א, א$_2$ = ה, א$_3$ = ח d. h. ح, א$_4$ = ע d. h. ع, א$_5$ = ע$_2$ d. h. غ.

אא$_2$ל$_1$ sich niederlassen. âlu Stadt 2, 41. 43. âlâni-šu-nu 53, 25. Pl. âlâni 31, 8.

אבה abû Vater 1, 17. abu-u-a 18, 14. 22.

אבה$_1$ wollen. a-bat Wille 18, 12. 47, 1.

אבך$_2$ wenden, in die Flucht schlagen. i-bu-ku-ni 59, 21. 60, 26. abiktu Niederlage 1, 13. 3, 66. 68.

אבן$_1$ abnu Stein. Pl. abnê 40, 39.

אבר$_4$ überschreiten, fahren über **IV**, 1 iš-še-bir sich fortmachen(?) 1, 21.

אברך$_1$ abarakku Grossvezier 22, 8. 36, 6.

אבת$_1$ zu Grunde gehen. a-bu-tu-u-ni 18, 29. **IV**, 1 fliehen in-na-bit-ma 1, 15. 20. mun-nab-tu Flüchtling 1, 3. 2, 34. a-bat-u-ni 31, 43.

אבת$_4$ ab-bu-ut-ti Band, Fessel 24, 45.

אגא (?) agâ dieser. Pl. a-gan-nu-tu 50, 23.

אגי agû Krone 39, 7. 16.

אגל(?) i-gi-il-ti-ma Traum 11, 26.

אגר$_1$ egirtu Brief e-gir-te Pl. 31, 21. 35. 37, 14.

אדה a-du-u jetzt 39, 15. 59, 21. 60, 25.

אדה$_4$ adî bis. (passim).

אדן$_4$ a-dan-niš 18, 6. 22, 4. 23, 5.

אדש$_3$ neu sein. **II, 1** erneuern ud-du-ši 11, 12. êšši 81, 42.

אזב$_4$ lassen, übrig lassen. e-zib 81, 36. **III, 1** retten Inf. šu-zu-ub 1, 15. 20. u-še-zib 18, 34.

אזז(?) iz-zu Document 3, 83.

אזז$_4$ stark sein, zürnen iz-zu-ia 67, 18.

אזל(?) i-za-al . . . . . . 67, 24.

אזן uznu Ohr uznâ(?) 83, 14. 15.

אחה$_1$ ahû Bruder 11, 19. a-ḫi-iš 47, 3. aḫâtu Schwester 50, 9. a-ḫa-iš 54, 36.

אחז$_1$ nehmen, besitzen. iḫ-ḫu-zu 23, 18.

איכל$_2$ êkallu Palast 24, 40. êkalli 47, 6. 50, 2. 54, 30.

אין$_1$ nicht sein? ia-'-nu-u 83, 18.

אין$_4$ ênu Auge ênâ-ka 11, 24. ênâ-ia 24, 39. ênâ-šu 77, 25. ênâ 40, 36.

אכת(?) a-ki-ti . . . . Bît-a-ki-ti 3, 72.

אכל$_1$ essen, fressen. a-kul 12, 34. a-kal-lu 12, 34. ik-ka-lu 59, 10. aklê 67, 38 ff.

אכם$_4$ rauben, hinnehmen. li-e-ki-mu 2, 30.

אכר$_1$ am. ikkaru Gärtner 67, 16.

אל$_1$ ul nicht 2, 39. 12, 36. 39, 21.

אל$_1$ ilu Gott. Pl. ilâni 11, 14. ilûtu Gottheit ilu-us-sa 11, 10. i-lat Göttin 11, 15. ilâni-ka 39, 5. i-lu-ti-ka 79, 19. 23.

אלה$_4$ hoch sein, hinaufgehen. el-li 39, 31. e-te-li-ka 64, 35. ul-lu-a-te 53, 14. êlî auf, über. êlî-šu-nu 12, 40.

אלא(?) u-la-a nicht etwa 75, 26. 32.

אלך₂ gehen, hingehen. il-lik-am-ma 1, 5. ni-il-lik 31, 33. al-li-ka 11, 13. 54, 32. al-ka 2, 29. 57, 11. al-la-ku 12, 35. it-tal-ku-u-ni 18, 18. 31, 6. 10. 15. a-tal-lik-a-ni 18, 25. il-lak-u-ni 31, 13. 34. 39. i-lak-u-ni 31, 28. 45, 24. il-lik-u-ni 31, 13. il-la-ku 39, 17. 18. 57, 22. il-lik-u-ni-ni 31, 32. 38. il-la-kan-ni 47, 16. lil-li-ka 31, 41. 42. il-li-ku 50, 22. la-li-ki 75, 30. it-tal-ka 53, 15. at-ta-lak 67, 10. il-ka-šu-ni 75, 17. il-ku-šu-i-ti 75, 18. illi-kan-a 80, 28. lil-li-kan-ma 83, 16. malaku Weg, Fortgang 1, 4.

אלל₂ glänzen. êllu glänzend. Pl. êllê 11, 8.

אלם(??) a-li-ma . . . . . 19, 44.

אלף₁ alpu Rind. Pl. alpê 67, 7.

אלת ultu aus, von, seit.

אם(?) umma also 2, 29. 11, 11. u. ö.

אמת₂ am-mu-te diese(?) 36, 12. ia-mu-tu 71, 11.

אמה₁ e-ma an, bei(?) 12, 50.

אמה sprechen. amatu Wort st. cstr. a-mat 77, 27. 82, 1.

אמה(?) Um-ma-a-ti General 1, 1. am. ummâ-ni 67, 39.

אמם₁ ummu Mutter. 22, 8. Pl. ummê 19, 37.

אמן₁(?) ummânu Heer 1, 4. 14. umman-šu 11, 21. Pl. ummânâtê-ia 2, 38. 3, 68.

אמק₄ tief, mächtig sein. êmûku Macht. am. e-muk-ki 36, 7. 75, 24.

אמר₁ sehen. e-mur-ma 1, 14. a-mur-ma 12, 46. ni-mur 31, 24. am-mar 47, 4. 5. e-tam-ru 53, 8. a-mu-ru 60, 30.

אמר₃ imêru Esel 47, 11. Pl. imêrê 31, 37.

אמש₁ fortziehen i-me-šu 80, 34.

אן ênu Herr. ên-ni-ti-ia Herrschaft 82, 6.

אן₄ ênu Zeit. e-nu 11, 2.

אנא(?) annu dieser. an-ni-tu 31, 35. an-nu-te 31, 14. 31. 63, 29. an-ni-u 44, 19. Adv. an-nu-šim sogleich 18, 26. 23, 32. 47, 18. 48, 25. u. ö. an-nu-ti 47, 9. 10. 11. an-nu-tu 51, 25. an-ni-i-e 53, 8. an-ni-i-u 54, 29.

אנה₄ beugen, demüthigen. ut-nin-nu 12, 47. mu-ni-'-e 59, 15. 60, 28.

אנח₁ seufzen. in-ḫi-ia 11, 23. šu-nu-ḫu-ti 11, 23.

אנח₁ verfallen. anḫûtu Verfallenheit, Mattigkeit an-ḫu-us-su-nu 2, 39.

אנכ a-na-ku Ich 2, 45. 3, 71. 81.

אנן(?) eninna jetzt e-nin 2, 25. i-nin-na 80, 25.

אנן(?) a-ni-ni wir 50, 7.

אנן₁ sich wiedrsetzen. un-ni 53, 10.

אנק₄ unḳu Siegelring 71, 5.

אנש₁ schwach sein. aššatu Weib, Gattin 63, 13. 17. Pl. aššatê 63, 9. 12. 16. 19. 22.

אנש₁ nišu Volk, Leute. Pl. nišê 2, 77. 23, 33. u. ö.

אסג(?) am. a-sig pl. . . . . . . 47, 10.

אסה(?) isu mit. is-si-šu-nu-ma 24, 36. 75, 31. i-si-šu-nu 31, 40. 42. i-si-šu 31, 10. i-si 73, 29. is-si-šu 36, 7. is-si-ku-nu 37, 21.

אסן(?) i-sin-ni Fest 2, 46. 3, 72. 11, 7.

אסר₁ binden. is-su-ur-ri Gebot 31, 6. i-su-ur-ri 31, 10.

אפל(?) aplu Sohn. st. cstr. apil. aplê-ku-nu 23, 34. apla-a-a 24, 36. aplê 50, 4. 5.

אפש₅ machen. e-piš 2, 35. epu-uš 2, 46. 3, 76. ip-pu-uš 39, 15. 83, 20. III, 1 mu-ša-piš 11, 14. ip-šu 39, 9. e-pu-šu 3, 72. e-pa-še 36, 9. li-pu-šu 37, 22. 60, 32. e-te-pu-uš 39, 6. 7. te-pa-aš 53, 18. e-pa-aš 71, 12. 79, 29. epe-eš 80, 33. e-tap-šu 81, 42. e-pu-uš-u-šu-nu 82, 8. e-tib-šu-u-ni 82, 9.

אצד(?) e-ṣa-du . . . . . 54, 39.

אצץ₃ uṣṣu Pfeil 2, 27.

אצר₁ einschliessen, bannen. e-ṣir 1, 8. li-ṣu-ru 54, 39.

אקל$_3$ êḳlu Feld. Pl. êlḳê 31, 29.

ארא (א$_1$, א$_4$) irtu Brust. ir-ti-šu-nu 67, 10.

ארב$_5$ einziehen. e-tar-bu-u-ni 30, 10. e-ra-bu-u-ni 31, 20. e-ru-bu-ni-ni 73, 22. i-ru-ba 39, 12. e-tar-bu-u-ni 44, 20. 72, 13. e-tar-bu-ni 72, 16. **III. 1** u-še-rib 2, 36. e-rib Einzug 3, 76.

ארח$_1$ schnell sein, eilen. ir-ḫa-niš eilends 2, 32.

ארך$_1$ lang sein. arku Länge 50, 2. Pl. arkûtê 67, 6.

ארץ$_1$ irṣitu Erde. irṣi-tim 23, 14.

אש ia-a-ši mir, mich 57, 3. 82, 3.

אשת (?) a-ša-a-ti . . . . . . 3, 73.

אשת$_1$ išâtu Feuer 12, 38.

אשם (?) aš-me pl . . . . . . 39, 8. 17.

אשם$_3$ ušmânu Lager, Feldlager 2, 41.

אשף (?) šiptu Beschwörung 81, 42.

אשר$_1$ schreiten, vorwärtskommen. aš-ru Ort. Pl. aš-ri-e-ki 11, 13. a-šar 12, 32. aš-rat 23, 21. a-šir-ta-šu-nu 48, 27.

אשר$_3$ eširtu Tempel. Pl. eš-ri-e-ti 11, 12. êšrêtê 23, 13.

אשתן$_4$ ištê-en ein 18, 33. 59, 11.

את at-ti du 11, 15. 22. at-ta 12, 32. 47, 8.

אתה$_5$ a-ta-a jetzt 18, 24. 23, 30. 31, 11. 47, 8. a-ta 11, 2.

אתת$_1$ **II, 1** bezeichnen. ittu mit 3, 64.

אתק$_4$ rücken. **III, 1** u-si-te-ḳa 53, 24.

ב

באבא (?) bûbûtu Teuerung 83, 10.

באל$_4$ beherrschen. bêlu Herr 1, 9. bêli-ia 3, 81. bêltu Herrin 3, 75. 11, 1. bi-la-a-ni 23, 34. bêli-ka 2, 29. be-el 24, 42. Pl. be-li-e-ti 11, 15.

באש$_1$ stinken, schlecht sein. bi-'-šu-tu 39, 34.

בית bîtu Haus. st. cstr. bît 3, 72. u. ö. bi-it-šu-nu 48, 23. Pl. bîtâtê 31, 29.

בתחל reif, jugendkräftig sein. bit-ḫal-li 22, 9. 72, 7. 8. bit-ḫal-la-ti 47, 11. bit-ḫal 72, 9. 12. 15.

בלט leben. **II, 1** am Leben lassen. ub-tal-li-su 23, 22. ib-tal-ṭu 23, 26. balaṭu 39, 28. 50, 2. bal-ṭu 47, 6. bal-ṭu-u-ni 47, 5.

בלכת **IV, 1** sich empören. ib-bal-kit 1, 21. ib-bal-ak-ki-ta 81, 39.

בנה bauen, schaffen, erzeugen. ba-ni-šu 1, 17. bi-nu-tu Geschöpf 11, 11. binu-ut 77, 23. 80, 23. 33.

בס bi-is (?) . . . . . . 57, 19.

בסך (?) ba(?)-sik pl. 54, 35.

בקא (?) u-baḳ-ḳu-u . . . . 77, 24.

בקם abschneiden, zerraufen. i-ba-ḳa-am 1, 15.

ברא$_1$ fett sein, strotzen. ba-ri-u-ti 23, 27.

ברבר (?) am. bar-bar . . . . . 67, 38.

ברה binden. birîtu Fessel 2, 47. 23, 31. bi-ri-šu-nu 23, 7. bir-ti 24, 47. bi-rit 51, 27.

ברה sehen, schauen. šabrû Seher 11, 25. tabrîtu Gesicht 11, 26.

בשה sein, haben. i-ba-ši 67, 13. 75, 29. u-ba-ša (?) 82, 7. **III, 1** machen u-šab-šu-u 23, 20.

בתבת bat-ti-bat-ti um herum 18, 19.

בתל batultu Jungfrau. Pl. batulâtê 23, 17.

ג

גבא (?) gabbu Ganzheit, ganz 24, 38. 47. gab-bi 45, 21. 63, 29. 64, 37. gab-bi-šu-nu 24, 41. 63, 6.

גבר gabrû Gegner, Rival, Abschrift. gab-ri 3, 83.

גבש massig sein. gabšu massenhaft. gab-šu-ti 23, 12.

גמר vollendet sein. gam-ma-ru-ni 72, 11. 14.

גרר rennen, laufen. girru Feldzug 2, 38.

גשר stark, gewaltig sein. gušûru Balken. Pl. gušûrê 53, 21.

ד

דבב sprechen, planen. lid-di-bu-bu 31, 43. i-dib-bu-ub 39, 34. da-ba-

ba 50, 4. 24. da-bu-ub 75, 31. dibbu Wort dib-bi-ia 39, 33.

דגל schauen di-ga-lu 39, 16. di-ga-li-ka 39, 18.

דוך töten. i-du-ku-uš 18, 32. id-duk 50, 18.

דחד triefen. daḫ-du-u-ti 23, 11. da-ḫu-da 23, 14.

דאל(?) am. da-a-a-li ...... 53, 7.

דין richten, entscheiden. ta-dan-nu 63, 25. i-da-an 67, 34. de-ni-ia Entscheidung 83, 14. da-a-nu Richter 40, 37.

דלח verstören. i-dal-la-ḫu-ma 77, 19.

דמק gut, gnädig sein. damik-tim 2, 30. 11, 16. damḳu 23, 9. 12.

דמקר (?) damḳaru Arbeiter, Knecht 18, 31. Pl. damḳarê 45, 4.

דנן stark, mächtig sein. a-da-na-aš-šu-un-ni 24. 44. da-na-an Macht 1, 9. 12, 46. dan-nu 50, 3. dan-ni 1, 19. dannûtê 47, 2. 63, 20. dan-ni-te 57, 15.

דפן schirmen. midpânu Bogen 12, 47.

דפף duppu Tafel duppi-ka(?) 77, 23.

דקא aufbieten, sammeln. id-ka-a 11,

ו

ובל bringen, fortführen. ub-bu-lu-ti 23, 28. **III**, 1 us-si-bi-la-aš-šu 18, 27. 19, 38. 63, 8. us-si-bi-lak-ka 37, 19. ul-te-bi-la 60, 31. biltu Tribut, Talent 11, 22.

ולד gebären, erzeugen. talittu Geburt 23, 20.

וצא ausgehen. u-ṣa-a-ma 2, 44. u-ṣa-a 50, 15. 17. na-ṣa 71, 7. lu-še-ṣu-u-ni 54, 37. it-tu-ṣu-u-ni 54, 34. u-si-ṣi 64, 37. ṣêtu Sprössling ṣi-it 11, 3. mûṣû Ausgang. mu-ṣa-a-šu 2, 41.

ורד herabsteigen. ardu Diener 2, 34. Pl. ardâni 18, 32. 51, 26. ardu-ka 18, 2. u. ö. ardi-šu 24, 40. am. ardûtê-šu 63, 32.

ורח arḫu Monat. st. cstr. araḫ 11, 7 u. ö.

ורק gelbgrün sein, erblassen. ur-rak 12, 36. ur-ḳi 67, 15.

ושב sich setzen, wohnen. a-ši-bat 11, 1. 27. a-ši-bu-te 67, 5. **III**, 1 wohnen lassen u-še-šib-šu 2, 36. šubtu Wohnung šu-bat 12, 43. 49.

ז

זך am. zu-ku .... 47, 6.

זכר nennen, erwähnen, sprechen. i-za-kar 18, 13. iz-za-kar 23, 7. iz-kur-u-ma 80, 24. iz-kur 40, 37. zikru Name, Nennung, Rede 1, 5.

זמר singen i-za-mu-ru 23, 17.

זנן regnen. zunnu Regen, 23, 11.

זנש zinništu weiblich, Weib. Pl. zinnišâtê 23, 17. 18.

זקן Bart. ziḳ-na-a-šu 1, 15.

ח

חדה sich freuen. lu-ḫa-di-a-ni 24, 38. ḫudûtu Freude. Pl. ḫidûtê 2, 35. 3, 76. ḫa-di 23, 18. ḫi-da-šu-u-ni 23. 21. ḫa-di-a-nu-te-ia 24. 48.

חזז maḫâzu Stadt. ma-ḫa-zi 11, 12. 12, 43.

חטט ḫaṭṭu Stab, Scepter 11, 4.

חלב **II**, 1 bedecken. iḫ-lu-ub bergen 1, 20. naḫlaptu Gewand 1, 17.

חלץ ḫalṣu Veste, Schanze 53, 4.

חלק zu Grunde gehen, fliehen. iḫ-li-ḳu-u-ni 31, 19. iḫ-ḫal-li-ḳu-u-ni 31, 28. at-ta-ḫi-liḳ 64, 36. i-ḫal-liḳ 77, 27. i-ḫal-li-ki 77, 28.

חנש ḫa-an-šu-ni ...... 75, 12. ḫa-an-šu-ti 75, 29.

חסד(?) iḫ-ḫas-du-u-ni beschimpfen(?) 67, 26.

חצן schirmen, schützen. taḫ-ṣi-in 12, 37.

חקק(?) ḫu-ḳaḳ pl. Vogelfänger 63, 18.

חרב verwüsten. mu-uḫ-tar-rib 57, 13.

חרן(?) ḫarrânu Weg 50, 5. 51, 27.

חרץ ḫurâṣu Gold 39, 10.

חרר li-iḫ-ḫi-ri-it sich erkundigen(?) 19, 40.

חתה wegraffen. taḫtu Niederlage taḫ-te-e 1, 14.

חתן unterstützen, schirmen. iḫ-ta-an-šu 75, 9.

חתת ḫattu Schrecken 2, 42.

ט

טאם ṭêmu Befehl, Nachricht. ṭi-mu 45, 5. ṭe-e-me 53, 6. 71, 9. ṭe-en-šu-nu 54, 29. ṭe-mu 53, 16.

טבח schlachten. aṭ-bu-uḫ-šu-ma 3, 60.

טוב gut sein. lu-u-ṭa-ab-ka 57, 5. **III, 1** šu-ṭu-ub 11, 17. ṭâbté 50, 14. ṭâbi 12, 37. ṭâbtu-šu-nu 50, 7. ṭâb-ti-ia 24, 42. 50, 23. ṭûbu Güte, Gesundheit, Fröhlichkeit ṭu-ub 18, 7. 8. 39, 29. ṭâbu-ku-nu-ši 82, 4. ṭâbu 53, 5. u. ö.

י

יד idu Hand. idi-šu 2, 33. 11, 28. Dual idâ-ia 12, 47. id-dan 80, 29. id-da-at 36, 13.

ידע kennen, wissen. i-du 40, 41. nu-u-da 63, 27. tu-da 64, 35. u-di-šu 63, 29. u-di 67, 42.

יום ûmu Tag. û-me-šu 2, 47. 3, 79. 12, 40. 44. Adv. u-ma-a 18, 26. 31, 27. u. ö. ûmê 50, 2. û-mu-us-su tagtäglich 50, 1. 59, 5. ûmu 30, 4. 44, 19. û-me 39, 29.

ישה besitzen, haben, sein. i-ši 79, 24. 26.

ישר gerade sein, Gelingen haben, gedeihen. a-ta-šar 67, 11. i-šar-tu gerade 11, 4. mêšêru Gerechtigkeit. me-ša-ri 23, 10. ma-šar-ti 31, 12.

כ

כבל ka-bi-la . . . . 67, 24.

כבד kabittu Leber, Gemüth, 11. 17.

כדן(?) ku-din pl. Maulesel(?) 22, 10. 13. 43, 11. 15. 17. ku-du-nu 31, 37.

כדר Bündniss, Bundesgemeinschaft. kid-ri-šu 3, 64.

כום(?) ku-um statt, anstatt 3, 79.

כון festsetzen, auferlegen. uk-tin-nu 23, 9. ik-ki-ni 23, 31. nu-ka-na-šu-u-ni 54, 40. kênu fest, treu 77, 18. ki-e-ni 23, 8. ki-e-tu 31, 35. ki-nu-u-ti 23, 10. ka-a-a-ma-ni-u 73, 27. ku-nu-ni 63, 32. gi-nu-u 67. 40. ki-di-in 77, 24.

כזף(?) ku-zip-pi . . . . 23. 29.

כי ki-i wie ki-i ša 18, 29.

כך(?) kakku Waffe. kakki 80, 33.

כבב kakkabu Stern 11, 7.

כלא verweigern. ik-lu-u-ni 53, 22.

כלה alle sein, aufhören, nachlassen. ta-kal-la 1, 18. kâlû all, ganz ka-a-li-i 45, 13.

כלל **III, 1** vollenden šuk-lul 11, 12.

כלם sehen. **II, 1** sehen lassen, offenbaren. uk-tal-lim 23, 33.

כלמרי kal-la-ma-a-ri . . . . 73, 24.

כם kima gleichwie 11, 22. 31, 39.

כמס sich beugen, niederfallen. ak-me-is 11, 10. kam-mu-su 18, 20. 31, 31.

כנך siegeln. kunûku Siegel 40, 38. pl. kunûkê 39, 14.

כנש sich unterwerfen. kanšu unterwürfig kan-šu-ti-ia 1, 10. **III, 1** mu-šak-niš 11, 2. šuk-nu-še 11, 6.

כסא kussû Thron. kussî 2, 37.

כסף kaspu Silber 59, 14. 63. 25.

כצץ ku-uṣ-ṣu 57, 15. 17. ku-uṣ-ṣi-im-ma 57, 16.

כרב gnädig sein. lik-ru-bu 18, 7. 22, 6. ka-ri-bu 39, 26.

כרה(?) ku-ri Umgebung(?) 23, 31.

כרה Garten, Baumpflanzung. Pl. ki-rêtu 31, 29.

כרם ki-rim-me-ša Leib 12. 37.

כרן karânu Wein pl. karânê 2, 24. 26. ku-ru-un 12, 34.

כשד erobern, besiegen. ikšudu 2, 37. ak-šu-du 3, 82. ku-uš-šid 1, 18. ka-šad 1, 3. ka-ši-da-at 12, 48. i-kaš-ša-du-u-ni 57, 23.

כשת kištu Wald 1, 20.

כשר (?) ka-šar wahrsch. Ideogr. für šarru König 37, 17.

כשש massig, gewaltig. kiššati 3, 69. 80.

כתם bedecken, überwältigen. uk-ta-at-ti-mu 23, 29.

כתן (?) ki-tin-nu .... 19, 35.

ל

לא lâ nicht.

לא$_2$ב lib-ba-ti-ia 83, 21.

לא$_1$ה stark, weise sein. i-li-'-u 60. 32.

לאש (?) la-aš-šu nicht sein 24, 43.

לבב Herz lib-bi 1, 21. u. ö. lib-bi-ni 23, 31. lib-ba-ka 57, 4. lib-ba-ku-nu 82, 3.

לבר alt werden. la-bar 39, 29.

לו lu-u Praecativpartikel 18, 3. u. ö.

למה umschliessen, belagern. il-mu-u 2, 41. limmu Periode 77, 30. 81, 40.

למן feind, böse sein. lu-mut 51, 26. li-mut-ti 82, 8.

לפן la-pa-ni vor 59, 22.

לפת umfassen. lapta-at 79, 27.

לקא$_3$ nehmen, wegnehmen. il-ki 31, 18.

לשן lišânu Zunge 3, 56.

מ

מא ma-a also 18, 14. u. ö.

מא$_1$ד viel sein. madu viel. ma-'-da 23, 13. ma-'-da-ti 23, 23. ma-'-du-u-ti 23, 25. ma-'-ad 48, 20. ma-a-da 50, 8. ma-'-diš 50, 7. ma-di-i-šam 63. 24.

מא$_2$ר mâru Kind. mârtu Tochter; st. cstr. mârat 11, 5. 6. 63, 20. pl. mârâtê 23, 20. 63, 13. mâr 24, 48.

מדגש (?) mad-dag-giš .... 31, 17. 67, 25.

מי mû Wasser. Pl. mê 3, 79.

מוש mûšu Nacht. mu-ši 11, 25. 26.

מות sterben. i-mit-ti 39, 21. me-e-ti 18, 15. 23. mi-e-tu 47, 5. i-mut-tu 57, 17. mi-tu-u-ni 47, 4. mêti 54, 27.

מח maḫḫu gross. Pl. maḫḫa-ni 31. 31. 39.

מחץ schlagen. muḫ-ḫu-ṣu 1, 19. 2, 27. mu-šam-ḫi-ṣu 50, 5. tam-ta-ḫi-ṣu 54, 28. im-maḫ-ḫa-a-ṣa 80, 34.

מחר entgegensein, empfangen. am-ḫur 3, 82. i-maḫ-ḫar-an-ni-ni 24, 44. am-da-ḫur 11, 9. ma-ḫar vor 2, 29. 40. 11, 29. ma-ḫi-ru 23. 12. a-ta-ḫa-ar 67, 11. maḫ-ru 39, 23. ma-ḫir-te 57, 7.

מלא$_1$ voll sein, füllen. im-la 11, 24. i-mal-lu 83, 21. ma-la lib-bi-ia Fülle meines Herzens 3, 82. ma-la 50, 10. mîlu Hochwasser mi-i-li 23, 11.

מלח am. malaḫu Schiffer 67, 14.

ממה mamma irgend einer. man-ma 73, 29. mimmu irgend etwas. Pl. me-me-e-ni 48, 21. me-me-ni 67, 43. mi-nam-ma 82, 4. mimma 83, 21.

מן (?) ma-na ein Maass 39, 10.

מנו man-nu-šu-nu wer 31, 7. 47, 17. man-ma 39, 21. 23.

מנה zählen, rechnen. im-nu-u 3, 75. mênu Zahl. me-i-ni 3, 70. 19, 44. 31, 43. 36, 8. mi-i-nu 67, 36.

מצא$_1$ finden i-ma-ṣi 24, 49.

מצר II, 1 abschneiden nam[-ṣa-ru] Schwert 11, 28.

מצר Gebiet, Grenze 1, 8. me-ṣir 81, 30. 37. 39.

מצר maṣartu Wache. Pl. maṣartê 18, 9. maṣartu 18, 24. 53, 12. 54, 37.

מקת stürzen, fallen. im-ḳut-su-ma 2, 42. ma-aḳ-tu-tu 50, 7. i-ma-aḳ-ḳut-nim-ma 50, 10, in-ḳu-tu 50, 19.

מרח mi-ri-ḫi-e-ti Lüge (?) 11, 9.

מרץ krank sein. mar-ṣu-u-ni 23, 26. ma-ri-ṣi 31, 14. 33.

מרש mi-ri-šu-tu . . . . 23, 29.

משך Fell, Haut mašak-šu-nu 3, 57.

משל gleich sein am-ša-la 11, 25. meš-la-te 57, 18.

משר II, 1 verlassen. u-maš-šir-ma 2, 43.

משר meš-ri-ti-šu Glieder 3, 61.

מת mâtu Land. st. cstr. mât 18, 14, 53, 3. Pl. mâtâtê 23, 9. 50, 1. mâti 30, 9. 31, 9. 16. 30.

מתי ma-ti wann 63, 28.

נ

נא₁ד erhaben sein. I, 2 at-ta-id verherrlichen 12, 46.

נא₂ר nâru Strom 3, 78. 79. 36, 11.

נבא₁ nennen, rufen. Berufung, Nennung nibittu. 11, 5. 16.

נגר nagiru Führer 1, 4. 6.

נדה werfen, legen. id-du-u 1, 11. 2, 41. 3, 70. 12, 41. na-di-ma 2, 47. in-nin-du-ma 12, 40.

נדן geben, schenken. id-dan 3, 63. ta-ad-di-na' 11, 4. lid-di-nu 18, 9. 67, 6. id-din-nu-ni 63, 27. la-din 67, 35. id-da-na-šu-nu 31, 29. tam-di-na 36, 4. id-di-na 39, 15. ta-ad-nu 47, 7. ad-din 60, 24. at-ti-din 64, 38. a-ti-din 67, 28.

נוח ruhen. II, 1 beruhigen. nu-uḫ-ḫi 11, 17. nu-uḫ 11, 20. na-ḫa 75, 15.

נזז stehen, sich stellen. az-zi-iz 11, 10. ta-az-zi-iz 11, 29. li-iz-zi-zu 24, 35. 37, 20. III, 1 stellen, aufstellen. u-šu-uz-zu 59, 22. az-zi-iz 11, 10. li-zi-iz 24, 37. i-za-zu-u-ni 24, 41. izzi-zu-ma 81, 37.

נטל schauen, anschauen. ta-na-aṭ-ṭa-la 11, 31.

נאר niederschlagen. nîrtu Unterjochung, Dienst. ni-ir-ti-ia 45, 9. 18. 23. 31. nîru Joch ni-i-ri 73, 18.

נית ni-i-tu . . . . 2, 41.

נך(?) nu-uk daher(?) 67, 23.

נכל arglistig sein. ik-kil-u-ni 57, 12.

נכם II, 1 aufhäufen. nakamtu (nokantu) Schatz nak-kan-du 39, 19.

נכס abhauen. ik-ki-su-nim-ma 1, 10. ak-ki-kis 2, 26. na-kas 2, 28. naki-is 2, 29. 3, 74. 12, 45.

נכר sich empören. nakru Feind nakrê(?)-ia 2, 26. 11, 6. na-ki-ri-ia 3, 81. 12, 48.

נמה verfallen. na-ma-šu-nu. 64, 36.

נמר hell sein, glänzen. na-an-mur-ti 11, 7.

נן(?) nun-na . . . . 45, 26.

נסק kostbar sein. ni-si-ḳi-ma 45, 16. 22.

נפח anfachen. IV, 1 angefacht werden. in-na-pi-iḫ 12, 38.

נפש hauchen, athmen. u-ni-ip-ša 36 10. napištu Seele 1, 15. 20. pl. napšâtê-[šu] 2, 27. 39, 28. n. ö.

נצא₁(?) na-ṣu-u-ni fliehen 31, 25. na-ṣu-ni-ni 67, 8.

נצר bewahren. i-na-ṣur 53, 12. li-ṣu-ur 75, 27. naṣi-ir 80, 22.

נקה ausgiessen, opfern. ta-nak-ki 2. 24. aḳ-ḳi(?) 2, 26. 46. an-aḳ-ḳu-u 3, 72. niḳû Opfer. Pl. niḳê 2, 46. 3, 71.

נרט widerstreben(?) nir-ri-ṭu 3, 59. i-nir-ru-ṭa 12, 36.

נשא₁ heben, tragen. i-ši-ma 2, 30. 48, 24. 67, 31. iš-šu-u-ni 2, 48. na-šu-ni 1, 7. na-šu-u 47, 15. ni-iš 11, 24. 80, 23. it-ta-šu 50, 18. aš-ši 11, 8. aš-šu 11, 18 taš-ša-a 11, 24. it-ta-ša-a 4 40. ta-na-aš-ši 47, 8.

נשק küssen. u-na-šiḳ 1, 5. u-na-aš-šiḳ 2. 44.

ס

סבס zürnen as-bu-su 67, 26.

סבר(?) su-bar-ra . . . . 67, 14.

סים II, 1 bezeichnen, prächtig machen. sîmtu Bestimmung, Schmuck si-mat 12, 47.

סדר reihen. is-di-ru 1, 13. a-sa-di-ir 73, 25. 29. sa-ad-ra 53, 14. sidru Schlachtordnung 1, 12. 3, 65. 67

סחפ niederwerfen. is-ḫup-šu-nu-ti 1, 9. as-ḫu-up-šu-ma 2, 50.

סחר sich wenden. i-suḫ-ru-ni 54, 31. u-sa-ḫi-ir 67, 22.

סכל sukkalu Bote 53, 12. 54, 32.

סכר sperren, abdämmen, verstopfen. as-ki-ir 3, 78. sik-ra 36, 11.

סלח abwerfen. us-si-lu-u-ni 23, 15.

סלם sich gnädig zuwenden. u-sa-li-im-šu-nu 75, 16. sa-al-mu 23, 13.

סמן bezeichnen, bestimmen. us-sa-at-mi-nu 23, 28.

סיס(?) sisû Ross, Pferd. Pl. sisê 18, 16. 22, 7. 9. sisâ-ka 53, 18.

ספר siparru Kupfer 59, 15. 60, 28.

פ

פגר pagru Leib, Leichnam. Pl. pagrê 3, 70. 77. 79. pagar 12, 41.

פדה losgeben, freigeben. tap-di-e Niederlage 1, 16.

פי Mund, Rede. pi-ia 2, 35. pi-e 75, 8. 30. pûtu Eingang. pu-ut 53, 10. 12.

פחא verschliessen. piḫâtu Satrap 53, 9. 10. 72, 12.

פחר sich versammeln. up-ta-ḫir 63, 6. up-ta-ḫi-ir 75, 14. up-taḫ-ḫir 80, 28. napḫar Gesamtheit 2, 31. napḫariš 22, 11. 12. 44, 18. 63, 10. u. ö.

פטר spalten. tap-ta-ṭar 23, 24. paṭru Dolch st. cstr, paṭar 2, 33,

פלו palû Regierungsjahr. pa-lu-u 23, 9.

פלח fürchten, sich fürchten, verehren. ip-luḫ-ma 1, 5. pa-laḫ 11, 13. puluḫtu Furcht 1, 9. pa-liḫ-ka 80, 26. pa-liḫ 23, 13. pal-ḫu-ku-u-ma 59, 23. ap-ta-luḫ 64, 37 pul-luḫ 81, 38.

פנה Antlitz ina pan vor 1, 5. u. ö. pa-nu-ka 12, 36. pa-nu-uš-ša 12, 38. pani-ia 18, 13. pa-ni-te 31, 26. pa-na-at 48, 24.

פצא pisu weiss. pi-ṣu-tu 59, 13.

פקד jem. etwas anvertrauen, übergeben. ip-ki-du 50, 9. lip-ki-su 79, 22. ip-taḳ-du-šu 79, 23. pi-ḳid-ti 47, 7. paḳ-du 47, 8.

פרה(?) par(?)-ru Gemach(?) 67, 41.

פרזל parzillu Eisen 2, 47.

פרמח para-maḫ-ḫi Heiligthum 12, 49.

פרס trennen, scheiden, hemmen. u-par-ri-sa 3, 61. lip-ru-su 51, 27. purûsu Entscheidung 77, 32. 33.

פרשד IV, 1 fliehen, entfliehen. ip-par-ši-du 1, 16.

פרשם par-ša-mu-te Greisenalter 23, 16.

פשח sich beruhigen. u-pa-aš-ši-ḫu 2, 39. ni-ip-šaḫ 19, 41.

פתח öffnen. lip-te-e-ma 39, 24. ip-ti-ti 40, 39.

צ

צאנ Pl. ṣênê 59, 8.

צאר ṣîru hoch, erhaben. ṣi-ru-uš-šu 2, 51. ṣi-ir-ti 11, 1. ṣir auf, über, gegen. ṣir-uš-šu 1, 21.

צבא Krieger, Mann. Pl. ṣâbê 18, 15. 31, 16. u. ö. am. ṣâbâ-ni-šu-nu 54, 28. am. ṣâb 54, 36.

צמב ṣu-um-bu Lastwagen 1, 22.

צבת fassen, nehmen. iṣ-ba-ta 1, 3. 11. u-ṣab-bi-tu 2, 41. 50, 5. i-ṣab-tu-u-ni 18, 17. ṣa-bit-u-ni 23, 24. ṣab-tu 80, 33. iṣ-bat-tu-u 83, 16. nu-ṣa-bi-it 18, 34. i-ṣab-bat-u-ni 24, 45. li-iṣ-bat-su 24, 46. 83, 17. III, 1 u-ša-aṣ-bat-su-nu 31, 30. u-ša-aṣ-bit 67, 12. ṣa-bat 81. 38.

צבת ṣubatu Kleid. Pl. ṣubâtê 50, 18.

צחר klein sein. ṣiḫru klein, jung. Pl. ṣiḫrûtê 23, 17. ṣiḫ(?)-ru-u-ti 82, 2.

צלה II, 1 beten u-ṣal-li 39, 30. u-ṣal-la 50, 4. 59. 7.

צלל ṣillu Schatten, Schirm 67, 12.

צלם ṣalmu Bild. ṣalmânu 39, 6. šul-ma-na-a-ti (wahrsch. pl.) 39, 11.
צמד anspannen. ṣimittu Gespann 2, 25.

ק

קבא$_1$ sprechen, befehlen. taḳ-bi-i 11, 16. ta-ḳab-bi-ši 12, 32. aḳ-ṭi-ba-šu-nu 18, 21. i-ḳab-bi 31, 7. 11. 41. iḳ-ba-a 39, 6. 7. aḳ-bu-u 39, 8. 10. i-ḳab-bu-u-ni 75, 33. liḳ-bi 18, 30. 75, 34. ḳa-bu-u-ni 23, 22. iḳ-bu-u-ni 31, 13. iḳ-ṭi-bi-a 31, 38. 67, 30. iḳ-bu-u 50, 6. i-ḳab-bu 50, 20. iḳ-ṭi-bi-u-ni 53, 9. i-ḳa-bu-u-ni 67, 37.
קבל zusammentreffen. ḳablu Mitte, Kampf 11, 15. 22. 80, 33.
קדד sich beugen. ḳu-du-da-a-te 23, 19.
קוה **II, 1** warten. ḳa-a 31. 9.
קול ḳûlu Stimme ḳa-liš 80, 24.
קיש verleihen. lu-ku-ti-ma (viell.) 39. 25. ḳâtu Hand 2, 37. 47. ḳa-tu-u-a 3, 75. ḳâta-ka 80, 33.
קנה ḳanû Rohr ḳa-ni 31, 8.
קסם schneiden, durchbohren(?) iḳ-si-ma 2, 33.
קצר sammeln, zusammenfügen, wahren. iḳ-ṣu-ra 11, 21. ki-iṣ-ri 47. 12. am. rab ki-ṣir 71. 4.
קקד ḳakḳadu Haupt, 1, 7. 12, 45. 50, 22. pl. ḳakḳadâte 1, 10. 23, 34.
קרב drängen, sich nähern. ni-iḳ-ru-ub 24. 39. lu-ḳur-bu 48, 25. kirbu Inneres, Mitte 1, 20. ku-ri-bu 50, 11. ḳa-ra-bi 53, 24. am. ḳur-bu-tu 67, 20. 75, 14.
קרד stark, kräftig. ḳu-ra-di-šu 3, 70, 77.
קרח(?) scheren(?) mu-muḳ-ri-iḫ-ti 45, 12.
קש ḳaštu Bogen 2, 33. 11, 7. 28. 12, 44. 52. 54, 26. u. ö. ḳašat-su 12, 54. ḳa-šit-ti streitbar 11, 22.
קתה zu Ende sein. iḳ-tu-u 2, 27.

ר

רא$_4$ה weiden. rê'û Hirt. Pl. rê'ê-šu-nu 59, 11. ritu Futter ri-ti 59, 17. am. rê'ê 60, 25.
רא$_3$ם lieben. i-ra-ma-ka-a-ni 19, 37. i-ra-'-mu-un-ni 24. 42. ra-a-mu 23, 32. narâmu Liebling na-ram 12, 42. ri-e-mu 24, 46. ra-a-mi 82, 5. a-ra-am 82, 6.
רא$_1$ש rêšu Haupt, Anfang. ri-ši-šu-nu 47, 15. ri-is-su-nu 48, 23. ri-eš-su 82, 9. ri-e-šu 67, 31.
רא$_4$ש jauchzen. ri-ša 23, 18.
רבא$_4$ vier. ra-bu-še-ni 31, 17.
רבה gross sein. rabû gross. pl. ra-bûtê 1, 11. 23, 14. rubû erhaben. pl. rubûtê 1, 10. am. rab 31, 8.
רבשק am. rab-šaḳ höherer Officier 43, 10. 71, 5.
רדה beherrschen, marschieren, gehen. ur-[du-u-ni] 83, 11. **III, 1** fliessen lassen. [u-šar]-di 3, 80.
רום **II, 1** erhöhen. tu-ra-am-me 18, 25. râmânu, râmênu Selbstheit 2, 28. 33. ra-mi-ni-ka 47, 12.
רחא vernichten, aufreiben. ri-iḫ-te 67, 23.
רחא lieben. ri-iḫ-ti 63, 30.
רחץ vertrauen. ni-ir-ḫaṣ 24, 38. ra-aḫ-ṣa-ku 39, 27.
ריק rêku leer. ra-ḳa 67, 43.
רכב reiten, fahren. ru-kub Wagen 1, 21.
רכס binden. u-rak-ka-su-ni 73, 28. rak-ka-su-te 73, 26. am. mu-šar-kis 18, 12. am. mu-šar-ki-su 50, 17. 21. 23.
רכס am. rak-su pl. 43, 9. am. rak-su-ti 47, 9.
רפש weit sein. **II, 1** erweitern mu-rap-piš 11, 4.
רקד springen, tanzen. i-ra-ḳu-du 23, 16.

ש

שאה ersehen, finden. I, 2 aš-te-ni-' 11, 13.

שאל entscheiden, fragen. liš-al-šu 18, 28. 63, 31. a-sa-'-al-šu 45, 11. 20. a-sa-al-šu 71, 9. u-šal-u-in-ni 83, 20. liš-u-lu 67, 33.

שאר šêru Fleisch, Körper. Pl. šêrê 18, 8. šêri 39, 29. 50, 3.

שבא sich sättigen, satt sein. is-sab-bu 23, 27.

שבב rings umschliessen. šibbu Gürtel šib-bi-šu 2, 33.

שבט schlagen, töten. šibṭu Stab, Scepter 63, 33.

שבר zerbrechen. liš-bir-ma 12, 54.

שדד ziehen, schleppen. i-šad-da-du-niš-šu-nu 57, 20.

שדה hoch sein. (?) šâdû Berg. ša-du-ma 81, 36. šu-ud betreffs, über 11, 9. ša-ad Anbruch 11, 25.

שדם (?) ši-dim-ma . . . . 57, 9.

שדר gebieten. ša-dir 59, 16.

שו šû er. 50, 21. 23. u. ö. šu-u-nu 50, 24. šu-a-tu 2, 41. 3, 79. 12, 35. 44. šu-u-tu 31, 9. 32.

שופ šêpu Fuss. Dual šêpâ 1, 3. 5. u. ö.

שזב (?) šizbu Milch 63, 9. 21.

שטר schreiben. i-sa-ṭa-ru 31, 22. ša-ṭa-ru 60, 29. a-sa-ṭar 63, 7.

שית ši-i-te . . . . 31, 35.

שכן setzen, legen, machen. iš-ku-nu 1, 13. 2, 40. 3, 70. i-šak-ku-nu 23, 19. i-sa-ak-nu 31, 24. ša-kin 3, 66. 39, 19. i-šak-kan 48, 27. šaknu Statthalter 30, 9. šak-na 24, 40. iš-kun-an-ni-ni 45, 6. a-šak-kan 47, 17. ša-ak-nu 50, 21. 22. aš-kun-ka-a-ni 53, 17. šit-ku-na 77, 25.

שכנך šakkânâku Machthaber 50, 3. 57, 11.

שכר berauschendes Getränk. Pl. šikârê 67, 38. ff.

שלט šal-ṭiš siegreich 80, 24.

שלם heil sein. II, 1 wohlgerathen lassen, vollführen, vergelten. u-šal-li-mu 2, 49. šul-ma-an-nu 24, 43. šal-mu 51, 25. šulmu Heil, Gruss 18, 3. 9. 19, 42.

שלם (?) šul-lam . . . . 72, 8.

שלף ausziehen, herausreissen. aš-lu-up 3, 56. šal-pat 11, 28.

שלש drei. šal-še-ni 31, 17.

שם (?) šum-ma wenn 31, 41. 36, 11.

שם šumu Name 1, 5. šu-mu 23, 6, šu-ma-a-ti 63, 7. šumi-ka 80, 23.

שמא hören iš-me-ma 1, 4. 11, 23. aš-mu-u-ni 3, 83. aš-me 19, 43. iš-mu-u 77, 25. 80, 26. III, 1 u-ša-aš-mu-u-ni 31, 26. 36.

שמה šamû Himmel. šame-e 23, 14.

שנא (?) šu-na-šu-nu . . . . 31, 20.

שנג šangû Priester. am. šangû-u 39, 20. šangûtu Priesterthum 79, 21. šangu-u-te 79, 29.

שנה anders sein. ša-ne 23, 32. šattu Jahr. Pl. šanâtê 23, 10. 23. šana-a-te 23. 21.

שנה doppelt, zweifach sein. II, 1 erzählen tu-ša-an-nak-ka 12, 33, šânû zwei šâni-i-šu 31, 12. šânu-u 53, 10. am. šânu-u 53, 25. ša-nu-u 59, 12.

שנן (?) a-ša-an-na-nu . . . . 39, 9.

שסגת (?) am. ša-sa-ga-te-šu 67. 17.

שסה sprechen, rufen, befehlen. i-ša-as-su-u 1, 18. i-ša-si 2, 28. il-si-ka 11, 30.

שפל niedrig, tief sein. šupali-i 1, 8. ša-pal 11, 10.

שפר senden. aš-pu-ru 1, 3. 3, 64. iš-tap-pa-raš-šu 2, 32. 11, 9. u-ša-ap-pa . . . 11, 10. ta-šap-par-an-ni 36, 5. a-sa-ap-rak-ka 48, 19. šipru Brief, Botschaft apil šipri Bote 1. 5. 53, 15. 19. 12, 35. ni-iš-pur 57, 19. ši-pir 12, 52. ši-pir-ti 48, 22. a-sa-ap-ra 53, 23. 54, 33. il-te-ip-pi-ir 59, 18. ni-sap-par 57, 10. i-šap-par-an-ni 73, 31. ni-is-sa-par 57, 14. liš-pu-ra 31, 44. 54, 36. taš-pur-an-ni 36, 3. 37, 14. 57. 8.

liš-tap-pa-ru-u-ni 77, 35. as-sap-ra 36, 8. al-tap-ra 39, 22. 60, 27. liš-pu-ram-ma 39, 24. 51, 26. ta-as-sa-par 48, 22. a-šap-pa-ra 48, 26. aš-pu-ru 50, 6. 51, 25. a-sa-par 53, 7. ia-šap-par-kan-ni 53, 20.

שקה hoch sein. šâķû Officier. šâķû-ia 48, 24. 26. ša-ķu-ut 11, 30. 12, 53. am. ša-ku 50, 8.

שקל wägen, zahlen. ša-ki-il 53, 19. išaķalu 67, 13. 18.

שקף gerade stellen, aufstellen. iš(?)-ķu-pa 2, 51.

שר(?) ši-ri . . . . 79, 25. 26.

שרט zerreissen. iš-ru-ṭu 1, 17.

שרר glänzen. šarrûtu Herrschaft 1, 3. 11. šarru-te 31, 18.

שתה trinken. ši-ti 12, 34.

שתה(?) u-ša-ši-tu . . . . 77. 27.

ת

תא₂ם Meer. tam-tim-a-a 80, 21.

תבא₄ kommen, herankommen. ta-at-bu-u-ma 47, 14. it-ba-am-ma 50, 19.

תגר(?) te-gir-te Arbeit(?) 31, 15. 23. 32.

תור sich wenden, zurückkehren. tu-ta-ar-šu-nu 47, 13.

תחז Schlacht. taḫâzi-ia 1, 19. 11, 15. 80, 34.

תחם ta-ḫu-me Grenze 31. 8.

תכל sich verlassen, vertrauen. it-tak-lu 39, 33. tak-lak 39, 35. tukultu Beistand 3, 81.

תל(?) til tu-u-bu . . . . 3, 69.

תלל(?) talâlu jem. einen Auftrag geben(?). tillu Auftrag, Geschäft, Arbeit 31, 27. 37, 21. 53, 16. 17. 71, 12. ti-il-li-šu-nu 59, 14.

תלם talîmu leiblicher Bruder. ta-li-me-ki 11, 19.

תמח fassen, halten. at-mu-ḫu-šu 3, 73. tam-ḫa-at 11, 28. at-mu-uḫ 12, 44,

תמל ti-ma-li gestern 73, 21.

תמן temênu Grundstein. teme-en-šu-u 39, 13.

תקם tuķumtu Kampf. tuķ-mat 2, 33.

תרץ gerade stellen, gerade legen. a-na tar-ṣi-ša vor sie 11, 10. 23, 15.

תרתן(?) am. tur-ta-ni Turtan 72, 10.

Als ich vor kurzem wiederum K. 228 zu Gesicht bekam und in Heft II der *Keilschrifttexte* S. A. SMITH's die Varianten dieser Tafel zu K. 2675, soweit dieses dort veröffentlicht ist, einsehn wollte, bemerkte ich, dass weder Herr SMITH noch Mr. PINCHES die in meiner *Literatur*, S. 111 gedruckten Worte „zwei zusammengehörige Thontafeln“ berücksichtigt haben. Ich gebe nun hier das Resultat einer flüchtigen Vergleichung derjenigen Partie beider Texte, die SMITH edirt hat.

Z. 1 steht auf K. 228 am Anfang *ina tu-*, wie SMITH-PINCHES ergänzen; das darauffolgende Zeichen ist in der Edition natürlich Druckfehler statt [Keilschrift]. Vor [Keilschrift] bietet K. 228 deutlich [Keilschrift], *a-šib*; vorher noch [Keilschrift], vielleicht Rest von EN. ZU. — Z. 2 am Anf. steht auf K. 228 [Keilschrift] (also *rag-gi*); [Keilschrift] (sic!) ist nicht „sehr unsicher“, sondern absolut deutlich (auf K. 2675). Ebenso steht als vorletztes Wort statt *ú-na-ši-iq*, wie SMITH giebt, deutlich: *ú-na-aš-ši-qu*. — Z. 3 steht am Anfang auf K. 2675 ganz deutlich [Keilschrift]; nach K. 228 ist vorher noch ein zweites [Keilschrift] zu ergänzen; vor *ka-bit-tu* liest K. 228 *šal-lat-su-nu*, und vorher noch ein Zeichen wie [Keilschrift]; dazu passen einige Spuren auf K. 2675. — Z. 4 am Anf. ist nach K. 228 [Keilschrift] etc. zu lesen; vor dem letzten Wort: [Keilschrift]; vorher noch eine Spur. — Z. 5 ist nach dem Duplicat (gewiss nicht lediglich „den Spuren nach“, PINCHES) am Anf. [Keilschrift], und vor *kis* [Keilschrift] und vorher noch [Keilschrift] (Teil von *ka*) zu lesen. — Z. 6: „am Anfang dieser Zeile ist ohne Zweifel“ [Keilschrift] zu ergänzen (PINCHES); so bietet nämlich das Duplicat. — Z. 7 a. A.: [Keilschrift], wonach vielleicht, den Raumverhältnissen nach, noch [cuneiform] vor dem Eigennamen gestanden hat. — Z. 7 a. A., Dupl.: [cuneiform] = *ú*? — Z. 9 a. A., Dupl.: [cuneiform]. — Z. 10 *si* a. A. steht nicht auf K. 2675, wohl aber auf dem Dupl.; *qa* vor *pi* ist auf K. 2675 ziemlich deutlich. — Z. 11 a. A. ist nach dem Dupl. wahrscheinlich [cuneiform] (oder [cuneiform]?), Z. 12 sicher [cuneiform] zu ergänzen, und vor *di* auf Z. 11 *rad.* — Z. 13 ist vor *ú-rap-piš* auf K. 228 noch eine Spur: [cuneiform]. — Z. 14, nach [cuneiform] l. [cuneiform] (SMITH, p. 16); das letzte Zeichen ist auf beiden Tafeln deutliches *nu* (PINCHES, *ibidem*). — Z. 15 vor *si* l. [cuneiform]; nach [cuneiform] sind noch Spuren: am Ende bietet K. 228: [cuneiform] (hiervon auch auf K. 2675 Spuren) [cuneiform]; Z. 16 a. E.: [cuneiform]. — Z. 17 l. *ú-šal-di-*[cuneiform]. am Ende hat K. 228: [cuneiform]; Z. 18 a. E.: [cuneiform]. Z. 19 [cuneiform]. Z. 20: [cuneiform]. Z. 21: [cuneiform]. Z. 22 a. A.: [cuneiform] ([cuneiform] etc.), Z. 23 a. A.: [cuneiform] ([cuneiform] etc.), Z. 24 a. E.: [cuneiform] (zusammen mit den Spuren auf K. 2675 zu [cuneiform] od. dgl. zu ergänzen?) [cuneiform], Z. 24 a. E.: [[cuneiform]][cuneiform], Z. 25 a. E.: [[cuneiform]] [cuneiform]. Z. 26 a. E.: [cuneiform] (*ra*?) [cuneiform]. Z. 27 a. E.: [cuneiform]. Z. 28 a. E.: [cuneiform], Z. 29: [cuneiform]. Z. 30: [[cuneiform]][cuneiform]. Z. 31: [cuneiform]?. Z. 32: [cuneiform]?. Z. 33: [cuneiform]. Z. 34: [cuneiform] und Z. 35: [cuneiform].

Z. 29 a. A. steht auf K. 2675 deutlich: [cuneiform] (PINCHES. S. 18); Z. 38 a. E. ist dort nicht *li-ir-ši-ma* zu lesen, sondern: *li-*[cuneiform].

London, am 19. April 1888.

C. Bezold.

Im verflossenen Herbst hatte ich Gelegenheit, einige von den Inschriften, welche in S. A. SMITH's *Keilschrifttexte Assurbanipals*, Heft 3 zur Veröffentlichung kommen, mit den Originalen zu collationiren, und gebe hier ein paar Bemerkungen zu dieser sorgfältigen und dankenswerthen Ausgabe, die sich zumeist nicht auf wirkliche Versehen seitens des Verfassers, sondern auf Druckfehler und Incorrectheiten, die der Typendruck mit sich bringt, beziehen.

K. 96. Z. 11, a. E. glaubte ich zu erkennen; in Z. 20 ist nicht ganz deutlich.

K. 183. Z. 24 beginnt das *edge*; Z. 34 hat das 3te Zeichen die Form ; der Schluss von Z. 49 ist sehr unsicher.

K. 487. Auf dem Rev. steht noch: .

K. 514. Z. 11 beginnt: ; der letzte Strich ist aber wohl nur zufällig. Z. 17 beginnt das *edge*. Das Ende von Z. 22 und 23 undeutlich.

K. 679. Sehr eng geschrieben und nicht ganz deutlich, aber genau veröffentlicht. Z. 2, vorletztes Zeichen scheint viel eher (möglich wäre auch) als , welch letzteres, z. B. Z. 9, anders geschrieben wird. Das letzte Zeichen scheint mir sicher zu sein. Z. 20 steht am Rand; Z. 21, 7tes Zeichen glaubte ich lesen zu sollen. Z. 23 ist *ultu*: geschrieben. Z. 25 sind zwischen *dan* und *nu* Spuren: (etwa ??).

K. 549 beginnt Z. 12 das *edge*; der ganze Reverse ist weggebrochen.

K. 582 wird *na* durchweg geschrieben. Z. 11 l. mit zwei Anfangsstrichen. Das drittletzte Zeichen von Z. 14 ist kaum *ra*; die Spuren bieten ungefähr . Z. 20 resp. 42 beginnen die *edges*. Nach dem zweiten *na* von Z. 21 hat früher sicher ein Zeichen (*qa*?) gestanden; vom Schreiber radirt?

K. 686, Z. 2 wird die Ergänzung durch die Spuren bestätigt; aber der Schluss von Z. 7, nach *ku*, steht nicht da und sollte *in outlines* gegeben sein.

K. 1113, Z. 9 las ich etc.; Z. 17 beginnt das *edge*.

K. 1436, ist Z. 19 a. E. noch als Anfang von *ša*, und Z. 32 zu sehn.

K. 1249, Z. 7, 4tes Zeichen hat die babylonische Form von *ag*, ; *ú* Z. 11, 4tes Z., ist möglich, aber durchaus

K-3 T

a Anu (?)

na

daaku (?) genetive

aa do si [illegible] crnely

a

ki

ka Lavaate te genetive

ba

a

te

il (balyama)

e elim

kim, [illegible] dem

mat mar

Mu Mušar

Sur [illegible]

il

li

ka mark

nicht sicher und wäre ausserordentlich eng zusammengedrängt; auch von Pater STRASSMAIER, mit gleichem Resultat, geprüft. Z. 19, 3tes Z., lies: . Z. 22, 10tes Z. *na* ganz deutlich; 16tes Z. lies: , Z. 25 beginnt das *edge*.

K. 1139, über *id* Z. 13, noch Spuren einer andern Zeile. Z. 18, Zeichen 2 lies: . Das 4te Z. in Z. 7 konnte auch ich nicht näher bestimmen.

K. 1252 ist seit September 1887 als „K. 1252 a" signirt. Z. 14 resp. 30 beginnen die *edges*. Z. 14 sind innerhalb von zwei kleine Winkelkeile erkennbar, aber wohl nicht beabsichtigt.

K. 533, Z. 19 beginnt das *edge*. Ich las genau so wie der Verf.

K. 669 bilden Zz. 17 und 34 die *edges*. Z. 11 steht zwischen *šá* und *an* noch ein . Z. 18 fehlt nach *i-ti* sehr wenig oder gar nichts.

K. 525 ist sehr sorgfältig veröffentlicht. Statt bietet das Original regelmässig . Z. 22 beginnt das *edge*. Z. 6 am Ende konnte ich (am 3 Sept. 1887) statt nur sehn; und bei näherem Zusehn entdeckte ich dahinter Spuren eines Zeichens wie *gab*. Ein Vergleich mit Z. 41 lässt es wahrscheinlich erscheinen, dass der Schreiber hier wie dort zunächst versuchte, noch das ganze Wort *i-qab-bi* auf die Zeile zu bringen, dann aber die Unmöglichkeit dieses Unternehmens gewahrte und das Begonnene wieder ausradirte, wobei er zu tilgen vergass. Z. 9 ist nach *ai* nur zu sehn. Zwischen *ti* und *gir*, Z. 15, ist eine Spur, die aber wohl nur zufällig ist. Zwischen und am Ende von Z. 30, sind Spuren, zunächst zwei kleine horizontale Keile, dann ; erstere scheinen zufällig, letzteres aber kaum. Die Zahl vor Z. 36 ist nicht deutlich; vielleicht ist 7 gemeint, aber es könnte sehr wohl auch 8 sein. Zwischen *ni* und *liš* Z. 44 ist etwas mehr Raum.

K. 578, Z. 11 ist *sik* nicht deutlich; könnte sehr wohl auch sein.

K. 646, Z. 14, a. A. ist nur ein Theil von *i* zu sehen: ;

Z. 31 sah ich als vorletzten Character: [cuneiform sign]. Den 5ten Character von Z. 14 könnte man im Typendruck besser wie Z. 38 a. A. wiedergeben.

K. 550 beginnt Z. 14 das *edge*.

London, am 25. März 1888.

C. Bezold.

J. v. Ferkis in Budapest hat mir das Resultat seines Studiums der von mir *Heft I* S. 112 flg. publizirten Nebo-Inschrift freundlichst eingesandt.

Nebo-Inschrift.

1. A-na Nabû belu sîru a-šib E-zi-da
2. ša ki-rib Ninua beli-šu Ašur-bani-apal šar Aššur
3. i-riš-ti ḫi-šiḫ-ti ilû-ti-šu rabî-ti
4. ša ina šakan i-tuš-šu u in ur-ti-šu kab-ti
5. ina mit-ḫu-ṣi apikta unakki-su[1]) ḳaḳḳa-du Te-um-man
6. šar Elamtu u Um-man-i-gaš Tam-ma-ri-tu
7. Pa-'-e Um-man-al-das ša arkû Te-um-man
8. ebu-šu šarru-ut Elamtu ina ki-bi-ti-šu rabî-ti
9. ḳa-ti takšud-su-nu-ti ma ina (iṣu) Ša. ša-da-di
10. ru-kub šarrû-ti-ia aṣ-mid-su-nu-ti
11. u ina tukul-ti-šu rabî-ti ina kul-lat nap-ḫar mâtâti
12. aštakka-nu[2]) si-mat ina û-me-šu kisallu bît Nabû
13. beli-ia ina pi-i-li eš-ki ši-kit-ta-šu
14. u-rab-bi a-na šat-ti Nabû ḫa-diš naplis ma
15. lim-ma-ḫir panu-uk-ka ina ti-ḳip ana ašri(?)-ka
16. ki-e-ni balaṭ ûmî-ia arkûti li-ṣa-a
17. šap-tuk-ka itallu-ku E-zi-da
18. ina pân ilû-ti-ka lu-lab-bi-za šepâ-ai

1. Nebo, dem erhabenen Herren, welcher Ezida
2. in Ninive, bewohnt, seinem Herrn Asurbanipal, König von Assyrien,
3. der Wunsch und Begehr (d. h. Liebling) seiner grossen Gottheit;

[1]) zu Schreibfehler in der Vorlage des Steinmetzen.

[2]) ŠA. ŠA. steht zur Bezeichnung des Intensivstammes.

4. weil ich im Wirken (kraft) seiner Macht und in seinem gewichtigen Auftrag[1])

5. indem er ihm (Teumman) eine Niederlage beibrachte[2]) den Kopf abschlug Teumman,

6. dem König von Elam, und (weil) Ummanigaš, Tammaritu

7. Pa'e und Ummanaldas, welche nach Teumman

8. in Elam regierten auf seinen hehren Befehl

9. meine Hand gefangen nahm und ich sie an das Joch

10. meines königlichen Wagens spannte, und

11. in seinem hehren Dienste in allen Ländern

12. herrliches verrichtete. Während dieser Zeit[3]) vergrösserte ich die Platform(?) des Tempels Nebos,

13. meines Herrn mit gewaltigen *pili*-Steinen in bezug auf ihren Bau.

14. In Zukunft (für immerdar), o Nebo, blicke (es) freundlich an,

15. es möge genehm sein vor dir. Beim Kommen[4]) zu deinem (heiligen) Orte (Tempel),

16. dem gesetzesgemässen[5]) möge das Leben meiner langen Tage ausgehen

17. *von* deiner Lippe[6]); unter dem Gehen nach Ezida

18. vor dein göttliches Antlitz mögen alt werden meine Füsse.

[1]) ZA II, 74. Winckler.

[2]) maḫâṣu apiktu!

[3]) wo ich alles dieses that.

[4]) iķípu Sanh. III 23. utîra iķipušu ich machte sie wieder in sie (die Stadt) zurückgehen.

[5]) d. h. durch das Herkommen geheiligten.

[6]) d. h. mögest du befehlen (gewähren), dass ich lange lebe.

Druck von W. Drugulin in Leipzig.

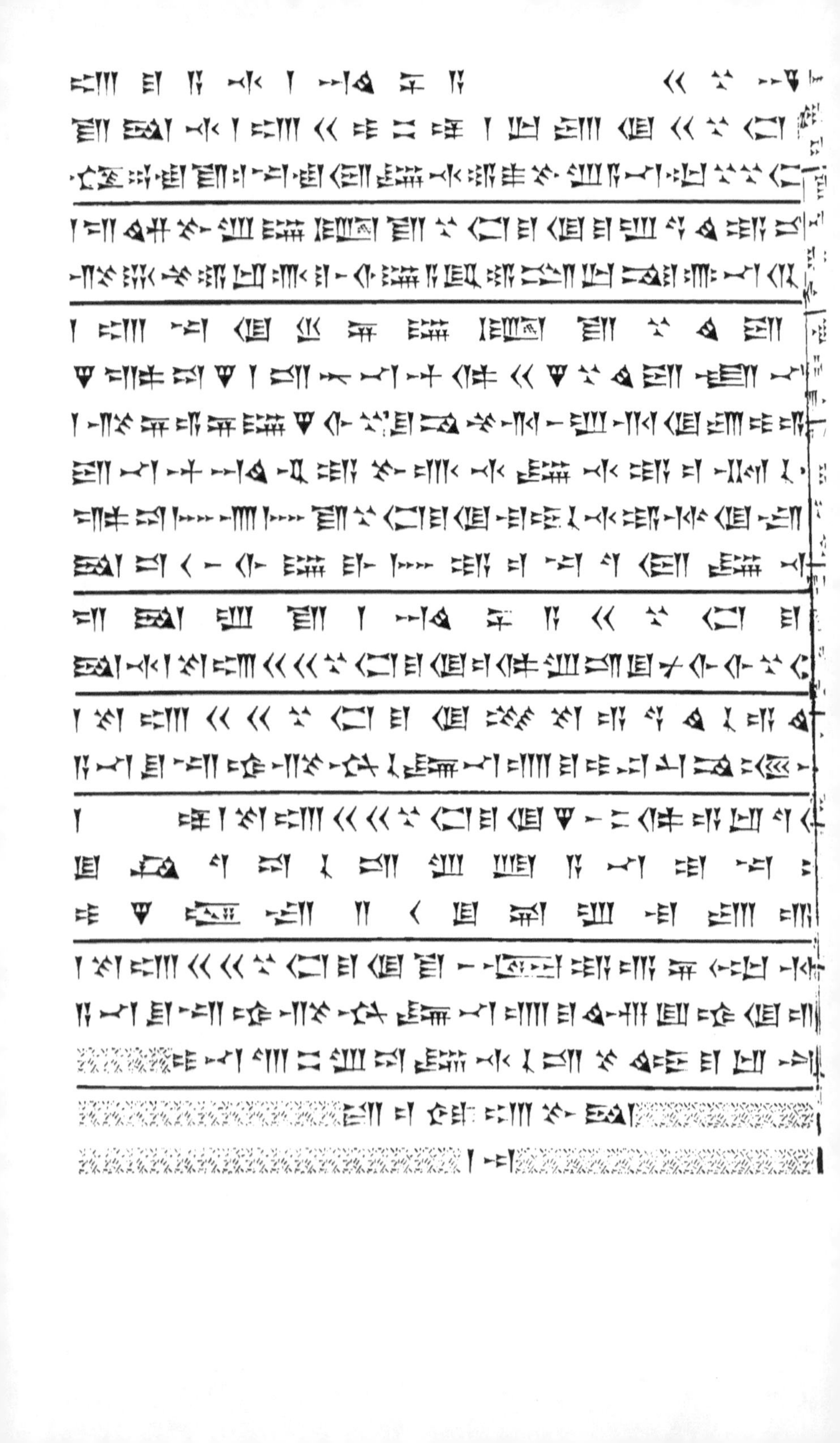

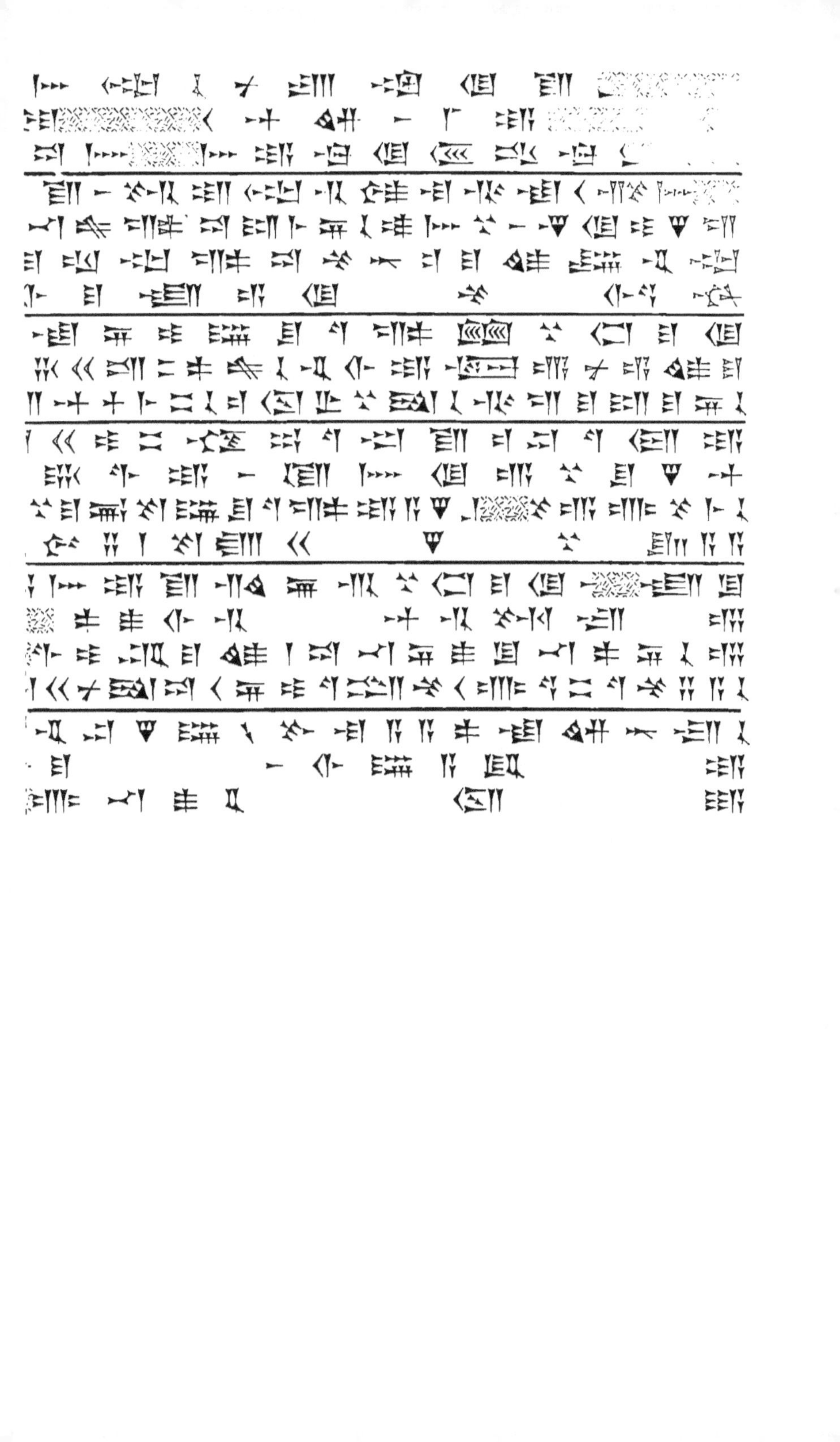

[illegible]
[illegible]
[illegible]

[illegible]
[illegible]
[illegible]
[illegible]

[illegible]
[illegible]
[illegible]

[illegible]
[illegible]
[illegible]
[illegible]

[illegible]
[illegible]
[illegible]
[illegible]

[illegible]
[illegible]
[illegible]

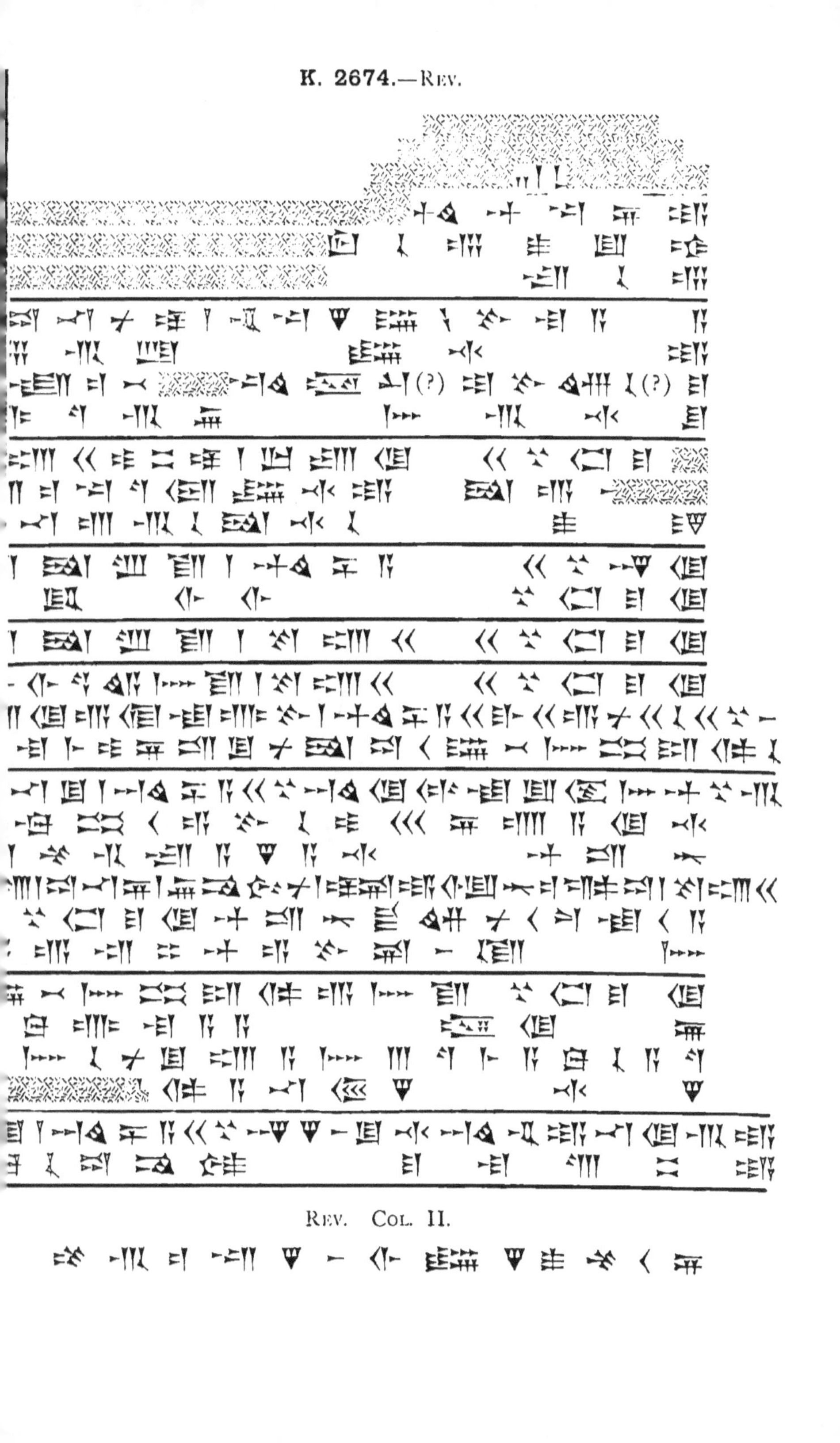

(?) (?)

Rev. Col. II.

Ein neues Fragment zu K. 2674.

Dieses Fragment ist neuerdings, nachdem die Tafel welche durch dasselbe vervollständigt wird, bereits abgedruckt war, von Mr. Pinches im British Museum gefunden worden. Dadurch wird die Lücke zwischen den beiden Columnen des Obv. fast völlig ausgefüllt. Das Bruckstück beginnt mit der zweiten Zeile der fünften Abtheilung wie folgt.

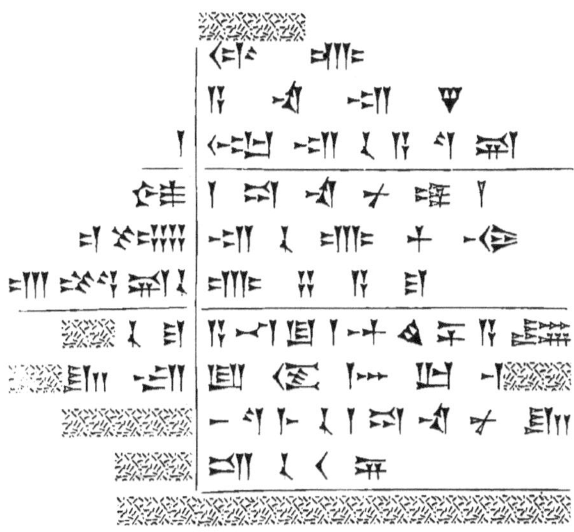

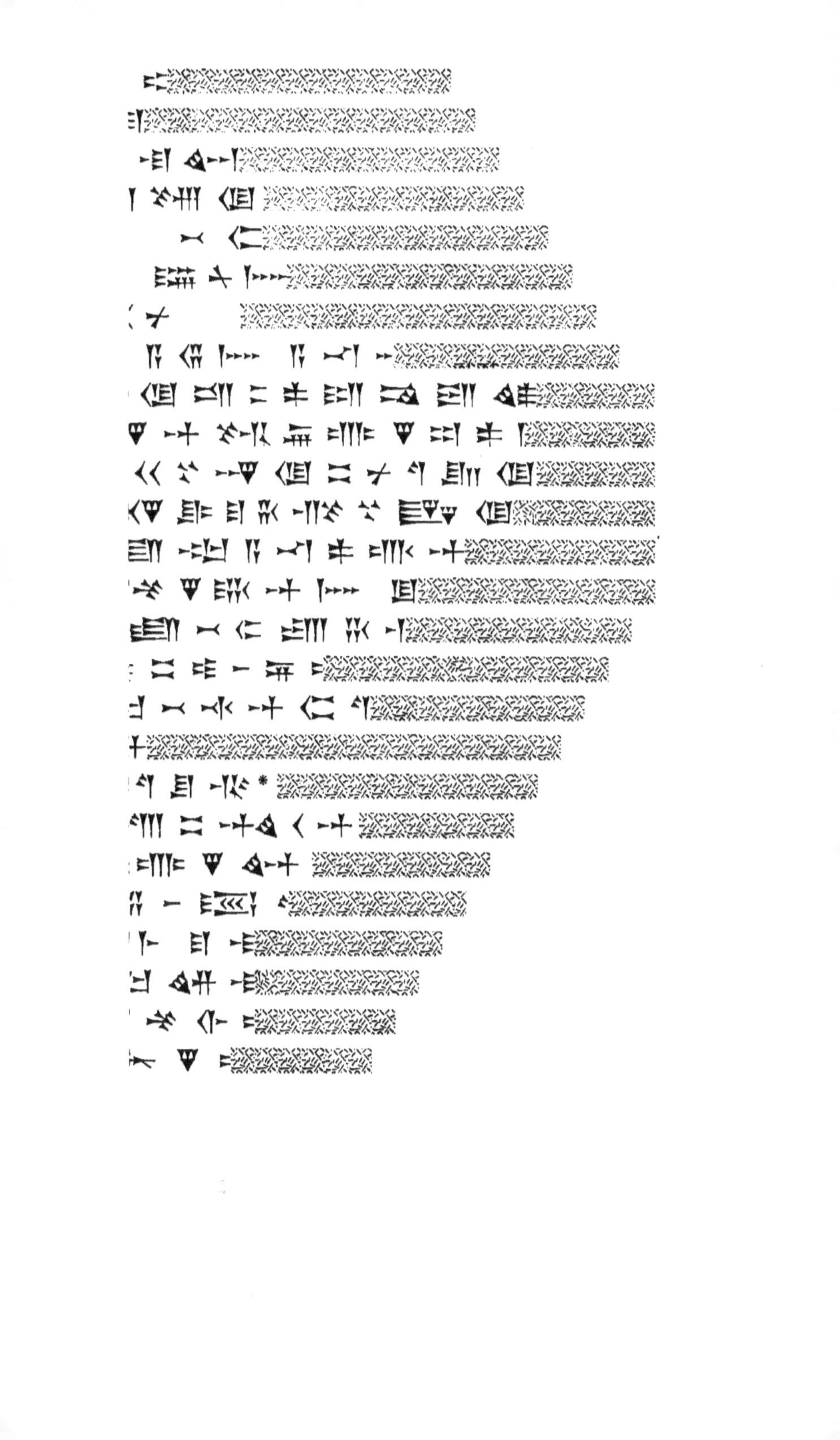

K. 11.

Rev.

K. 11—*Fortsetzung.*

K. 549.

K. 183.

Rev.

K. 183—*Fortsetzung.*

K. 487.

K. 525.

(?)

Rev.

K. 525—*Fortsetzung.*

K. 578.

Rev.

K. 646.

Rev.

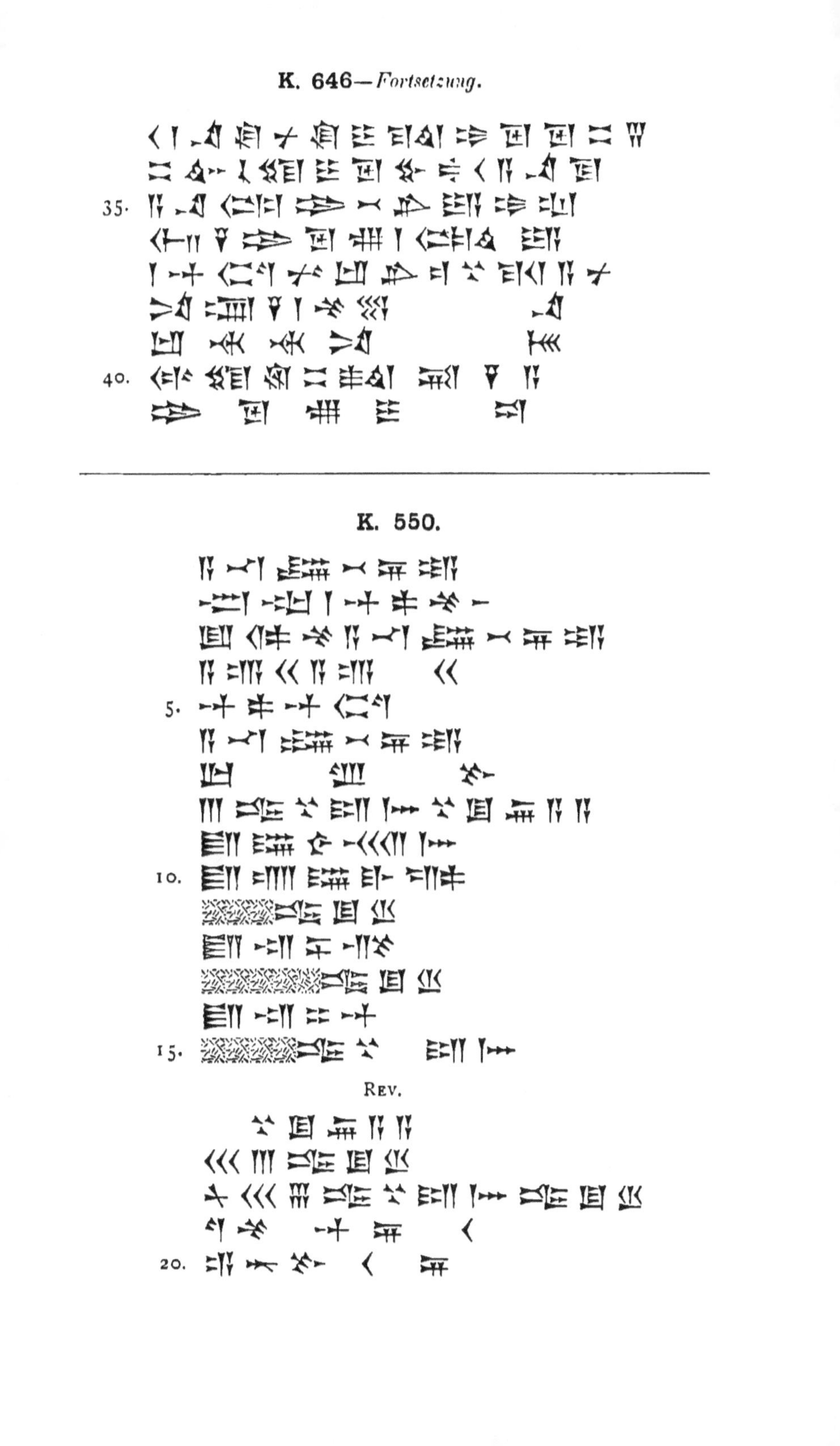

K. 646—*Fortsetzung.*

K. 550.

Rev.

K. 1252.

Rev.

K. 533.

Rev.

K. 1249.

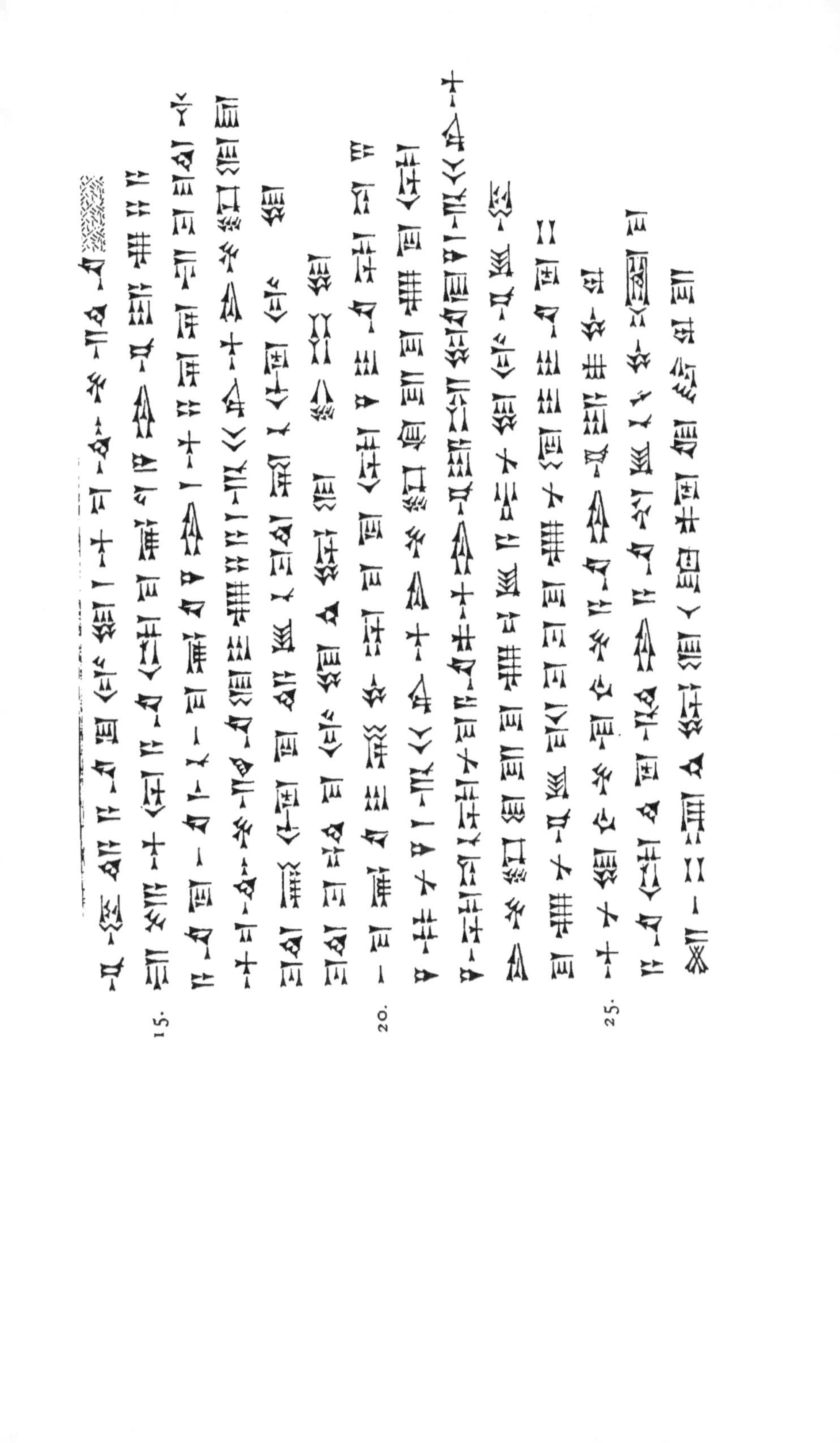

S. 760.

Rev.

K. 96.

Rev.

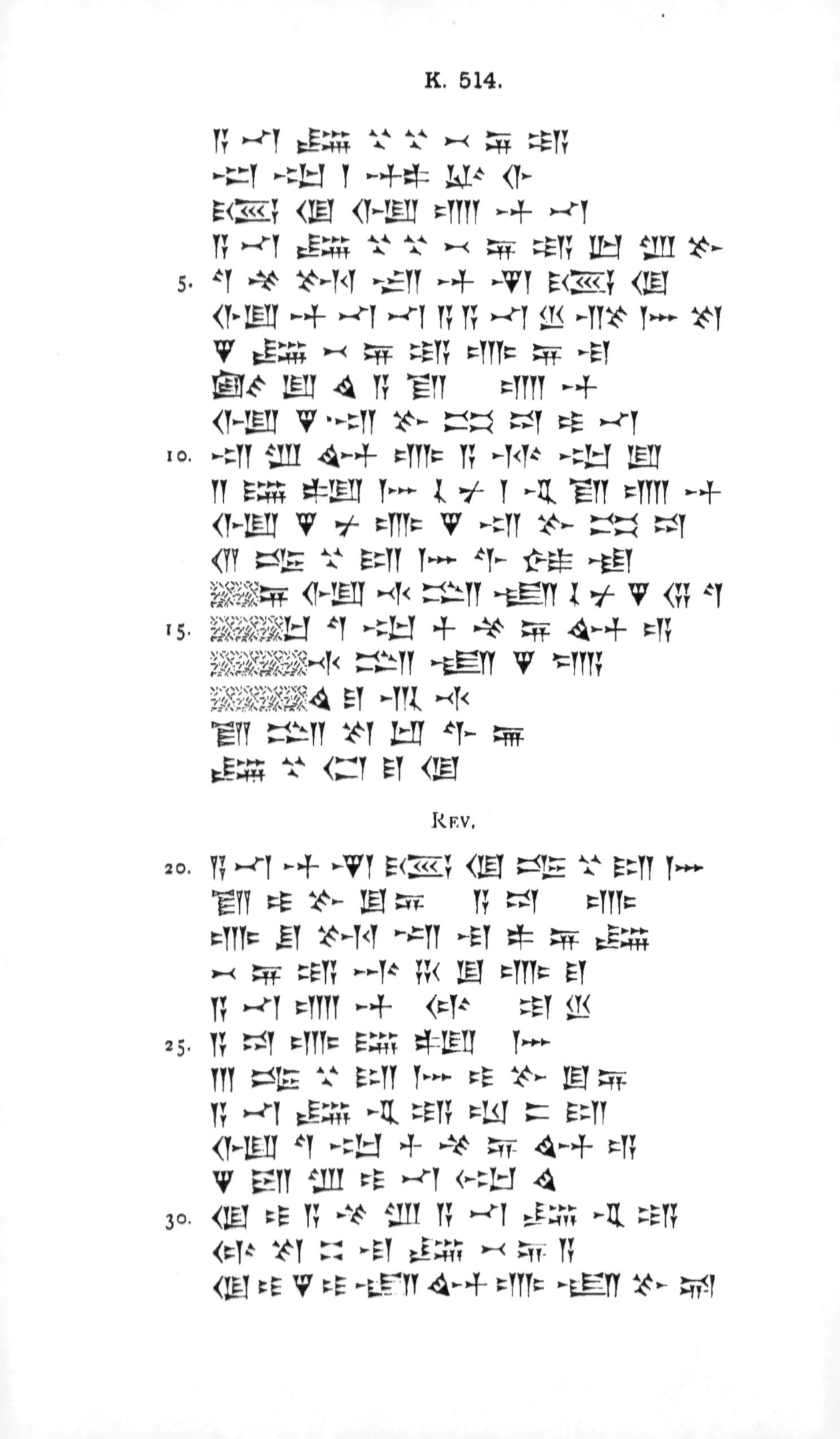

K. 514.

Rev.

K. 679.

Rev.

K. 582.

Rev.

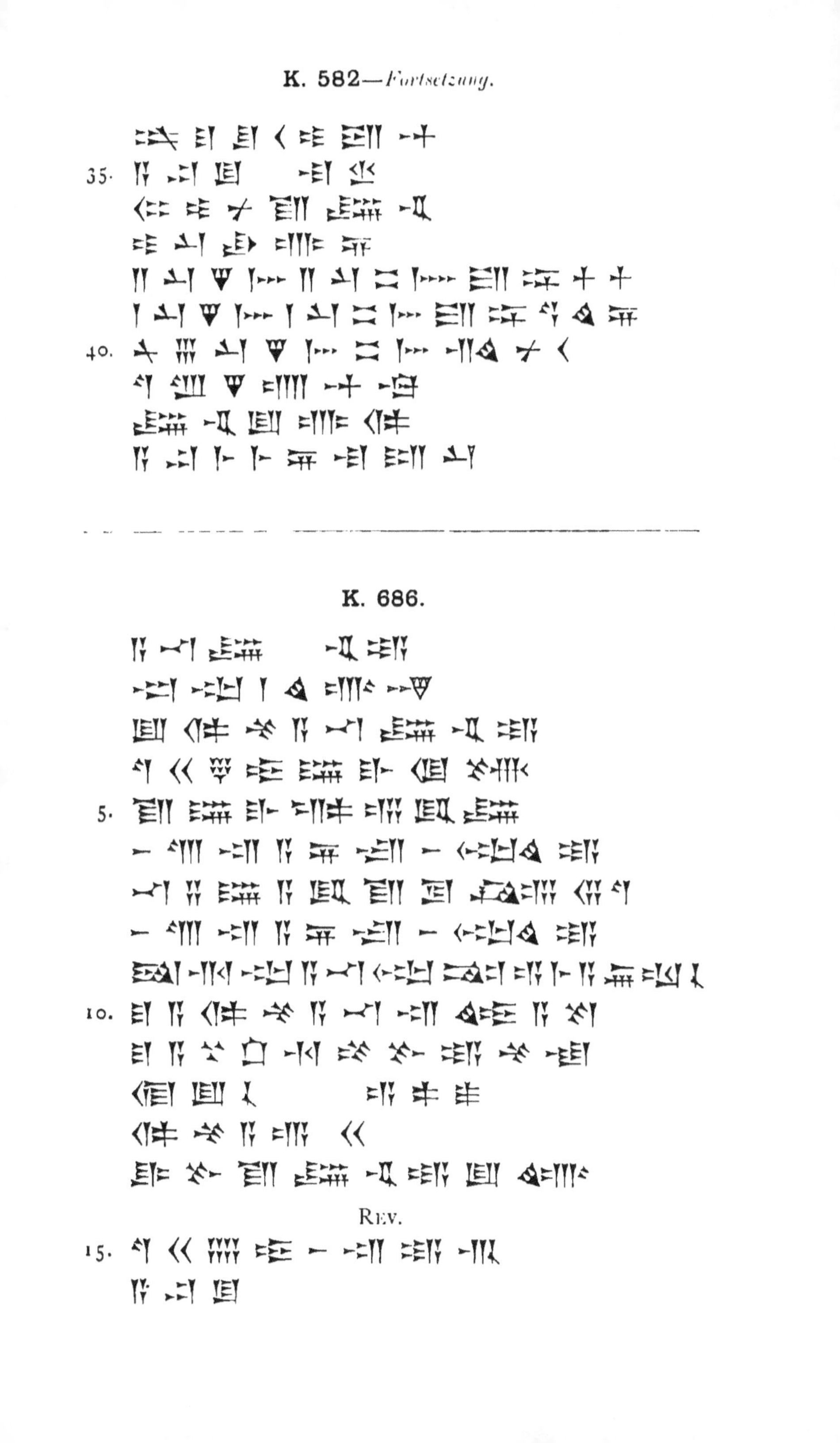

K. 686.

Rev.

K. 1229 + K. 1113.

Rev.

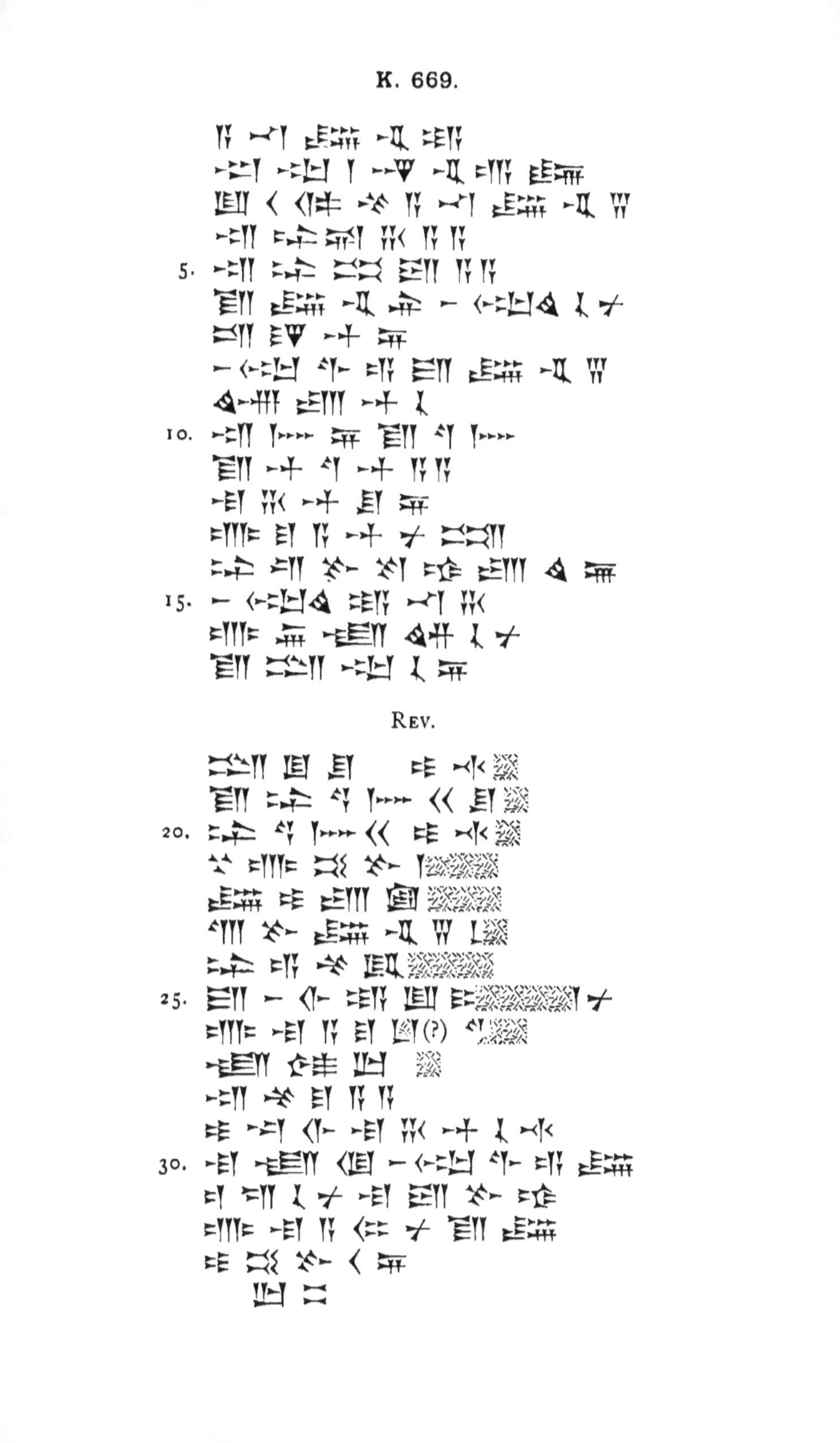

K. 669.

Rev.

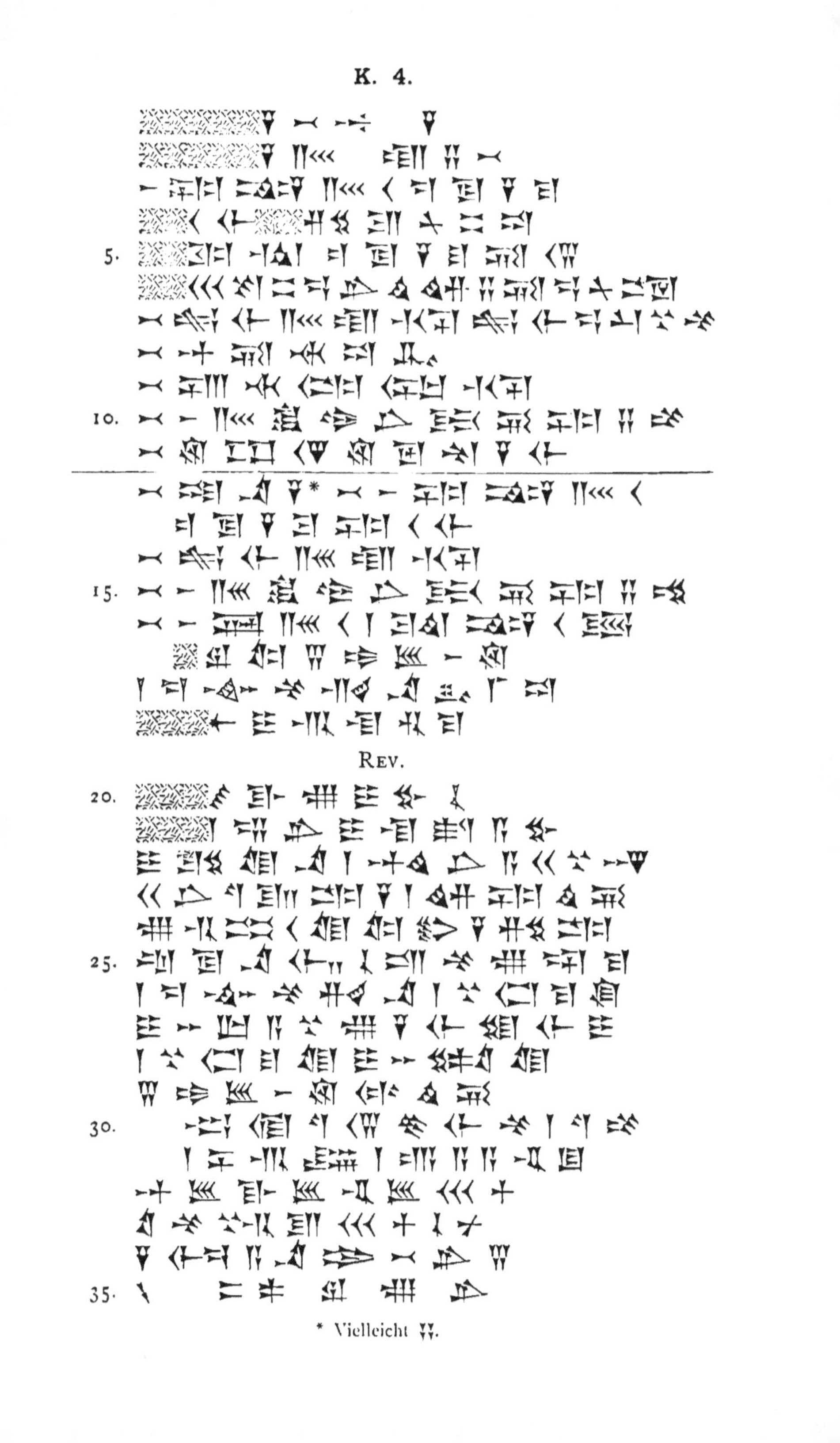

K. 4.

Rev.

* Vielleicht [illegible].

K. 1523. + K. 1436.

Rev.

K. 159.

Rev.

K. 159—*Fortsetzung.*

K. 1139.

(?)

Rev.

www.ingramcontent.com/pod-product-compliance
Lightning Source LLC
Chambersburg PA
CBHW021426300426
44114CB00010B/667

* 9 7 8 3 7 4 2 8 6 9 0 8 1 *